oekom

Dieses Buch wurde klimaneutral hergestellt.
CO_2-Emissionen vermeiden, reduzieren, kompensieren –
nach diesem Grundsatz handelt der oekom verlag.
Unvermeidbare Emissionen kompensiert der Verlag
durch Investitionen in ein Gold-Standard-Projekt.
Mehr Informationen finden Sie unter: www.oekom.de

ClimatePartner°
klimaneutral
Verlag | ID: 128-50040-1010-1082

Bibliografische Information der Deutschen Nationalbibliothek
Die Deutsche Nationalbibliothek verzeichnet diese Publikation
in der Deutschen Nationalbibliografie; detaillierte bibliografische
Daten sind im Internet über http://dnb.d-nb.de abrufbar.

Gesellschaft für ökologische Kommunikation mbH
Waltherstraße 29, 80337 München

Umschlaggestaltung: www.buero-jorge-schmidt.de
Umschlagabbildung: ©Alessandro Della Bella/Keystone Schweiz/laif
Korrektur: Silvia Stammen
Layout, Satz, Herstellung: Ines Swoboda, oekom Verlag

Bildnachweis: S. 18, wikipedia, hochgeladen von Adrian Michael (2008); S. 28, Hallwag Kümmerly + Frey AG, Schönbühl-Bern, Schweiz; S. 32, LianeM, fotolia.com; S. 58, Thomas Stankiewicz; S. 90, heru, fotolia.com; S. 114, Ausschnitt Panorama Ischgl, Gürkan Sengün, wikimedia.org; S. 128, arkosmr, fotolia.com; S. 140, olimpiupop, fotolia.com; S. 166, wikimedia, Avoriaz, Frankreich, Dezember 2008; S. 178, Bewerbungsgesellschaft ›München 2018‹, erstellt von www.atelierundfriends.de; S. 190, August Forkel, pitopia.de; S. 212, Residenzgalerie Salzburg, Collage Schülerinnen und Schüler der Tourismusschule Kleßheim, Aufnahme Monika Fermin; S. 224, Johannes Netzer, fotolia.com; S. 228, mathiasrehm, fotolia.com; S. 242, pascalimhof, fotolia.com; S. 262, Mountain Wilderness Deutschland e.V., Aufnahme M. Pröttel

Druck: freiburger graphische betriebe GmbH & Co. KG
gedruckt auf Circle*matt* White, 100 Prozent Recyclingpapier
und ausgezeichnet mit dem Blauen Engel,
geliefert von *Igepagroup*, ein Produkt der Arjo Wiggins

ISBN 978-3-86581-310-7

Karl Stankiewitz

Wie der Zirkus in die Berge kam

Die Alpen zwischen Idylle und Rummelplatz

Vorwort

Die Alpen sind ein Zentrum der Arten- und Lebensraumvielfalt und für viele der Inbegriff von Wildnis und »heiler Natur«, in der man gerne Urlaub macht und eine Kontrastwelt zum technisch geprägten, hektischen Alltag sucht. Doch sind diese Schätze wirklich geschätzt und geschützt, oder sind die Alpen zu einem Selbstbedienungsladen kurzfristiger Profitinteressen geworden?

Der Blick zurück in die letzten 60 Jahre offenbart, wie sorglos und vielfach verantwortungslos die Menschen die Alpen verändert haben. Mit zunehmenden technischen Möglichkeiten konnte der Mensch auch in die Alpen vordringen und die Wildnis »bezwingen«. Die Zusammenstellung dieses Buches zeigt diese Veränderungen in eindrucksvoller Weise.

Heute stehen wir vor den Konsequenzen dieser Veränderungen, die sich auch für den Menschen zunehmend negativ auswirken: Ist es noch die Alpenidylle, die wir suchen, wenn auf jede Alm eine geteerte Straße hinaufführt? Wenn Bären zum Abschuss freigegeben werden und Almbauern »wolfsfreie Alpen« fordern? Wenn bald jede einsame Klamm, jeder noch so steile Fels durch Canyoning-Touren und Klettersteige erschlossen ist? Wenn die Mountainbiker an einem vorbeirauschen oder gleich »down-hill« über die Almmatten rasen? Erleben wir noch Natur, wenn nicht mehr das Murmeltier pfeift, sondern der »Flying-Fox-Flieger« kreischt? Wenn der Blick vom Gipfel nicht mehr über unberührte Alpenlandschaft, sondern über Speicherteiche für Schneekanonen streift, die wie Fremdkörper aus den Bergen herausleuchten? Wenn der Bergbach nicht mehr rauscht, sondern in Rohren und Staubecken für die Wasserkraftnutzung bis zum letzten Tropfen ausgequetscht wird und dem Wildfluss durch Verbauung das

Geschiebe fehlt? Finden wir noch die »heile Welt«, wenn der bayerische Zugspitzgletscher im Sommer mit einer Folie geschützt werden muss – ein Pflaster für einen sterbenden Patienten? Wenn ehemals prächtige Buchen im Bergwald durch Schadstoffe schütter geworden sind und ihre Sämlinge, von Rehen verbissen, gar nicht erst hochkommen? Es kommen Zweifel am »Echten« und »Unberührten« der Tourismuskataloge auf, wenn die Buntheit der Wiesen einem Einheitsgrün weicht und hinter der romantischen Almhütte der Düngesack steht. Wenn der Winter nicht mehr von Frau Holle, sondern aus Kanonen kommt. Wo bleibt die Ruhe, die wir suchen, wenn der Lärm von immer längeren Transitschlangen und allgegenwärtigem Freizeitverkehr aus dem Tal oder vom geschäftigen Verkehr des nahen Alm- oder Forstweges oder im Winter von den beschallten Pisten in die entlegensten Ecken zu hören ist?

Unter diesen Entwicklungen leiden Mensch und Natur.

Zwar konnten engagierte Alpenschützer wie auch der Bund Naturschutz (BN) in den letzten Jahrzehnten einiges zum Schutz der Alpen erreichen. So wurden beispielsweise der Nationalpark Berchtesgaden und in jüngerer Zeit großräumig Natura 2000-Gebiete ausgewiesen, die Salzach ohne die ursprünglich geplanten Groß-Staustufen saniert und der Weg zum Geigelstein nachgebessert statt neu gebaut.

Doch die Liste der Zerstörungen ist deutlich länger. Die Zusammenstellung dieses Buches sollte uns allen eine Mahnung sein, wie rücksichtslos die Natur und die faszinierende Besonderheit der Alpen in den letzten Jahrzehnten wirtschaftlichen Interessen geopfert wurde. Wer die einzelnen Zerstörungen als nur lokal und nicht so gravierend zu verharmlosen versucht, dem führt dieses Buch eindrucksvoll die Vielzahl dieser angeblich so lokalen Zerstörungen vor Augen. Jedes Einzelprojekt trägt in der Summe zur Großtechnisierung dieses sensiblen Naturraumes bei. Und dabei stehen die hier aufgeführten Beispiele nur stellvertretend für gravierende Veränderungen im gesamten Alpenraum.

Und leider ist die Geschichte noch nicht am Ende.

Obwohl es inzwischen eine Alpenkonvention gibt und der Schutz der Alpen im Bayerischen Naturschutzgesetz verankert ist: Die Bedrohungen der Alpen nehmen eher zu statt ab. Dazu tragen nach wie vor die Eingriffe für Tourismus oder Verkehr bei, aber zunehmend auch der Klimawandel, der schon heute sichtbar zu Veränderungen von Flora und Fauna führt. Zu dessen »Bekämpfung« werden ganze Hänge für Schneekanonen umgegraben und auch die Wasserkraft erlebt eine in die letzten unverbauten Alpenflüsse vordringende Renaissance. Sogar der Maisanbau dringt mittlerweile in einem Ausmaß in Alpentäler vor, wie es noch vor ein paar Jahren undenkbar gewesen wäre. Für die Anpassung an den Klimawandel werden die Bergwälder mit Straßen erschlossen und gleichzeitig lässt die Intensivierung der Forstwirtschaft nach der Forstreform in Bayern die letzten Reste alter Bergwälder weiter zusammenschrumpfen.

Die Alpen unter Druck: Gerade in den letzten Jahren ist verstärkt eine Entwicklung festzustellen, die sich vielfach nur noch am Kommerz und der kurzfristigen Vermarktung einer Kulisse orientiert. Jeder Investition, die kurzfristigen Profit oder vielleicht auch einfach nur Fördergelder verspricht, wird ohne Rücksicht auf Verluste das Feld geebnet. Gewinner sind dabei nur die Investoren, nicht jedoch die Bevölkerung der Alpen, und der Verlierer ist die Natur. Der Tourismus als zentraler Wirtschaftszweig in den Alpen ist aber zwingend auf eine intakte Natur- und Kulturlandschaft angewiesen. Warum soll der Urlauber in einen Funpark in die Alpen fahren, wenn er Gleiches auch überall anderswo findet? Gegen die gleichmachende Globalisierungs- und Kommerzialisierungs-Lawine haben die Alpen nur dann eine Chance, ein attraktiver Lebensraum zu bleiben, wenn sie auf eine eigenständige Entwicklung setzen, die ihre Besonderheiten betont und »in Wert setzt«, anstatt sie an die Zerstörung zu verkaufen. Nur so können die Alpen auch einer zunehmenden Bestimmung von außen etwas entgegensetzen: Die Alpenregion kann und muss ihre Regionalität stärken, Anstoß für die Änderung von Wirtschaftsmustern und Preispolitiken geben und damit Vorbild für eine echte Nachhaltigkeit sein.

Es gibt zwar etliche Schutzbestimmungen für die Alpen und in der »Alpenkonvention« das für ganz Europa wegweisende gemeinsame Ziel einer nachhaltigen Entwicklung. Einzelkämpfer setzen vorbildliche Projekte um, die zeigen, welch ein Gewinn eine tatsächlich nachhaltige Entwicklung für alle ist. Auch der BN ist an vielen Brennpunkten im Einsatz für den Schutz der Alpen. Die internationale Alpenschutzkommission CIPRA fördert und vernetzt diese Initiativen. Doch in der Mehrzahl der Entwicklungen klaffen Worte und Realität weit auseinander. Wir sind von einer nachhaltigen Alpenpolitik weiter entfernt denn je.

Werden unsere Kinder in 50 Jahren ein Buch schreiben können, das eine eindrucksvolle Zusammenstellung einer Trendwende, von positiven Beispielen in einer Zukunftsregion Alpen sein wird? Ein Buch, das noch das Wasserschloss Europas, eine einmalige Natur- und Kulturlandschaft und den Reichtum der Alpen mit ihren rund 30.000 Tier- und 13.000 Pflanzenarten beschreiben kann?

Prof. Dr. Hubert Weiger
(Präsident des BUND, Bund für Umwelt und Naturschutz Deutschland – BUND – e.V. und des BUND Naturschutz in Bayern e.V.)

Dr. Christine Margraf
(Referentin für Artenschutz Südbayern und Alpen, BUND Naturschutz in Bayern e.V.)

Zur Entstehung des Buches

Hoch hinauf.
50 Jahre haben in den Alpen fast alles verändert

Die Idee zu diesem Buch kam mir am 11. April 2008. Es war einer jener geschenkten Tage, die dem Wintersport- und Bergfreund höheren Lebensalters, dem die großen Höhen versagt sind, nur selten gegönnt sind. Noch führte eine geschlossene Schneedecke bis zum Parkplatz am Seegatterl hinunter. Drei Wochen zuvor, über Ostern, war sie von den letzten Skifahrermassen festgepresst worden. Ein paar Flocken verspäteter Neuschnee hatte sie dann aufgelockert wie Eiscreme. Der Föhn verschleierte die Frühlingssonne. Der Bergbach toste, aufgewühlt vom Schmelzwasser, direkt neben der längst verlassenen, aber stellenweise immer noch durch rote Plastiknetze gesicherten Abfahrtspiste.

In einer Stunde war ich auf meinen Langlaufbrettern am Rand der Winklmoosalm. Plötzlich stand ich vor einem metallglänzenden Monstrum von Achtersessellift, den man neu gebaut hat, um noch mehr Menschen noch schneller weiter zu transportieren ins eigentliche Skiparadies unter der Steinplatte in Tirol. Unterwegs waren mir dort, wo an Wintertagen viele tausend Brettlrutscher in die Tiefe rasen, nur fünf Menschen auf Langlauf- oder Tourenskiern begegnet; man hatte sich sogar gegenseitig begrüßt.

Wie schön, dachte ich da oben, war es doch ehedem, als man in den mittleren und oberen Etagen der Alpen noch unter sich war. Als noch keine buntgewandeten Massen von »mechanischen Aufstiegshilfen« auf die höchsten Berge geschaufelt wurden und die einsamen Höhen lärmend bevölkerten. Als der Schnee noch nicht aus der

Maschine kam, die Gipfel nicht rundum verdrahtet und die Straßen nicht bis zum letzten Talgrund breit asphaltiert waren.

Doch im selben Augenblick schoss es mir durch den Kopf: Was soll die Nostalgie? Das sind doch bloß sentimentale Erinnerungen am Ende des 80. Lebensjahres. Hattest du es nicht allzu gern genutzt und genossen: die Bequemlichkeit, die Schnelligkeit, die Zugänglichkeit, die Sicherheit, die den städtischen Menschen durch die alpine Technik geboten wurden? Hattest du nicht selbst, als Reporter für bayerische Geschehnisse und dann als Alpinjournalist, immer wieder berichtet über all diese Fortschritte? Anfangs sogar fasziniert und begeistert, später allerdings immer abwägender, kritischer, warnender, in der Regel aber sachlich und so objektiv wie möglich.

Die folgenden, innerhalb der einzelnen Abschnitte chronologisch geordneten Kapitel stützen sich größtenteils auf Berichte und Reportagen, die ich zwischen 1953 und der Jahrhundertwende geschrieben habe (alle späteren Kapitel wurden nachrecherchiert). Sie sollen exemplarisch aufzeigen, wie die »touristische Erschließung« der Alpen vonstatten ging. Das knappe halbe Jahrhundert, in dem ich das alpine Geschehen besonders aufmerksam beobachtete, hat das zentrale Gebirge des Kontinents gewiss gründlicher verändert, als es alle Jahrhunderte davor vermocht hatten.

Diese Entwicklung war zunächst der Notwendigkeit entsprungen, angestammte Lebensräume zu erhalten und die Existenz ihrer Bewohner zu sichern. Sie folgte auch dem Bedürfnis, den größten und vielleicht schönsten Erholungspark Europas für eine immer mehr verstädternde, mobile und gleichwohl bewegungsgehemmte Bevölkerung begehbar, erlebbar zu machen. Und sie folgte nicht zuletzt den Gesetzen des Marktes, den die Wachstumsbranche Nr. 1, der Tourismus, weltweit bestimmt.

Der Schwerpunkt meiner Arbeit lag in Bayern, wo ich seit 1950 als Korrespondent für auswärtige Zeitungen tätig war. Er verlagerte sich dann aber auch nach Tirol, wo ich ab 1962 einen zweiten Wohnsitz hatte. Weitere Beispiele aus den anderen Alpenländern sollen dokumentieren, dass die totale technische Erschließung keine räumlichen Grenzen hatte. Und auch zeitliche Grenzen kaum jemals haben wird.

Oder vielleicht doch? Jedenfalls gab es in der zweiten Hälfte des 20. Jahrhunderts, die unsere natürlichen Lebensräume so nachhaltig verändert hat, durchaus auch gegenläufige Projekte. Sie anerkannten die 1960 in Rom verkündeten Grundsätze von den »Grenzen des Wachstums« und versuchten, diese fundamentale Erkenntnis in den besonders sensiblen Alpen praktisch umzusetzen.

Entwicklungen solcher Art vollzogen sich etwa unter dem Leitmotiv »Sanfter Tourismus«. Sie beschränkten sich jedoch generell auf regionale oder lokale Bereiche: auf einzelne Täler, Dörfer, Programme, Wettbewerbe. Die großen Modelle waren und sind die alpinen Nationalparke. Im zweiten Teil dieses Buches soll diese »weiche oder grüne Erschließung« wiederum an einigen Beispielen aufgezeigt werden.

Dank unermüdlicher Gegenwehr frühzeitig besorgter Bürger und Bergfreunde, da und dort auch der Alpenvereine, konnten ohnehin einige Todsünden vermieden werden. Erinnert sei an die gigantischen Pläne für eine Autobahn durch die Landschaftsparadiese des Sextentals und des oberen Zillertals, für Seilbahnen auf Watzmann, Rotwand, Brünnstein und Geigelstein, für Hochhäuser auf höchsten Gipfeln. In den besonders wachstumsfreudigen 1970er-Jahren kursierte ein satirisches Plakat, das den Menschen im Voralpenland »freie Sicht aufs Mittelmeer« vorgaukelte. Die »Erschließung« hätte also noch viel schlimmer werden können.

Karl Stankiewitz

Vorgeschichte

Die dramatische Frühzeit der alpinen Erschließung

Post über den Pass
Über den Großen St. Gotthard wurde in 2.106 Metern Höhe schon im 15. Jahrhundert ein Saumweg befestigt – eine der wichtigsten Straßenverbindungen über die Alpen.

Erschließung an allen Fronten

Am Anfang war alles wüst und leer. Aber schon in der Steinzeit drangen Menschen in das große Gebirge ein, das sich aus der Auffaltung der Erdkrusten zweier Kontinente gebildet hatte und welchem dann der griechische Geschichtsschreiber Polybios den banalen Namen »Alpeis« (Berge) zuteilte. Sie jagten Bären, wie diese bewohnten sie Höhlen, hinterließen Werkzeuge und Felsbilder noch in über 2.000 Metern Höhe.

Dann kommen die Eroberer, der Afrikaner Hannibal gar mit 37 Kriegselefanten. Einige der Eindringlinge und Einwanderer errichteten Siedlungen. Darunter sind wanderlustige Völker wie die Kimbern und Teutonen oder die Walser, deren Spuren zwischen dem heutigen Wallis und dem Allgäuer Walsertal zu finden sind. Ab 75 vor Christus durchquert Julius Cäsar, der gar einem Pass seinen Namen gibt, mit fünf Legionen das mächtigste Gebirge des Abendlandes, um in die transalpinen Provinzen Rätien und Allamanien zu gelangen.

So kommt ein Prozess in Gang, der bis heute andauert und allgemein als »Erschließung« bekannt ist. Auch ein bloßes Durchmarschgebiet braucht Einrichtungen, die man heute »Infrastruktur« nennt. Innerhalb eines halben Jahrhunderts schaffen die Römer ein Straßennetz, das ebenfalls bis heute einzigartig ist. Sie bauen Fahrbahnen und Brücken durch wilde Schluchten, reißende Flusstäler und über 2.000 Meter hohe Pässe. An manchen Stellen sind diese Römerwege heute noch erkennbar, immer wieder werden einzelne Abschnitte, jüngst etwa bei der Franzensfeste in Südtirol, freigelegt und möglichst für Wanderer hergerichtet.

Tavernen für die Scharen der Spediteure und Stationen für den Pferdewechsel, genau vermessene Meilensteine und rühmende Monumente säumen diese befestigten Straßen. Es entstehen erste Bauerngüter, Kastelle und schließlich ganze Ortschaften inmitten der bislang unzugänglichen, noch Jahrhunderte lang abschreckenden Bergwelt.

Der prominenteste rätische Alpenübergang ist die 46/47 gebaute *Via Claudia Augusta*, die von der venetischen Stadt Altinum über den Fernpass und die Provinzmetropole Augsburg zur Donau führt.

Selbst nachdem im zweiten Jahrhundert auch der Brenner passierbar gemacht wurde, bleibt die Via Claudia noch 1.500 Jahre lang ein wichtiger Handelsweg, auf dem beispielsweise die schwer beladenen Frachtwagen der Fugger rollten. Daneben entsteht im Mittelalter ein ausgeklügeltes, ausgedehntes System von »Straßen zweiter Ordnung«, wozu etwa auch die grenzüberschreitenden Samerwege gehörten. Auf ungezähmten Flüssen wird gedriftet. Salz, Holz und Wein sind die alpentypischen Handelsgüter. Noch geschieht der Transit tief in den Tälern. Sehr viel später erst spannt man Straßen übers Hochgebirge, 1935 etwa die Glocknerhochalpenstraße.

Auch von industrieller Erschließung bleibt die Alpennatur nicht verschont. Die Ausbeutung der Bodenschätze (Erz, Salz) nimmt mancherorts umwälzende Ausmaße an, beschäftigt punktuell Zehntausende von Knappen, bringt Ansätze für ein selbst für heutige Begriffe fortschrittliches Wirtschafts- und Sozialsystem hervor, macht Städte wie Schwaz in Tirol und einige Kapitalgesellschaften superreich. Längst sind die Lager erschöpft, nur noch am steirischen Erzberg wird abgebaut, nur noch in Leoben, Bruck und Bergamo arbeiten alpine Stahl- und Walzwerke.

Um 1878 beginnt, zunächst in den französischen Alpen, die Erschließung der Wasserkraft zur Energiegewinnung. In abgeschiedenen Tälern entstehen Pumpwerke, Turbinenhäuser, künstliche Seen, ganze Kraftwerkketten. Textil- und Uhrenfabriken werden nahebei aus dem Boden gestampft. Seit 1930 wird auch das Hochgebirge, zunächst in der Silvretta, von den großen Energiekonzernen erschlossen. Über Fallhöhen bis zu 1.700 Meter stürzt die »weiße Kohle« durch unterirdische Rohre.

Nach dem Zweiten Weltkrieg wird noch einmal versucht, den »Hydrostrom« zum großen Wachstumsbringer zu veredeln. Insbesondere im industriefernen Osttirol und im südlichen Salzburger Land werden der Natur gewaltige Anlagen abgetrotzt. Immerhin ist die Energieausbeute mit 80 Prozent bei der Wasserkraft doppelt so groß wie bei Kohle und anderen Energieträgern. Nicht alle jene Projekte, die ganze Talschaften überflutet und schönste Landschaften irreparabel zerstört hätten, können die staatlichen Planer durchsetzen. Ausbeutungsfähige Reserven gibt es jetzt nur noch in Österreich und der Schweiz. Der Status der Wasserkraft als regenerative und daher »nachhaltige« Energieform und das absehbare Ende der fossilen Brennstoffe lassen immer wieder an weitere Erschließungen denken.

Mineralölbohrungen indes scheinen sich zunächst nur im nördlichen Alpenvorraum zu lohnen. Diese Art von Erschließung wird denn auch nach immensen Investitionen von gewinnerpichten Unternehmen wieder eingestellt, aber da und dort mit neuen Technologien durch aufwendige Versuchsbohrungen erneut angegangen. Jedoch haben die Ölgiganten zigtausend Kilometer Pipelines kreuz und quer durch die Alpen gebohrt – nach dem Vorbild jener Soleleitung, die schon 1619 die Salzlösung aus Reichenhall in die Traunsteiner Sudpfannen gespült hatte (und heute als kulturhistorischer Wanderweg markiert ist).

Die weiteren Meilensteine der Alpenerschließung werden ziemlich gleichzeitig gesetzt, nach der Mitte des 19. Jahrhunderts. Sie markieren den Bau von Schienenbahnen wie auch den Beginn des Gebirgstourismus. Gefördert wird dieser Prozess wesentlich durch die Berichte berühmter Schriftsteller, die – neben Fürsten und anderen Honoratioren – zu den ersten begeisterten Nutzern der neuen Bergzubringer zählen.

Am 17. Juni 1854 wird die Semmeringbahn nach sechs Jahren Bauarbeit eröffnet. Damit wird zum ersten Mal ein Gebirge von der Eisenbahn überquert. Der auf 897 Meter Seehöhe sanft steigende Schienenweg, seit 1999 Weltkulturerbe, soll Wien mit dem k.u.k. Hafen Triest direkt verbinden. Die Stammstrecke führt nach wie vor in kühnen Kurven über 16 Viadukte und durch 15 kleine Tunnel auf 35 Kilometern Länge höchst beschaulich von Gloggnitz nach Mürzzuschlag. Zwar hatte der geniale Chefingenieur Carl Ritter von Ghega aus Venedig bereits einen sechs Kilometer langen Scheiteltunnel eingeplant, doch war das Dynamit noch nicht erfunden.

Sind Arthur Schnitzler und Hugo von Hofmannsthal häufige Passagiere und Propagandisten der Semmeringbahn, so machen der Amerikaner Mark Twain und der Magdeburger Heinrich Tschokke die erste echte Bergbahn Europas weltweit bekannt. Diese rattert seit dem 21. Mai 1871 auf einen der fünf Gipfel der Rigi (1.797 Meter), wo Twain »über einer grenzenlosen Weite wogender Weißköpfe« schaut. Ab 4. Juni 1889 dampft am gegenüberliegenden Ufer des Vierwaldstättersees ein Zug auf der bis heute steilsten Strecke der Welt (bis 48 Prozent) auf den legendären Luzerner Hausberg Pilatus (2.063 Meter), von wo sogar Königin Victoria und Musikkönig Wagner das Panorama genießen. (Der erste Originaltriebwagen steht im Deutschen Museum).

Bahnen bringen Boom

Die Bahnen bringen einen bis dahin nicht gekannten Boom an betuchten Besuchern aus der alten und der neuen Welt. Man braucht also Beherbergungs- und Speisestätten. Zwischen 1880 und 1914 wuchsen in der Zentralschweiz zahlreiche höchst luxuriöse Grandhotels, die fortan – langfristig nicht zum wirtschaftlichen Vorteil – in der ganzen Eidgenossenschaft dominieren sollten. In Österreich indes setzt man mehr auf kleinere Herbergen, auch auf Privatzimmervermieter, zieht aber beim Bau von allerlei Alpenbahnen mit Zahnradbetrieb schnell nach.

Höchstpersönlich setzt Kaiser Franz Joseph am 8. Juni 1889 am Achensee die erste Bergbahn Tirols in Betrieb. Zum Teil in goldenen Lettern hat er nur zehn Monate zuvor dem k.u.k.-Konsul Theodor Friedrich von Dreifuß aus dem bayerischen Wildbad Kreuth die Konzession für eine »schmal spurige Lokomotiv Eisenbahn« erteilt. 1893 wird der Schafberg bei St. Wolfgang, von dessen 1.732 Meter hohem Gipfel man 13 Seen erblicken kann, unter schwarzgrauen Dampf gesetzt. Ringsum lassen sich viele Dichter und Musiker nieder; sie besingen, wiederum den Tourismus fördernd, die Schönheiten des Salzkammerguts und machen es zur Operettenszene.

Nächste Station ist der Hochschneeberg zwischen Wien und dem Semmering, wo man schon 1827 den ersten größeren Wassertunnel der Alpen und 1873 eine 118 Kilometer lange »Hochquellwasserleitung« eröffnet hat. 1897 werden hier die längste Zahnradstrecke (9,8 Kilometer) und der höchstgelegene Bahnhof Österreichs (1.792 Meter) in Betrieb genommen. »Unter tosendem Jubel« bereist Kaiser Franz

Joseph den endlich gut erreichbaren »König der Wiener Alpen«, um auf dessen Krone im Gedächtniskirchlein für seine ermordete Gemahlin Elisabeth zu beten.

Die nächste Runde der Alpenerschließung gewinnt wiederum die Schweiz. Am 1. Juli 1908 schnauft von Pontresina im Engadin erstmals eine Bahn hinauf zum Fuße des Motteratschgletschers (1.896 Meter). Das ist der Beginn der Berninalinie (die ebenfalls seit 2008 zum Unesco-Welterbe gehört) und die Keimzelle des vielleicht schönsten und vollkommensten Bergbahn-Spinnennetzes der Welt: der Rhätischen Bahn.

In diesem vom Schriftsteller Walter Flaig gepriesenen »Festsaal der Alpen« hat sich früh schon ein gehobener Fremdenverkehr entwickelt. Gefördert wird er noch vom Märchendichter Andersen, von Richard Wagner und Viktor Scheffel. Stefan Zweig macht sich vor dem ersten Weltkrieg lustig über all die »Sorglosen« in dem üppig aufblühenden Hoteldorf Pontresina und über die »mit ihren Affengewändern die Berge herabfahrenden« Skimenschen.

Das Lungenheilbad Davos wird 1909, Arosa im Dezember 1914 mit dem Rhätischen Räderwerk verzahnt. Nicht erst Thomas Mann muss literarisch für das touristische Wachstum werben. Jedenfalls bietet dieser Stammkurgast beider abgelegenen Bergdörfer seinem aus dem Tiefland anrollenden Hans Castorp vom Abteilfenster aus ungewohnten Genuss: »Der Zug wand sich gebogen auf schmalem Pass; man sah die vorderen Wagen, sah die Maschine, die in ihrer Mühe braune, grüne und schwarze Rauchmassen ausstieß, die verflatterten. Wasser rauschten in die Tiefe zur Rechten; links strebten dunkle Fichten gegen Felsblöcke gegen einen steingrauen Himmel empor. Stockfinstere Tunnel kamen, und wenn es wieder Tag wurde, taten weitläufige Abgründe mit Ortschaften in der Tiefe sich auf ...«

Um die gleiche Zeit, zu Beginn des 20. Jahrhunderts, kommen auch Bergschwebebahnen für Personen auf. Man traut zunächst der Reißfestigkeit der Seile nicht. Der Sicherheit wegen ist die erste Anlage, der 1908 bei Grindelwald betriebsbereite »Wetterhornaufzug«, noch mit vier Seilen pro Kabine ausgerüstet. Wie das im Deutschen Museum befindliche Modell zeigt, wurde von vier vorgesehenen Sektionen nur eine realisiert. Wegen der enormen Schwierigkeiten hat sich der Planer, der deutsche Ingenieur Feldmann, noch während des Baus erschossen. Bei der Wankbahn von Partenkirchen verlässt man sich bereits 1929 auf zwei Seile, während die modernen Umlaufbahnen nur noch ein einziges brauchen.

Nachzügler Deutschland

Im Deutschen Reich nimmt die erste Alpenbahn am 25. Mai 1912 den Betrieb auf. Mit ihr bekommt der Wendelstein (1.838 Meter) endlich einen Zubringer, den er längst seinem Ruf als meist bewanderter Berg Bayerns schuldig ist. Diesen Ruf verdankt er vor allem Berichten über seine Besteigung durch König Max II im Sommer 1858. Nach langem Pläneschmieden und Verhandeln treiben 800 meist aus Italien oder dem Balkan angeworbene Arbeiter – was sich der badische Kommerzienrat Otto von Steinbeis zwei Millionen Goldmark kosten lässt – Gleise und Tunnel für die »Hochgebirgsbahn« knapp zehn Kilometer weit bis fast vor das schon 1883 eingeweihte Wendelsteinhaus, für welches ein Verein mit Hilfe des Westernhelden Buffalo Bill gesammelt hat. Dessen Ausbau zum Luxushotel verhindert der Erste Weltkrieg.

Vielfältige Pannen, Probleme und Proteste hat es gegeben, ehe die »Reibungs- und Zahnradbahn« von Garmisch auf das Zugspitzplatt – nach fünf abgelehnten Konzessionsgesuchen von der bayerischen Regierung – 1928 endlich genehmigt wird. Aktionäre der Berliner Lokalbahn AG, die neben der AEG und einer Münchner Gesellschaft Kapitel und Kaution stellt, bangen lautstark um ihre Dividenden. Mit 20 Millionen Goldmark schießen die Baukosten immerhin um das Doppelte in die Höhe.

Auch der Landesausschuss für Naturschutz hat mitzureden; noch ist für die Alpinisten jede Bergbahn ein böser Eingriff. Doch die Gegenargumente werden von Behörden und Presse höher bewertet: »Ist es nicht schön, dass Menschen, die körperlich nie in der Lage wären, in solchen Höhen zu wandern, nun mit Hilfe der modernen Technik mühelos diese wunderbare kräftige Höhenluft atmen können und den zauberhaften Fernblick genießen dürfen, der ihnen sonst ewig verschlossen geblieben wäre?«

Rund tausend erfahrene Sappeure, großenteils ehemalige Gebirgsjäger, hämmern Steige in nie begangene Wände, schleppen schwere

Seile für Hilfsbahnen bergauf, sprengen Kavernen für Lagerräume und Schlafstätten, treiben schließlich einen 4.500 Meter langen Tunnel von neun Sprenglöchern aus in Deutschlands höchstes Bergmassiv. Gleichzeitig wird dort, wo die Zahnradbahn unterirdisch endete, das Schneefernerhaus als modernstes Berghotel des Reiches hingestellt. Zehn Bahnarbeiter kommen ums Leben: durch Steinschlag, Absturz, Explosionen und einen fürchterlichen Kantinenbrand. Immerhin kann das technische Wunderwerk bereits am 8. Juli 1930, nach nur zweijähriger Bauzeit, eingeweiht werden.

Keine drei Wochen später meldet die Schweiz einen kaum weniger sensationellen Fortschritt alpiner Verkehrserschließung: Von St. Moritz nach Zermatt durchquert am 27. Juli 1930 erstmals eine Eisenbahn der Superlative die großartigsten Hochgebirgslandschaften Europas, die ausgestattet sind mit so vielen Gletschern, Gipfeln, Pässen, Flüssen, Städten, Schlössern, Klöstern, außerdem mit dem höchsten Eisenbahntunnel Europas und dem längsten Schmalspurbahntunnel der Welt. Auf seiner gut 150 Kilometer langen Strecke, die zur Hälfte auf die Rhätische Bahn entfällt, wirbt dieser »Glacier Express« immer noch als »langsamster Schnellzug der Welt«.

Die eigentliche Erfolgsgeschichte der Bergseilbahnen einschließlich der Skilifte beginnt erst nach dem Zweiten Weltkrieg. Am 16. Dezember 1945 wird in Flims (Graubünden) weltweit erstmals eine Doppelsesselbahn eingesetzt. Das Besondere: Sie hatte Seitensitze und war kuppelbar, was geradezu einen Quantensprung für die Förderleistung bedeutete – und das Zeitalter des winterlichen Massentourismus einleitete.

Aufrüstung

Wie die Alpen für den Massentourismus präpariert wurden

Ein neues Publikum
Da staunten die Touristen aus dem Flachland, als sie zum ersten Mal die bizarren Berge der Dolomiten erblickten.

Aufbruch der Massen
Vom »Nangaparbatismus« zum neuen Skitourismus

Fünf Jahre nach dem Zweiten Weltkrieg ist die Welt der großen Berge wieder offen. Die wiedergewonnene Freiheit des Reisens nutzend, streben Alpinismus und alpiner Tourismus neuen Höhen zu. Im Juni 1950 ersteigt eine französische Expedition unter Maurice Herzog den ersten Achttausender, die Annapurna. Und binnen weniger Jahre sind sämtliche Achttausender im Himalaja und im Karakorum »bezwungen«, wie man noch heldenhaft zu sagen pflegt.

Auch in den Alpen werden jetzt die »allerletzten Probleme« bewältigt. Bohrhaken, Trittleitern und anderes modernes Gerät ermöglicht es, bisher unbezwingbare Wände zu begehen. Berichte und Filme über solche Abenteuer lösen Begeisterung aus, spornen junge Bergsteiger zum Nachahmen an, locken aber auch Unerfahrene in zunehmender Zahl ins Hochgebirge, wo nun bereits allerlei »technische Aufstiegshilfen« installiert werden. Von der Bergstation zum Gipfel, das ist kein Problem mehr, auch wenn »Ungeübte« vor der Begehung schwieriger Pfade und Steige in der Regel gewarnt werden.

Am 22. Oktober 1950 wird in Würzburg der Deutsche Alpenverein neu gegründet. Er hat bereits wieder rund 90.000 Mitglieder, die in 234 Sektionen überall im Bundesgebiet und in Westberlin von bereits bestandenen oder geplanten Touren träumen. Seine Hütten in Österreich und Italien hat der DAV allerdings auf Geheiß der Besatzungsmacht abgeben müssen.

Unverzichtbar ist jedenfalls – noch für lange Zeit – eines der Gründungsziele des Vereins: die systematische Erschließung der Bergwelt, insbesondere durch Wege und Unterkunftshäuser. Der auf der Münchner Praterinsel residierende Bergsteigerverein will weiterhin – wie vom Gründervater Franz Senn verkündet – »mehr Teilnehmer heranlocken, weil die Schönheit der deutschen Alpen nicht Eigentum Einzelner, sondern aller ist, die sie genießen wollen«.

Und so stürmen, genießen und bewundern sie alle nun wieder diese Naturschönheit, die – im krassen Gegensatz zu ihren Wohnstädten – vollkommen unversehrt geblieben ist (wenn man von den Bombenschäden auf dem vorerst gesperrten Obersalzberg absieht). Der Massenzulauf bringt freilich sehr rasch auch Probleme mit sich. »Der Bergtod hält reiche Ernte«, berichtet der Autor dieses Buches im September 1953. Mehr als 250 Menschen waren seit Beginn dieses Jahres in den Alpen tödlich verunglückt, über 80 in Österreich, 60 in der Schweiz, 43 in Italien, 42 in Deutschland und 32 in Frankreich.

»Wir haben heute fast schon doppelt so viele Todesfälle als im ganzen vorigen Jahr,« sagt Karl Frantz, der die Bergwachtzentrale in München leitet. Er hat auch eine Erklärung: Die großen Expeditionserfolge im Himalaja haben den Bergsport in einem bisher kaum genannten Maße populär gemacht. Frantz bezeichnet die neue, ungestüme Gipfelstürmerei als »Nangaparbatismus«. Die Bergwacht wurde übrigens nicht vom Alpenverein gegründet (der seine Hütten mit Rettungsgerät ausgestattet hat), seine Dachorganisation ist vielmehr das Bayerische Rote Kreuz. Jetzt, im Herbst 1950, vergeht kaum ein Tag, an dem die in 400 Meldestellen stationierten Männer mit dem Edelweiß und dem Roten Kreuz am Ärmel nicht zu Hilfe gerufen werden. Auch im kommenden Winter werden die freiwilligen Helfer wieder viel Arbeit haben.

Es ist aber weniger der sommerliche Fremdenverkehr, der wie ein Föhnsturm über die Alpen hereinbricht, als der mehr oder weniger organisierte Skitourismus, der nach Import des nordischen Schneeschuhs nach 1945 einen zweiten Höhepunkt erreicht, nachdem bereits 1891 in München der erste deutsche Skiclub gegründet wurde. Er wird zur Existenzgrundlage zahlreicher alpiner Regionen. Sie bauen ihre Skiräume aus, expandieren immer höher hinauf, bis in die Gletschergebiete, vernetzen sie durch Bahnen und Lifte, bilden dadurch Großräume mit Pisten über Hunderte von Kilometern.

Früh schon wurde der Skitourismus zum Problem, das die Ökologie, die Raumordnung, die Sicherheit herausforderte. Es konnte bisher noch kaum bewältigt werden, auch wenn die klimatischen Veränderungen (Schneemangel) sowie attraktive alternative Angebote für den Wintertourismus den »harten« Skilauf inzwischen eingedämmt haben.

Die Schlagader
Mit dem Bau einer Autobahn über den Brenner hat der Alpenverkehr seinen bis heute wichtigsten Alpenübergang bekommen.

Das durchbohrte Gebirge
Wie der interalpine Verkehr neue Trassen suchte

Seit der Römerzeit sind die Alpen ein Transitraum. Über Saum- und Passpfade zunächst, dann auf befestigten Straßen, auf Schienen und schließlich durch Pipelines bewegt sich ununterbrochen ein anwachsender Verkehr von Gütern und Menschen. Seit dem Zweiten Weltkrieg hat hauptsächlich der Transit- und Touristenverkehr in Nordsüdrichtung enorm zugenommen. Enge Zusammenarbeit über Staatsgrenzen hinweg, gigantische Investitionen und unendliche Geduld hat es gebraucht, um die Infrastruktur des alpinen Verkehrs den wirtschaftlichen und politischen Entwicklungen anzupassen. Immer wieder stießen Planungen auf technische und ökologische Probleme. Die Bayerische Akademie der Wissenschaften stellt 2010 fest, »dass der wirtschaftliche Nutzen der entlang einer ausgebauten Verkehrsachse liegenden peripheren Region in einem fragwürdigen Verhältnis zu den finanziellen Aufwendungen einerseits und den ökologischen Problemen andererseits steht«. Eine Schlüsselrolle spielt von jeher der Brennerübergang: die Autobahn ebenso wie die Eisenbahn, deren Tunnelplanung eine unendliche Geschichte ist.

Erstes Bahnsignal

Erstmals taucht Ende 1955 ein sensationelles Projekt auf: Zwischen München und Verona soll eine Schnellbahn mit gewaltigen Tunnels über den Brenner trassiert werden. Nach dem vom Wiener Ingenieur August Dressler ausgearbeiteten Plan soll sie das Isartal entlang über Bad Tölz und Fall verlaufen. Mit Leichtmetallzügen könnten Geschwindigkeiten von 200 km/h erreicht werden, was natürlich nur durch Vermeidung von Gefällstrecken möglich wäre. Demnach würde der Scheitelpunkt bei 580 Meter liegen, während die 88 Jahre alte Brennerbahn auf 1.362 Meter klettern muss. In den Zentralalpen sollen Tunnels bis zur Gesamtlänge von 90 Kilometer über senkrechte Schächte gebohrt werden. Die deutschen, österreichischen und italienischen Staatsbahnen sollen sich die Kosten von insgesamt 500 Millionen Mark teilen.

Grenze der Belastung

Mit dem beschleunigten Ausbau einer Autobahn über den Brenner befasst sich im September 1959 eine Tagung, die Fachleute aus der Bundesrepublik, Österreich und Italien drei Tage lang in Bozen zusammenführt. Über diesen klassischen, 1.372 Meter hohen Pass sind im Vorjahr rund 1,3 Millionen Deutsche mit dem Kraftfahrzeug und über eine halbe Million mit der Bahn ins Land ihrer Sehnsucht gereist. Damit hat der Brenner den Personenverkehr zwischen Italien und Deutschland überwiegend und den Güterverkehr mindestens zur Hälfte an sich gezogen.

Die alte Brennerstraße hat aber bereits 1958 ihre »kritische Verkehrsmenge« erreicht und wird wohl bis 1961 an die Grenze ihrer Leistungsmöglichkeit gelangt sein, stellte Dipl.-Ing. Alois Seidl vom Handelsministerium in Wien fest. Die Österreicher haben nun mit dem ersten Spatenstich für eine große »Europabrücke« über die Sill immerhin den ersten praktischen Schritt zur internationalen Brennerautobahn getan. Schon wird an der Strecke Innsbruck-Schönberg gearbeitet. Das gesamte Tiroler Teilstück des künftigen Nordsüdübergangs wird vierspurig ausgebaut werden, es soll bis zur Brennergrenze etwa 250 Millionen Mark kosten.

Rund 540 Millionen Mark wollen die Italiener investieren. Der Staat übernimmt ein Drittel und die Bürgschaft. Eine soeben gegründete Aktiengesellschaft plant eine Teilstrecke von 311 Kilometern. Sie soll bei Modena in die von Mailand nach Bologna (später bis Neapel) vorgesehene und teilweise schon begonnene »Sonnenautobahn« einmünden. Die Straßenlinie München-Rom würde damit von 1.009 auf 826 Kilometer schrumpfen.

Was die deutsche Beteiligung an der gigantischen Überbrückung der Zentralalpen betrifft, so stehen drei Trassen zur Diskussion: 1. Die Autobahn München-Rosenheim mit der neuen Schnellstraße nach Kufstein, 2. die Olympiastraße nach Garmisch mit Anschluss über

Mittenwald nach Innsbruck, 3. eine völlig neue Strecke über den Tegernsee und den Achensee nach Jenbach am Inn.

Schneller an die Adria

Österreich verkürzt den Weg an die Badestrände der Adria um genau hundert Kilometer – und gerät mit Italiens Alpenpolitik in Konflikt. Am 24. Juni 1967 wird die Felbertauern-Hochalpenstraße von Mittersill im Salzburger Land nach Matrei in Osttirol eröffnet. Die Fahrt durch den 5,2 Kilometer langen Tunnel kostet allerdings die Autofahrer viel Geld: 28 Mark pro PKW.

Mehr als ein Drittel aller Touristen bereist Österreich mit dem eigenen Auto, gibt Hofrat Eduard Fally vom Wiener Straßenbauministerium auf einer internationalen Konferenz in München bekannt. Deren Fazit: Viele Pläne, wenig Straßen. Für sie soll nun auch die Inntalautobahn vom Grenzort Kufstein bis Innsbruck verlängert werden, was allerdings zehn Jahre dauern wird. Der Anschluss von der Tiroler Landeshauptstadt bis zur Grenze am Brenner wird allein schon 2,7 Milliarden Mark kosten.

Die Italiener zeigen hier noch keine Eile. Sie bevorzugen immer noch eine Autobahn durch das Nordtiroler Zillertal. Diese Verzögerung habe anscheinend politische Gründe, argwöhnt der bayerische Wirtschafts-Staatssekretär Franz Sackmann. Das heißt wohl: Der Südtirol-Konflikt – es kam sogar zu Bombenanschlägen – wirkt sich auch auf den Straßenbau und die Grenzabfertigung aus, die Sackmann wie viele seiner Landsleute als »diskriminierend« empfinden. Im letzten Sommer ergaben sich am Pass bis zu fünf Stunden Wartezeit und Autoschlangen bis zur Europabrücke.

Die viel diskutierte Autobahn von München über den Achenpass und das Zillertal nach Venedig halten Österreichs Alpenstraßenpolitiker aber für unnötig. Wichtiger ist ihnen, so Hofrat Fally, der Ausbau der autobahnähnlichen Tauernschnellstraße von Salzburg bis Villach. Am Plöckenpass südlich von Lienz ist ein 6,2 Kilometer langer Tunnel geplant. Damit kommt Wien dem Drang deutscher Urlauber nach Jugoslawien entgegen. In zehn Jahren dürften nach aktueller Prognose alljährlich fast fünf Millionen deutsche Autofahrer allein durch das »Salzburger Tor« gen Süden rollen.

In Vorarlberg wurde mit dem Bau einer Rheintal-Autobahn begonnen, sie soll die Fahrt vom Bodensee nach Italien verkürzen. Und weil die Italiener einen Tunnel am Stilfser Joch planen, wird für Österreich ein 130 Kilometer langer Tunnel in schwierigem Gebirgsgelände nötig.

Ein bayerischer Berg von einiger Berühmtheit, der Wendelstein, wird im Juni 1966 mit der Verkehrsübergabe der letzten 23 Kilometer der Inntalautobahn »besser angeschlossen« an den Tourismus. Jetzt gibt es eine Direktverbindung zwischen den Grenzen der Bundesrepublik im Norden und im Süden. Spektakulär der Durchstich des Gletscherschliffs bei Brannenburg, von wo aus die 1883 gebaute Zahnradbahn in gemütlichen 55 Minuten auf den mit Gasthaus und Kirchlein besetzten Aussichtsberg klettert.

Erste Skiflüge

Am 12. November 1969 starten die ersten Jetflüge in die Alpen. Von Düsseldorf, Hannover und München aus können Winterurlauber bis in den Mai hinein jeden Freitag zu Pauschalpreisen zu den Skidestinationen Bayerns, Österreichs und Italiens düsen. Bisher brachten nur Kleinflugzeuge (zu großen Preisen) und unregelmäßige Wochenendflüge eilige Skifahrer in näher gelegene Alpenzentren, die zuvor schon von britischen und skandinavischen Chartergesellschaften bedient worden waren. Den deutschen Großveranstaltern erschienen solche Transporte als unwirtschaftlich.

Es sind denn auch nur einige wenige Newcomer auf dem touristischen Markt, die diese Schallmauer durchbrechen: Holiday Jet, Paneuropa und Axmann-Reisen. In der Regel kombinieren sie die Flüge mit Anschlussbussen oder sogar mit PKWs. »In Zukunft,« meint der Münchner Reiseveranstalter Herbert Axmann, »werden wir für jeden Urlauber, der es wünscht, ein Kraftfahrzeug zu günstigen Bedingungen am Ankunftsflughafen bereitstellen müssen.«

Die ersten alpinen »Jet-Jumps« haben jedoch wenig Glück. Paneuropa, zeitweise drittgrößte deutsche Charterflugfirma, ging nach einer Katastrophe mit 22 Todesopfern und anderen Pannen 1971 pleite. Im selben Jahr wurde der Reiseveranstalter Herbert Axmann wegen Betrugs und Konkursvergehen zu zwei Jahren Freiheitsentzug verurteilt. Spätere Initiativen anderer Alpenflugunternehmen, beispielsweise von Air Dolomiti, hatten mehr Erfolg.

Zu einer Drehscheibe des europäischen Skiflugtourismus entwickelte sich indes der Flughafen von Innsbruck; die englischen und holländischen Sonderflugzeuge für verunglückte Skifahrer nennen die Tiroler »Gipsbomber«. Den höchstgelegenen Airport Europas hat St. Moritz, er wird ganzjährig angeflogen – sogar bei zwei Metern Schnee im Tal.

Berge hinter Gittern

Als Kaiser Franz I. anno 1830 die nach ihm benannte Franzensfeste in Südtirol einweihte, raunzte er: »Die hat so vui Göid kost, dass sie auch aus Goid sein könnt.« Von der Autobahn, die sich rund 140 Jahre danach, im Jahr 1970, im Rohbau an der düsteren Festung vorbei quer über den Stausee von Franzensfeste schwingt, wird man einmal dasselbe sagen können. Fünf Millionen Mark kostet hier ein einziger Kilometer.

Noch vor Weihnachten 1971 soll die Neubaustrecke zwischen Brenner und Klausen eröffnet werden – ausgenommen ein kleines Stück am Pass und eben der besonders schwierige Abschnitt Fortezza, wie die Italiener die ehemalige Feste des Habsburger Reiches nennen. Nicht schon zu den Olympischen Spielen in München, wie ursprünglich geplant, sondern voraussichtlich erst Anfang 1973 wird, wie Präsident Dr. Turini in Bozen verriet, die ganze italienische Brennerautobahn auf der 85 Kilometer langen Strecke durchgehend befahrbar sein.

Doch der Traum der Autofahrer, die Alpen auf klassischer Trasse schnell und endlich ungehindert überqueren zu können, ist längst zum Alptraum der Straßenbauer geworden. Wohl keine Autostraße Europas hat bisher so viele politische, finanzielle und vor allem technische Hürden zu überwinden gehabt wie die »Autostrada del Brennero«.

Die leidige Politik hatte den deutschsprachigen Raum lange Zeit vom römischen Geldsegen abgeschnitten und so die Straßenverhältnisse auf den Stand der Jahrhundertwende eingefroren. Nachwirkungen spürt man noch lange: Im Regionalrat in Bozen wurde der Brennerautobahn AG in Trient »Verschleuderung von Milliarden« und jahrelange Geheimniskrämerei vorgeworfen. Einige Volksvertreter argwöhnten gar, die für die Brennerautobahn bestimmten Gelder seien zum Teil für Straßenarbeiten im italienischen Sprachraum der Region zweckentfremdet worden.

Immer wieder mussten das Aktienpaket, an dem die Region mit 25 Prozent beteiligt ist, aufgestockt und weitere Mittel zugewiesen werden. Von sechs Milliarden Mark, die drei Jahre vor Baubeginn im Jahr 1963 bewilligt worden waren, kletterten die Baukosten inzwischen auf zehn Milliarden. Ein zinsgünstiges Darlehen der bayerischen Regierung von 50 Millionen Mark war nur ein Tropfen auf den heißen Stein, hatte aber politische Wirkung. Trotz aller Schwierigkeiten, so versichert Projektleiter Bruno Gentilini, sei die italienische Brennerautobahn immer noch billiger als ihr österreichisches Pendant zwischen Innsbruck und dem Brennerpass.

Die Italiener können vergleichsweise preiswert bauen, weil sie völlig neuartige Methoden entwickelt und angewandt haben. Die Notwendigkeit dazu ergab sich schon aus den ungewöhnlichen Bedingungen: Das Eisacktal ist großenteils nur 40 Meter breit. Es ist ziemlich dicht besiedelt. Muren, Erdrutsche, Überschwemmungen und Terrainverlagerungen erschweren die Bauarbeiten. Der Verkehr auf der bestehenden Staatsstraße und die Eisenbahn dürfen nicht gestört werden. Obendrein soll die Landschaft nicht verunstaltet werden. Und dabei ist die ganze Autobahn so angelegt, dass sie mit 120 Stundenkilometern befahren werden kann, weshalb sie keine extremen Steigungen und Kurven haben darf.

Bis zu einer Höhe von 100 Metern ragen die elegant geformten Stützen auf. Und bis zu 40 Meter tief sind sie im Fels oder im Flussbett verankert. »Wie auf Elefantenpratzen,« erläutert Chefingenieur Gentilini, ruhen die mächtigen Betonpfeiler unter dem Schotter. Viele sind von betonierten Manschetten umkleidet, die vor rutschendem Gestein schützen sollen. Durch Materialentnahme aus dem Schacht kann man notfalls das perfekte Gleichgewicht der Massen wiederherstellen.

Sechs Meter über der östlichen Vorstadt von Bozen wird die Autobahn direkt am Eisack auf eine drei Kilometer lange Brücke verlegt, unter der außerdem die Staatsstraße geführt werden soll. Die an Ort und Stelle vorgefertigten Betonelemente, jedes 22 Meter breit und

125 Tonnen schwer, werden durch eine fahrbare Hebebühne hochgezogen und wie im Lego-System auf die in H-Form gegossenen Stützpfeiler montiert. Dieser längste Viadukt Europas teilt nun, was viele Proteste hervorgerufen hat, die Südtiroler Hauptstadt in zwei Hälften, schirmt sie aber zugleich von ihrer hässlichen Industriezone ab.

Automatisierte Baustellen und große, überdachte, geheizte Gerüstwagen machen es möglich, im Winter durchzuarbeiten. Die riesigen Maschinen, in denen 33 Meter lange Teile der Betondecke gegossen werden, bewegen sich wie vorsintflutliche Ungeheuer auf drei Beinen hoch oben von Pfeiler zu Pfeiler, denn im Talgrund wäre kein Platz. Manchmal müssen Hilfspfeiler aufgestellt und dann wieder weggesprengt werden. In den Asphalt wird stellenweise eine aus Amerika stammende Gummifaser eingebunden, damit die Fahrbahn immer weich und elastisch ist und später keine Frostaufbrüche zu befürchten sind.

Und es kracht im Eisacktal wie in den Zeiten, als die Südtiroler »Bumser« (wie man die Sprengstoffattentäter nannte) noch aktiv waren. Rund 150.000 Kubikmeter an Gebäuden und militärischen Anlagen müssen verschwinden, weil sie sich im Autobahnverlauf befinden. Wertvolle Baulichkeiten werden auf besonders umständliche Weise geschützt. Das gotische Martinskirchlein bei Kardaun zum Beispiel wurde innen und außen verpackt wie ein Kunstwerk von Christo. Andere historische Bauwerke werden einfach zerlegt und wieder aufgebaut.

Einmal kreuzt die Autobahn mitten im Berg die alte Brennerstraße und die Eisenbahn. Bei Klausen muss die Eisenbahn für die Zeit der Bauarbeiten »eingetunnelt« und später wieder »freigelegt« werden. Damit die Autofahrer möglichst viel zu sehen bekommen von der großartigen Berglandschaft, werden lange Tunnels ansonsten vermieden. Selbst auf der 31 Kilometer langen, kritischen Strecke Klausen-Bozen verlaufen nur zwei Kilometer in Tunnels, aber 18 Kilometer auf insgesamt 20 Viadukten – 30 Meter über dem Talgrund. »Auf der einen Seite sehen Sie die Grashalme, auf der anderen die Autos und Züge wie Spielzeuge,« schwärmt Gentilini.

Um die Schönheit der Landschaft zu erhalten, wurde auch auf Berg- und Böschungsmauern verzichtet. Wo die Überhänge mit Neigungen von 40 Grad allzu bedrohlich erscheinen, wie bei Brixen, wurden die Felswände mit einem Drahtgitter verkleidet und mit Spritzbeton gegen Steinschlag gesichert. Gefahrlos soll der Autofahrer durch das Eisacktal fahren können. Die Bauarbeiten selbst sind allerdings nicht ohne Gefahren, sie haben bisher 20 Todesopfer gefordert.

Wann kommt die Brennerbahn?

Die katastrophal gewordenen Verkehrsverhältnisse in den Alpen haben auch den Plänen, mit vereinten europäischen Kräften eine neue, leistungsfähige und weniger anfällige Eisenbahnlinie zwischen Deutschland und Italien zu schaffen, gehörig Dampf gemacht. »Es ist ein Ärgernis, dass in der Mitte unseres Kontinents ein Gebirge den Verkehr noch immer weit stärker behindert, als es nach dem Stand der Technik notwendig wäre«, sagt im April 1975 der Leiter der Verkehrsabteilung im bayerischen Wirtschaftsministerium, Hugo Hartmann.

Seit 1867 rattern die Züge über den 1.375 Meter hohen Brennerpass, die tiefste Einsenkung im Zuge des Alpenhauptkamms. Es ist die einzige Eisenbahnlinie, die den Scheitel des Gebirges ohne Tunnel überwindet. Was einst ein wahrer »Höhepunkt« der Ingenieurkunst war, ist dem heutigen Handels- und Fremdenverkehr längst nicht mehr gewachsen, von künftigen Erfordernissen nicht zu reden.

Alljährlich werden jetzt im Schienenverkehr über den Brenner über 2,5 Millionen Reisende gezählt. Das entspricht ungefähr der Hälfte des gesamten transalpinen Personenreiseverkehrs per Bahn. Täglich passieren bis zu 135 Züge den tristen Grenzbahnhof »Brennero«. Die Kapazität der Strecke ist damit bereits derart erschöpft, dass Gütertransporte von München nach Verona durchschnittlich vier, zu Spitzenzeiten aber bis zu 14 Tage unterwegs sind.

Schon in »normalen« Zeiten kommt es daher häufig zu Verzögerungen, Umleitungen und Wartezeiten im Zugverkehr über den Brenner, zumal die Verladebahnhöfe und Zollabfertigungen beiderseits der Passhöhe völlig unzureichend sind. Vor allem auf italienischer Seite kommen dazu auf der veralteten Trasse noch Unterbrechungen infolge von Überschwemmungen, Erdrutsch, Steinschlag und – wie jetzt zweimal innerhalb einer Woche – großen Lawinenabgängen.

Seit Jahren bemüht sich eine »Achsengruppe Brenner« des internationalen Eisenbahnverbandes, die Weichen für eine Modernisierung dieses wichtigen Schienenweges zu stellen. Sie hat 1974 eine Tunnelstraße am Tribulaun, westlich vom Brenner, in Richtung Passeiertal-Meran vorgeschlagen. Inzwischen scheinen sich die Planer der Bahnverwaltungen Italiens, Österreichs und der Bundesrepublik aber für eine andere Variante, die unter der heutigen Brennerstrecke im Eisacktal führen soll, entschieden zu haben.

Wenn keine neuen Gesichtspunkte mehr auftauchen, dürfte es also zum Bau eines Tunnels kommen. Dieser würde nördlich von Innsbruck in den Berg Isel eintauchen (wie jetzt schon die Brennerautobahn) und nach etwa 40 Kilometern ungefähr bei Sterzing wieder zum Vorschein kommen. Einig ist man sich darin, dass die Reisegeschwindigkeit diejenige auf der neuen Autobahn um 50 Prozent übersteigen müsste, denn nur dann wäre der Anreiz für ein Umsteigen vom Auto auf die Schiene oder eine Inanspruchnahme von Autoreisezügen groß genug.

Das würde bedeuten, dass die Reisegeschwindigkeit München-Verona auf 135 km/h und in der Spitze sogar auf 250 km/h erhöht werden müsste. Damit wäre eine Fahrzeit zwischen den beiden Städten von wenig mehr als drei Stunden zu erreichen, was einer Halbierung der Fahrzeit in den 1970er-Jahren gleich käme. Bozen in zwei Stunden – das wäre für Bewohner und Gäste Bayerns eine Wochenendalternative gegenüber vielen näher gelegenen Ausflugszielen. Und Innsbruck würde gar zum »Vorort Münchens« werden.

Denn nicht nur der eigentliche Passverkehr, sondern auch der Streckenteil am Nordrand der Alpen soll wesentlich beschleunigt werden. Der deutsche Vorschlag, das Wettersteinmassiv zu untertunneln und so direkt nach Innsbruck zu gelangen, ist zwar fallen gelassen worden; aber die Bundesbahn will sich für einen neuen Schienenstrang von München über Kufstein durch das Inntal einsetzen, denn die bisherige Strecke ist, vor allem bis Rosenheim, ebenso überlastet wie der Brenner.

Es existieren allerdings noch lange keine konkreten Kosten- und Zeitschätzungen für die Realisierung der Pläne. Zwar haben sich die Regierungschefs der »Arbeitsgemeinschaft Alpenländer«, die aus acht Ländern und Regionen besteht, schon im April 1975 für den Bau neuer Eisenbahnlinien über Brenner und Splügen ausgesprochen. Die

Entscheidungen aber werden die nationalen Regierungen zu treffen haben. Nach Vorstellung des bayerischen Verkehrsministeriums, das an einer baldigen Entscheidung vordringlich interessiert ist, könnte für etwaige Finanzierungslücken auch die Europäische Investitionsbank in Anspruch genommen werden.

Straßenbau beschleunigt

Beim Ausbau des Alpenstraßennetzes geht es sehr viel zügiger voran als bei der Planung der Brennerautobahn. Am 21. Juni 1975 wird die 52 Kilometer lange, vierspurige Scheitelstrecke der Tauernautobahn mit zwei Tunnels und 74 Brücken eröffnet, nachdem noch im Mai ein vor dem Abbruch stehendes Baulager von einer Lawine verschüttet worden war. In Tirol wird drei Tage später der 1.600 Meter lange, von Garmisch und Füssen heranführende »Westast« der Brennerautobahn eingeweiht.

An der Grenze Tirol-Vorarlberg ist, trotz schwierigster Felsverhältnisse und mehrer Todesopfer, der erste »Tausender« des künftig 13 Kilometer langen Arlberg-Straßentunnels geschafft, ein »Bypass« zum Bahntunnel und zu der bis auf 1.793 Meter trassierten Passstraße. Und im Grenzgebiet zwischen Vorarlberg und Bayern sind ebenfalls die ersten tausend Meter des Bregenzer Hausberges Pfänder durchbohrt; ab 1979 soll diese Doppelröhre die Schweiz und Deutschland näher zusammenbringen und die Wartezeiten an der Grenze bei Lindau vermeiden.

Ein dreifaches Jubiläum wird im Sommer 1975 am Großglockner gefeiert: Vor 175 Jahren wurde der Gipfel des höchsten Berges Österreichs (3.798 Meter) erstmals bestiegen, vor hundert Jahren wurde das Glocknerhaus eingeweiht und vor 40 Jahren, am 30. August 1930, die Großglockner-Hochalpenstraße. Mit einer Länge von 48 Kilometern, einer Mindestbreite von sechs Metern und 27 Kehren erschloss die Scheitelstrecke eine der großartigsten Berglandschaften Europas für jedermann. Zwölf Stichstraßen klettern noch höher und nähern sich dem Gipfel bis auf knapp vier Kilometer. Angeschlossen sind außerdem sieben Seilbahnen und Lifte.

Rund eine Million Touristen in genau 283.333 Fahrzeugen (darunter 183.469 aus der Bundesrepublik Deutschland) haben diesen Alpenhauptkamm im Jahr 1974 überquert. Sie konnten eine Fahrt durch drei Jahreszeiten erleben und unüberbietbare Aussichten genießen. Auch die neuen, durch Tunnels geführten und deshalb schnelleren Alpenübergänge haben den immer noch meistbefahrenen Hochalpenstraßen des Glocknermassivs keinen Abbruch getan. Diese dienten – so behauptet deren Informationsdienst etwas schwärmerisch – den Menschen selbst, seien Bindeglieder zur Natur, Straßen der Besinnung und der Freizeit, während jene nur dem Verkehr dienten.

Sperre der Alpenstraßen?

Noch ehe die ersten Urlauber aus dem Schlierseer Tal und die Ausflügler an diesem Maimorgen des Jahres 1990 aus dem 70 Kilometer entfernten München mit ihren Autos heraufgekommen sind, haben fliegende Händler direkt am Spitzingsee ihre Tische aufgeklappt. Vor einem Lieferfahrzeug werden Naturprodukte aus Honig und Hopfen feilgeboten, ein anderes ist vom Kühler bis zum Kofferraum mit kitschigen Ölgemälden bedeckt, die meist eine heile Welt von Bergen und Seen zeigen.

Kitsch schon deshalb, weil die wirkliche Welt ringsum gar nicht mehr so heil ist. Schon wenn man die Spitzingstraße hochfährt, sind die Schäden an Fichten und Buchen unübersehbar; hier rühren sie hauptsächlich vom Streusalz des Winters her. Und im Übrigen sind 50 Prozent des Gebirgswaldes »deutlich sichtbar geschädigt«, stellt Forstdirektor Hans Kornprobst aus Miesbach fest.

Der riesige Parkplatz zwischen dem 1.068 Meter hoch gelegenen See und der Talstation der Taubensteinbahn füllt sich rasch, obwohl Werktag ist. Braune, ölige Spuren führen bis unmittelbar an die schmale, grüne Uferzone. Noch blüht dort weißrötlich der Fieberklee, ein seltenes, sonst nur in Skandinavien vorkommendes Enziangewächs. Wie lange noch? »Eine einzige eingerissene Ölwanne – und der See ist kaputt,« fürchtet Helmut Steininger, der Geschäftsführer des Bund Naturschutz in Bayern. Er hat Behördenvertreter, Kommunalpolitiker und Journalisten an den beliebten Bergsee gebeten, um an diesem Beispiel deutlich zu machen, wie sehr der motorisierte Erholungsverkehr bereits die alpine Natur bedroht.

Um 30 Prozent sind der Bergwander- und der Skitourismus in den letzten fünf Jahren gewachsen. Ein gewisser Rückzug aus dem Süden und ein Zuzug aus dem Osten Europas könnten diese Entwicklung noch beschleunigen. Ähnlich wie hier am Spitzingsee, dem traditionellen Sommer- und Winterauslauf der Münchner, sei es am Rossfeld bei Berchtesgaden, am Königssee, am Tegernsee, in Garmisch-Partenkirchen oder Hindelang, zählte Steininger exemplarisch auf.

Nirgendwo in den bayerischen Alpen aber erreicht der Auto-Tourismus derartige Spitzenwerte wie im Landkreis Miesbach und dort besonders am Spitzingsee. An Wochenendtagen quälen sich qualmend und immer wieder bremsend 17.000 bis 20.000 Kraftfahrzeuge durch Hausham, Schliersee und Neuhaus. (Zum Vergleich: auf der Inntalautobahn, dem klassischen Transitweg, werden zu Beginn der 1990er-Jahre 25.000 Fahrzeuge im Saisondurchschnitt gezählt). Trotzdem bekam Schliersee jetzt die Anerkennung als Luftkurort vom Deutschen Wetterdienst bestätigt.

Am Südende des Tals teilt sich der Autostrom. Ein Teil wälzt sich weiter in Richtung Bayrischzell, der andere windet sich hoch auf der fünf Kilometer langen Spitzingseestraße, die in der Nazizeit als Teilstück einer Queralpenstraße gedacht war und entsprechend breit ausgebaut wurde. Die rund 3.000 Parkplätze oben, von denen nur die Hälfte als solche ausgewiesen sind, reichen oft nicht aus. Um das wilde Abstellen der Fahrzeuge im Grünland zu verhindern, haben die Almbauern große Felsbrocken aus einem Steinbruch an den Rand gelegt.

Auch wurde das ganze Gebiet rund um die Rotwand unter Naturschutz gestellt, sodass das unbefugte Befahren von Alm- und Forstwegen jetzt 100 Mark an Bußgeld kostet und nicht mehr 20 wie früher. Ab und zu wird die Spitzingstraße total gesperrt, manchmal wegen Überfüllung der Parkplätze, im Winter öfter wegen Lawinengefahr, die auch aufgrund der Schäden im Bannwald zunimmt.

In der historischen Wurzhütte schlugen die Naturschützer nun als Alternative (»Wir wollen ja nicht die Städter aus ihrem angestammten Erholungsgebiet aussperren«) einen Drei-Stufen-Plan vor. Auf allen alm- und forstwirtschaftlichen Wegen soll der Kfz-Verkehr völlig eingestellt werden; Ausnahmegenehmigungen soll es nicht mehr geben.

Sodann soll der öffentliche Naherholungsverkehr attraktiver werden; aus München (woher 80 bis 90 Prozent des alpinen Wochenendverkehrs stammen) soll die bis Bayrischzell noch verkehrende Eisenbahn im 30-Minuten-Takt fahren und an Pendelbusse angebunden werden. Und schließlich sei die Spitzingstraße für den öffentlichen Verkehr zu sperren.

Fünf weitere Stichstraßen im touristisch hochgerüsteten Landkreis Miesbach stehen auf der Streichliste. Nach den Sommerferien möchte Steininger, der auch verkehrspolitischer Sprecher der deutschen Umweltschutzverbände (BUND) ist, zu einer konzertierten Aktion mit der Bundesbahn und anderen Stellen einladen und vielleicht auch einen ersten Versuch an einigen Samstagen für ein »autofreies Gebirge« starten. Die Bergstraßen könnten später rückgebaut, die Parkplätze wieder begrünt werden, meinte Werner Fees, der Kreisvorsitzende des Naturschutzbundes. Nur so könne auf lange Sicht verhindert werden, dass der Erholungstourismus in den Alpen aufhöre zugunsten des reinen Autotourismus.

Doch mit derart einschneidenden Maßnahmen konnten sich nicht alle Teilnehmer an dem Lokaltermin anfreunden. »Straßen werden nicht gebaut, um nicht benutzt zu werden,« bemerkte Forstdirektor Kornprobst. Den öffentlichen Verkehr könne man nur dann einschränken, wenn die öffentliche Meinung voll dahinter stehe. »Wir möchten nicht Versuchskaninchen sein,« protestierte Sebastian Augsburger, einer der rund 50 ständigen Bewohner der Hotelsiedlung am Spitzingsee, wo im Winter sogar an die 400 Leute in der Gastronomie und bei den Seilbahnen tätig sind.

Wenn schon Sperre der Alpenstraßen, dann bitte überall. Nach Augsburgs Beobachtung fahren »einige tausend Autos nur rauf und wieder runter, weil's keine Parkplätze finden«. So kommt es und so wird es wohl bleiben, dass nicht nur die Natur leidet, sondern ebenso die Menschen, die am See leben und arbeiten, und nicht zuletzt die Erholungssuchenden selbst. Aufgrund von Messungen findet es Fees absurd, dass sie dort oben auf die gleichen Schadstoffe und Lärmpegel stoßen, denen sie in den großen Städten entfliehen.

In den Alpen gibt es inzwischen, wie die CIPRA im DAV-Jahrbuch 2003 mitteilte, mehr als 100.000 Kilometer öffentlicher Straßen und rund 8.000 Kilometer Eisenbahnen. Einen hohen Anteil hat der reine Durchgangsverkehr. Das ermöglicht es jährlich 54 Millionen Kraftfahrzeugen die Alpen zu überqueren: 47 Millionen Personen- und sieben Millionen Lastwagen. Prognosen sagen vor allem dem Straßengüterverkehr weiter hohe Zuwachsraten voraus.

Protesttafel verboten

Wanderer, steigst du zur Raueck Alm auf, so wirst du sehen, »dass hier einmal ein märchenhaft schöner Bergwanderweg war, der mit Hilfe des Landratsamtes Miesbach in eine Wüstenei verwandelt worden ist«. So verkündet es der Schriftsatz einer Münchner Anwaltskanzlei, mit der die Aufstellung einer Hinweistafel notfalls vor Gericht durchgesetzt werden soll. Der Mandant, die »Bürgerinitiative Hirschberg« im Tegernseer Tal, will an diesem im Sommer 1994 akuten Beispiel deutlich machen, wohin der Weg der Eingriffe in die alpine Landschaft durch Straßenbau – einer von mehreren »Sachzwängen« – führen kann.

Großzügige Programme des Freistaats Bayern, gegen den Widerstand von SPD und Grünen im Landtag durchgesetzt, haben die Infrastruktur der heimischen Berglandschaft bereits dermaßen »verbessert«, dass jetzt 90 Prozent der 1.377 Almen mit dem Kraftfahrzeug direkt erreichbar sind. Begründet wird diese »beispiellose Erschließungswelle« (so der Deutsche Alpenverein) immer wieder mit dem unstrittigen Gebot, die Almwirtschaft zu erhalten – und damit eine einzigartige Kulturlandschaft, die ein Viertel der Hochgebirgsfläche des Landes in Anspruch nimmt.

Ohne Verkehrsanbindung, heißt es von Amts wegen, wäre kaum mehr eine »Bestoßung« möglich. Den professionellen Sennerinnen und Sennern (die aber nur noch im Allgäu buttern und käsen) sowie den oft aus anderen Berufen einspringenden Hirten (die dort oben nur noch Jungvieh versorgen) sei die vier Monate dauernde Isolierung nicht zuzumuten. Auch dienten Almstraßen dem Auftrieb, der Versorgung und im Notfall dem Abtransport der Tiere. Immerhin »sömmern« in Bayern noch 54.000 Rinder, 3.500 Schafe und Ziegen sowie 300 Pferde. Mitte September beginnt der Almabtrieb, der vielerorts zur Folkloreshow für Touristen geworden ist.

Wie so eine »Almerschließung« aussieht, ist im Sommer 1994 an der Ostflanke des Hirschbergs, oberhalb von Kreuth, zu besichtigen. Bis in 1.297 Meter Höhe windet sich ein alter, schmaler Wanderpfad, um plötzlich in eine 2,50 Meter breite Straße überzugehen. Beiderseits ist der Steilhang vom Bagger tief aufgerissen, einige Böschungsteile brechen herunter. Von der ursprünglichen Vegetation – anspruchsvolle Farne, Flockenblumen, Türkenbund und andere seltene Pflanzen – ist weithin nicht mehr viel zu sehen, von der Raufußhühnerpopulation überhaupt nichts. Auch einige der landschaftsprägenden Buchen und Tannen, die auf Geheiß der Naturschutzbehörde markiert waren, sind verschwunden. In Serpentinen wurde der Weg auf diese Weise bis auf 1.440 Meter Höhe, wo ein ausgewiesenes Biotop zerschnitten wird, zur Fahrstraße ausgebaut. Unten wurde sie an eine bestehende Forststraße angebunden, oben soll noch eine »Wendeplatte« entstehen. Der Wanderer wendet sich mit Grausen.

Noch bevor der eilige Bau begann, stellte die Bürgerinitiative Hirschberg, die 3.900 Unterschriften gegen die geplante Erschließung gesammelt hatte, am Fuß ihres »heiligen Berges« eine Protesttafel auf. Das wurde ihr aber vom Gemeinderat Kreuth verboten, weil es einen Verstoß gegen die Plakatierungsordnung darstelle. Mit dem Einspruch gegen diesen Bescheid ist jetzt zwar an den vollendeten Tatsachen nichts mehr zu ändern, doch wollen die um den beliebten Berg besorgten Bürger damit allgemein bewusst machen, dass der von kommunalen und höheren Politikern zugelassenen Bedrohung letzter Rückzugsgebiete der Natur und der Naturfreunde in den bayerischen Alpen widerstanden werden muss.

Die Hirschberger – ähnliche Initiativen gibt es auch in anderen Bergdörfern – sehen das Verbot ihrer Protesttafel denn auch in einem politischen Licht. Hier gehe es allein darum, dass befürchtet werde, durch ihr Vorgehen könnte der »Mythos des Almbauern« ins Wanken geraten, heißt es im Widerspruch. Widerstand und Protest gegen die weitere Almerschließung – gegen die übrigens auch der Alpenverein und der Naturschutzbund gemeinsam Front machen – ergäben sich aus dem »überragenden öffentlichen Interesse«, dass die Umformung der traditionellen in eine technisierte Landwirtschaft – zumeist auch in eine Berggastwirtschaft – aus Steuergeldern genießt.

Mit dem Ausbau eines Stückes Straße – das zur Raueck-Alm misst nur 1.028 Meter und spart allenfalls zwanzig Minuten Gehzeit – ist die »Erschließung« in der Regel keineswegs abgeschlossen. Eine Straße ermögliche die Verpachtung, leichte Belieferung und schnelle Erreichbarkeit, sie öffne dem Erholungs- und Freizeitdruck aus den überbordenden Tälern langfristig das Ventil nach oben, heißt es in der Studie »Schutz dem Bergland?« des Münchner Physikers und Almexperten Rudi Erlacher. Schließlich würden sich an den Endpunkten der alpinen Erschließung »Belastungshöfe« bilden, von denen aus der Freizeitdruck weiter in die Natur vordringe und mit anderen Belangen kollidiere.

»Mittelfristige Intensivierungen« für das gesamte Hirschberggebiet befürchtet auch die Bürgerinitiative am Tegernsee, die mehrere Verstöße gegen die Naturschutzgesetze, den Landesentwicklungsplan und spezielle, allzu vage Behördenauflagen in ihrem Schriftsatz auflistet. So werde es durch die geplante Meliorationsdüngung – die Zufuhr ist ja nun erleichtert – auf der Raueck-Alm zur Artenverarmung auf größeren Weideflächen kommen und damit zur erheblichen Beeinträchtigung des Erholungswerts der Almlandschaft.

Der Architekt Ludwig Spiel in Rottach, Sprecher der Bergverteidiger, sieht auch die Umwandlung der bisher sanften in eine härtere Art des Tourismus voraus: »Man zieht mit der Straße die Mountainbikes herauf und wird nicht verhindern können, dass außer den Bergbauern und ihrem Personal auch andere Leute mit dem Auto hochkommen.« Das kennt man ja längst. Ein bekannter Bergfreund hat kürzlich 50 Kraftfahrzeuge vor einer gutbewirtschafteten Almhütte gezählt.

Aus einer aktuellen Wanderbeschreibung im Internet: »Den alten Wanderweg, den ich vor Jahren einmal im Abstieg gegangen bin, habe ich leider nicht mehr gefunden. Vermutlich wurde er unter der Schotterstraße begraben, die in einigen Kehren hinauf zur Raueck Alm führt.«

Nie vollendete Alpenstraße

Sanitätsrat Dr. Knorz aus Prien hatte die buchstäblich wegweisende Idee. Ihm schwebte eine Straße vor, »die quer durch die bayerischen Alpen von Lindau bis Berchtesgaden führend die Schönheiten dieses landschaftlich hervorragenden Gebietes dem reisenden Publikum erschließen soll«. Der Mediziner begründete seinen Vorschlag mit Argumenten, wie sie heutigen Touristikern geläufig sind: Eine Queralpenstraße werde der Fremdenindustrie neue Kraft und vermehrte Aufmerksamkeit bringen. Genau rechnete Knorz die Investitionen (eine halbe Milliarde Mark) und den Jahresumsatz (200 Millionen) dieses »Industriezweiges« aus. Auch gelte es, »den vielen Arbeitssuchenden Nahrung und Brot zu verschaffen«.

Die immer noch modern anmutenden Formulierungen stammen aus dem Jahr 1927. Dass erst 1999 eine »Arbeitsgemeinschaft Deutsche Alpenstraße« zustande kommt, liegt wohl an der etwas wirren Geschichte des Projekts und an dem Umstand, dass sich lange kein kompetenter Vermarkter gefunden hatte. Dokumentiert ist immerhin, dass die »in die Berge hinein versetzte« Straße im September 1932 bereits den Verkehrsverband Chiemsee auf einer Sondersitzung beschäftigte. Dessen Vorsitzender ging nach dem Vortrag des Sanitätsrates Knorz davon aus, dass nur noch vielleicht ein Drittel von etwa 500 Kilometern neu gebaut werden müssten.

Die anwesenden Landtagsabgeordneten aller Parteien versprachen, sich »kräftigst« für das Projekt einzusetzen. Gebaut aber wurde die »Deutsche Alpenstraße« erst durch die Nazi-Regierung. Kaum an der Macht, ließ sich Hitler im März 1933 auf dem Obersalzberg detailgenau unterrichten. Er wisse, dass diese Straße nicht nur für Bayern, sondern für das ganze Reich von größter Bedeutung sei, meldete der »Berchtesgadener Anzeiger«. Sie solle, befahl der »Führer«, schon an der Schweizer Grenze beginnen und den internationalen Autoverkehr nach Deutschland führen.

Um den »Gästen und Volksgenossen die schöne südliche Grenzmark des Reiches zu erschließen«, wurden zunächst zwei Hauptabschnitte in Angriff genommen: im Allgäu und im Berchtesgadener Land. Im Jahr 1934 waren genau 25.658 »Soldaten der Faust« an den beiden Fronten der Straße samt ihrer 105 Brücken und 15 Tunnels im Einsatz. Am 20. August 1937 wurde die wohl schönste und schwierigste Teilstrecke feierlich eröffnet.

Zwischen dem nach wie vor fotogenen Ramsau und dem Wachterl, ehemals Mautstelle an einer uralten Salzstraße, überwindet das Betonband 260 Höhenmeter, führt durch einen Tunnel, über Brücken aus Findlingsblöcken, und wo es immer möglich war, wurden die Mauern der Brüstung so niedrig gehalten, dass der Blick auf den Hochkalter und andere Bergriesen möglichst nicht behindert wird. Gletscherschliffe, Schluchten, regelmäßiger Felsputz und aufwendige Hangsanierung sind heute noch spektakuläre Sehenswürdigkeiten. Vom Panorama ganz zu schweigen.

Ähnliche Mühen machten sich die Straßenbauingenieure damals zwischen Bayrischzell und dem Sudelfeld. Man dachte zunächst sogar daran, dieses älteste bayerische Skigebiet für die Olympischen Winterspiele 1936 (die dann in Garmisch-Partenkirchen stattfanden) anzubieten, eben wegen der idealen neuen Straßenanbindung. Zum Tag der ersten freien Fahrt von München über die Autobahn und Alpenstraße gab der Deutsche Touring-Club im August 1936 auch schon einen Führer für die bereits fertigen Strecken heraus.

»Du betrittst auf diesen Straßen den herrlichsten Naturpark, den dir dein schönes Vaterland bieten kann,« hieß es im Geleitwort des Generalinspekteurs für das deutsche Straßenwesen, Fritz Todt. Der »kraftfahrende Volksgenosse« wurde ermahnt, sich still, rücksichtsvoll und ehrfürchtig vor der großartigen Natur zu benehmen, disziplinvoll und vor allem im Winter sehr vorsichtig zu fahren. »Wir können nicht eine Lawine so schnell wegräumen, wie sie der Hang herunter geworfen hat.«

Der Krieg machte dem Traum von der deutschen Renommierstraße ein Ende. Vorbei war es mit den teilweise gigantischen Planungen, welche Passstraßen bis zum 1.735 Meter hoch gelegenen Rotwandhaus beinhalteten. 257 Kilometer immerhin waren fertig, weitere 35 Kilometer angefangen. Hier konnte, soweit nicht die Selbstzerstörung der fiktiven »Alpenfestung« zunächst die Arbeit blockierte, nach dem Krieg weitergebaut werden. Anfang der 1960er-Jahre stand ein durchgehender Queralpenweg von Lindau bis Berchtesgaden zur Verfügung.

Eine klar erkennbare »Deutsche Alpenstraße« existiert freilich bisher nur auf Karten und in Reiseführern. Auto- und Busfahrer müssen bis auf weiteres große Umwege in Kauf nehmen. Selbst mit einer einheitlichen Markierung wird erst begonnen, seitdem insgesamt 24 Orte, Tourismusverbände, Bergbahnen, Hotels und Autovermieter als ARGE »Deutsche Alpenstraße« gemeinsam werben, vorzugsweise im Ausland.

Was sie – um genau zu sein – zwischen Rothkreuz bei Lindau und Marktschellenberg bei Berchtesgaden auf nunmehr 450 Straßenkilometern zu bieten hat, gehört tatsächlich zu den Hits des Reiselandes Bayern: die beiden höchsten deutschen Berge, 21 Bergseen, die Schlösser des Märchenkönigs, 25 malerische Burgen, Kurorte noch und noch. Die meisten haben sich allerdings noch immer nicht entschlossen, mit 2.500 Euro jährlich der Arbeitsgemeinschaft beizutreten.

Der Brenner brennt

Die Alpenvereine, die Naturschutzbünde und die CIPRA beteiligen sich an einer Widerstandsaktion, die eine »Europäische Verkehrsinitiative« (Sitz: Brig im Wallis) zusammen mit örtlichen Bürgerinitiativen und Transportarbeitergewerkschaften organisiert hat. An einem Samstag im Oktober 2000 wird an vier Brennpunkten der Alpen gegen die Auswüchse des interalpinen Schwerlastverkehrs demonstriert.

In Flammenschrift erscheint die Forderung »Nachtfahrverbot« an mehreren Brennpunkten des Schwerlastverkehrs: am Brenner, wo die LKW-Fahrten seit 1990 die Zahl von einer Million überschritten haben, am St. Gotthard, wo die Geschwindigkeiten von Lastkraftwagen gemessen werden, vor dem Tunnel von Frejus und in den Vogesen, wo erstmals außerhalb der Alpen der LKW-Durchgangsverkehr lahmgelegt wird.

Die Folgen dieser Art Erschließung für den Güterfernverkehr sind inzwischen genau gemessen: Mehr als 60 Prozent der Schutzwälder etwa in Tirol, so viel wie nie zuvor, weisen erhebliche Schäden auf. Die Zahl der Tage, an denen der Ozon-Richtwert überschritten wird, ist auf über 50 Prozent angestiegen. An autobahnnahen Messstellen erreicht die Vorwarnstufe für Stickoxyde bereits den MAT-Wert, die maximale Schadstoffbelastung, bei der Arbeitsplätze geschlossen werden müssen. Die Explosion der Mineralölpreise hat diese Entwicklung keineswegs verändert, vielmehr sind weitere Belastungen durch den Transitverkehr zu befürchten.

Bohren am Brenner

Der ersten Sprengung folgt das Rumoren der Bohrmaschine unter Tage – und die Begleitmusik klingt wie eine Symphonie Pathétique. »Hier wird die Zukunft unseres Landes durchrollen,« posaunt Chef-Manager Mauro Moretti beim Staatsakt. »Wir haben die besten Alpentunnelexperten Europas versammelt«, trommelt Geschäftsführer Ing. Ezio Fachin (der bald danach sein Amt quittiert). Hier entstehe »eines der größten Bauwerke der Menschheit«, intoniert eine zweisprachige Broschüre. Doch in das Konzert mischen sich auch Dissonanzen – angestimmt von Umweltexperten, Wissenschaftlern, grünen Politikern und in Internetforen. Deren Tenor: Hier werde ein Milliardengrab mit unabsehbaren ökologischen Folgen ausgehoben.

Mit Öffnung eines Erkundungsstollens haben am 3. Dezember 2007 die Bauarbeiten am Brenner-Basistunnel praktisch begonnen. Damit ist das, was nun als modernes Weltwunder beworben wird, in die Phase der Verwirklichung eingetreten. Endlich. Immerhin wird nun schon seit 1955 geplant, wird bis auf höchste politische Ebenen hinauf diskutiert, paktiert, kalkuliert, gestritten, alles offengelassen. Ein Präludium, das allerdings noch lange nicht beendet zu sein scheint.

Die Auftaktfeier zum Baugeschehen ereignet sich beim Unterplattnerhof in der winzigen Ansiedlung Aicha, südlich der einstigen, nie attackierten Franzensfeste des Habsburgerreiches in Südtirol. Bis Mauls soll dieser Tunnel vorgetrieben werden, insgesamt 12,4 Kilometer. Er dient der Erforschung der Gesteinsschichten, die hier großenteils aus hartem Granit bestehen. Am 9. August 2009 stößt der eiserne Maulwurf auf eine »Störzone« und frisst sich fest; erst nach vier Monaten kann er weiterbohren, jeden Tag acht Meter.

Der Abraum häuft sich in Hinterrigger zu Sekundärbergen. Das Grundwasser sammelt sich in Speicherseen und fließt dann gereinigt in den Eisack. Die ständig pendelnden Lastwagen verstärken den von jährlich zwei Millionen Schwerlastfahrzeugen ohnedies erzeugten Lärm im engen Wipptal. Die Container der Ingenieure und Bauarbeiter bilden wieder einmal, wie schon beim Bau der 50 Jahre alt gewordenen Brennerautobahn, eine wenig malerische Kulisse. Gelegentlich dürfen Politiker und auch mal Anwohner mit der Stollenbahn ein Stück in den Erkundungsstollen einfahren.

Möglichst ohne Missklang und Fehlfarben soll die Realisierung des (nach offiziellen Angaben) acht Milliarden Euro teuren Gesamtkunstwerks samt möglicher Risiken und Nebenwirkungen präsentiert werden. Das ist ein vorrangiges Bemühen der Brenner-Basistunnel-Gesellschaft, abgekürzt BBT SE. (Das SE steht für »Societas Europaea«, obwohl die staatseigenen Aktienpakete, je zur Hälfte, allein aus Italien und Österreich kommen, während sich Deutschland finanzpolitisch immer noch bedeckt hält; immerhin hat die EU einen beträchtlichen Beitrag versprochen).

In der 180 Jahre alten Franzensfeste soll ein Dokumentationszentrum mit Computersimulation eingerichtet werden. In vielen Anliegerorten liegen Karten mit Kurzinfos in Deutsch und Italienisch auf. Eine eigene Beobachtungsstelle für Umwelt- und Arbeitsschutz will die Belastungen für Mensch und Natur »so gering wie möglich« halten. Ständig werden Lärm, Vibrationen, Quellen, Gewässer, Luftqualität und überhaupt das ganze Geo-Öko-System kontrolliert und begutachtet. Allein der Absicherung des Wasserhaushalts dienen etwa tausend Messstellen.

Vor die eigentliche – politische, ökonomische und ökologische – Herausforderung werden die Verantwortlichen erst dann gestellt werden, wenn mit dem Bau des Basistunnels selbst begonnen wird. Dieses Kernstück der künftigen Eisenbahntrasse München-Verona soll auf einer Länge von 56 Kilometern von Innsbruck bis Franzensfeste verlaufen und nur noch eine Steigung von maximal 7,5 Prozent aufweisen, sodass sich der Personenverkehr auf dieser längsten unterirdischen Eisenbahnstrecke der Welt (sie misst einschließlich der Anschlüsse 62,7 Kilometer) von heute 50 auf 20 Minuten und der Güterverkehr auf 35 Minuten verkürzen könnte. Dafür bräuchten dann nicht mehr zwei Lokomotiven vorgespannt werden, sondern nur noch eine, kostensparend.

Auch hier muss aber erst noch ein Probetunnel gebohrt werden. Begonnen wurde damit am 1. Februar 2010 in der Nordtiroler Sillschlucht, die der Italien-Tourist Goethe einst per Pferdekutsche bewältigt hatte. Geplant sind, im Abstand von 70 Metern, zwei Haupttunnel und dazwischen ein Servicetunnel, der ebenso wie zahlreiche Fenstertunnel der Versorgung und der Unfallhilfe dienen soll.

Außerdem werden drei »Multifunktionsstellen«, die den Gleiswechsel, die Wartung von außen und Evakuierungen ermöglichen sollen, ins Netzwerk geflochten. Zur Vollendung des »modernen Weltwunders gehört sodann, nicht zuletzt, der Ausbau von Zulaufstrecken im Inntal und in Südtirol, wo beispielsweise für Bozen ein völlig neues Nahverkehrsnetz angedacht ist. Diese sollen teils auf dem vorhandenen Schienenweg, teils durch neue Tunnels geführt werden.

Noch aber ist vieles offen, das Wichtigste sogar. So ist völlig unklar, wie die laufenden Betriebs- und Folgekosten finanziert werden sollen. So gibt es für die bayerische Zulaufsrecke noch keinerlei Planung. Verkehrsminister Peter Ramsauer (CSU) hat zwar im Februar 2010 dem Tiroler Landeshauptmann Günther Platter (ÖVP) brieflich versichert, auf deutscher Seite werde »kein Engpass« entstehen. Doch das klang ebenso vage wie das Statement seines Vorgängers Wolfgang Tiefensee (SPD), der einen Ausbau zwischen Rosenheim und Kufstein nur »gegebenenfalls« zugesagt hatte: Berlin möchte die endgültige Beteiligung von neuen, realistischen Prognosen zum transalpinen Verkehr abhängig machen.

Schon im Mai 2006 war das Institut für Transportwesen der Wirtschaftsuniversität Wien zum Schluss gekommen, das BBT-Projekt basiere auf falschen Verkehrsannahmen und falschen Kostenschätzungen, es würde keinerlei Verkehrsverlagerung von der Straße auf die Schiene bewirken. Professor Hermann Knoflacher von der Technischen Universität einen Monat später: Ein Brennerbasistunnel würde nur anderen, sinnvolleren Infrastrukturen Geld entziehen. Auch könnte die Leistungsfähigkeit des Tunnels durch den geplanten Mischbetrieb (Personen-Güter-Verkehr) leiden.

Neue Zweifel

Seit der globalen Finanzkrise werden die in Zeiten des Wirtschaftswachstums erarbeiteten Prognosen zunehmend bezweifelt. Die Skepsis hat auch auf die Deutsche Bahn übergegriffen sowie auf zuständige Politiker in Österreich. Für den Klubobmann der Tiroler Grünen, den Landtagsabgeordneten Georg Willi, ist der Brenner-Basistunnel bereits Geschichte: »ÖVP und SPÖ geht es derzeit nur noch um die Frage, wie sie ohne Gesichtsverlust aus dem Projekt aussteigen können.« Ein mögliches Ausstiegsszenario könnte, laut Willi, eine Fertigstellung des Probestollens mit anschließender Nutzung für Gas- bzw. Datenleitungen sein.

Schon sind die Gütertransporte auf der Brennerautobahn stark zurückgegangen. Die Veränderung der geopolitischen Situation mache andere transalpine Transportwege immer wichtiger, kommentierte der grüne EU-Abgeordnete Sepp Kusstatscher im November 2008 auf einer Pressekonferenz neue Analysen von Verkehrsfachleuten. Verstärken könnte sich ein Oststrang Graz-Prag-Brünn-Warschau und ein Weststrang München-St.Gotthardt-Italien. In jedem Fall würde die bisher fast monopolartige Verbindung über (oder unter) dem Brennerpass erheblich an Bedeutung verlieren.

Im Februar 2012 gerät die Planung über den Zulauf zum Brennerbasistunnel ins Stocken. Die österreichische Verkehrsministerin Doris Bures (SPD) lässt die bilaterale Vertragsunterzeichnung in Rosenheim platzen. Sie begründet es mit einem neuen Sparpaket, an dem sich auch die Österreichischen Bundesbahnen beteiligen. Der deutsche Verkehrsminister Peter Ramsauer (CSU) bekommt obendrein Ärger mit den Gemeinden im bayerischen Inntal, weil dort die Zulaufstrecke oberirdisch verlaufen und nur bei München ein Tunnel gegraben werden soll.

Im März 2012 stürzen betonierte Stützmauern in Höhe des Stubaitals auf die Autobahn und verschütten einen Lastwagen, dessen Fahrer ums Leben kommt. Kurz danach geraten wiederum 5.000 Kubikmeter Erdmasse, vom Schmelzwasser aufgeweicht, bei der Brennerautobahn nahe von Innsbruck in Bewegung. Die wichtigste Nord-Süd-Transversale des Alpenverkehrs muss mehrmals gesperrt werden.

Und schließlich gerät das ganze Brennertunnelprojekt erneut in den Brennpunkt der Kritik. Der Naturschutz und die Grünen stoßen sich an den extrem hohen Kosten und dem Fehlen eines Betriebskonzepts, welches eine Verlagerung des LKW-Verkehrs von der Straße auf die Schiene verbindlich festschreiben müsste. Die zuletzt noch für 2015 angenommene Eröffnung dieser astronomisch teuren Alpenbahn steht abermals in den Sternen.

Der Zirkus kommt

Das Skigebiet von Saalbach-Hinterglemm firmierte zeitweise als »Ski-Circus« und ließ denn auch allerlei Akrobaten auftanzen.

Österreich immer voran
Wie Tal für Tal – besonders in Tirol – erschlossen wurde

Der Urlaubs- und Reiseverkehr ist Österreichs wichtigster Wirtschaftszweig und ein bislang kaum gebremster Wachstumsfaktor. Er hat die höchste Wertschöpfung pro Einwohner von allen Ländern des Kontinents. Dieser Tourismus spielt sich überwiegend in den Alpen ab, zumal auch die größten Städte inmitten oder am Rand von Bergen liegen. Die Erschließung durch Verkehrswege und Bergbahnanlagen für den Sommer und noch mehr für den Wintersport war daher von jeher eine Existenzfrage für diese exemplarische »Alpenrepublik«. So sind in fast allen Bundesländern mit erheblichen öffentlichen und privaten Mitteln und technischem Knowhow ausgedehnte Skigebiete entwickelt worden. Fast jedes größere Tal in Vorarlberg, in Salzburg und insbesondere in Tirol wurde mit Netzen von bis zu 50 oder mehr Seilbahnen und Liften überzogen. Auch mehrere Gletscher wurden bis auf 3.440 Höhenmeter hinauf als Sommerskigebiete hergerichtet. Widerstand gab es nur wenig. Nach einer alpenweiten Untersuchung des Schweizer Staatssekretariats für Wirtschaft befinden sich heute die drei erfolgreichsten ganzjährigen Tourismus-Destinationen und die sieben erfolgreichsten Winterdestinationen in Österreich.

Seilbahn ins ewige Eis

Mit signalroten Hubschraubern und Gletscherflugzeugen, die mit ihren Satellitenaufnahmen auf dem mit ewigem Eis bedeckten Landeplatz in 2.950 Metern Höhe so sicher aufsetzen wie auf einer Betonpiste, vermessen die Ingenieure der »Gletscherbahn Kaprun AG« die Trasse für eine der höchsten und interessantesten Seilbahnen Europas. Nur drei Autostunden von München entfernt, wird man mit dieser Bahn binnen 15 Minuten auf über 3.000 Meter Höhe fahren, die Gipfelwelt der Großglocknergruppe sowie die gewaltige Kraftwerksgruppe von Kaprun betrachten und selbst im Hochsommer auf dem spalten- und lawinenfreien Gletscher dem Skilauf frönen können.

Mehr als 330.000 Menschen haben 1961, jeweils nach Wartezeiten von bis zu vier Stunden, dieses Kraftwerk und die hochalpinen Stauseen von Kaprun im Salzburger Land besucht, die auf einmalige Weise die Urlandschaft mit der modernen Technik verbinden. Obwohl die Kapazität der dortigen Bergbahnen erst 1960 erhöht wurde, mussten annähernd 20.000 Touristen weggeschickt werden, weil der ungeheure Ansturm einfach nicht zu bewältigen war. So ergab sich die Notwendigkeit einer weiteren technischen Erschließung dieser höchsten Gebirgsgruppe Österreichs.

Aber nicht nur der Tourismus, sondern auch der Sport drängt zu den Gletscherregionen. Die österreichische und die deutsche Ski-Nationalmannschaft müssen sich immer noch in Italien und der Schweiz auf die Wintersaison vorbereiten, weil es nur dort Bergbahnen gibt, die zu sommersicheren Schneehöhen führen.

Die »Gletscherbahn Kaprun« will nun von der Talstation zunächst bis zur Krefelder Hütte (2.300 Meter) und von da bis zum Nordwestgrat des Kitzsteinhorns (3.040 Meter) führen. Skiabfahrten von 2.500 Metern Länge garantiert das so erschlossene Massiv im Hochsommer, bis zu 9.000 Metern im Winter. Stündlich können etwa 300 Personen befördert werden. »Wir hoffen«, sagt Kapruns visionärer Bürgermeister und Betriebsleiter Ing. Wilhelm Fazokas, »dass außer den deutschen und österreichischen auch die tschechischen, polnischen und schwedischen Spitzenskifahrer zum Trainieren kommen.« Fazokas hat zur Verkündung der großartigen Pläne, die erst noch finanziert werden müssen, im Frühjahr 1962 eigens eine Pressekonferenz in der Skiweltstadt München einberufen.

Die Baukosten werden auf 50 Millionen Schilling (etwa acht Millionen DM) geschätzt. Etwa 15 Millionen kommen durch Kredite auf, für 35 Millionen sorgt die kürzlich gegründete Aktiengesellschaft. Über die Hälfte des in Volksaktien gestückelten Stammkapitals wurde bereits gezeichnet, davon ein Großteil in der Bundesrepublik und in Schweden. Auch viele Kapruner Gäste haben den Weg zur Kasse des Rathauses gefunden.

Im neuen Touristenzentrum des Kapruner Hochtals, 2.044 Meter über dem Meer, wurde inzwischen auch die modernste »Hütte« des deutschsprachigen Alpenraums gebaut und von Bundespräsident Schärf eingeweiht. Der aus Glas, Stahlrohr und Kunststoffplatten montierte sechsstöckige Rundbau, der sich wie ein Wachtturm neben dem Mooserboden-Stausee erhebt, fasst über hundert Bergurlauber und kann in Stoßzeiten bis zu 2.000 Touristen, teilweise in Selbstbedienung, beköstigen.

Noch weiter oben entsteht der ausgedehnte Komplex einer »Hochgebirgsschule Glocknergruppe«. Diese will unter Leitung des Himalaja-Forschers Fritz Moravec in Eis und Fels und in theoretischen Kursen »Alpinfunktionäre« heranbilden sowie wenig bergerfahrene Ausflügler »betreuen«. Moravec schreitet nach eigenem Bekenntnis »kompromisslos auf dem Weg des Fortschritts«.

Weißes Gold vom Tauernpass

»Schaugt's, Leit, das weiße Gold liegt da herom auf der Straßn,« sagte der Kanduth Helmut zu Beginn der 1960er-Jahre. Eine Einkehrstation, wo früher die Postpferde gewechselt wurden, ein paar verwitterte Schutzhütten aus rohem Gebälk, ein winziges Kirchlein, in dem Durchreisende um Gutwetter beteten, ein Friedhof mit Kreuzen unbekannter Passwanderer, Meilensteine und Votivtafeln der teilweise noch sichtbaren Römerstraße – das war die ganze Siedlung, die damals noch nicht einmal einen Namen hatte. Auf den Landkarten stand nur: Tauernpass, Höhe 1.738 Meter.

Inzwischen wuchs hier, beiderseits der nun erst asphaltierten Straße in den Radstädter Tauern mit Staatskrediten und einigem Fremdkapital ein supermodernes Dorf aus dem baumlosen Urgestein, das 1962 von der Landesregierung in Salzburg die Genehmigung erhielt, den Namen »Obertauern« zu führen. Im Dezember 1964 kann es sich bereits als »Österreichs jüngster und größter alpiner Skiort« rühmen. Mit 1.500 Gästebetten, einer Gondelbahn und 17 Liften sei die Gemeinde allein leistungsfähiger als die drei Orte am Arlberg, hat Kanduth ausgerechnet.

Der Mann, der nach eigener Erzählung das »weiße Gold« vom Tauernpass entdeckt und der kommerziellen Nutzung zugeführt hat, ist jetzt stellvertretender Verkehrsdirektor und Besitzer eines Clubhotels, in dem es sogar Kühlschränke in den Zimmern gibt. Mit sonnengebräuntem Gesicht, feschem Schnurrbart und blaurotem Skidress schaut er aus wie eine lebende Reklamefigur für den modernen Wintersport.

Auch die Besitzer der übrigen 42 Hotels, Pensionen und Vereinshäuser haben erleben dürfen, dass es in unserer Zeit noch, sogar mitten in Europa, die Chance von Goldgräbersiedlungen gibt. Der »Tauernhias« zum Beispiel hat sich sein Hotel durch seine G'stanzl ersungen, in denen er sich heute noch als biederer Gebirgler gibt. Bei solcher Hochkonjunktur hatte man noch nicht einmal Zeit, die tristen Holzbaracken der ersten Siedlerzeit wieder abzureißen.

Mindestens 300.000 Übernachtungen – eine selbst für klassische Kurorte erstaunliche Zahl – erwartet Obertauern in diesem Jahr, eine hundertprozentige Steigerung im nächsten. Vor allem in Westdeutschland sieht man noch »stille Reserven«, zumal es vom Sommer 1965 an eine tägliche Flugverbindung von Frankfurt nach Salzburg, das 96 Kilometer von Obertauern entfernt ist, geben wird. Man hat hier den erklärten Ehrgeiz, ein »österreichisches St. Moritz« zu werden.

Nur nicht ganz so mondän wie der Schweizer Nobelort soll Obertauern werden, wenngleich im letzten Winter schon mal die persische Kaiserin zu Gast war und heuer die dänische Kronprinzessin erwartet wird. Die drei Jugendheime am Pass sorgen immerhin dafür, dass die sportliche Note überwiegt. Allerdings: die Hotelpreise – 20 bis 50 Deutsche Mark für Übernachtung mit Vollpension – liegen kaum niedriger als in den herkömmlichen Hochburgen der Alpen.

»Eine kleine Stadt über der Baumgrenze« nennt Kanduth das junge Obertauern. »Die verwöhntesten Gäste sollen all das finden, was sie in der Großstadt erwarten.« Das größte Haus am Platz, das einem Bayern gehört, kann sogar ein Hallenschwimmbad mit angewärmtem Quellwasser anbieten. Außerdem gibt es in der alpinen Hotelstadt: vier Saunen, Kegelbahnen, Tischtennishallen, Sportgeschäfte, Spielzimmer, Frisiersalons, Parfümerie, Bibliothek, Leseräume mit Kaminfeuer und »Together-Parties«. Das Töchterchen des Oberlehrers singt in der Teehalle italienische Songs.

Tal der Superlative

Lautlos schwebt die weinrote Kabine bergauf. Nur eine knappe Viertelstunde braucht sie, um aus dem Sommer des Tiroler Ötztals in die permanente Schneeregion einzudringen. Fast 1.700 Höhenmeter überwindet sie – die höchste Seilbahn Österreichs. Seit Juni 1966 fährt sie von Sölden aus auf den 3.040 Meter hohen Gaislachkogel. Weitere 18 Meter über der Bergstation leuchtet das Gipfelkreuz. Von hier aus bietet sich ein Rundblick auf mehr als 120 Gletscher, Dreitausender, Bergseen und Wasserfälle, bis hinüber zu den Dolomiten Südtirols.

Einen der Gletscher kann nunmehr auch der alpine Neuling ohne Schwierigkeit betreten. Er liegt direkt unter der Bergstation. Als nämlich das Betonfundament für dieses Gebäude gegossen wurde, stellte man plötzlich fest, dass sich wenige Meter unter dem Fels eine Eisschicht befand. Reste der Eiszeit, meinen die Geologen. Denn in jener Vorzeit bestand das ganze Ötztal aus einem einzigen riesigen Gletscher.

Inzwischen war es zu einem »Tal der Superlative« geworden, wie Fremdenverkehrs-Manager Dr. Valentin Falkner feststellt. Es hat neben der höchsten Seilbahn der Alpenrepublik auch die größte Landfläche, das höchste Skidorf (Hochgurgl), das höchste Kirchdorf (Zwieselstein) und die flächenmäßig größte Gemeinde Österreichs. Auf 65 Quadratkilometern bieten die 1.850 Einwohner über 8.000 Fremdenbetten an.

Für Wanderer ist das Tal ideal. Immerhin gibt es auf 20 Kilometern Länge genau 521 Berge, die alle mindestens 3.000 Meter hoch sind. Deshalb kennt man hier drei Jahreszeiten: den Sommer im Tal, den ewigen Frühling auf den Höhen und tiefsten Winter auf den im Schatten der Felsen liegenden Gletschern, wo sich künftig auch im Hochsommer noch Skifahrer tummeln können. Die neue Bahn macht's möglich.

Allerdings war der Schnee auf dem Gaislachkogel zum Sommeranfang bis auf wenige Reste abgetaut. Als die Söldener im April 1964 mit dem acht Millionen Mark teuren Bau ihrer »Gletscherbahn« begannen, hatten sie noch auf eine stets gute Sommer-Skisaison gehofft. In diesem Sommer aber, zwei Jahre später, propagieren sie lieber Bergtouren über die Dreitausender und im Winter Bergwandertouren von der Mittelstation aus. Stimmt vielleicht etwas nicht mehr mit dem Alpenklima?

Über Berg und See

Still ruht der See, in dem sich eine weiße Pyramide spiegelt. Bis zum Sommer 1969 werden beide Naturschönheiten, Berg und See, nicht nur optisch ineinander verschmolzen sein. Die Gemeinden Zell am See und Kaprun haben etwas vor, was es in der europäischen Touristik noch nicht gab, aber dem allgemeinen Trend zum »aktiven Urlaub« in idealer Weise entgegenkommt: eine Kombination von Wassersport und Wintersport. Der Zeller Kurdirektor Roland Cossmann stellt sich das so vor: »Vormittags können die Gäste auf dem Kitzsteinhorn Ski laufen, um dann am Nachmittag hier unten in Wasserskier zu schlüpfen.«

Die Generalprobe zu dieser Verbindung der einen mit der anderen Saison fand im Winter 1969 statt: Zell und Kaprun schlossen sich zu einem touristischen Zweckverband unter dem etwas hochtrabenden Namen »Europa-Sportregion« zusammen. Zu einem Wochenpauschalpreis von 115 Mark konnte man in einem Umkreis von acht Kilometern 21 Seilbahnen und Skilifte benutzen. Außerdem gab es Ermäßigungen für das neue »Kur- und Sportcenter« mit dem ersten ozonisierten Hallenbad Österreichs und einer Kunsteisbahn. Der Regionalsportpass verbilligte zudem Reitkurse und Rundflüge.

Die Rechnung ging auf. Gegenüber dem Winter davor zählte man in den beiden Orten bis zu 50 Prozent mehr Gäste. Die Zukunft, so entdeckten die Pinzgauer Pioniere, liegt in der Pauschalierung, die mehr umfasst als den Aufenthalt und ein paar Extras. In diesem Sommer gibt es eine Punktekarte, die Kurse und Stunden im Segeln, Rudern, Tauchen und Wasserskilaufen auf dem Zeller See einschließt.

Der Clou ist, dass man die Pauschalpunkte auch zum Sommerskilauf verwenden kann. Die dreistufige Gletscherbahn, deren Bergstation in 3.029 Metern Höhe liegt, erschließt auch im Hochsommer herrlichen Firn- und Pulverschnee. Ein zweiter Schlepplift entsteht auf der zehn Quadratmeter großen »Gletscherskiwiese«. Weil die Stützen nicht gut im Eis zu verankern sind, sollen sie durch einen Rost nur aufgesetzt und miteinander verbunden werden, so dass die ganze Anlage mit dem Gletscher mitwandern oder auf ihm »schwimmen« kann – jedes Jahr etwa anderthalb Meter.

In Zell am See und in Kaprun hat man sich auch auf einen weiteren Trend eingestellt: »In Zukunft kommt der Gast mit dem Flugzeug.«

Die schwedischen Urlauber, die im Winter immerhin 16 Prozent der über 10.000 Fremdenbetten belegten, kamen bereits auf dem Luftwege. Auch aus Frankfurt und Düsseldorf wurden hierorts die ersten Flugtouristen begrüßt. Die »weiße Luftbrücke«, die ausgerechnet ein Automobilclub organisiert, soll nun weiter ausgebaut werden. Der Flughafen Salzburg ist darauf vorbereitet.

Die systematisch und mit großem Aufwand betriebene Erschließung des ersten österreichischen Sommerskigebietes endet mit einer Katastrophe: Nicht weniger als 155 Menschen kommen am 11. November 2000 beim Brand der Schrägseilbahn (»Gletscherdrache«), die seit 1974 mehr als 14 Millionen Personen befördert hat, in einem Tunnel ums Leben. Ein Prozess endet mit Freisprüchen, den Angehörigen werden aber nach langem Rechtsstreit Vergleichszahlungen von 13,9 Millionen Euro zugestanden. Neuerdings setzt man auf Freeriding: Tiefschneefans finden dafür fünf Routen und ein Lawinensuchfeld. Zu den neuen Attraktionen gehören auch »Sundown-Sessions« sowie ein »Ice Camp« in Igluform.

Auf zum Zuckerhütl

Seinen richtigen Namen verrät der Hüttenwirt nicht. Ob er auf knorriger Theke am Sennesjoch den Speck aufschneidet und ihn zu deftigen Sprüchen seinen Gästen zum Obstler auftischt oder ob er in der Spätwintersonne draußen im gleißenden Gelände hinter der Theke steht – man kennt den kleinen Mann mit der Pudelmütze über dem Holzhackergesicht nur als den »Jochgeier Franzl«. Bunte Wimpel und Postkarten mit Grüßen der weltbesten Skipiloten schmücken die Gipfelhütte. Im Revier des Jochgeier Franzl haben bereits zehn alpine Ski-Nationalmannschaften vor großen Rennen trainiert. So schneesicher und sportlich ideal sind die Hänge über der Schlickeralm, einem der Skizentren im Stubaital. Und das soll noch gesteigert werden.

Im Februar 1974 wird die erste, bis zur Dresdenerhütte führende Sektion der leistungsfähigsten Seilbahn Österreichs eröffnet. Sie erschließt dem Tourismus sieben Quadratkilometer nahezu spaltenfreie Gletscherfläche rund um das Zuckerhütl (3.507 Meter). Wenn einmal die zweite und dritte Sektion sowie weitere fünf Gletscherbahnen und Lifte fertig sein werden, erwarten den Skifan zu allen Jahreszeiten

30 Kilometer Pisten und ein Vielfaches davon an Abfahrten über jungfräulichen Gletscherfirn.

Über die Brennerautobahn, den Stubai-Hauptort Fulpmes und die acht Kilometer lange, im Oktober übergebene Gletscherstraße, die vielleicht einmal bis ins Ötztal hinüber verlängert wird, erreicht man bequem und schnell das neue Ganzjahres-Skigebiet. Mit welchem Ansturm die »Wintersport Tirol AG« rechnet, geht schon aus der Planung für den Parkplatz an der Talstation Mutterbergalm hervor: Er reicht für »zunächst« tausend Autos und 50 Busse. Die Bahn schafft stündlich 1.200 Personen, weil sie – ein Prototyp – aus 155 Aluminiumgondeln mit je sechs Sitzen und automatischer Türöffnung besteht.

Unter der Leitung der jungen Innsbrucker Raumplaner Parson und Streli entsteht da oben eine Station, die eine künftige Raumstation quasi vorwegnimmt: mit einem Trainingscenter, einem Racing Camp nach amerikanischem Muster, ein paar Unterkünften, einem Unfallrevier mit ständig anwesendem Arzt und einem Selfservice. Man rechnet mit 8.000 Gletscherbesuchern an Spitzentagen.

Die Superseilbahn zum Gletscherrevier nahe der Europabrücke, werbewirksam »Hochstubai« genannt, ist die Initialzündung für die Entwicklung des ganzen Tales. Fremdenverkehrsdirektor Strobl beschreibt es optimistisch: »Das Stubaital soll und will nicht am Rande des Erfolgs mithalten, wir wollen vielmehr Mittelpunkt der Alpen werden.« Nicht länger soll das Tal mit seinen 71 Dreitausendern allein ein Paradies der Hochtouristen bleiben.

Um Platz zu bekommen für große Hotel- und andere Neubauten werden die berühmten Schmiede von Fulpmes aus- und weiter oben im Tal in einem zentralen Handwerkerhof wieder angesiedelt. Im Norden will man das alte, nur noch als Skistall genutzte Bauernbadl mit seinen radonhaltigen Quellen reaktivieren. Als »Skijöring Center« empfiehlt sich das Dorf Neustift, wo der Vater des Alpenvereins begraben ist.

Und auch im Bereich der Schlickeralm geht's weiter bergauf. Eine mit Plexiglas verkleidete Doppelsesselbahn ersetzt bald den Jeep-Pendelverkehr zwischen den Liften, zudem soll der Hohe Burgstall (2.613 Meter) durch eine Bahn zugänglich werden. Sogar an eine Liftschaukel zur Axamer Lizum ist gedacht.

Bis heute wurden im Stubaital rund 140 Pistenkilometer in vier Skigebieten erschlossen. Firnabfahrten werden auf Österreichs größtem Gletscher bis Juni garantiert. In einem Family Park mit Zauberteppichen, Kleinliften und eigenem Speisesaal werden auch Kleinkinder betreut. Die alte Jochgeierhütte hat sich in ein Superrestaurant verwandelt, das höchstgelegene Österreichs.

Allein am Gletscher laufen 24 Anlagen, die »Wilde Gruben« ist mit 1.500 Höhenmetern die längste Abfahrt der Ostalpen. Dr. Heinrich Klier, Vorstandsvorsitzender der Wintersport Tirol AG und 1970 Gründer der Stubaier Gletscherbahnen KG, prägte den Slogan vom »Königreich des Schnees«. Der Wahlspruch des alten, ideenreichen Gletscherpioniers, der im österreichischen Skitourismus hoch angesehen ist: »Unser Produkt ist die Freude.« Sie wird alljährlich einer Million Fahrgästen zuteil – sofern das Ötztal nicht von einer Naturkatastrophe heimgesucht wird, wie 1975, 1978 und 1987.

Shopping übers Joch

Wie die Schmuggler vor noch nicht allzu langer Zeit, so können Wanderer auf Brettern seit Weihnachten 1978 über das 2.738 Meter hohe Viderjoch in der Silvretta zollfreie Spirituosen, Zigaretten und Parfums im Rucksack über die »weiße Grenze« von der Schweiz nach Österreich einschleppen. Eine »binationale Skischaukel«, eine Seilbahnverbindung zwischen dem Graubündner Samnauntal und dem Tiroler Paznauntal, macht einen neuen »Wintersport« möglich: das »Ski Shopping«.

Mit Schweizer Präzision und mehrheitlich österreichischem Kapital ist das zollfreie Pistenparadies projektiert worden. Ein Ingenieurbüro nahm mithilfe der Swissair fotogeometrische Messungen vor. Die Berner Regierung erwirkte eine verbindliche Raumplanung, wonach das Samnaun sein Bettenangebot von 1.250 auf nur 2.750 aufstocken darf, um den dörflichen Charakter zu erhalten. Auch ermittelte das Eidgenössische Schneeinstitut, dass das Samnaun »zu den schneesichersten Regionen der Schweiz« zählt.

Vier Meter Schnee mussten noch Anfang Juni weggeräumt werden, als am Alptrida-Sattel (2.488 Meter) die Bergstation gebaut wurde. Von einem 200 Meter tiefer liegenden Skihaus aus wurden drei

Schlepplifte hochgespannt. Einer erreicht das Grenzjoch. Damit geht ein alter Traum der Orte beiderseits in Erfüllung: grenzenloser Skilauf auf einem zusammengeschlossenen Pistennetz von 110 Kilometern Länge, in baumlosen, bis zum Frühjahr befahrbaren Höhen zwischen zwei- und dreitausend Meter, natürlich auch im Tarifverbund.

»Eine europäische Attraktion«, meint Erwin Aloys, 68, Bürgermeister von Ischgl, Hotelier, früher Hüttenwirt, Bergführer, Skilehrer und unermüdlicher Promoter dieser nunmehr größten zusammenhängenden Skifläche Österreichs. 18.800 Skifahrer können jetzt stündlich befördert werden, auf Schneebahnen soweit das Auge reicht. Gleichzeitig mit den Samnaunbahnen wurde am Ortsrand ein sechsstöckiger Parkturm für 600 Autos eröffnet.

Mit dem Aushub wurde eine Umgehungsstraße aufgeschüttet. So können nun alle Gassen von Ischgl als Skiwege benutzt werden: »Abfahrt bis vor die Hoteltür möglich.« Wenn die 4.000 Fremdenbetten dem ohnehin ständig wachsenden Ansturm nicht genügen, verlagert man die Überkapazität auf die übrigen Orte im Paznauntal: Galtür (mit einer Liftverbindung nach Vorarlberg), Kappl und See (mit nicht minder hohen Skigebieten, aber niedrigeren Preisen).

Auch drüben im Schweizer Samnaun setzt Gemeindepräsident Walter Zegg auf eine Belebung der Wintersaison in der ganzen Region. Die neuen »Luftseilbahnen«, wie man hier sagt, beenden die Abgeschlossenheit, die 1892 durch eine Bergstraße durchbrochen worden war. Das Privileg bleibt dennoch erhalten. Für die Skitouristen bedeutet das, dass sie in den fünf »Fraktionen« im Hochtal um 40 bis 60 Prozent billiger einkaufen können als in Deutschland.

Mit regelmäßigen Kontrollen oben am Vider- und am Idjoch ist vorerst nicht zu rechnen. Denn die vielen Duty-Free-Shops dürfen keine Waren verkaufen, »die nach der Größe nicht zum alsbaldigen Verbrauch bestimmt sind«. Wem das »Ski Shopping« dennoch zu gefährlich oder zu beschwerlich ist, der kann sich von Ischgl aus mit einem Schneediesel zum Fondue auf die Heidelberger Hütte fahren lassen. Die liegt auch auf Schweizer Gebiet, ist aber nicht zollfrei.

Michael Wachtler übertreibt nur ein bisschen, wenn er in »Die Tirol-Saga« feststellt: »Wohl kaum in einem Tal gelang es, die Menschen vom neuen Glauben so überwältigend zu überzeugen, wie in

Ischgl. Ketzerische Bauernhöfe verwandelten sich in beispielhafte Hotels, sündige Ställe in gesittete Nachtclubs, während sie in der rohen Wildnis unter vielen Opfern ihre imposanten und weitum sichtbaren Tempel der einzig wahren Heilslehre setzten. (…) Ski, Sex und Suff haben sich zu einer frommen Dreifaltigkeit vereint.«

Superaktives Zillertal

Es ist nicht das längste, aber längst das bekannteste Tal Tirols: das vielbesungene Zillertal mit seinen 37.000 Gästebetten, 4,5 Millionen Übernachtungen jährlich und 25 Musikkapellen. Seit 1979 wirbt es auch noch als »das aktivste Tal der Welt«. Tatsächlich hat sich zu beiden Bergseiten des schon längst gezähmten Zillerbaches in den letzten zwei Jahren so viel getan an »touristischer Infrastruktur«, dass die Tiroler Tageszeitung kürzlich von zuständigen Naturpflegern zu berichten wusste, sie würden nun »das Fürchten lernen«.

Zwei neue, riesige, die Baumgrenze überwindende Skigebiete sind pikobello ausgebaut worden. »Hochzillertal« nennt sich schlicht das eine. Von Kaltenbach aus, 17 Kilometer nach der Ausfahrt aus der Inntalautobahn, baggern Vierergondeln stündlich 1.440 Personen auf ein Hochplateau, wo ein Bergbauernhof liegt und vier Lifte jede Stunde 5.490 Skifahrer noch höher hinauf hieven können. Zwanzig Millionen Mark wurden bisher verbaut.

Aber für die Rekultivierung der angekratzten Berglandschaft hat das Geld nicht mehr gereicht. Weil einer der beiden Tiroler Bauherren, ein Ortsfremder, den Kostenvoranschlag überschritten sah, wollte auch der andere nicht mehr, und so waren vor Winterbeginn die Folgeschäden jeglicher Pistenplanung unübersehbar: abgeschwemmter Humus, geröllvolle Baustraßen, offene Kabelgräben (das Gelände soll nämlich nicht nur ans Telefonnetz, sondern beizeiten auch an ein späteres Kabelfernsehen angeschlossen werden).

Da sieht das nächste neue Skigebiet, nur neun Kilometer weiter auf der neuen Straße direkt erreichbar, schon anders aus. Auf Anweisung der Umweltbehörde mussten die vom Ortsende von Zell am Ziller hochschwebenden Kleinkabinen grün angestrichen werden, denn sie verkehren auch in schneelosen Zeiten. Zwölf Kilometer gut präparierte und abwechslungsreiche Pisten bietet das sogenannte »Skizell«

unterm Kreuzjoch (2.559 Meter). Dreizehn Millionen Mark hat es gekostet. Und schon ist der Anschluss an den Skizirkus auf dem Gerlospass geplant.

Jetzt wollen die Zeller auch noch »die High Jogging Welle forcieren«. Der Mount-Everest-Bezwinger Peter Habeler, der im Zillertal zuhause ist, eröffnete in Gerlos die erste »Bergläuferloipe«. Sie führt drei Kilometer weit über Stock und Stein. Man muss dabei, möglichst schnell, auch einen Bach an einem Seil überqueren, einen mit Eisen gesicherten Klettersteig überwinden und über Strickleitern absteigen. »Für die Seilbahnen eröffnen sich damit neue Einnahmequellen«, meint Fremdenverkehrsobmann Roland Wanner. »Wir stehen hier erst am Anfang und wollen noch weitere Aktivitäten setzen.« Wahrlich, ein aktives Tal. Oder ist es schon überaktiv?

Ein 1983 eingeführter »Superskipass« eröffnet den Zugang zu insgesamt 111 Gondelbahnen, Sesselliften und Schleppern beiderseits des längst gezähmten Zillerbaches und hinauf nach Hintertux. Mitte der 1980er-Jahre weist das »aktivste Tal der Welt« auf: 35.000 Gästebetten, 25 Hallenbäder, 30 Saunen, 29 Solarien, 319 Kilometer geräumte Winterwanderwege, elf Skischulen, vier Reithallen, zwölf Rodelbahnen, Volkslangläufe in drei und Pferdeschlittenfahrten in neun Orten und nicht zuletzt 30 Diskotheken. Auch die Salzburger Gemeinden Wald und Krimml gehören inzwischen zur Zillertal Arena, die sich damit als das größte Verbund-Skigebiet Österreich rühmen kann. Seit 2008 können Skifahrer an einer Ralley teilnehmen, bei der alle im Laufe eines Tages gefahrenen Höhenmeter automatisch registriert werden – eine Weltneuheit.

Tirol treibt's immer toller

Wo sich ohnehin schon das internationale Heer der Winterurlauber sowie das große Geld ballen, da baut und wirbt man am meisten. Das entspricht offenbar der Strategie in Tirol, wo es zwar noch lange keine staatliche Raumordnung, nun aber eine Art Rechtfertigung für die anhaltende Expansion gibt. Sie lautet: Wo man in einem überlasteten Feriengebiet immer neue Lifte und Bahnen anlege, immer noch ein Stück Skigebiet er- und anschließe, da entlaste man doch die eigentlichen Zentren. Dem wäre entgegenzuhalten: Das Gästeaufkommen bleibt nicht gleich, vielmehr ziehen neue Attraktionen abermals mehr Menschen an.

Musterbeispiel: der Raum Kitzbühel, wo zum Winter 1980 wieder ein paar Superlative hinzugewachsen sind. Drei neue »Großschlepp-lifte« (kleiner geht's nicht) haben den Verkehrsverbund an den Skibergen ringsum auf 56 Anlagen gesteigert und fast lückenlos bis zur Landesgrenze am Pass Thurn ausgedehnt. Auf der anderen Seite reicht das Liftnetz jetzt über Kirchberg hinaus, nachdem dort neben dem Gaisberg auch noch der Obergaisberg durch Schlepper erschlossen ist.

Auf jenen Kirchberger Hängen indes, wo die drei Maierl-Lifte an schönen Wintertagen 6.000 Skifahrer und mehr in Richtung Hahnenkamm schleusen, wächst im Sommer kein gutes Gras mehr. »Man hat zwar Langzeitwirkungen erwartet,« hieß es bei einer Expertentagung vor Ort, »aber dass die Schäden so rasch und so stark auftreten würden, hat niemand geahnt.« Dass in der Vergangenheit viele ökologische Fehler gemacht wurden, musste sogar der Betriebsleiter der Kitzbühler Bergbahn AG einräumen.

Ob nun die neu angestückelten Lifte und eine erstmals angebotene »Ski-Safari« mit insgesamt 35 Kilometern Abfahrten auf weniger frequentierten, mit Elefantensymbolen gekennzeichneten Pisten die Skifahrerströme besser verteilen werden, bleibt dahingestellt. Hat denn der Bau neuer Straßen irgendwo den Verkehr nennenswert verdünnen können – oder erst recht angezogen?

Auch hat die Stadt Kitzbühel noch ein paar neue Lockmittel parat: In einer für 14 Millionen Mark erbauten »Aquarena« findet sich eine »Schwimmlandschaft« mit Fitnessanlagen, Moorbädern und »Supersaunen« (kleiner geht's, wie gesagt, nicht mehr). Eine neue Reitschule entstand außerdem. So kann Fremdenverkehrschef Dr. Josef Ziepl mit Fug erwarten, dass der Rekord von 550.000 Nächtigungen in der Saison 1979/80 abermals um 10.000 Übernachtungen überboten wird.

Ein Ende des ungezügelten Tiroler Winterwachstums ist noch lange nicht abzusehen, obwohl das Land schon rund 45 Prozent aller Skiaufzüge Österreichs hat: 1.183 Anlagen insgesamt. Dazu kommen 131 Skischulen mit 1.400 Skilehrern und neuerdings (in Imst) die erste Rodelschule Europas, dann noch drei Kunst- und 60 Naturrodelbahnen, 50 Skikindergärten, Eisschießbahnen in 134 Orten, 55 Reitställe und 30 Tennishallen (die höchste Europas gibt es jetzt in Kühtai auf 2.020 Metern Höhe). Auf 13 Pisten kann man sogar nachts, unter Flutlicht, immer noch überschüssige Energien verbrauchen.

Ehe die Abteilung Landesplanung in Innsbruck, nachdem sie von der Regierung schon 1978 mit der Erarbeitung eines Seilbahn- und Pistenkonzepts beauftragt worden war, vielleicht doch noch die Bremse anzieht, sind für die Saison 1980/81 in allen Ecken und Enden noch einmal viele Schilling-und Mark-Millionen zur Abrundung der tollen Tiroler Ski-Schaukelei angelegt worden: Kitzbühel macht gewiss keine Ausnahme im »weißen Rausch«.

Im äußersten Westen, am Arlberg, stehen in den 1980ern 67 Bahnen und Lifte, 185 Kilometer präparierte Pisten und 180 Kilometer Tiefschneeabfahrten zu Verfügung, ein Teil berührt auch das Nachbarland Vorarlberg. Vom Paznauntal kann man in die Schweiz hinüberschaukeln.

Ebenso »grenzenlos« sind die 80 Kilometer Langlaufloipen im Dreiländereck von Nauders; nach Italien geht es über den zugefrorenen Reschensee, aus dem seit der Überflutung noch ein Kirchturm ragt.

Ein ganz neues Skigebiet wird auf den Gletschern über dem bislang kaum berührten Kaunertal begründet; im Winter ist es allerdings wegen Lawinengefahr nicht zugänglich. Im Ötztal wird der Skizirkus von Sölden, das der Boom zu einem der unansehnlichsten Dörfer Tirols gemacht hat, hinauf nach Hochsölden und zum Gaislachkogel komplettiert. Südlich des Kaisergebirges hat sich die größte Skiarena Österreichs entwickelt; sie dehnt sich jetzt von Itter bis Going.

Bleibt noch die Landeshauptstadt selbst als »Skizentrum« zu erwähnen. Wer in Innsbruck schläft, kann sich mit einem Mehrtagepass per Bus oder Bahn zu fünf verschiedenen Skigebieten bringen lassen und obendrein das städtische Hallenbad besuchen. Im Sommer hatte eine ähnliche Idee mit »Wanderbussen« viel Anklang gefunden. Mobilität innerhalb eines immer größer werdenden Radius wird immer mehr zu einem Kennzeichen des modernen Alpintourismus.

Computer lenkt »Ski-Circus«

»Unser Gro'm trogt Schnää und Göid,« sagen die bajuwarisch-blütigen Leute im Glemmtal. »Graben« nennen sie ihre Klamm, wovon der Name Glemm abgeleitet ist. Vor wenigen Jahrzehnten noch war das über tausend Meter hohe Tal im Salzburger Land geradezu weltabgeschieden. Erst 1948 war die Elektrizität bis Hinterglemm geführt worden, erst seit 1950 ist das ganze Hochtal durch eine Buslinie erschlossen.

Doch längst vorbei sind Ruhe, Anmut und Armut. Für 1981 – ein Jahr allgemeiner Stagnation – werden über zwei Millionen Übernachtungen erwartet. Damit hätte die Ortsgemeinschaft Saalbach/Hinterglemm den stärksten Fremdenverkehr in ganz Österreich, die Hauptstadt Wien ausgenommen. Wie das funktionieren soll? Für den Winter 1981/82 sind alle 16.778 Gästebetten – auch dies ist österreichische Spitze – in ein EDV-System eingespeichert, sodass sie von überall her blitzschnell gebucht und bestätigt werden können.

Zwar wollen zehn Mitarbeiter des neu eröffneten »Information Centers« auch weiterhin »alle zusätzlichen privaten Wünsche des Gastes liebevoll behandeln«, wie etwas zweideutig versprochen wird, aber die Full-Time-Betreuung so vieler Touristen schaffen die 2.389 Einwohner der beiden Orte schon längst nicht mehr, auch wenn sie fast alle irgendwie in den Fremdenverkehr eingespannt sind. Jeden Winter müssen mindestens 2.500 Arbeitskräfte importiert werden, vom polyglotten G'stanzlsänger aus dem Nachbarland Tirol über den Liftbügelhalter aus der Steiermark bis zum Tellerwäscher aus Slowenien.

Bedient werden will immerhin die größte Gondelbahn Österreichs, die pausenlos zum Schattberg pendelt, samt einem Netz von 53 Sesselbahnen und Schleppliften, die stündlich 41.480 Personen, meist gleich von der Straße weg, auf die über 2.000 Meter hohen Berge baggern können. Der ganze Glemmer »Ski-Circus« – so die neue Werbebezeichnung – ist mit einem einzigen Ticket nutzbar.

Bedient werden müssen außerdem 30 moderne Schneemaschinen, die noch vor jedem Morgengrauen die 180 Kilometer Pisten hobeln, bügeln und zwecks Griffigkeit wieder ein bisschen aufrauen. Und saisonales Personal braucht's schließlich für ein ebenso dichtes Netz von Hotels, Skihütten und Jausenstationen, die alle erst im Winter richtig aufblühen und vielerlei Veranstaltungen bieten, beispielsweise ein nächtliches Mondscheinrodeln ab Spielbergalm oben am Grenzpass.

Einzigartig in Österreich ist das System von Bahnen, Sportanlagen und Sportgeschäften. Saalbachs langjähriger Bürgermeister Peter Mitterer, ein ehemaliger Arbeiter und genialer Manager, hat die verschiedenen Unternehmen kapitalmäßig so miteinander vernetzt, dass jedermann am Ganzen interessiert sein muss. Die so erzielte wirtschaftliche Autonomie hat auch dazu geführt, dass man aus der von Zell am See und Kaprun gegründeten »Europa-Sportregion« wieder ausgestiegen ist und die Pionierleistungen lieber allein vermarktet.

Das »Göid« (Geld) bringen die Fremden nun in solchen Mengen ins Tal, dass der Bauboom – im Gegensatz zu vielen anderen Alpentälern – noch lange nicht gedrosselt scheint. Bei unserer Herbstwanderung zählen wir mindestens ein Dutzend zum Teil kolossaler Roh- und Neubauten. Die hemmungslose Entwicklung ist denn auch Thema einer Diskussion im neuen Infocenter, das mit vergilbten Fotos aus der guten alten Bergwelt geschmückt ist.

»Wir haben die Grenzen der Belastbarkeit erreicht,« räumen einige Bürger ein und merken vergleichend an, dass das ganze Burgenland weniger Betten habe als Saalbach und Hinterglemm alleine. Zur Eindämmung eines weiteren Wildwuchses wird vorgeschlagen, dass die Gemeinde selbst mehr Grundstücke erwerben müsse, um sie vor der Bebauung zu schützen, dass für jedes neue Gästezimmer und für jeden neuen Skilift zusätzlich hundert Quadratmeter Freigrund erworben werden. Tatsächlich versucht die Gemeinde, die Bremsen anzuziehen. Doch, so berichtet Verkehrsdirektor Hannes Fürstenauer, vier Bauern gingen mit ihren abgelehnten Baugesuchen bis zur obersten Gerichtsinstanz und durften dann doch bauen.

Der Boom bleibt also vorerst ungebrochen. Jüngste Errungenschaft ist eine zweite Tennishalle, in der man nun bis Mitternacht spielen kann. Nächster Plan ist ein Doppelsessellift von Hinterglemm auf den Schattberg. Und auch der Anschluss nach Tirol – per Lift und Straße – war kürzlich schon Gegenstand eines Lokaltermins. Daraus freilich wird dann aber doch nichts.

Kaum zehn Jahre später setzt sich die Ortsgemeinschaft Saalbach/Hinterglemm an die Spitze des österreichischen Fremdenverkehrs, nach der Hauptstadt Wien, und die Skiweltmeisterschaften im Winter 1991 bringen noch einmal einen gewaltigen Schub.

Vom Rosenkranzbeten

Die Schutzgemeinschaft Alpen, ein Zusammenschluss von 20 Bürgerinitiativen mit rund 10.000 Mitgliedern, verleiht im Mai 1982 auf einer Tagung in Bad Reichenhall zum erstenmal einen Wanderpreis mit der symbolisch-ironischen Bezeichnung »Rostige Blechdose«. Sie geht, als Mahnung und Denkanstoß zum alpinen Umweltschutz, an die Verantwortlichen für die weitere Erschließung des Pitztals. Dort gibt es nun bereits eine Bergbahn und elf Skilifte – aber bisher noch keinen größeren Fremdenzustrom. Und auf den möchte man hier nicht länger verzichten.

Mit Billigung der Tiroler Landesregierung und umgerechnet rund 43 Millionen Mark, großenteils von ausländischen Kapitalgebern, wird im Talschluss derzeit ein weiteres Sommerskigebiet ausgebaut. Die Projektbetreiber, darunter einige Möbelhändler, bedienen sich dabei der in den Alpen üblich gewordenen »Salamitaktik«: Zuerst fordern sie den Brunnenkogelferner, dann den westlichen Mittelbergferner und schließlich den östlichen Bereich des Gletschergebietes.

Ganze zwölf Quadratkilometer hochalpines Ödland sind somit bereits verplant. Nur wegen der Proteste, vor allem der Alpenvereine, sparte man allein die Wildspitze (3.774 Meter) dadurch aus, dass man sie mit einem »Bann-Kilometer« umgab. Der höchste, der »heilige Berg« Tirols solle weiterhin dem nichttechnisierten Tourismus vorbehalten bleiben. Dies verstand die Landesregierung als Kompromiss, welcher allerdings vom Österreichischen Alpenverein als »entsetzlich« und unannehmbar verurteilt wurde.

Ein naturbelassenes Tal, begründet jetzt die Schutzgemeinschaft ihre »Auszeichnung«, werde auf diese Weise zu einem monostrukturierten Touristental, obwohl in der unmittelbaren Nachbarschaft – im Stubai-, Ötz- und Kaunertal – doch bereits »genügend« Gebiete erschlossen seien. Aber eben aus dem Grund dieses Entwicklungsgefälles wird der Ausbau von den Pitztaler Gemeinden begrüßt und öffentlich gefördert. Landeshauptmann Eduard Wallnöfer predigt populistisch: »Vom Rosenkranzbeten können die Menschen dort nicht leben.«

Die Bahnen werden also gebaut, größer, moderner, effektiver als die meisten zuvor. Und allmählich verändert das Pitztal, wie andere Täler zuvor, sein unverdorbenes Gesicht. »Aus den Häusern werden Schönheitsfehler, aus den Dörfern Mangelerscheinungen, aus den Landschaften sprießen wild wuchernde Geschwüre,« zieht Michael Wachtler etliche Jahre später in seiner »Tirol-Saga« eine bitterböse Pitztaler Bilanz.

Europas höchste Schaukel

Im September 1982 wird im Inner-Ötztal das fünfte Gletscherskigebiet Tirols offiziell eröffnet. Als gelte es, in diesem bereits übererschlossenen Talbereich die touristischen Zuwachsraten krampfhaft zu halten, hat das »längste Tal« des Landes, das längst schon über dessen höchste Seilbahn und das höchstgelegene Dorf verfügt, diese Art von »Zivilisation« noch weiter und höher in die Bergwelt vorgetrieben.

Der Tiefenbachferner, bislang nur Eisgehern zugänglich, ist nunmehr für jedermann bequem erreichbar. Vom 1.377 Meter hoch gelegenen Dorf Sölden aus erreicht man über eine 14 Kilometer lange Mautstraße (die aber im Winter nicht befahrbar ist) zunächst den schon vor Jahren hergerichteten Rettenbachferner. Von dort wurde von 400 Mineuren quer durch die Flanke der Äußeren Schwarzen Schneid ein 1,7 Kilometer langer Straßentunnel getrieben, der als der höchste Europas gilt. Außerdem führt über das Seiterjöchl (3.051 Meter) die – so wird geworben – »höchste und größte Sommerskischaukel Europas«.

Auf 25 Quadratkilometern Gletscherfläche stehen den unermüdlichen Skifans fortan 35 Abfahrtskilometer zur Verfügung. Schon in diesem Herbst trainieren auf den baum-, buckel- und spaltenfreien Idealhängen mehrere Nationalmannschaften. Taufpatin des jüngsten und wohl noch nicht letzten Gletscherprojekts, dessen Eröffnung sich wegen der unwägbaren Witterung um ein Jahr verzögert hat, war übrigens Rosi Mittermaier, die für alpine Werbung immer »goldrichtig« ist.

Seit 1993 wird der Ski-Weltcup alljährlich im Oktober im Skigebiet von Sölden eröffnet. 1995 gründet Jack Falkner, Geschäftsführer der Ötztaler Gletscherbahnen und Sohn des Pioniers Valentin Falkner, eine ständige Runde »Zukunft Wintersport«, aus der auch die Idee vom »multioptionalem Berg« hervorgeht. Nachdem jahrelang immer weniger junge Leute gekommen sind (weil sie immer öfter in den Süden reisten), sollte diese wichtige Zielgruppe durch neue, sportliche Möglichkeiten angelockt werden,

Dies versucht man etwa durch ein Freilichttheater, eine permanente Geschwindigkeitsstrecke, Carving-Bereiche und einen »Remidemiberg«. Vermeiden möchte Falkner jedoch eine »Las Vegas Meile«. Der schon 1966 erschlossene Gaislachkogel soll sogar ein »ruhiger Berg« bleiben. 1998 wird das eigentliche Wintersportgebiet mit dem Gletscherskigebiet verbunden, was erneut einen »großen Schub« bringt. Falkner 2008: »Die Erwartungshaltung der Kunden ist so groß, dass man ständig beim Angebot und dem Marktauftritt nachjustieren muss.«

Sieben auf einen Streich

Dreitausend Arbeitsstunden lang hingen 31 Bergführer mit Sitzgurt und Presslufthämmern in den Wänden. Sie schlugen 150 Stifte und Profiltritte ein, bohrten 700 Haken und befestigten 2.200 Meter Stahlseil an Quergängen, Überhängen und Türmen. Auch ein acht Meter langer, schwankender Seilsteg wurde über eine Scharte gespannt und »Seufzerbrücke« genannt.

Rechtzeitig zur Wandersaison 1986 kann der »Innsbrucker Klettersteig« eröffnet werden. Er ist insgesamt sechs Kilometer lang und führt über nicht weniger als sieben Gipfel, von denen der Kemacher (2.482 Meter) der höchste ist. Da man direkt von Innsbruck aus bis zum Hafelekar (2.269 Meter) mit Zahnrad- und Gondelbahn auffährt, ist die Tour an einem Tag gut zu schaffen. Eine neue, leicht erreichbare Erlebniswelt steht somit dem Bergfreund offen

»Das Begehen von Klettersteigen im Grenzbereich zwischen Bergwandern und freiem Klettern erfreut sich wachsender Popularität,« stellt Hannes Gasser fest, der neuerdings weltweit operierende Chef der Alpinschule Innsbruck. Von ihm stammte die Idee, den Gipfelgrat der kulissenartigen »Nordkette« vor der Tiroler Landeshauptstadt jedermann – oder fast jedermann – zugänglich zu machen. Rund 100.000 Mark hat sich der Fremdenverkehrsverband Innsbruck die

Ausführung kosten lassen, er trägt auch die Wartung. Stadtverwaltung, Bergrettungsdienst, Feuerwehr und Bundesforst unterstützten die Arbeiten in schwindelnder Höhe.

Klettersteige sind Mode geworden im Alpinismus. Immer mehr werden – meist von örtlichen Fremdenverkehrsverbänden – angelegt für jene Bergwanderer, die den Übergang zum eigentlichen Klettern noch nicht gewagt haben. Vor allem in den Dolomiten locken die »Vie Ferrare«, die eisernen Wege, immer mehr Touristen von den sicheren Wanderwegen weg in steile Höhen. »Spaß und Vergnügen sind der einzige Maßstab«, meint Dieter Seibert, Autor des ersten Führers mit 170 gesicherten Anstiegen in den Ostalpen. Dem »gehobenen« Bergwanderer erschließe sich da ein Reich voll großartiger Felspartien, das ihm sonst verschlossen bliebe.

Natürlich bergen Klettersteige, die so etwas wie das »totale Bergerlebnis« verheißen, auch ihre Probleme. Der neue Innsbrucker Panoramasteig, der den Blick auf eine Großstadt und auf das Karwendel ebenso wie auf Österreichs und Deutschlands höchste Berge öffnet, macht da keine Ausnahme. Die Nähe zu einer Stadt, warnte der Österreichische Alpenverein, könnte einen Massenandrang wenig geübter Bergwanderer und damit Unfälle herausfordern.

Gasser gibt zu, dass dieser Steig wegen seiner leichten Zugänglichkeit – gleichsam auf dem Dach der Stadt mit dem »Goldenen Dachl« – mit keinem anderen in den Alpen vergleichbar sei und dass auch versicherte Passagen keine Garantie böten. Um das »Restrisiko« gering zu halten, wurden Fluchtwege eingeplant, und mindestens einmal im Monat, vor allem nach Gewittern mit Blitzschlag, sollen alle Eisenteile kontrolliert werden.

Natürlich gab es gegen den »städtischen« Klettersteig auch von Seiten des Naturschutzes heftigen Widerstand, sogar Anzeigen hat es gehagelt. Man bangt zum Beispiel um die Grasnarben am Langen Sattel, und überhaupt um die Unversehrtheit der ganzen Südflanke des Karwendelgebirges. Die Alpenvereine erinnerten an ihre Grundsatzentscheidung, keine weiteren Wege mehr im Hochgebirge zu dulden. Bei einer Grundsatzdiskussion in Brixen bildet sich keine einheitliche Meinung. Klettersteige, soweit ist man sich schließlich einig, »sind aus dem alpinen Geschehen nicht mehr wegzudenken«. Aber: nur ausnahmsweise dürften neue Steige angelegt werden, »je nach Umständen und in mittlerer Schwierigkeit«.

Zehn Jahre nach der Einweihung feiert man das Jubiläum des aus diesem Anlass generalsanierten »Innsbrucker Klettersteigs« mit einer Bergmesse, Trompeten und Reden im eisigen Wind. »Bisher haben ihn 17.000 Menschen begangen, und noch kein einziger ernsthafter Unfall wurde gemeldet,« bilanziert Hannes Gasser. 1996 schildert ein »Klettersteig-Atlas Alpen« (Bruckmann Verlag) bereits 481 gesicherte Eisenwege zwischen den französischen Seealpen und dem Wienerwald. Zwar warnen Alpenvereine und Naturschutzverbände grundsätzlich immer noch vor der »Vernagelung« von immer mehr Felswänden, vor einer Übererschließung durch das grassierende »Klettersteigfieber«. Aber in einer Expertenrunde in Oberammergau, unter dem ebenfalls derart erschlossenen Ettaler Mandl, überwiegen eher die positiven Stimmen. »Eine gewisse Infrastruktur schadet den Bergen nicht«, meint etwa der mit einem Umweltpreis ausgezeichnete Berg- und Skiführerveteran und DAV-Sektionsvorsitzende Helmut Pfanzelt. 90 Prozent der Alpen seien immer noch »Freiraum«, und Klettersteige machten es möglich, dass »auch ein alter Hund wie ich noch spektakuläre Passagen erleben kann«.

Feuerwerk im Firn

Wenn der Wind eine Geschwindigkeit von 80 Kilometern pro Stunde erreicht, greifen die Bremsen automatisch. »Nacha miaß ma holt die Gondeln händisch auffi ziachn,« sagt der Mann in der Bergstation. Er hat den allerschönsten Bergblick. Wie eine Kette von Kristallen bilden die Spitzen, Kogel und Gletscher der Ötztaler Alpen einen Halbkreis um den Hinteren Brunnkogel. Der misst 3.440 Meter und ist neuerdings der höchste Punkt in den Ostalpen, der von einer »Aufstiegshilfe« erreicht wird.

Die »Pitz-Panoramabahn« wird am 7. Juli 1989 für den Publikumsverkehr freigegeben. Unter widrigsten Umständen haben 60 bis 100 Arbeiter und Ingenieure im Eis des Mittelbergferners gebaut. Monatelang haben dann Experten des Verkehrsministeriums aus Wien geprüft. Auch der Umweltschutz war auf dem Posten. So wurde beispielsweise verhindert, dass außer den vier Tragseilen noch ein Elektrokabel hochgezogen wurde; deshalb muss der Mann in der höchsten Bergstation östlich von Saas-Fee seinen Kaffee batteriebetrieben kochen. Alle Abwässer werden durch einen Tunnel zu Tal geleitet, in die erste vollbiologische Kläranlage des Pitztals (während sie auf dem italienischen Stilfserjoch nebenan noch versickern).

Fast neun Millionen Mark hat die Tiroler Gesellschaft, die der Berliner Willi Krüger managt, in die neue Anlage investiert. Sie komplettiert das Ganzjahresskigebiet im Innerpitztal und ist – wenn es denn nach dem erklärten Willen der Wiener Regierung geht – die letzte große Baumaßnahme auf den Gletschern der Alpenrepublik, von denen nunmehr acht technisch erschlossen sind. Von der einmal geplanten Straßentunnelverbindung zwischen den oberen Etagen des Pitz- und des Ötztals (mit zwei weiteren Sommerskiplätzen) ist jedenfalls nicht mehr die Rede.

Der Ausbau, die Verfügbarkeit dieses Stücks Urnatur, scheint sich nicht nur für die Betreiber und ihre politischen Paten gelohnt zu haben, sondern auch für die Bewohner des einst so stillen und armen Tals der Pitze. 2.200 Gästebetten in den drei Orten, fast alle neu, bilden nun eine solide Existenzgrundlage. Sie hatten im Winter 1988/89, als Schneemangel andernorts den Tourismus schrumpfen ließ, immerhin 18 Prozent mehr Übernachtungen als ein Jahr zuvor. Nur einmal war die ausgebaute Zufahrtsstraße mit ihren drei Lawinengalerien kurzfristig gesperrt.

Durch allerlei Gaudi mit Popstars, Feuerwerk im Firnschnee, die Fertigung von Skulpturen aus Gletschereis und eine neue Sportart »Rafting« (mit dem Schlauchboot über eine abgesperrte Piste und Schanze) ist es offenbar gelungen, aus den zunächst negativen Schlagzeilen allmählich ein Image vom »freundlichen Riesen« zu entwickeln. Der eigentliche Zubringer zum alpinen Zirkus in Weiß rühmt sich gar seiner Umweltfreundlichkeit: Unverdrahtet, geräusch- und abgasfrei fährt der »Pitzexpress« ganzjährig durch einen Tunnel. Für die 3,7 Kilometer bergauf braucht die schnellste Standseilbahn der Welt nur sieben Minuten.

Vom 2.860 Meter hohen Bergbahnhof aus erreicht man vier Schlepplifte und nunmehr noch die höchste Panoramabahn Österreichs, die – nach französischem Patent – ein technisches Unikum ist.

Vier mal vier Gondeln klemmen zusammen am 52 Millimeter starken Tragseil. Jede fasst 25 Personen. Die 580 Höhenmeter werden in acht Minuten bewältigt. Über der 3.000-Meter-Marke sind eine rote und eine schwarze Abfahrt jahraus, jahrein präpariert. Man fährt durch grünlich schimmernde Gletscherbrüche, die Piste ist durch rote Netze gesichert.

Ein Dorf wird zugebaut

Als »Krönung der Laufbahn des Glemmtals« wird die Alpine Ski-Weltmeisterschaft im Winter 1990 in der »WM-Post« bejubelt. Über sieben Millionen Mark wurden allein für die Bewerbung ausgegeben. Mindestens 20 Millionen Mark kostet das Sportspektakel und so viel soll es auch direkt wieder einbringen. Weitere 140 Millionen Mark haben die privaten Fremdenverkehrsbetriebe seit dem Zuschlag von 1988 investiert. Man übertrumpft sich selbst.

Inzwischen gehört Saalbach/Hinterglemm, neben Sölden und Corvara, zu den am dichtesten besiedelten Bergdörfern der Alpen – und wohl auch zu den hässlichsten. Denn in allen diesen drei Tälern herrschten jahrzehntelang ungezügelter Kapitaldruck und baulicher Wildwuchs. Der zusammengewachsene Doppelort mit nur 2.500 Einwohnern hat 1990 rund 20.000 Gästebetten, 42.000 sind es in der Region. Auf die Natur war bei dieser stürmischen Entwicklung nur wenig Rücksicht genommen worden.

Nach einer Untersuchung am Institut für Bodenkultur der Universität Wien befinden sich 167 Objekte – das sind rund 15 Prozent aller Gebäude – im Glemmtal in der »roten Zone«, die wegen starker Gefährdung durch Hochwasser oder Lawinen für eine ständige Nutzung nicht geeignet ist. Verboten ist das Bauen dort nicht, es gibt nur keine staatlichen Zuschüsse. Vergeblich protestierte das Kuratorium Rettet den Wald gegen diesen »ökologischen Wahnsinn«. Vergeblich forderte der Österreichische Alpenverein eine verbindliche Umweltverträglichkeitsprüfung für alle Großprojekte. Und welches wäre größer als eine drei Wochen dauernde Weltmeisterschaft?

Landeshauptmann-Stellvertreter Arno Gasteiger jedoch möchte das Land Salzburg, für dessen blühenden Fremdenverkehr er politisch verantwortlich ist, endlich von dem durch Umfragen bestätigten

»Image-Defizit« gegenüber Tirol befreien. Eine große Chance auf Jahrzehnte böte nun eben die Ski-Weltmeisterschaft, die weltweit von etwa 500 Millionen Menschen über die Medien verfolgt werde (allein das Fernsehen hat über hundert Stunden Sendezeit eingeplant und trägt wesentlich zur Deckung der Organisationskosten bei). Auch hebt der Sozialdemokrat Gasteiger positiv hervor, dass »keine Bauten wie Zielstadien usw.« errichtet, sondern nur bestehende Gebäude angemietet worden seien.

Tatsächlich aber erlebt das Glemmtal noch einmal einen beispiellosen Boom. Mit der neuen Zwölferkogel-Nordbahn wurde die letzte Lücke im sogenannten »Ski-Circus« geschlossen. Da die Beschneiungsanlage dort nur bis zur Mittelstation reicht, sollen im oberen Teil der Herrenabfahrt Schneedepots angelegt werden. Eine Weltneuheit namens »Snowtrans« soll die Präparierung auch bei geringer Schneelage sicherstellen. Zahlreiche Pisten wurden verkabelt und beschallt, auf 13 Kilometern Länge wurden Zäune aufgestellt. Weltfirmen erledigten Aufträge in Millionenhöhe.

Mit Hilfe von 70 »technischen Aufstiegshilfen«, darunter Österreichs größte Gondel mit einem Fassungsvermögen für hundert Menschen, können rund um Saalbach/Hinterglemm und – über die Skischaukel Asitz – im Bereich von Leogang jede Stunde 62.000 Skifahrer befördert werden. Diese können das Glemmtal in beiden Richtungen umrunden, auf einem Pistennetz von insgesamt 300 Kilometern bis zur Erschöpfung abfahren, sich von einem der angestellten »Ski-Guides« zur »Ski-Safari« in »unberührten« Tiefschnee führen lassen oder auf einer Gästerennstrecke mit automatischer Messung den WM-Größen nacheifern.

Ein ausgeklügeltes Verkehrssystem mit Datenverarbeitung soll die Massen von den Straßen fernhalten. Am Taleingang bei Maishofen wurden nicht weniger als 8.000 Parkplätze planiert. Pendelbusse bringen die Leute im Zehnminutentakt gratis nach Saalbach und Hinterglemm. Beide Ortsteile bekommen auch kleine Umfahrungstunnels.

Eissee für Kunstschnee

Den ganzen Sommer über standen alle Räder still. »Zur Sicherung des Phänomens Gletscher«, heißt es. Nichts geht mehr mit dem »Ganzjahresskilauf«, wie er vor 20 Jahren propagiert und einige Jahre auch praktiziert worden war. Doch schon im Oktober 1993 beginnt wieder der Betrieb, den man ruhig auch Rummel nennen kann; bis über die Dreitausendergrenze hinauf surren die Räder der Lifte.

Diese frühzeitige Eröffnung der Wintersportsaison ist möglich geworden, nachdem der Tiroler Landeshauptmann Alois Partl am Ende seiner Amtszeit noch eine gewaltige neue Gletscherbahn mit viel Tamtam eröffnet hatte. Deutschlands Zugspitze zieht erst am 27. Oktober nach: mit der ebenfalls feierlichen Eröffnung der neuen Gipfelstation, die sogar ein Konferenzzentrum für wahre »Gipfelgespräche« hat. Und die Ötztal-Arena startet den Skiwinter zwei Tage später noch spektakulärer: mit Damen- und Herren-Weltcuprennen und einer dreitägigen Open-Air-Show namens »Ski-Circus Roncalli«.

Vorerst aber schießen die Stubaier den Vogel ab. Parallel zu den roten Kabinen der alten Anlage, die 1973 als leistungsfähigste und höchste Seilbahn Österreichs im hintersten Stubaital eröffnet worden war, gleiten die grauen Gondeln der neuen Gletscherbahn noch leiser und noch schneller bis zur gemeinsamen Mittelstation auf 2.300 Metern Höhe, um sogleich weiterzurollen bis zum 2.600 Meter hohen Gamsgarten. Und sie befördern noch mehr Menschen: In weniger als einer Viertelstunde können von der »Gamsgartenbahn« bis zu 1.900 Ski- und Schaulustige pro Stunde ins ewige Eis befördert werden.

Was sie an der neuen Bergstation vorfinden, ist schon allerhand: ein riesiges Restaurant, ein zusammenklappbares Großzelt, einen Eissee, der im Frühjahr und Herbst zur Erzeugung einer vielleicht doch nicht naturgegebenen Kunstschneedecke dient und im Sommer völlig abtaut, eine Höhenloipe, die das Langlaufen jahreszeitlich enorm verlängert, drei Anschlusslifte, die bis auf 3.333 Meter klettern, den Einstieg in die lange, schöne Tourenabfahrt »Wilde Grube« sowie das grandiose Panorama der Stubaier Alpen mit ihren 109 Dreitausendern. Ein neuer Höhepunkt im hochalpinen Skitourismus, der vorläufig allen Klimakatastrophen zu trotzen scheint.

Allerdings: Ökologen und auch viele Einwohner des Stubaitals, wo seit der Ersterschließung nicht weniger als 13.500 Gästebetten entstanden sind, haben sich jahrelang gegen das »Projekt Gamsgarten« gewehrt. Auch die Fremdenverkehrs- und Raumordnungspolitiker Tirols schienen dem Vorhaben nicht wohlgesonnen, hatte der Tourismusminister und künftige Landeshauptmann Wendelin Weingartner doch eine »Denkpause« empfohlen, die nunmehr für drei Jahre verbindlich ist: Bis Anfang 1996 dürfen im tourismusintensivsten Bundesland der Alpenrepublik keine neuen Skigebiete erschlossen und bestehende nur dann ausgebaut werden, »wenn gleichzeitig die dabei entstehenden Verkehrsprobleme gelöst werden«.

Was ist damit gemeint? Warum jetzt diese massive Ausnahme, die sich die »Wintersport Tirol AG« eine neuerliche Investition von 25 Millionen Mark kosten lässt? Die Geschichte der Stubaier Gletscherbahn ist ein Lehrstück im alpinen Tourismusgeschäft, eine Geschichte von Zwängen, Pannen und Problemen.

Jahr für Jahr gab es Zuwächse, der Hauptort Neustift allein erreichte über eine Million Übernachtungen pro Jahr. Ein Brettl- und Bettenboom ohnegleichen, wie ihn der Tiroler Autor Felix Mitterer in seiner letzten »Piefke-Saga« so böse karikiert und der Ötztaler Hans Haid in seinem jüngsten Buch »Aufbruch in die Einsamkeit« frontal angreift: »Protest, Widerständigkeit und bäuerlicher Eigensinn gehören zu den neuen Qualitäten der Alpenbewohner. Jetzt versetzen wir den Gletscherschändern, den knieweichen Politikern einen gehörigen Schrecken.«

Aber erst einmal hat, wie die Schlagzeilen 1987 menetekelten, »die Natur zurückgeschlagen«. Und der Schrecken fuhr den Menschen im Stubaital ganz besonders in die Glieder. Lawinen und Muren verwüsteten einen Teil des Tals, die acht Kilometer lange »Gletscherstraße« versank unter Schlamm und Geröll. Inzwischen ist sie gut, wie es scheint, gegen derlei Katastrophen gesichert. Auch das Panoramarestaurant am Eisgrat (2.900 Meter), dessen Stahlträger vom ewig bewegten Eis verschoben wurden, sodass der Dachstuhl einknickte, ist jetzt ein stabiler Rundbau mit 450 Plätzen für Essensgäste, weiten Terrassen für noch viel mehr Sonnenanbeter, einem Beratungs- und Beschwerdezentrum sowie dem »höchsten Sportshop Europas«, wo einem die Skikanten computergesteuert geschliffen werden. Eine Milliarde Schilling (über 140 Millionen Mark) hat die Aktiengesellschaft insgesamt in diese Infrastruktur gesteckt.

Nach dem Rückgang des Sommerskilaufs ab 1985, verursacht durch die schmelzenden Gletscher und den Umstieg vieler junger Skifans aufs Surfbrett, gab es im vorigen Winter wieder Tage, an denen über zehntausend statt der 6.000 kalkulierten Besucher an der Mutterbergalm (1.750 Meter) in Kolonnen anrückten und anderthalbstündige Wartezeiten in Kauf nahmen. Höchste Zeit also, die »Verkehrsprobleme« zu lösen. Eine neue, bessere Bahn musste her, da konnten auch die Genehmigungsbehörden nichts dagegen haben. Wenngleich viele Bewohner des 32 Kilometer langen, an Brennerautobahn und Europabrücke gut angeschlossenen Tals jetzt noch mehr Durchgangsverkehr in ihren Dörfern befürchten. Bis zu 28 öffentliche und noch viel mehr private Busse an Hochsaisontagen lösen die Verkehrsprobleme noch lange nicht, sie vermehren sie eher.

Für die Zukunft, von der niemand weiß, wie weiß oder grün sie sein wird, verheißt Verwaltungsdirektor Reinhard Perktold rosige Zeiten: Zur Diskussion steht die phantastische Idee, die romantische, technisch einzigartige Stubai-Eisenbahn, die seit 1904 von Innsbruck bis Fulpmes herauf rattert, durch einen Tunnel unter dem ganzen Tal bis hin zum Fuß der Gletscherberge zu verlängern.

Die Verlängerung der alten Schmalspurbahn ist dann letzten Endes doch unterblieben. Seit 2010 aber wirbt das Stubaital nicht nur mit seinen vier Gondelbahnnetzen, sondern auch als »E-Bike-Region«: An über 20 Stationen können »Extrembiker« akkubetriebene Mountainbikes ausleihen und aufladen, über 300 Kilometer Routen wurden markiert. Neu ist auch eine schwebende Kanzel namens »Top of Tyrol« auf 3.200 Meter Höhe.

Tunnel in den Kaiser

Kein anderes Tal der Ostalpen ist so berühmt und so viel begangen wie das Kaisertal in Tirol. Keine der Dutzend Gemeinden rund um das zwischen Kufstein, Kössen und St. Johann bis 2.344 Meter aufragende Gebirge, die nicht in ihrer Tourismuswerbung mehrsprachig auf die »unique scenery«, diese einzigartige Landschaft, hinweisen würde. Kein Kaiser-Buch, das nicht insbesondere das vom Zahmen und Wilden Kaiser malerisch umrahmte Hochtal in höchsten Tönen preisen würde.

»Wo sonst gibt es so eindrucksvolle Schau-Erlebnisse für geringe Wandermühe«, fragt Autor Horst Höfler, der als langjähriger Sprecher des Deutschen Alpenvereins das immer wieder durch verschiedene Interessen gefährdete Gebirge in Wort und Bild verteidigt hat. »Selten kann man bei einer Wanderung auf so begrenztem Raum so viel natur- und geschichtsgegebene Romantik erleben,« meint auch der Tourenbeschreiber Sepp Brandl über die klassische »kleine Kaisertalwanderung« in einem Rother-Führer. »Denk dir, du wärst der Weltenbauer. Könntest du das Kaisertal schöner gestalten? (…) Nein, das Bild ist vollkommen.« So schwärmte Fritz Schmitt 1942. Schmitt, der 1986 verstorbene Alpenhistoriker, gilt als »Erschließer des Kaisergebirges«.

Erschlossen wurde es allerdings im wesentlichen nur durch Wanderwege und Kletterrouten, durch wenige Sessellifte in der Randzone (von denen vier kürzlich stillgelegt wurden) und zwei kleine Stichstraßen. Im Frühjahr 1996 aber droht die technische Totalerschließung: eine Zufahrt für Autos direkt ins Kaisertal. Die Zuständigen haben dafür grünes Licht gegeben.

Derartige Pläne sind nicht neu. Schon 1896 war eine Straße und 1903 sogar eine Eisenbahn durch das Tal geplant. Als in den 1950er-Jahren eine Seilbahn zur Diskussion stand, kam es in Kufstein und im 90 Kilometer entfernten München, von wo die meisten Kaiser-Freunde herkommen, beinahe zum Volksaufstand. Nach einer Volksbefragung in der Region wurde eine Fläche von über zehn Quadratkilometern zum Naturschutzgebiet erklärt.

Der Kaiser hatte seine Ruhe. Wenn man absieht von alljährlichen Veranstaltungen wie dem »Internationalen Ebbser Koasamarsch« mit Tausenden von Teilnehmern und von den Menschenmassen, die das Kaisertal erwandern. Sie alle können sich ergötzen an den berühmt-berüchtigten Felstürmen (mit Namen wie »Fleischbank« oder »Totenkirchl«), an der vielfotografierten Antoniuskapelle, an wilden Nebensteigen, tiefen Schluchten, an Nordtirols wichtigster prähistorischer Höhle, an sieben Gasthöfen und bewirtschafteten Hütten, an schönen

Almbauernhöfen, deren ältester bereits 1240 als »Hinterkaiser« dokumentiert war.

Diese fünf Höfe sind das Problem. Einige stehen vor der Übergabe. Und die neue Bergbauerngeneration scheint nicht mehr gewillt zu sein, sich von der »übrigen Welt« abkoppeln zu lassen. Zwar ist den 40 ständigen Bewohnern des Hochtals die Befahrung einer 13 Kilometer langen Wegstrecke erlaubt; dafür haben sie 18 Motorräder und Autos verfügbar, die sie in Einzelteile zerlegt heraufgeschafft hatten. Der steile Hauptzugang aber, vom Großparkplatz am Sparchenbach aus, ist nur über 285 Stufen zu Fuß zu bewältigen; das dauert etwa eine halbe Stunde.

Und das erschwert mancherlei: die Versorgung und Entsorgung (wenngleich es dafür einen Materiallift gibt), die ärztliche und sonstige Hilfe im Notfall, den Abtransport von jährlich 2.000 Festmetern Holz. Vor allem aber sorgt sich Bürgermeister Josef Astner von Ebbs, auf dessen Gemeindegebiet der Weg ins Kaisertal verläuft, um die sieben Kaisertalkinder. Im Winter kämen sie oft nur unter Gefahr oder überhaupt nicht zur Schule oder in den Kindergarten. Versicherungsprobleme gäbe es obendrein.

Bedrängt von den meisten Bürgern aus dem »Berg-Ghetto« (nur der gut bewirtschaftete und besuchte Pfandlhof möchte autofrei bleiben), hat der Gemeinderat von Ebbs mit zwölf gegen zwei Stimmen eine »sinnvolle Erschließung« des Kaisertals beschlossen. Und die Landesregierung in Innsbruck hat 130.000 Mark für die Projektplanung bewilligt. Keineswegs wolle man den Naturschutz beschädigen, versichert Bürgermeister Astner. Ganz im Gegenteil: Es gehe jetzt um die Erhaltung dieser Natur- und Kulturlandschaft, die eben dann in ihrer Schönheit gefährdet wäre, wenn sie nicht mehr bäuerlich bewirtschaftet würde.

Der Aufschrei von Naturfreunden konnte da nicht ausbleiben. Gegen die neuen Erschließungspläne ist vor allem die Kreisstadt Kufstein. Ihr gehört allerdings nur die fast unzugängliche Südflanke, die sogenannte »Schattenseit'n« des Kaisertals sowie der Einstieg, um den es jetzt geht. »Wir wurden nie um unsere Meinung gefragt,« klagt Karin Scholz, die Chefin des Tourismusverbandes. Und Siegfried Dillersberger (FPÖ), früher Bürgermeister der »Perle Tirols« und jetzt

Landtagsabgeordneter: »Wenn wir dieses Tal opfern, wird es eine Lawine auslösen.«

Der SPÖ-Abgeordnete Andreas Obitzhofer befürchtet sogar einen »katastrophalen Imageverlust für das ohnehin gebeutelte Tourismusland Tirol«, denn der Kaiser sei doch europaweit der Inbegriff einer intakten alpinen Landschaft. Man solle den Leuten da oben statt eines neuen Weges endlich eine »vernünftige Alternative« anbieten, dieses Gebiet müsse dem Land etwas wert sein. Alles nur eine Kostenfrage?

Agrarwissenschaftler der Universität Innsbruck brüten denn auch über fünf mögliche Alternativen. Zur Auswahl stehen, außer der brutalen Auffahrtsrampe, eine Brücke von der Kufsteiner Bergseite her, ein Schrägaufzug von Autogröße, eine Kabinenbahn und ein Tunnel. Der wäre, meint auch Astner, am umweltverträglichsten und sogar am billigsten.

Doch auch gegen eine »kleine Kaisererschließung« regt sich Widerstand. Jeder Durchbruch der »herrlichen Barriere« der Sparchenstiege würde das Aus für eines der schönsten Alpentäler bedeuten, warnt Horst Höfler, der letzte Hand anlegt an ein Alpines Museum in München. Wäre die Befahrung vom Inntal her einmal möglich, würden wohl nicht nur die wenigen »Anrainer« mit Sondergenehmigungen gesegnet werden, wie die Motorisierung auf vielen »gesperrten« Tiroler Alm- und Forstwegen zeigt. Der Kaiser-Kenner, der schon mit Teilerfolg dagegen gekämpft hatte, dass der Wilde Kaiser durch Klettersteige komplett vernetzt wurde, würde am liebsten auch das jetzt schon (erschwert) befahrbare Wegstück wieder allein den Wanderern vorbehalten sehen. Viele stimmten seiner Forderung zu: »Kein Gestank und Motorlärm im Kaisertal.«

Nach schwierigen Verhandlungen und zweijähriger Bauzeit wird im Mai 2008 ein Tunnel mit knapp 800 Meter langer Fahrstrecke ins Kaisertal dem Verkehr übergeben. Die Kosten von 6,5 Millionen Euro tragen die Gemeinde Ebbs und das Land Tirol. Genehmigungen zur Befahrung der Straße und Schlüssel für die Schranke werden nur den (inzwischen nur noch) 30 ständigen Bewohnern sowie Einsatzfahrzeugen, Post, Taxiunternehmen, der Holzabfuhr und anderen »Bewirtschaftern« zugeteilt.

Event auf Event

Einen Funpark samt Halfpipe und anderem Pipapo haben sie jetzt alle, die Tiroler Tummelplätze. Jede bessere Abfahrt ist mit einer Beschneiungsanlage bestückt. Die örtlichen Ergebnisse der natürlichen oder der künstlichen Produktion von Eiskristallen sind per Internet oder Schneetelefon jederzeit abrufbar. Kuppelbar sind immer mehr Seilbahnen, was den Umlauf und Umsatz steigert. Aus den Dörfern dringt – frei nach Faust und lange vor Ostern – ein buntes Gewimmel hervor. Und über vielen Gipfeln ist keine Ruh, sondern lautes Remidemi, was etwa als »Klangwolke« oder »Sound & Light in der Naturarena« plakatiert wird.

Im Winter 1996/97 reiht sich Event an Event, bis hinauf ins eigentlich einsame Gletscherdörfchen Vent, dem Transitgebiet des »Ötzi«, wo man nun dem »Sound of Silence« lauschen darf. Schon zum Auftakt der Saison hatte eine von Heizstrahlern erwärmte Orgel das ewige Eis der Stubaier durch klassische Klänge aus vierzehn großen Boxen beinahe zum Schmelzen gebracht. Und wenn die heiße, weiße Saison am 1. Mai zu Ende geht, dann wird beispielsweise in Ischgl ultimativ der Bär los- und die Sau rausgelassen, beim (laut Eigenwerbung) »berüchtigten Top of the Mountain Concert«.

Die Tiroler sind listig, und wenn es um die Vermarktung ihrer Berge geht, immer sehr einfallsreich. So wurde neulich auf dem »Markentag« in Innsbruck ein neuer Slogan verkündet: »Ich – die Anderen – der Berg«. Worldwide soll er für das »Herz der Alpen« werben. Aber als solches will Tirol künftig nur noch in Übersee schlagen. »Es hat sich einfach eine Inflation der Herzen breitgemacht«, begründet Johannes Kröll, bei der Tirolwerbung zuständig für die Innenkommunikation. Eine Inflation der Berge ist wohl weniger zu befürchten. Nicht mehr als 3.500 Gipfel hat ein einheimischer Alpinist im Lande Tirol zusammengezählt – für die Werbung reicht's.

Wer sich in diesem Winter ins Land der Berge begibt, sei es auf einem Ego-Trip oder en masse mit »den Anderen«, dem winkt eine derartige Fülle von extravaganten bis extremen Angeboten, dass es die Tirolwerbung für richtig befand, erstmals einen »Schneewegweiser« zu entwickeln. Elektronisch oder auf Papier wird der Interessent durch das Winterwunderland geführt, auf fünf Hauptstraßen (Alpin, Snowboard, Langlauf, Schnee und Eis) und weiter durch allerlei Nebengassen mit Aufschriften wie Snowvolleyball oder Firngleiterkurse.

Obwohl natürlich auch im Tiroler Tourismus das Ende des technischen Wachstums seit langem angesagt ist (und die Nächtigungszahlen längst nicht mehr wachsen), ist da und dort doch wieder »komfortverbessert« worden, teils mit erheblichem Aufwand. So geht's jetzt in der Zugspitzregion mit »Ganghofer« auf die Ehrwalder Alm; die Sechsersesselbahn mit transparentem Wetterschutz, die einen alten Schlepper ersetzt, bekam diesen Namen deshalb, weil der berühmteste deutsche Heimatdichter dort oben sein »Schloss Hubertus« hatte, wohin er freilich immer nur per Pedes oder Einspänner aufgestiegen war.

Maurach am Achensee bietet jeden Mittwochabend ein »Nachtgondeln« auf den Rofan, die letzte Talfahrt ist gegen Mitternacht. Man kann aber auch im Fackelzug mitgehen bis zu einem Steinbruch, wo ein Bengalischer Feuerzauber entzündet wird. Der Steinbruch beim Innsbrucker Vorort Hötting und einige südseitige Kalkfelsen neben der Inntalautobahn werden zum Ganzjahresklettern empfohlen, nur nicht im Hochwinter.

Noch toller treiben es die Eiskletterer, die sich etwa im Stubaital an »Schneewittchen und den sieben Zwergen« versuchen oder im Sellraintal die »Hängenden Gärten« von Lüsen besteigen. Auch internationale Meisterschaften im Eisklettern sind schon zu bestaunen; an einem 30 Meter hohen, beregneten und gefrorenen Baukran in Flirsch. Oder sollte man doch lieber gemächlich mit Schneeschuhen »trappern«?

Ganz Tirol ein Skizirkus

»Wann wird endlich ganz Tirol ein einziges Skigebiet?« Das fragt Dietmar Höpfl, Landesgeschäftsführer der Naturfreunde in Innsbruck. Ebenso sarkastisch drückt der Naturschutzreferent des Deutschen Alpenvereins, Franz Speer, seine Vision aus, man könnte bald von Innsbruck in die Schweiz fahren, ohne die Skier abschnallen zu müssen. Wahr ist: Nirgendwo sonst auf der Erde gibt es ein so dichtes Netz von Bergbahnen wie in Tirol. Laut Statistischem Landesamt sind im Winter 2000/2001 in Betrieb: 369 Seilschwebebahnen und Sessellifte, 765 Schlepplifte und – seit Jahren unverändert – sieben Standseilbahnen.

Wie der Österreichische Alpenverein ermittelte, hat die »skitouristische Kapazität« in Tirol im Zeitraum von 1980 bis zur Jahrtausendwende um 111 Prozent zugenommen. Über 45 Prozent aller mechanischen Aufstiegshilfen der Alpenrepublik entfallen auf das relativ kleine Bundesland. Dennoch wird weiter aufgerüstet. Seit den alpinen Goldgräberzeiten der 1960er-Jahre hat es keinen derartigen Liftbauboom mehr gegeben wie im Wendejahr 2000.

»Wir wollen, dass die kommende Generation Arbeit findet,« proklamierte der stellvertretende Landeshauptmann Ferdinand Eberle, als mitten im Sommer eine 35 Millionen Schilling teure Liftanlage am Marienberg bei Biberwier eröffnet und vom Ortspfarrer gesegnet wurde. »Die Wintersportler wollen Erlebnis in möglichst abwechslungsreichen, zusammenhängenden Skigebieten,« rechtfertigte Helmut Lambrecht von der Sektion Verkehr der Tiroler Wirtschaftskammer die neuesten, möglichst »grenzenlosen« Erweiterungspläne; er verwahrte sich gegen die von kritischen Politikern »emotional aufgeschaukelte Diskussion«.

Der Kommentar der »Tiroler Tageszeitung« zur Katastrophe von Kaprun klang etwas zynisch: »Die Spirale wird sich weiter drehen. Wir werden weiterhin unseren Spaß haben wollen. Wir können nicht anders. Wir haben es schon bewiesen.« Nur wenige können auch anders. Das Villgratental in Osttirol wirbt für diesen Winter mit dem Eingeständnis, es sei das einzige Tiroler Tal, das ohne Seilbahnen, Hotels und Feriendörfer auskomme. Spaß ohne Event – gibt's das auch?

Zugspitze zugebaut
Rund um den Gipfel des höchsten deutschen Berges entstand eine technisch-touristische Anlage nach der anderen.

Boom auf Bayerns Bergen
Wie der schmale Nordgürtel der Alpen vermarktet wurde

Gewiss, Bayern ist ein Alpenland. Wenn auch nur das zweitkleinste (nach Liechtenstein). Und wenn auch nur drei Prozent des europäischen Zentralgebirges – 5.300 Quadratkilometer – auf den süddeutschen Freistaat entfallen. Dieser hat trotzdem von Anfang an eine oft bestimmende, manchmal aber auch bremsende Vorreiterrolle beim Erschließungsprozess gespielt. Möglich war dies wohl nicht zuletzt aus zwei Gründen, die sich im deutschen Süden konzentrieren: ein hohes Touristenaufkommen und viel Investkapital. Bayerns einziger Fast-Dreitausender, die Zugspitze, war stets ein besonderer Trumpf im internationalen Spielplatz Alpen. Im Übrigen: Salamitaktik wie überall.

Höher geht's nimmer

Für die Wintersaison 1956/1957 hat Garmisch-Partenkirchen hochgerüstet. Den fünf Liften am Zugspitzplatt wurde die höchste Bergbahnanlage Deutschlands hinzugefügt. Sie führt ganz hinauf zum 2.874 Meter hohen Schneefernerkopf, die Masten sind im ewigen Eis verankert. Dazu wurde eine grandiose Skiabfahrt in die Felsen gesprengt. Auch weiter unten hat die technische Erschließung der Bergwelt weitere Fortschritte gemacht. Quer über die Partnachklamm und hinauf bis zum Graseck verkehrt jetzt die erste vollautomatische Seilbahn; man betritt eine »Münzschleuse«, wirft eine Mark in den Schlitz und schon öffnet sich das Tor zum »Bahnsteig«. Die Gondel fährt automatisch ab, sobald die Tür geschlossen ist. Der Roboter funktioniert ganz ohne menschliches Zutun.

Manchen geht der Massentourismus im Gebirge schon zu weit. »Der Rummel muss vor unseren Hütten haltmachen,« wettert im

November 1957 der Hüttenreferent des Deutschen Alpenvereins, Ludwig Aschenbrenner, auf einer Tagung der Berghüttenwirte in Tirol. »Haben unsere Väter die Häuser in 2.000 und 3.000 Metern Höhe errichtet, damit dort 50 Jahre später Kofferradios und Monate vorher angemeldete Reisegesellschaften einziehen?« Viele Hüttenwirte machen das Geschäft direkt mit Reisebüros. Der kommerzielle Tourismus, der sich längst auch in den Bergen ausgebreitet hat, droht die naturnahe Romantik mit Kerzenlicht und Holzfeuer zu vertreiben.

Zugspitze »bald verbaut«

Eine böse Panne verzögert im Dezember 1962 die Eröffnung der neuen Zugspitzbahn: Die erste Gondel mit Bundesverkehrsminister Hans-Christoph Seebohm, Bayerns Wirtschaftsminister Otto Schedl, Weihbischof Johannes Neuhäusler und weiteren Ehrengästen bleibt rund eine Stunde lang hängen und muss schließlich zur Talstation zurückfahren. Ein Kameramann des Fernsehens hat im Betriebsraum beim Sprung von einem Tisch ein Relais beschädigt, das sofort Sicherheitsalarm auslöste. In Handarbeit müssen die Sicherheitsbremsen gelöst werden.

Bei idealem Pulverschnee und strahlender Sonne kann dann aber doch, nach zweijähriger Bauzeit, die steilste, längste und modernste Seilbahn Europas feierlich eröffnet werden. Die Gondeln sind so groß wie Omnibusse, sie können stündlich etwa 300 Menschen binnen neun Minuten auf den höchsten Berg Deutschlands bringen.

Panzer der Bundeswehr hatten die 100 Tonnen schweren Tragseile zum Eibsee geschafft. Dort musste ein 20 Meter tiefer Schacht für die Spanngewichte in den Felsboden gesprengt werden. Die Bergwachtmänner Hans Hibler und Toni Reindl zogen dann ein Montageseil in vierstündiger Klettertour vom Gipfel durch die steile Nordwand zum See. Mit 85 Metern Höhe ist die Stütze II der höchste Mast, der je für eine Personenseilbahn gebaut wurde. Von hier bis zur Bergstation hängt das Seil 2.600 Meter frei durch. Die Gondel scheint oft nur wenige Meter an der Wand entlang zu schweben – ein Erlebnis, das manchen Fahrgast schaudern lässt.

Der Gipfelkomplex, der mit eingeweiht wurde, besteht aus der mit Stahlwurzeln im Berg verankerten Bahnstation, einem dreistöckigen

Aussichtsgebäude mit Rolltreppen und Selbstbedienungsrestaurant und einer 60 Meter langen Freiterrasse, die tausend Menschen fasst. Unmittelbar neben diesem neuen Touristenziel, 30 Meter tiefer, entsteht ein neues Tiroler Zugspitzhotel mit 400 Betten. Von hier aus wird auch eine weitere Seilbahn zu dem kürzlich abgebrannten Hotel gebaut, zu dem vom österreichischen Ehrwald aus eine Kabinenbahn hinaufführt.

Durch diese neuen Bahnen erhält zum erstenmal ein Berg einen regelrechten Rundreiseverkehr. »Die Zugspitze wird jetzt bald verbaut sein.« Ein gewisser Stolz klingt aus dieser Feststellung von Diplomingenieur Bernhard Schmidt, Vorstand der Bayerischen Zugspitzbahn AG, die hierfür 7,2 Millionen Mark aufgewendet hat (mit vier Millionen hatte man zunächst gerechnet).

Schmidt hebt hervor, dass bei den Bauarbeiten nur zwei Unfälle passierten. (Beim Bau der Zahnradbahn 1930 waren 30 Menschen ums Leben gekommen): Ein Arbeiter stürzte zehn Meter tief in den Abgrund; er war jedoch angeseilt. Als man ihn mit der Winde hochzog, hatte er immer noch den Schubkarren in den Fäusten. Ein anderer Arbeiter verlor bei den Montagearbeiten in Fels und Eis drei Finger. Der Garmischer Sportarzt Dr. Georg Neureuther hat mit höhenphysiologischen Versuchen begonnen: »Nach der Raumfahrtmedizin haben wir jetzt noch die Seilbahnmedizin.«

Deutschlands höchster Berg birgt jetzt Spitzentechnologie wie kein anderer. Außer den Bahnen und Gebäuden befinden sich in der Gipfelregion: ein Fernsehspiegel und eine UKW-Anlage der Bundespost, eine meteorologische Station sowie eine Anlage des Max-Planck-Instituts für Physik und Astrophysik, die hauptsächlich kosmische Strahlung misst. Das Münchner Haus, vom Alpenverein 1897 gegen den Widerstand vieler Naturschützer errichtet, wirkt daneben wie eine uralte Bretterbude.

Kampf um die Rotwand

Ein Sturm der Entrüstung fegt im Juli 1963 über die bayerischen Berge. Denn das Massiv der Rotwand soll nun auch durch Seilbahnen erschlossen werden. So hat es der Gemeinderat von Schliersee mit elf gegen vier Stimmen beschlossen. Obwohl die Naturschutzbehörden die Rotwand vor sieben Jahren als Landschaftsschutzgebiet ausgewiesen haben. »Jetzt haben wir andere Verhältnisse«, meint jedoch Bürgermeister Minholz. Das Projekt sei für seine Gemeinde eine »wirtschaftliche Frage«.

Tatsächlich gibt es im ganzen Alpenraum wohl nur wenige Orte, die im Winter einen derartigen Massenzulauf erleben wie der zu Schliersee gehörende Hochkessel am Spitzingsee, dessen östliche Kulisse die Rotwand bildet. Die dort oben aus dem Boden gestampfte Ortschaft St. Bernhard ist von München aus in einer Stunde gut zu erreichen. Sie ist durch mehrere Seilbahnen, Busverbindungen, eine neue Bergstraße und riesige Parkplätze geradezu ein alpiner Verkehrsknotenpunkt geworden.

Diese Supertechnisierung haben die Naturschutzbehörden allerdings nur unter der Bedingung zugelassen, dass dafür das Rotwandgebiet von weiterer Bebauung frei bleibe. So teilten sich bisher am Spitzingsee die Ströme. Die Pistenraser und Bergbahnfexe ließen sich auf den 1.506 Meter hohen Stümpfling schleusen, die ganz bequemen Motor-Alpinisten blieben gleich in einem der Lokale am Seeufer und die wenigen, denen der unverfälschte Naturgenuss noch die Mühe des Aufstiegs wert ist, wanderten weiter zum 1.885 Meter hohen Rotwandhaus.

Der Bürgermeister sagte es seinen Gemeinderäten deutlich: »Mit reinen Idealen, die in einigen Jahren vielleicht nicht mehr gültig sind, können wir hier nicht arbeiten.« Also beschlossen sie die Errichtung von Sesselliften auch östlich der Goldgrube Spitzingsee. Nun aber war es vorbei mit der Ruhe der Bergfreunde, die sich bei vielen Neubauten von Bergbahnen bisher immer mit papierenen Protesten begnügten.

Einmütig stellten sie sich diesmal gegen den Eingriff in die intakte Bergwelt: die Naturschutzorganisationen vorn, dann einige Landtagsabgeordnete und die Bergwacht, die mit der Massierung des Skivolks ihr liebes Leid hat. Endlich protestierte namens ihrer 17.000 Mitglieder auch die Sektion München des Deutschen Alpenvereins. Der Bergbuchautor Walter Pause gab den Ton an: »Es muss zu einer regelrechten Volkserhebung kommen, wenn wir unseren Kindern anstelle einer großartigen Alpenwelt nicht einen von Radau erfüllten Fremdenzirkus hinterlassen wollen.«

Keine Lehre aus Katastrophe

Eine Lawine reißt am 15. Mai 1965 auf dem Zugspitzplatt zehn Menschen in den Tod und verletzt weitere 23 Menschen. Doch sie bremst den technischen Ausbau der oberen Bergregionen Oberbayerns keineswegs. Die Katastrophe fordert vielmehr zu neuen, vereinzelt abenteuerlichen Projekten und zu verstärkter Werbung heraus. Noch während der Bergungsarbeiten beeilt sich Bahndirektor Bernhard Schmidt, den um Mitternacht versammelten Journalisten mitzuteilen, dass die Gipfelseilbahn innerhalb von zehn Tagen wieder in Betrieb gehen könne.

Noch im Unglücksmonat präsentiert die Marktgemeinde Garmisch-Partenkirchen, die trotz ihrer rund 28.000 Einwohner die Stadtwürde verschmäht und lieber als »Olympiadorf« firmiert, eine Broschüre mit der Beschreibung aller ihrer Bergbahnen. Daraus ist zu ersehen, dass alpenweit kein anderer Ort eine derartige Ballung von »technischen Aufstiegshilfen« anbieten kann. Genau 2.575 Personen in der Stunde können in den Gondeln und auf den Sesseln dieser Anlagen aufwärts schweben.

Bis zum nächsten Winter will die gemeindeeigene Wankbahngesellschaft eine neue Großkabinenbahn für stündlich 200 Fahrgäste auf den Garmischer Hausberg bauen und ein Jahr darauf eine Pendelbahn für stündlich 600 Personen auf den Kochelberg. Dagegen stößt die seit Jahren projektierte Kabinenbahn vom Kreuzeck auf die Alpspitze (2.260 Meter) nach wie vor auf den Widerstand vor allem der Naturschützer. Sie sagen: Damit wäre auch das letzte stille Reservat für Wanderer und Tourenskiläufer im Zugspitzland dem Massentourismus ausgeliefert. Auch für die Karwendel-Seilschwebebahn bei Mittenwald, in die schon 1,2 Millionen Mark investiert wurden, zeichnen sich neue Kapitalhoffnungen ab.

Im Prozess gegen den der fahrlässigen Tötung und Körperverletzung angeklagten Diplom-Ingenieur Bernhard Schmidt sagt dieser: »Heute würde ich dort am Steilhang kein Hotel mehr hinbauen, sondern für ein Turmgebäude am Zugspitzplatt eintreten.« Unter dem Druck der Tiroler Konkurrenz, so ist seinen Aussagen zu entnehmen, hatte die Bayerische Zugspitzbahn AG nach dem Krieg dort oben hemmungslos expandiert. Das Hotel wurde fünf Mal umgebaut. Ein

Schnelltriebwagen nach Schweizer Muster musste her. Nachdem es schon 1961 auf der Bahnstrecke zu einem Lawineneinbruch gekommen war, verhandelte Schmidt mit den Behörden über die Möglichkeit, die Gefahr durch Raketen abzuwehren. Aber dieser und weitere Vorschläge stießen damals auf taube Ohren. Schmidt wurde freigesprochen.

Betonband durch Gletscher

Ein anderer bayerischer Berg von einiger Berühmtheit, der Wendelstein, wird im Juni 1966 mit der Verkehrsübergabe der letzten 23 Kilometer der Inntalautobahn »besser angeschlossen« an den Tourismus. Nunmehr besteht eine Direktverbindung zwischen den Grenzen der Bundesrepublik im Norden und im Süden. Spektakulär der Durchstich des Gletscherschliffs bei Brannenburg, von wo aus die 1883 gebaute Zahnradbahn in gemütlichen 55 Minuten auf den mit Gasthaus und Kirchlein besetzten Aussichtsberg klettert. Schneller erreichbar ist durch die Betonbahn auch Oberaudorf mit seiner betagten Sesselbahn auf die Bergterrasse des Hocheck. Eine Gondelbahn zum Brünnstein (1.620 Meter) ist auch schon geplant – sie wird nie kommen.

Viel Geld fließt jetzt im Chiemgau. Im Dezember 1966 wird in Inzell ein deutsches Eissportzentrum feierlich eröffnet. Fast drei Millionen Mark, größtenteils vom Bund aufgebracht, kostete die erste kombinierte Eis- und Rollschnellbahn der Welt, die obendrein ein Eishockeyfeld umrahmt. Die Pläne, die vom Landrat Kiene und vom Wirtschaftsminister Schedl unterstützt werden, gehen noch viel weiter. Für zwölf Millionen Mark will man eine Seilbahn auf den Kienberg erstellen sowie ein ganzes Netz von Skiliften zum benachbarten Rauschberg hinüber, zur Nachbargemeinde Ruhpolding, wo der bayerische Massentourismus 1933 durch den einfallsreichen Bremer Reiseunternehmer Dr. Carl Degener erstmals angestoßen und 1948 neu angekurbelt worden war.

Sturm um stille Höhen

»Das ist der Gipfel«, zürnen Bayerns Naturschützer und rüsten zum Abwehrkampf um letzte stille Höhen der deutschen Alpenwelt. Was im Sommer 1968 in Bewegung gekommen ist, vergleicht indes die sturmbereite Gegenseite mit der wirtschaftlich notwendigen Erschließung des Landes durch die Eisenbahn im 19. Jahrhundert; manche Gemeinde kranke heute noch an damaligen Fehlentscheidungen.

An zwei Fronten hat der Kampf begonnen – wohl nicht zufällig in den Urlaubsmetropolen Berchtesgaden und Garmisch-Partenkirchen. Zielobjekte sind: Deutschlands zweithöchster Berg, der Watzmann (2.714 Meter), und ein weiterer Gigant, die Alpspitze (2.628 Meter). Beide Berge sollen durch ein Netz von Seilbahnen für den Massentourismus hergerichtet werden.

Trotz heftiger Störfeuer sind den Bergstürmern bereits erste Einbrüche gelungen. In Berchtesgaden haben die Marktgemeinde, der Fremdenverkehrsverband und die Gemeinde Ramsau zusammen mit kapitalkräftigen privaten Interessenten eine »Watzmann GmbH« gegründet. Und in Garmisch-Partenkirchen meldet die Bayerische Zugspitzbahn AG stolz, sie habe »eines der größten bergbahntechnischen Erschließungsprojekte in den bayerischen Alpen in Angriff genommen«.

Die neuen Bahnen sollen zwar nicht bis auf die eigentlichen Gipfel führen, aber nach allen Erfahrungen dürfte die weitere, die »restlose Erschießung« nicht ausbleiben. So verheißt denn auch die Aktiengesellschaft, der die Domestizierung eines Bergriesen gelungen ist, schon für ihr Alpspitz-Projekt ein »komplettes Bergbahn- und Skilift-Karussell«, für das zunächst einmal neun Millionen Mark bereitstehen.

Man lockt mit einigen »Ski-Schmankerln« auf dem hochalpinen Plateau zwischen Höllentorkopf, Hochalm und Kreuzeck, insbesondere mit dem »hervorragenden Frühjahrsfirn«. In welchen Dimensionen da geplant wird, geht schon daraus hervor, dass die Gondeln der 3,2 Kilometer langen Schwebebahn, die auf über 2.000 Meter Höhe führen soll, nicht weniger als 60 Personen fassen sollen; bisher können die größten Bergbahnkabinen rund 40 Personen befördern.

Auch am Watzmann wollen die Werber den Skispaß bis in den Sommer hinein garantieren. Noch am 16. Juni 1968 hatte man nahe der Eiskapelle am Fuß der berüchtigten Ostwand einen internationalen Spezialtorlauf veranstalten können. Die Teilnehmer mussten sich allerdings noch in stundenlangem Fußmarsch bergauf quälen. Künftig könnte die Bergbahn, deren Kosten auf acht Millionen Mark veranschlagt werden, auch diese Schneeregion für Familie Jedermann mühelos erreichbar machen.

Dafür gibt es angeblich ein öffentliches Bedürfnis. Eine Umfrage der Kurverwaltung Berchtesgaden brachte heraus, dass 68 Prozent der Gäste den »König Watzmann« ganz gern mit einer Bahn gekrönt sähen. Diese »wäre ein erstklassiges Aushängeschild für Olympische Spiele oder für Skiweltmeisterschaften«, hat Bürgermeister Beer außerdem erkannt. Mit einem solchen Gedanken spielt man auch im Werdenfelser Land, wo das ehemalige Olympiadorf zum »Altersheim« zu werden droht.

Doch die cleveren Gemeindeväter haben ihre Rechnung ohne den in Bayern besonders wachsamen Naturschutz gemacht. Immerhin: Der Watzmann liegt im ältesten, größten und sicherlich schönsten Naturschutzgebiet Deutschlands (das 1978 zum Nationalpark aufgestiegen ist). Hier gibt es noch Steinadler und Orchideen. Und drüben im Westen Oberbayerns, gibt es trotz zügiger Zugspitzerschließung auch noch hochalpines Ödland. So dass der Deutsche Alpenverein mahnt: »Hände weg von der Alpspitze!«

Dabei ist die Auseinandersetzung gar nicht so neu. Schon 1935 hatten die NS-Behörden eine auf den Watzmann geplante Bahn »nach reiflicher Überlegung« abgelehnt, um allerdings dafür auf der anderen Seite des Königssees den Obersalzberg für die eigene Nutzung, Hitlers Sommerresidenz inbegriffen, total zu beanspruchen. Als 1952 die Jennerbahn genehmigt wurde, mussten sich die Berchtesgadener verpflichten, im näheren Umkreis auf jede andere Bergbahn zu verzichten. Und drüben, in der Zugspitzregion, war 1961 schon eine vom Skimeister, Liftkönig und Hotelier Clausing geplante Alpspitzbahn abgelehnt worden.

Weil jedoch auch im übrigen bayerischen Hochland der technische Fortschritt kaum mehr aufzuhalten ist (aktuelle Projekte tangieren die Chiemgau-Berge Hochfelln und Geigelstein), sieht sich das für eine sinnvolle Konzessionierung letztlich verantwortliche Wirtschafts- und Verkehrsministerium in München vor die Entscheidung gestellt: entweder »kennzeichnende Landschaftsbilder möglichst zu schützen und zu erhalten«, wie es die Landesverfassung vorschreibt, oder Gefahr zu laufen, dass noch mehr Urlauber und Wochenendtouristen in attraktivere Alpenländer abwandern.

In diesem Dilemma hat die vom Staat beauftragte Landesstelle für Naturschutz einen ersten Raumordnungsplan erarbeitet. Er schlägt vor, das ganze bayerische Gebirge aufzuteilen: in »Ruhezonen«, wo jeder größere Eingriff untersagt sei, »Erschließungszonen«, die bereits mit Bahnen besetzt sind und weiterentwickelt werden könnten, sowie »neutrale Zonen« als eine Art Puffer, wo alle neuen Projekte besonders sorgfältig zu prüfen wären.

Toter Mann wird lebendig

»Grüss di, Ewald«, trompetet der massige Mann ins Telefon. »Hast dei Haus jetzt voll? Naa, ganz staad? Musst mehr Werbezettel auflegen.« Der Mann spricht eine wunderliche Mischung von Bayerisch und Hanseatisch. Auf den revanchierten Rat seines Gesprächspartners, er solle seine Erkältung mit einem bestimmten Öl kurieren, reagiert er brummig: »Von welcher Hex hast denn dös?«

Der Mann, der sich in der Ramsau bei Berchtesgaden im Januar 1969 derart bodenständig mit den Bergbauern unterhält, war bis vor neun Jahren mächtiger Herr über Werften, Walzwerke und Elektrounternehmen, machte einen Jahresumsatz von 600 Millionen Mark – und schließlich einen kolossalen Konkurs, wovon die Industrie der Bundesrepublik nach den Jahren des Wirtschaftswunders ihren ersten Schock davongetragen hat.

Inzwischen hat sich der jetzt 55-jährige Willy H. Schlieker wieder hochgerappelt. Er nennt sich nun Industrieberater und meint, dass ihm seine »Pleiteerfahrungen« bei dieser Tätigkeit sehr nützlich seien. Nebenbei aber hat Schlieker ein Projekt hochgezogen, wie es in Deutschland noch nicht verwirklicht worden ist: Mit Mitteln modernen Managements, mit den Erfahrungen und Maßstäben eines Industriekapitäns, entwickelte er ein rückständiges Agrargebiet zu einem perfekten winterlichen Touristenzentrum, zu einem Skiparadies aus der Retorte.

Voraussetzung dazu war zunächst, dass Schlieker sein Jagdhaus »Pfaffenwinkel« in der Ramsau trotz seiner Schuldenlast von über hundert Millionen Mark, die er 1962 durch ein Vergleichsverfahren loswurde, als einzigen Besitz behalten durfte; das Anwesen war nämlich auf den Namen seiner Frau eingetragen, die er jetzt auch als Geschäftsführerin einsetzen kann. Beim Schafkopf mit den Bauern hörte er immer dieselbe Klage: »Wenn wir nur ein bisschen mehr Fremdenverkehr hätten, könnten wir davon leben.« Hundert Tage Sommerfrische sind zu wenig, und im September liegt das Dorf Ramsau im Schatten.

Von einem Hang unterhalb des Watzmanns aus beobachtete und fotografierte Schlieker nun mehrere Winter lang ein Hochplateau gegenüber, das Hochschwarzeck heißt, und das, wie seine Notizen auswiesen, besonders reich mit Sonne und Schnee gesegnet zu sein scheint. Dorthin ließ Schliecker zuerst einmal eine 2,3 Kilometer lange Straße trassieren; als die Gemeinde zögerte, schoss er 50.000 Mark zu. Dann baute er vier Skilifte. Sie befördern stündlich tausend Menschen zu sanften Abfahrten.

Zugleich sorgte der Industrielle von der Waterkant für das, was man »Infrastruktur« nennt und was bei vielen der recht zufällig entstandenen Wintersportgebiete Bayerns fehlt: Er legte einen Parkplatz mit 500 Plätzen an, verhandelte mit der Oberpostdirektion in München erfolgreich über die Einrichtung einer Omnibuslinie von Berchtesgaden zum 1.000 Meter hohen Hochschwarzeck und setzte einen eigenen, kostenlosen Pendelbus ein, der die Skifahrer von den Pisten zum nahen »Nutzkaser« bringt.

Diese ehemalige Unterkunft seiner Jäger ließ Schlieker in ein schmuckes Schnellimbisslokal verwandeln. Sein Prinzip: »Ruckzuck, bezahlen, abfahren – so macht man's in der Schweiz.« Schließlich aber will er auch die von der Agrarkrise besonders betroffenen Bergbauern an seinem »Skizirkus für Familien« partizipieren lassen. Durch seinen unverwüstlichen Optimismus konnte er erreichen, dass die Zahl der Ramsauer Fremdenbetten von 450 in drei Jahren auf 1.650 vermehrt wurde. Die Werbung übernahm der beliebte Neubürger Willy selbst.

Der Mann aus Hamburg, der wegen seiner »höheren Schwerkraft« selbst niemals auf Skiern gestanden war, siedelte auch gleich eine Skischule an, deren Leitung der bekannte Heeresbergführer Peter Hillebrand übernahm. Hillebrand, der sich einmal bei einer Suchaktion von einem Hubschrauber zur gefährlichen Watzmann-Ostwand abgeseilt hat, organisierte einen »Aufklärungsunterricht für Skihaserl«, Nachttorläufe, »Er-und-Sie-Rennen« sowie Kurse für Skibobfahrer, für Individualisten und für Kinder. Ein Skikindergarten steht vor der Eröffnung.

Schlieker plant und betreibt seinen Skizirkus wie einst sein Industrieimperium. Aus alter Erfahrung hat er zum Beispiel eine »Schwachstellen-Statistik« aufgenommen: Zusammen mit seinem Sohn, der an der Kasse sitzt, und den Helfern an den Skiliften bespricht er jeden Abend die Beanstandungen der Kunden. Dabei kam er etwa darauf, dass man bei der Einweisung am Parkplatz Walkie-Talkie-Funksprechgeräte braucht und dass beim Aussteigeplatz am Lift Gummimatten gelegt werden sollen, »weil die Bügel sonst in den Schnee fallen und die Leute nasse Hintern kriegen«.

Der ehemalige Schiffbauer, der im hohen Norden »Schiffbruch« erlitten hat infolge der Ungunst der allgemeinen Wirtschaftslage, hat im äußersten deutschen Süden ein neues Expansionsfeld für seine ungebrochenen unternehmerischen Energien gefunden, und da er seine Karriere als landwirtschaftlicher Hilfsarbeiter begonnen hatte, erscheint ihm die Umstellung nicht gar so ungewöhnlich.

Bis zum Sommer will er den fünften Lift dazubauen. Dieser soll auf den »Toten Mann« führen, der bisher tabu war, und – so Schlieker – die »schönste Abfahrt Deutschlands« erschließt. Sie soll sich 2,5 Kilometer lang bis ins Dorf Ramsau hinunterziehen, wobei Willy Schlieker die Skifahrer durch einen neuen Tunnel der Deutschen Alpenstraße schleusen will.

Weit über eine halbe Million Mark hat der Ex-Topmanager schon für sein Skiparadies lockergemacht. Er steckt wieder voller Zuversicht und hat jetzt viel Zeit zum Lesen, »das ist ein großer Vorteil«. Vor allem liest er futurologische Bücher. Das brachte ihm etwa die Erkenntnis, dass sich das industrielle Schwergewicht und damit die Bevölkerung in der Bundesrepublik vom Norden nach Süden verlagern werde, dass bald nur noch zehn Prozent der Bevölkerung produktive Arbeit leisten und dass es dann durchschnittlich 13 Wochen Urlaub im Jahr geben werde. Andererseits wüchsen die Strukturprobleme in der Landwirtschaft. »Das bedeutet«, so folgert der Skiunternehmer, »neue Möglichkeiten für den Sommer- und Wintertourismus in Süddeutschland – vorausgesetzt, man betreibt ihn mit mehr Planung und Systematik.«

Snow Show mit 2.000 Watt

Seit 1969 kann auch Bayern einen ganzjährigen Skibetrieb aufziehen. Nach einem erfolgreichen Probejahr wirbt Garmisch-Partenkirchen: »Pack die Badehose ein, aber vergiss Schlittschuhe und Skier nicht.« Nur noch im Juli und August wird der Skilift auf dem Platt eingestellt. Und im Tal hat das Olympia-Skistadion eine Mattensprungschanze bekommen, auf der allerdings nur Könner hüpfen dürfen. Für das allgemeine Publikum wurde indes eine Sommereisbahn eröffnet. Anhängern des Curlingsports bietet Garmisch sogar ein internationales Sommerturnier.

Im Sommer 1971 hat es in Oberbayern viel gekracht. Felsen wurden gesprengt, Erdmassen bewegt und Bäume gefällt, damit das immer größer werdende Heer der Skifahrer ungehindert, bequem und gefahrloser als bisher die weißen Berge stürmen und wie Autobahnen befahren kann. Rund um die Zugspitze hat sich ein alpiner Tummelplatz entwickelt, auf dem der Ferienspaß im Schnee zur spektakulären »Snow Show« zu werden verspricht.

Fortan wird Deutschlands höchster Berg von 2.000-Watt-Lampen allabendlich angestrahlt und 50 Kilometer weit zu sehen sein. Das Glitzern von Eis und Schnee gebe »besonders schöne Effekte«, verheißt Zugspitzbahndirektor Bernhard Schmidt. Dagegen hat das Bundesfinanzministerium den von der bayerischen und der Tiroler Regierung unterstützten Antrag, an der fast 3.000 Meter hohen Gipfelgrenze ein Zollfreiland nach dem Vorbild von Helgoland einzurichten, unter Hinweis auf EWG-Vorschriften abgelehnt.

In Deutschland stoßen Neubauten von Skiabfahrten auf mancherlei Widerstände. Zwar hat die bayerische Staatsforstverwaltung »im Interesse der Volksgesundheit« die Pachten für Abfahrten und Trassen vereinheitlicht und niedriger als bisher angesetzt. Aber als man beim Bau des neuen Unterberglifts bei Ruhpolding eine Schneise durch den Wald schlägt, wird der private Pistenproduzent wegen Forstfrevels zu einer hohen Geldstrafe verurteilt.

»Die wintertouristische Zukunft gehört dem Pistenpräparieren,« verkündet die erste deutschsprachige Zeitschrift für Wintertechnik (›Motor im Schnee‹). Vielleicht gehört die ferne Zukunft der künstlichen Piste. Nachdem der »Schnee aus der Kanone«, die Sprühwasser zu feinsten Kristallen gefrieren lässt, längst an vielen, vor allem an niedrigeren Wintersportplätzen die weiße Decke streckt, kann neuerdings überall, wo es hinten und vorn nicht reicht, eine »Abfahrt aus der Retorte« hergestellt werden. Aus metallgefassten Kunststoffborsten besteht die »Pista del Sole« aus Italien, die der Natur ein ganzes Stück voraus ist.

Kein OK für Eroscenter

Der frühe Wintereinbruch hat die Eröffnung verzögert; aber Dipl.-Ing. Bernhard Schmidt, Vorstand der Bayerischen Zugspitzbahn AG, hofft doch, das »größte alpine Erschließungsprojekt Deutschlands« noch bis Weihnachten 1972 den Wintersportfans wenigstens teilweise anbieten zu können. Seit Garmisch-Partenkirchen 1936 für die Olympischen Spiele gerüstet hat, hat der »führende« deutsche Winterkurort keinen so großen Sprung nach oben mehr machen können.

Ein Skizirkus, der endlich mit den Anlagen in den alpinen Nachbarländern konkurrieren kann, ist in den letzten zwei Jahren gegen den allmählich nachlassenden Widerstand von Naturschützern unter der Sammelbezeichnung »Alpspitzbahnen« entstanden. In einem bis in das Frühjahr hinein schneesicheren Gebiet zwischen 1.500 und 2.000 Metern Höhe wurden zwei Gondelbahnen und fünf Schlepplifte fertiggestellt, die nun zusammen mit den älteren Aufstiegshilfen am Kreuzeck und am Kreuzwankl stündlich 7.225 Personen befördern können.

Eine der beiden neuen Seilbahnen, die im Sommer auch Wanderern und Alpinisten dienen sollen, fasst 80 Personen und führt auf den 2.050 Meter hohen Osterfeldkopf, wo auch eine Selbstbedienungsstation entstand und ein mehrstöckiges Panoramarestaurant geplant ist. Von hier aus bietet sich ein Rundblick auf das Zugspitzmassiv, das Höllental und bei gutem Wetter bis nach München. Auf der anderen Seite wurden breite Abfahrtspisten über Oster – und Längenfelder trassiert, wobei bis zu 50 Meter lange Felsgrate durchbrochen werden mussten. 15 Millionen Mark hat die Zugspitzbahn AG insgesamt aufgewandt, eine Million allein für die Planierarbeiten.

Der weitere Ausbau des Talkessels von Garmisch-Partenkirchen, der durch die neue Autobahn zum Naherholungsgebiet für München geworden ist, zielt auf die Erschließung der Alpspitz-Südhänge durch die Zugspitzbahn AG, des Esterberges im Osten durch die Gemeinde (zwölf Millionen Mark) und eines weiteren Höhenplateaus durch die Nachbargemeinde Eschenlohe (14 Millionen Mark). Gleichzeitig sollen zu Beginn der 1970er-Jahre 9.000 Fremdenbetten auf 11.000 aufgestockt, ein Kongresszentrum und ein hoch gelegener Kurkomplex dazugebaut werden. Abgelehnt allerdings hat die größte deutsche Marktgemeinde, die aus Imagegründen trotz ihrer 30.000 Einwohner immer noch keine Stadt werden will, das Ansinnen eines Berliner Unternehmers, unter der Zugspitze ein Eroscenter einzurichten.

Noch zwei Gipfel

An vorderster Front der Chiemgauer Alpen reiht sich – neben dem Hochfelln und dem Hochgern – noch ein Aussichtsberg von mittlerer Höhe, der seltsamer Weise weiblichen Geschlechts ist: die Hochries. Es ist der Hausberg von Rosenheim. Die Alpenvereinssektion der drittgrößten Stadt Oberbayerns stellte schon 1913 eine – später nach 80 Sprengungen und Hubschraubereinsatz neu gebaute – Skihütte direkt auf den Gipfel (1.569 Meter). Und im Zusammenhang mit der Planung einer Queralpenstraße gab es schon in den 30er-Jahren des 20. Jahrhunderts die Idee, dort hinauf eine Bahn zu bauen. Davon hörte man dann lange nichts mehr.

Weihnachten 1972 meldet die Süddeutsche Zeitung »vollendete Tatsachen auf der Hochries«. Der Bund Naturschutz macht die Regierung von Oberbayern auf eine offensichtliche Fehlplanung aufmerksam: Die vom Wirtschafts- und Verkehrsministerium genehmigte Seilbahn, die in den nächsten Wochen in Betrieb gehen soll, führe in ein Gebiet, das überhaupt nicht für den Wintersport geeignet sei. Um eine Skiabfahrt zur Talstation zu bekommen, müsste eine mindestens fünf Meter breite Schneise in die Nordflanke gesprengt werden.

Diese hätte ein für durchschnittliche Skifahrer unzumutbares Gefälle von bis zu 33 Grad. Sie wäre außerdem sehr lawinengefährdet; der Bauer auf der Ebenwaldalm, dem ausersehenen Ausgangspunkt der Bahn, hatte einmal innerhalb weniger Minuten vier Großlawinen miterlebt. Die Abfahrtstrasse samt der wohl nötigen Lawinenverbauungen wäre schon von weitem als »offene Wunde« in der Landschaft erkennbar. Obendrein bestehe Erosionsgefahr. Unzumutbar, hieß es weiter, sei nicht zuletzt die Umständlichkeit des ganzen Verkehrsbetriebs: Man muss erst mit einem langsamen, 1969 gebauten Sessellift fahren, um dann irgendwo in die Kabinenbahn umzusteigen.

Doch alle Einwände prallen ab vor den Interessen der Kapitalgeber und der Gemeinde Samerberg, die sich hier den Einstieg in den Wintertourismus erhofft. Nicht weniger als 1.200 Personen, überwiegend Einheimische und Münchner, zeichnen Anteilsscheine einer obskuren »Hochriesbergbahn GmbH & Co. Betriebs KG«. Verspricht diese doch im attraktiven Prospekt Renditen bis 13 Prozent sowie das »beste Skigebiet«, dessen Anlagen jeder Anleger lebenslang kostenlos benutzen dürfe.

Mit der einen Abfahrt von 700 Höhenmetern will man es nicht getan sein lassen. Einen riesigen Skizirkus verheißen die vorgegaukelten Pläne. Sie greifen weit hinein in Hochflächen der Chiemgauer Alpen, bis hinüber zum Predigtstuhl und großenteils auch in die Ruhezone C, die der neue bayerische Alpenplan von jeder weiteren Erschließung ausnimmt. So kommen bald locker zwölf Millionen Mark zusammen, wofür die Großkabinenbahn allen Bedenken zum Trotz gebaut und 1972 eröffnet wird. Damit aber ist hierorts Schluss mit dem Erschließungswahn.

Die Betreiber wollen sich zwar noch mit einem kleinen Schlepplift begnügen, aber nicht einmal der wird ihnen genehmigt. Bayerns neuer Umweltminister Max Streibl (CSU) stellt das Signal endgültig auf Rot, nachdem die SPD im Landtag den Fall Hochries zu einer Grundsatzfrage in Sachen Alpenplanung hochgespielt hat. Dass die Bahn unter solchen Umständen von Anfang an in roten Zahlen fährt, ist somit klar. Alles Geld der Anleger ist verloren, von einer Rendite ganz zu schweigen.

Gegen den Chef der weitverzweigten Anlage- und Abschreibungsgruppe »Optima«, Erich Z., der auch das gescheiterte Hochries-Projekt zu verantworten hatte, ermittelt 1975 die Staatsanwaltschaft wegen Verdachts des Betrugs und der Untreue. Ihm wird vorgeworfen, Teile der unter Vorspiegelung falscher Tatsachen gesammelten Gelder für ganz andere Zwecke, zum Beispiel für ein Feriendorf bei Ruhpolding, abgezweigt zu haben.

Ein optimistischer Fensterhersteller vom Samerberg erwirbt die Hochriesbahn 1980 im Zuge der Zwangsversteigerung, kann sie aber auch nicht durch Werbung um neue Kunden (Gleitschirmflieger) rentabel machen. Im Dezember 2008 übernehmen die Gemeinde Samerberg und die DAV-Sektion Rosenheim den maroden Betrieb für 100.000 Euro, um fortan zu versuchen, mit Hilfe von Vermietungen (Flächen für Antennen, Gaststätten, Parkplätze) sowie durch Sponsoren und EU-Geld wenigstens die Betriebskosten zu decken.

Rock on the Rock

Nach 26 Monaten Bauzeit unter schwierigsten Verhältnissen wird im Juli 1980 auf Deutschlands höchster Baustelle im Schneesturm das Richtfest gefeiert. Auf der Zugspitze, die wenige Tage zuvor erst zum 50-jährigen Jubiläum der Zahnradbahn einen »großen Bahnhof« und die Grundsteinlegung für eine Kapelle erlebt hatte, errichtet die Bundespost für 13,5 Millionen Mark (die veranschlagten Kosten haben sich schon fast verdoppelt) ein neues, mit Sonnenenergie versorgtes Betriebsgebäude für den transalpinen Richtfunk.

Bei Temperaturen wie in Grönland, Schneehöhen bis zu zwölf Metern und Windgeschwindigkeiten bis zu 240 Kilometer pro Stunde haben die Arbeiter »nicht nur hervorragende bauliche, sondern auch noch bergsteigerische Leistungen« vollbracht, wie der Präsident der Oberpostdirektion München, Dipl.-Ing. Alfred Meier, beim stürmischen Richtfest hervorhebt. Der monströse Kubus aus Aluminium und Stahl, den die Post neben der holzschindelverkleideten Wetterstation hochgezogen hat, gilt bereits als neues Wahrzeichen des Gipfels.

Die Station ist der Hauptstützpfeiler für die Richtfunkbrücke Deutschland-Italien. Ferngespräche, Fernschreiben und Fernsehen werden vom Münchner Olympiaturm aus nicht per Erdkabel über die Alpen geleitet, sondern auf dem Funkweg zunächst zu einer der beiden Rundparabolantennen auf die Zugspitze gesendet, wo sie umgesetzt und wiederum als scharf gebündelter Funkstrahl auf den Berg Hühnerspiel bei Bozen geführt werden – und umgekehrt. Die elektrische Versorgung erfolgt zwar über die Zugspitzbahn, aber außerdem werden in die Dachhaut der Richtfunkstelle noch Sonnenkollektoren eingebaut.

Obwohl die einzige Gletscherregion der deutschen Alpen schon randvoll mit Beton und Metall zugedeckt scheint, wird emsig weitergebaut. Die Reparatur einer Liftstation, die von einer Lawine beschädigt worden war, ist dabei noch der geringste Aufwand. Neu ersteht jetzt vor allem Deutschlands höchstes Gotteshaus. Vierhundert Hubschrauberflüge sind nötig, um das Material für »Mariae Heimsuchung« zur Baustelle auf 2.000 Metern Höhe zu bringen. Mit hundert Kubikmeter Bruchstein aus dem benachbarten Fels werden die Außenwände aufgerichtet.

Das Kirchlein soll nach den Worten des Münchner Kardinals Josef Ratzinger dem Menschen helfen, »wirklich Höhe zu finden, Sammlung, Abstand, Freiheit, Fähigkeit zum Stillwerden« – bei elf Bahnen und Liften ringsum. Lautstark werben die Manager für die neue Saison: Angesagt sind Luftballonaufstiege, Flugzeugüberfliegungen, Fuchsjagden, Schneeartistik und Rock on the Rock.

Mitten in diesem in Deutschland einzigartigen Skizirkus entsteht jetzt außerdem ein Restaurant mit 170 Plätzen, weil die bisherigen Speiseräume im Hotel oben und die Würstchenbude im Kessel dem Staubetrieb längst nicht mehr gewachsen sind. Und dann wächst noch ein kleiner Bohrturm aus dem Eis. Er soll den Bau einer aufwendigen biologischen Kläranlage vorbereiten, die für die Massenheimsuchung auf dem großen Berg längst dringlich geworden ist.

Rosis Tunnel

Der Berg, auf dem sich schon so viele Einrichtungen des Tourismus und der Technik ballen, ist zum Januar 1988 abermals um eine Attraktion reicher geworden. Nach zweieinhalbjährigen, immer wieder verzögerten Bauarbeiten wurde ein 975 Meter langer Tunnel der Zugspitzbahn vom bayerischen Wirtschaftsminister Anton Jaumann offiziell eröffnet, vom Garmischer Ortspfarrer gesegnet und von der allgegenwärtigen Rosi Mittermaier-Neureuther mit Sekt auf ihren Namen getauft.

Die unterirdische Erweiterungsstrecke ist ein Abzweiger von der fast 60 Jahre alten Zahnradtrasse direkt zum Zugspitzplatt. Um auf das höchste deutsche Skigebiet (2.050 bis 2.874 Meter) zu gelangen und fast ganzjährig befahrbaren Schnee vorzufinden, muss man nun nicht mehr das Nadelöhr des Schneefernerhauses passieren und sich in eine kleine Zubringerbahn quetschen. Auch schaffen zwei neue Schnelltriebwagen aus der Schweiz die Talstrecke mit verdoppelter Geschwindigkeit, sodass künftig bis zu 600 Personen im Halbstundentakt befördert werden können; zehn Minuten schneller als bisher.

Außerdem gibt es auf der Zugspitze einen neuen Doppelsessellift, den einzigen der Welt, der auf Eis verankert wurde. Mit ihm gelangt man auf den 2.875 Meter hohen Schneefernerkopf. Ausruhen, essen, trinken und sich sonnen kann der Ganzwinterskifahrer – zwei Drittel der jährlich fast 500.000 Zugspitzbahnfahrer kommen allerdings nur zum Schauen – im ebenfalls neuen Gletscherrestaurant »Sonn-Alpin«, das direkt an die Bergstation angebaut wurde.

Die neuen Anlagen sind nur der erste Teil eines Investitionsprogramms, das bisher 32 Millionen Mark verschluckt hat. Geplant sind jetzt noch eine Verbesserung des Informationssystems und eine Vergrößerung des Restaurants. Mitte der 1990er-Jahre soll vom Platt aus eine Seilbahn zum eigentlichen Zugspitzgipfel (2.963) gebaut werden. Das aus dem Jahr 1930 stammende Schneefernerhaus, wo man heute noch die Nostalgie eines traditionellen Berghotels genießen kann, soll dann abgerissen werden. Dr. Ing. Peter Hirt, der Vorstand der Bayerischen Zugspitzbahn AG, verhieß eine »mittelfristige Beruhigung des Landschaftsbildes.

Nochmals höher

Die Bundesrepublik ist – durch die politische »Wende« – nicht nur größer geworden, sondern auch ein Stück höher. Im Oktober 1991 gelingt der topografische Hochsprungrekord mit Hilfe einer speziellen Hochgebirgskrananlage. Deren zerlegte Einzelteile waren per Hubschrauber antransportiert, um auf dem Gipfelplateau der Zugspitze, über dem die Staatsgrenze verläuft, wieder montiert zu werden, 40 Meter hoch. Die Kranspitze ist, wenn auch nur vorübergehend, Deutschlands höchster Punkt: Sie liegt genau fünf Meter über der Dreitausend-Meter-Marke.

Bayerns Superberg ist also wieder einmal zur höchsten Baustelle im vergrößerten Land geworden. Sie ist höchst sehenswert: Viel Technik auf engstem Raum in extremster Lage. In 300 Nächten bringen

800 Sonderzüge der alten Zahnradbahn durch den Bergtunnel insgesamt 2.000 Tonnen Kies, 3.000 Tonnen Beton und 600 Tonnen Stahl in die Gletscherregion. Bis zum Herbst 1992 soll die neue Seilbahn fertig sein. Die rundum verglasten Kabinen, werden mit Helikoptern hinaufgeflogen; jede kann hundert Personen befördern.

Mit einer Spannweite von exakt 994,90 Metern verbindet die neue Bahn ganz ohne Masten das ebenfalls neue Bergrestaurant »Sonn Alpin«, das Zentrum des meist im November beginnenden Skirummels, direkt mit dem vollgebauten Gipfelkomplex, wo seit Kurzem auch die neue Tiroler Zugspitzbahn von der anderen Kammseite herankommt. Im Tiroler Zugspitzhotel wurde das erste Zugspitzmuseum eingerichtet, es erinnert etwa an die Gletscherlandung des Kunstfliegers Ernst Udet oder an die Besuche des Boxers Max Schmeling und eines späteren Papstes.

Doch die Bayern holen schnell auf. Ihre Gletscherseilbahn soll den Verkehrskreisel rund um den Gipfel gleichsam kurzschließen. Eine gewaltige Infrastruktur wurde allein für die Bauarbeiten geschaffen: Zwei Verladestationen im Tal, Schwerlastgüterwagen fürs Material (schon ein Tragseil wiegt 20 Tonnen), ein Förderband und eine Kranbahn auf dem Platt, eine eigene Materialseilbahn zwischen Platt und Gipfel. Seine Gestänge sind sogar beheizt, damit der Stahl bei strengem Frost nicht brechen kann – wie es den Tirolern passiert war.

Die Arbeiten auf der höchsten deutschen Baustelle verzögern sich, wie gewohnt. Erst am 27. Oktober 1993 werden die neue Gipfelstation und ein Konferenzzentrum auf dem Platt eröffnet. Ab 1994 wird das traditionsreiche Schneefernerhaus, das als Hotel längst geschlossen war, vom Freistaat Bayern zu einer Umweltforschungsstation umgebaut. 1995 eröffnet eine Kunsthalle mit Bistro auf dem Gipfel. Im Panoramasaal wird im Sommer 2003 erstmals Theater gespielt: das König-Ludwig-Stück »Der Doppeladler« von Jean Cocteau.

Die Lifte und Bahnen indes haben sich seit Jahren nicht mehr vermehrt, sie wurden allenfalls saniert und modernisiert. Dreizehn Anlagen bedienen Anfang der 1990er-Jahre allein auf dem Zugspitzplatt rund 22 Pistenkilometer. Neu sind nur ein 9,5 Kilometer langer Abwasserkanal vom Zugspitzgipfel zum Eibsee und eine acht Kilometer lange Hochdruck-Frischwasserleitung vom See zum Gipfel. Einige

Projekte wurden nie realisiert. 1997 werden die Aktien der Bayerischen Zugspitzbahn AG von der Marktgemeinde Garmisch-Partenkirchen übernommen. Diese hat begonnen, weniger frequentierte Skigebiete am Wank und beim Eckbauer stillzulegen.

Bis 2015 soll nun die große Eibsee-Seilbahn erneuert werden. Statt 300 Personen wie bisher wird sie 700 Menschen pro Stunde auf Deutschlands Top befördern. Die Bayerische Zugspitzbahn und Bergbahn AG lässt sich das nicht weniger als 30 Millionen Euro kosten.

Anschluss gesucht

Bergwanderer und Raufußhühner, eine der größten Populationen Mitteleuropas, streifen im Herbst 1994 noch durch die Grenzwälder und Latschenfelder am Sonntagshorn. Bald werden auch wieder die Tourenskiläufer kommen, die am höchsten Berg der Chiemgauer Alpen (1.960 Meter) bislang noch einen beliebten, ungestörten Freiraum hatten. Den haben sie vielleicht nicht mehr lange.

»Es ist Gefahr im Verzug, die Unkener wollen mit allen Mitteln den Anschluss an die weiße Goldgrube durchboxen,« unkt Walter Kellermann, Berg- und Skiführer in Reit im Winkl, Lawinenexperte und Mitinitiator einer Bürgerinitiative, die seit 1976 länderübergreifend gegen Erschließungspläne der Gemeinde Unken im Salzburger Land kämpft: durch Proteste, Unterschriftensammlungen, Lokaltermine, politische Interpellationen, Gutachten und Grenzwanderungen.

Die auf diese Weise so lange abgeblockte Gefahr ist akut geworden, weil am 1. Januar 1995 ein Moratorium der Salzburger Landesregierung ausläuft. Dieses hatte den Neubau von Bergbahnen und Liften in dem österreichischen Bundesland bis Ende 1994 grundsätzlich verhindert; nur »Komfortverbesserung« bei bestehenden Anlagen war in den vergangenen fünf Jahren zugelassen und, zuletzt etwa in Maria Alm, auch eifrig vorgenommen worden.

Allzu gern möchten die Unkener ihre vergleichsweise kleine Liftkette im hochgelegenen Heutal durch eine neue, 2.200 Meter lange Sesselbahn im Bereich des Sonntagshorns an das schneesichere und daher vergleichsweise lukrative »Dreiländerskiparadies Winklmoosalm/Steinplatte« anbinden, das durch eine solche »Skischaukel« eines der größten geschlossenen Skigebiete Europas werden würde. Kapitalkräftige Interessenten stehen seit langem bereit, drängen aber auf eine baldige Entscheidung.

Mitte der 1990er-Jahre ist der langjährige Streit am Schnittpunkt von Bayern, Salzburg und Tirol zu einem verzwickten Problem europäischer Umweltpolitik geworden und hat riesige Dimensionen angenommen. Hinter die Bürgerinitiative stellten sich der Deutsche und der Österreichische Alpenverein, die Naturschutzverbände beider Länder und 26 weitere Vereine, sodass über eine Million Berg- und Naturfreunde indirekt beteiligt sind. Außerdem berufen sich die Sonntagshorn-Verteidiger auf einen Beschluss des bayerischen Landtags von 1984, den die jeweiligen Ministerpräsidenten und der federführende Forstminister mehrmals bekräftigt haben. Danach darf kein Bergwald mehr für Erschließungsmaßnahmen geopfert werden.

Dass jener Beschluss auch österreichisches Hoheitsgebiet berührt, hat einen historischen Grund: Nach dem auf »ewige Zeiten« 1829 abgeschlossenen Salinenvertrag, dem ältesten noch geltenden Staatsvertrag Europas, verfügt Bayern über große Waldgebiete im Pinzgau, dafür dürfen die Salzburger unter oberbayerischem Boden Salz abbauen. Zwei Drittel des Gemeindegebietes von Unken sind Teile dieser sogenannten »Saalforste«. Nach Planfeststellung der Gemeinde müssten davon fünf Hektar gerodet werden, nach Einschätzung des zuständigen bayerischen Forstdirektors Hans Sleik über 20 Hektar, und zwar »die wertvollsten Teile«.

Die Talstation soll im Naturschutzgebiet Winklmoos entstehen, Lifttrasse und Abfahrt würden über ein Gebiet führen, das der Europarat 1991 in das »Europäische Netzwerk biogenetischer Reservate« eingegliedert hat. Es sei im oberen Bereich besonders »sensibel und wenig belastbar«, befand der »Pisten-Professor« Alexander Cernusca von der Uni Innsbruck in einem Gutachten. Befürchtet werden weitere Anschlusslifte, Schneekanonen, Zufahrtsstraßen, Parkplätze – nach gewohnter Salamitaktik. Gefährdet wäre obendrein ein Feuchtgebiet, aus dem die Kreisstadt Traunstein und die Gemeinde Siegsdorf ihr Trinkwasser erhalten.

»In unserer Zeit ist sauberes Wasser, auch in den Alpen, zu einer Kostbarkeit geworden. Wie sauber wird es noch sein, wenn Kunstschneeanlagen, Parkplätze, ›Jagateestationen‹ und gesalzene Straßen das Bergland überziehen?« So fragt die »Aktionsgemeinschaft zum Schutz der Saalforste und des Sonntagshorns« in einem Schreiben an den Unkener Bürgermeister Kurt Sturm. Dieser hatte, unterstützt von allen Fraktionen seines Gemeinderates, wegen der »maßlosen Übertreibungen und Unwahrheiten« mit rechtlichen Schritten gedroht. Zwar würden Lebensräume von Pflanzen und Tieren durch das Liftprojekt eingeengt, räumte er ein, von einer Vernichtung könne aber nicht gesprochen werden.

Ein Angebot des Österreichischen Alpenvereins, der eine 30.000 Mark teure Studie über Möglichkeiten eines alternativen Tourismus für Unken unter Berücksichtigung der vorhandenen Infrastruktur und des Naturraums zur Hälfte mitfinanzieren wollte, lehnte die Gemeinde ab. Für sie stellt die Realisierung des geplanten Objekts die »letzte Chance« dar, im Winterfremdenverkehr einen entscheidenden Schritt voranzukommen. Ohne den Anschluss wären die drei Lifte im Heutal äußerst gefährdet.

Bei einem Besuch in der Landeshauptstadt haben die Unkener nun offenbar den Salzburger Landeshauptmann Hans Katschthaler (ÖVP) auf ihre Seite ziehen können. »Mit Empörung« reagierte der Österreichische Naturschutzbund auf die – einen Kompromiss andeutenden – »wahltaktischen Versprechungen« des Regierungschefs einer Großen Koalition, in der immerhin noch der für die Umwelt verantwortliche Landesrat Robert Thaller (von der eher europa-skeptischen FPÖ) sich dem Skischaukelprojekt grundsätzlich verweigert.

Politisch pikant und höchst brisant ist das Problem in mancherlei Hinsicht. Mit dem Stichtag 1. Januar 1995, wenn in Salzburg die Bergwelt wieder weiter »erschlossen« werden darf, wird der Beitritt Österreichs an die Europäische Union vollstreckt und außerdem beginnt das »Europäische Naturschutzjahr«. Es wäre doch ein merkwürdiger Einstieg, meint die Internationale der Bergrebellen vom Sonntagshorn, ausgerechnet dann ein mit Europa-Diplom versehenes Schutzgebiet für den mechanisierten Massenskilauf verkleinern und massiv beeinträchtigen zu wollen.

Seit Dezember 2009 fährt die »modernste Einseilumlaufbahn Deutschlands«, eine Achter-Gondelbahn, vom Parkplatz Seegatterl in 9,5 Minuten hinauf zur Winklmoosalm. Ein rollendes Band, »Zauberteppich« genannt, befördert die Skifahrer weiter bis zu den ersten Skihütten mit den Zubringerliften. Von dort aus ist auch eine elf Kilometer lange Loipe bis ins Heutal gespurt. Die Seilbahn ersetzt, allerdings nur in der Wintersaison, den bisherigen Shuttle-Bus; sie wurde daher auch von Naturschützern akzeptiert. Finanziert wurde sie aus dem Salzburger Kapital, das eigentlich für die Heutal-Schaukel angesammelt war. Im Sommer kann die Winklmoosalm weiterhin von privaten PKWs auf der Mautstraße erreicht werden.

Skiwegweiser

Nahe des Pandorama-Restaurants oberhalb von Ischgl steht dieser aus Skiern gefertigte Markierungspunkt, der aber nicht etwa zu den vielen Pisten leitet.

Millionen auf Skiern
Wie der Wintersport zum Zugpferd des Tourismus wurde

Keine andere Sportart hatte seit 1945 einen stärkeren Zulauf als der Skilauf – und keine hatte einen größeren Flächenbedarf. Von diesem Trend waren – und sind weiterhin – in erster Linie die Naturräume der Alpen betroffen. Aber auch sonst unterscheidet sich der Skilauf von anderen sportlichen Aktivitäten: Er ist kein bloßer Sport, auch wenn er Wettkampf-Qualitäten aufweist. Er ist vielmehr zu einem wichtigen Element des Freizeitlebens, des Urlaubsgeschehens, für viele »Aktive« – 1992 wird das Potenzial in Westeuropa auf 20 Millionen geschätzt – sogar zu einem unverzichtbaren Teil der Lebensqualität geworden.

Reich der Freude

»Hoffentlich,« sagt der Münchner Bergwachtchef Karl Frantz, »bleiben wir wenigstens von Naturkatastrophen verschont.« Im Winter 1952/53 mussten seine Männer allein acht Mal bei Lawinenunglücken helfen. 18 Tote und fast 2.000 Verletzte wurden damals in den bayerischen Alpen geborgen. Die Verletzten waren fast ausschließlich Skifahrer. Denn auch der Wintersport ist zum Volkssport geworden.

Im Oktober 1949 ist der Deutsche Skiverband in Heidelberg wiedergegründet worden. Er setzt sich zunächst für die Teilnahme der Bundesrepublik an den Olympischen Winterspielen 1952 in Oslo ein – mit Erfolg. Zwar bringen die deutschen Damen nur drei Medaillen nach Hause, doch befördern die Spiele offenbar den bereits fest fundierten Skitourismus.

Im olympischen Jahr 1952 kann der Allgäuer Franz Benk in einer ersten wissenschaftlichen Studie über die wirtschaftliche Bedeutung des Skisports in den Jubelruf ausbrechen: »Der Skilauf hat heute die ganze Welt erobert, ein Reich der Freude, ein Stück Himmel auf Erden, und er wird seine Herrschaft niemals aufgeben.« Während Benk in der Bundesrepublik nur 1,4 Millionen Fußballspieler zählt, bringt er es in seiner Untersuchung auf nicht weniger als 2,5 Millionen Skiläufer. Außerdem kommt er auf riesige Summen, als er die Einnahmen aus Skiveranstaltungen und Transporten, die Investitionen für Seilbahnen und die Umsätze von 83 aktuellen Skisportartikeln zusammenrechnet.

Aber auch die Schattenseiten der schönen neuen Skiwelt werden schon in den 1950er-Jahren ansatzweise erkannt und von einzelnen Naturfreunden öffentlich beklagt. Entschieden zu weit geht der Berchtesgadener Forstmeister Küsswetter, der aus Ärger über die ihm lästig werdenden Fremden einfach ein paar Hütten niederbrennt (und dafür natürlich bestraft wird).

Die allgemeine Entwicklung wird deutlich: Aus der Freiheit, die den Stadtmenschen einst die winterlichen Berge verhießen, werden allmählich Reglementierung, Technisierung und Kommerzialisierung. Immer neue Vorschriften und Verhaltensregeln, ein Wald von Schildern und Markierungen sollen die Skifahrer steuern. Bald wird auch der Rohstoff Schnee auf technischem Wege hergestellt werden.

Doch der Zirkus kann nicht mehr abgebrochen werden, er zieht weiter, immer höher hinauf, dehnt sich über immer mehr Gebirgszonen aus. Ausgangspunkte sind vor allem die großen Städte am Rand oder inmitten der Alpen. München, dem Weltrang einer Millionenstadt zustrebend, ist Champion in diesem in der Sportwelt beispiellosen Wettbewerb. Die alpinen Verbände leisten willig und zunächst unkritisch Schützenhilfe. Beliebte Reporter wie Heinz Maegerlein dienen als Marktschreier für das mobile alpine Treiben, das man viel später einmal »Event« nennen wird.

Und große Sportgeschäfte nutzen die Chancen auf dem neuen Markt alpiner Möglichkeiten. An winterlichen Wochenendtagen warten auf einem Ruinenareal am Viktualienmarkt zahlreiche Busse, die Hunderte von Schneehungrigen in die nahen Wintersportgebiete bringen, wo kleine und immer größere Seilschwebebahnen die Massen hinauf baggern zu den noch ungebügelten Pisten. Der Sporthändler Otto Scheck hat sogar einen ganzen Zug von der Bundesbahn angemietet, der regelmäßig bis direkt vor die Hahnenkamm-Talstation in Kitzbühel rattert und als »Schneller Otto« erfolgreich beworben wird.

Pädagogen der Piste

»An Busen firi (nach vorn),« ruft der Bertl und fixiert das Skihaserl im zitronengelben, hautengen Futteral mit zugekniffenen Augen. Seine Kommandos klingen für Uneingeweihte rätselhaft: »Jetzt an Hüftschwung, Schatzerl, Drehschub in den Fersen, Twist, Twist!« Ungeschicklichkeiten quittiert der drahtige Bursch gelegentlich mit Ausrufen wie »Tschapperl« oder »bläde Kuah«. Die Mädchen lächeln trotzdem. Rau, aber herzlich sind die Sitten in den Skikursen.

Die »Münchner Skischule« kann sich jetzt, im Januar 1967, als die größte der Welt empfehlen. Acht- bis zehntausend Schüler des weißen Sports schickt sie an jedem Wintersonntag mit Sonderzügen und Bussen ins nähere Gebirge. Sie werden betreut von 170 staatlich geprüften Skilehrern (darunter die Meisterinnen Hildesuse Gärtner und Marianne Seltsam), rund 300 Skilehrer-Anwärtern und 280 Hilfsskilehrern, die fast alle hart ausgebildet wurden.

Ein Traumberuf? »Das meinen nur die Schlagerdichter und die Drehbuchschreiber«, wehrt Hans Osel ab. Der Sechzigjährige, dem der lebenslängliche Skilauf das Aussehen und Temperament eines Endvierzigers erhalten hat, leitet nicht nur die – einem großen Sport- und Freizeitgeschäft angeschlossene – Münchner Skischule, sondern auch den Deutschen Skilehrer-Verband, der Ende der 1960er-Jahre über 1.500 Mitglieder hat. Mindestens 90 Prozent leben in Bayern.

Ein Heer von Ski-Novizen wird von diesen Frauen und Männern soweit ausgebildet, dass es die dafür präparierte Bergwelt relativ mühelos und gefahrlos erstürmen kann. Dass die Neulinge sich dabei, wo immer möglich, gern der »technischen Aufstiegshilfen« bedienen wollen, passt dem Pistenpapst Osel nicht recht ins Konzept: »Sie wollen nicht mehr gehen. Es kostet oft viel Mühe, ihnen klarzumachen, dass sie erst ein wenig bergauf steigen müssen, um nicht ausgekältet die Abfahrtsübung zu starten.« Manche erwarten sogar, dass ihnen der kräftige Herr Skilehrer die Bretter den Hang hinaufträgt. Das macht er aus Prinzip nur bei kleinen Kindern gelegentlich.

Das Aufhelfen nach einem einfachen Sturz würde ebenfalls gegen den Ehrenkodex des Berufs verstoßen. Dafür werden die Skisäuglinge auch außerhalb der Piste manchmal umsorgt, zum Beispiel auf dem Tanzparkett. In manchen Schulen müssen sich die Lehrer obendrein auf das Arrangieren von Bunten Abenden verstehen. Und Osel, der eigentlich ein gesuchter Bildhauer ist, organisierte für den diesjährigen Münchner Fasching drei Bälle für seine vielen tausend Schüler: den »Großen Iglu«, den »Nachtskiexpress« und die »Skikirta«, wo Skilehrer Helmut Högl aufspielt.

So hat wenigstens das Münchner Skivölkchen auch zu Hause seinen Skizirkus. Das freut natürlich die Skilehrer. Dass sie bei jungen Mädchen und reiferen Sportfreundinnen zu den beliebtesten Erscheinungen der Männerwelt gehören, wundert ihren Boss gar nicht: »Es ist so alt wie der Skilauf selbst, dass die Burschen, die sich im Schnee vollendet bewegen können, umschwärmt werden wie Casanovas.« Die Münchner Skischule hat immerhin schon über hundert Ehen gestiftet.

Aber der Künstler Osel weiß auch: »Den Typ des Skilehrers, der im Sommer Mist karrt und im Winter Herzen bricht, den gibt's nur noch vereinzelt in den Gebirgsorten.« Den modernen Skischulen gehe es allein darum, den Menschen der Großstadt die beinahe verloren gegangene Freude an der Bewegung und der winterlichen Landschaft zurückzugeben.

Gaudi auf Gletschern

Mit der erfolgreichen Urlaubskombination See, Spaß und Sonne wetteifert neuerdings eine Symbiose Schnee, Sport und Sonne. In den Alpen gibt es 1977 ein gutes Dutzend touristisch entwickelter Gletscherskigebiete. Einige davon wollen durch zusätzliche Sport- und Unterhaltungsangebote nun auch Nichtskifahrer in jene Regionen locken, die unter dem Motto »Ewiges Eis« beworben werden, später auch, als das »ewig« fraglich zu werden beginnt, mit dem niedlichen Slogan »Weiße Riesen«.

Den vorläufigen Höhepunkt dieser neuen Art von Alpenerschließung erreichten die Hochalmen Alpe d'Huez und Les deux Alpes, die man zunächst nur für den Wintersport aus dem Boden gestampft hatte. Anderthalb Busfahrstunden von Grenoble entfernt, tummelt man sich vormittags in den höchsten und größten Gletscherskigebieten Frankreichs, bis hinauf auf den permanenten Firn des Jendri (3.166 Meter). Nach der Mittagsruhe kann man eine reiche Palette von Sommersportanlagen nutzen, beispielsweise Kunsteisbahnen von olympischen Maßen oder die höchstgelegenen geheizten Freibäder Europas.

Der Sportclub des Retortendörfchens Alpe d'Huez, das immer noch einer Goldgräbersiedlung ähnelt, ist mit 1.350 Mitgliedern der größte Frankreichs. Er kann nicht weniger als 15 Sportarten organisieren und Plätze dafür unterhalten. Das Angebot reicht vom Angeln (in der romantischen Sarenneschlucht), Fußball, Rugby, Reiten und Wandern bis zu so ausgefallenen Aktivitäten wie Grasski, Tontaubenschießen, Bergfliegen und Fallschirmspringen im Tiefschnee.

Für den Abend ist Kultur vorgesehen. Die findet meist im sogenannten »Alpendom« statt, der wie ein Berg gebaut ist. Bis zu 1.200 Menschen können bei »Unserer Lieben Frau im Schnee« fröhliche Feste feiern. Neulich stand Rosi Mittermaier mit auf dem Podium, das auch den Altar trägt. Touristen können da Kammerkonzerte oder Musikrevuen und sogar Boxkämpfe erleben. In Nebenräumen können sie lesen, schallplatteln, kunsthandwerkeln, Tischtennis spielen oder einfach nur an der Kirchenbar hocken; das Bier wird in der Gruft gekühlt.

Auch in Österreichs Sommerskigebieten haben die Nichtskifahrer nunmehr die absolute Mehrheit. Nur noch 40 Prozent der Gäste, die sich im letzten Sommer von Kaprun aus per Seilschwebebahn oder Standseilbahn zum weiß überzuckerten Schmiedinger Kees unterhalb des Kitzsteinhorns (3.029 Meter) hieven ließen, hatten Bretter mitgebracht. Zell am See, der zweite Talort der »Europa-Sportregion«, bietet über die Gletscheraktivitäten hinaus einen Flugplatz, von dem aus täglich und ganzjährig Sportmaschinen zu Alpenflügen und gelegentlich Heißluftballons starten, eine Wasserskischule mit Sprungschanze, einen Schießstand und ein Freilichtkino.

»Der Gletscher lebt,« so umschreibt Thorold Dold, der Fremdenverkehrschef des Innerötztals, die zwischen bizarren Eisgebilden und abgrundtiefen Spalten lauernden Gefahren. Doch der Gletscher lebt und bewegt sich nicht nur unaufhörlich, er hat auch Leben in die vordem einsamen Höhen gebracht. Seit im Herbst 1975 die 13,4 Kilometer lange, zweithöchste Alpenstraße von Sölden aus bis zum Fuß des Rettenbachferners (2.800 Meter) und zwei Lifte (bis 2.003 Meter) eröffnet wurden, hat dort oben ein boomartiger Ski- und Schaubetrieb eingesetzt. Den Gefahren ist vorzubeugen.

In den Gasthöfen der sechs Ötztaler Orte, die fast alle auch Sommerskipauschalen mit unbeschränkter Liftbenützung und Bustransfer auf der Mautstraße anbieten, warnen Faltblätter, dass man zum Beispiel nicht mit »Patschen« auf dem rutschigen Firn spazieren gehen und dass man Gletscherbrüche meiden sollte. Außerdem sind in Österreichs jüngstem Sommerskirevier ständig zwei pensionierte Bergführer als »Gletscherwächter« postiert. In die Pauschalen ist das Abseilen in Gletscherspalten »inkludiert«.

Geld gefährdet Gletscher

»Mit der Eröffnung des Pitztaler Ganzjahresski-Gletschers besitzt das Land Tirol nun insgesamt fünf reinrassige Sommerskigebiete«, jubelt die Fremdenverkehrszentrale in Innsbruck im März 1984. Zur gleichen Zeit warnt der Tiroler Rechnungshof: Gletschererschließungen seien »wirtschaftlich riskant«, sie könnten Gemeinden in den finanziellen Ruin treiben. Am Beispiel der beiden jüngsten »Ski-Gletscher« fordern die obersten Rechnungsprüfer sogar, die Förderung touristischer Vorhaben im Alpenraum zu überdenken.

Damit wird die Vermarktung der Gletscher erstmals auch durch handfeste ökonomische Argumente infrage gestellt. Bisher gab es fast ausschließlich ökologische Bedenken. Steigende Verkehrsflut in bislang stillen Bergtälern, Lärm, Luftverschmutzung und noch kaum absehbare Folgen, die sich aus dem glaziologischen Geschehen selbst ergeben könnten, waren von Gutachtern vorausgesagt worden. (Von der hässlichen Verdrahtung hochalpiner Landschaften gar nicht zu reden).

Vor allem der Eingriff in den Naturhaushalt der Alpen, die das größte Wasserreservoir Europas darstellen, macht zunehmend Sorge. So warnte der Tiroler Experte Franz Greiderer auf einer Tagung im bayerischen Kochel am See: »Dort, wo man vielleicht in Zukunft Wasser gewinnen muss, um überhaupt gewisse Gebiete zu versorgen, wird man unter Umständen vergälltes Wasser finden, weil einfach das tonnenweise verschüttete Salz für den Sommerskilauf die Qualität beeinflussen wird.«

Doch auch die Rentabilität der hoch gelegenen Spielwiesen ist von vornherein angezweifelt worden. Sogar im Auftragsgutachten zur Pitztal-Erschließung, über das die Landesregierung hinwegging, war darauf verwiesen worden, dass »die Investoren bereits beim Bau öffentliche Mittel beanspruchen und vor allem bei einem wirtschaftlichen Misserfolg die Forderung nach öffentlicher Unterstützung laut werden wird«.

Das Gletscherskigbiet im abgelegenen Kaunertal, im September 1981 mit drei Liften und »Panoramastraße« eingeweiht, hatte Anfang 1983 bei der Prüfung durch Raumordnungsamt und Banken eine böse Bilanz aufzuweisen: 1,6 Millionen Mark Steuern, Versicherungen, Löhne und Sozialabgaben nicht bezahlt. Auch die groß gefeierte »Alpen-U-Bahn«, die seit November 1983 im oberen Pitztal unter dem »heiligen Berg« der Wildspitze verkehrt, und die drei Lifte der ersten Ausbaustufe liefen bisher keineswegs so »traumhaft«, wie die Werbung wahrhaben will.

Dies alles mag hauptsächlich durch den allgemeinen Rückgang des Tourismus (zumal zu umständlich erreichbaren Zielen) bedingt sein, aber wohl auch durch veränderte Freizeitgewohnheiten: Viele Sommerskifans sind aufs Surfbrett umgestiegen, andere probieren ein solches Gebiet vielleicht nur in einem Sommer aus. Allen Entwicklungen und Prognosen zum Trotz hat Tirol, wo die Nächtigungen seit drei Jahren rückläufig sind, bisher immer noch auf Wachstum an touristischer Infrastruktur gesetzt.

Von den 75 Millionen Mark, die in den vergangenen zehn Jahren an staatlichen Raumordnungsgeldern ausgegeben wurden, sind 17 Millionen allein als Darlehen für »mechanische Aufstiegshilfen« bereitgestellt worden. Dies ist in Tirol, wie der Rechnungshof rügt, nach der Industrieförderung der zweitgrößte Förderungsanteil. Zu viel spekulatives Geld und zu wenig Gedanken an die Zukunft – das bringt auch die letzten großen Gletscher in Gefahr. Und manche Gemeinde auch.

Alpines Disneyland

Mit dem ersten Schneefall hat im November 1986 der Skirummel wieder begonnen, und alle spielen sie mit, die in den Alpen das Geschäft mit dem »weißen Gold« betreiben. In der Sommersaison muss man ja vorerst – wegen des Sogs der Mittelmeerziele – einen weiteren Gästeschwund erwarten, im Winter dagegen winken weiterhin satte Zuwachszahlen. Als bloßes Lippenbekenntnis erweist sich die von den Politikern unisono verkündete Bereitschaft, die Technisierung und Vermassung in den Alpen bremsen und auf »sanften Tourismus« umschalten zu wollen.

Vor allem in Österreich, wo »freiheitliche« Tendenzen bei der jüngsten Nationalratswahl deutlich verstärkt worden sind, drohten einige Bergtäler zu einem »alpinen Disneyland« zu verkommen, unkt Ernst Bolek vom Umweltministerium der Alpenrepublik auf einer internationalen Alpenschutzkonferenz in München. Und Professor Paul Blau präsentiert die Hochrechnung eines Wiener Wirtschaftsforschungsinstituts, wonach bis zum Jahr 2000 in Österreich etwa 1.500 neue Seilbahnen auf einer Fläche von zusätzlich 20.000 Hektar und weitere 400.000 Betten erstellt würden.

Diese Prognose findet zwar Widerspruch in Fremdenverkehrskreisen. Sie lege lediglich Trendzahlen für die Wintersaison auf die bisherige Entwicklung um und berücksichtige nicht die »sozio-ökonomischen Zusammenhänge«, lauten die Einwände. Unbestritten aber ist, dass sich Österreich zu dem am intensivsten erschlossenen Wintersportland der Alpen entwickelt hat. Und in Österreich wiederum hält das Bundesland Tirol den absoluten Rekord.

Aber auch im Land Salzburg wird hemmungslos investiert. Man möchte sogar ins Nachbarland Bayern hinein erschließen. Eine Skischaukel soll das Heutal bei Unken mit der stark frequentierten Winklmoosalm verbinden (siehe Abschnitt: Anschluss gesucht). Nach zehnjähriger, von Protesten begleiteter Planung ist jetzt mit der Rodung eines 15 Hektar großen Waldes, den die bayerische Staatsforstverwaltung auf Salzburger Boden besitzt, und mit dem Bau von Betonsockeln für den ersten Teillift begonnen worden. Deutsche Verbände, Gemeinden und Abgeordnete bangen um die Trinkwasserversorgung im Chiemgau.

Die Fremdenverkehrsmanager des Landes Salzburg, deren Marketingaufgaben am 1. Januar 1987 auf eine GmbH übergehen und somit staatlicher Aufsicht mehr als bisher entzogen werden, wollen jedoch vom Stand dieses umstrittenen Projekts keinerlei Kenntnis haben. Auf einer Werbetour in Deutschland verteilen sie vielmehr eine Statistik aus einer Wiener Zeitschrift mit der Überschrift: »Die Bremse zieht«. Daraus geht hervor, dass 1986 in Österreich »nur noch« 21 neue Seilbahnen, davon zwölf als Ersatz für alte, mit einem Investitionsaufwand von umgerechnet 111 Millionen Mark entstanden sind – während im Verkehrsministerium immerhin 40 Projekte beantragt worden seien.

Doch die Erschließungswelle hat längst den ganzen Gebirgsraum erfasst: Zwischen der Provence und Slowenien sind bereits 12.000 bis 20.000 Bergbahnen und Lifte in der Lage, jede Stunde über eine Million Menschen hinauf zu transportieren. Insbesondere im Hochgebirge sind die ökologischen Veränderungen offensichtlich.

Allerlei Action

»In Kärnten fallen die Leut' demnächst aus den Oberlichten raus, denn so viele Überbuchungen hat's noch nie gegeben,« jubelt Theo Reisner, Chef der Österreichischen Fremdenverkehrswerbung in München. »Am besten, wir verwandeln unsere 6.000 Hotels und Pensionen in Altersheime, denn in ein paar Jahren ist der Tourismus tot,« jammert zur gleichen Zeit, im Juli 1989, Giorgio Donati als Sprecher der südlichen Romagne, wo sich im vorigen Sommer nur noch eine halbe Million deutsche Urlauber am 130-Kilometer-Strand gesonnt hatten und nun die »tote Hose« weht.

Trendwende im Tourismus: Am »Teutonengrill« haben die Algen und andere Widrigkeiten das Geschäft total verdorben. Insbesondere die Deutschen fliehen vor dem verschmutzten Warmwasser und vor der hautschädlichen Sonnenstrahlung durch das vielgenannte Ozonloch. Davon profitieren jetzt die Alpen. Hier (und auch weiter nördlich) geht's steil bergauf.

Sogar die Schweiz, jahrelang als teuer verschrieenes und deshalb in einen Abwärtstrend geratenes Bergland schlechthin, spürt plötzlich den Aufwind. Über 20 Prozent mehr deutsche Gäste wurden im

Mai und Juni registriert, mehr als je zuvor seit 25 Jahren. Dieses Jahr seien es wirklich die Umweltprobleme, die zu Buche schlügen, meint Karl Kaiser vom Schweizer Verkehrsbüro in einer touristischen Runde. Viele der neuen Gäste hätten zum Ausdruck gebracht, dass sie den sonnigen Süden satt hätten; vergleichsweise wenige ließen sich durch den besser gewordenen Wechselkurs des Franken ins Land der Eidgenossen locken.

Die Gewinner der ungewöhnlichen Saison 1989 werden ohne Zweifel Österreich und Deutschland sein. Der Trend führe weg vom Warmwassertourismus, hin zur »Aktivität in den Alpen«, hieß es kürzlich bei der Feier zum hundertsten Geburtstag des organisierten Fremdenverkehrs in Tirol. Das Städtchen Kufstein am grünen Inn beispielsweise hat sich darauf mit dem fragwürdigen Slogan eingestellt: »Das Meer ist tot, unsere Seen leben.« Noch stärker erlebt die Südseite der Alpen die Umkehr, Kärnten und die Steiermark boomen geradezu. Voll ist auch Südtirol – während das übrige Italien unter der touristischen Flaute stöhnt.

Das »neue Bergerlebnis«, das Österreichs Fremdenverkehrswerbung mit allerlei Gags zu verkaufen sucht, lockt nun offensichtlich auch die jüngeren Urlauber. »Wir erleben nach jahrelangen erfolglosen Aktionen, dass endlich die Generation, die 15 Jahre lang nach Ibiza gejettet war, zu uns zurückkommt und mit großem Erstaunen erkennt, dass es auch in den Alpen allerlei Action gibt,« sagt Reisner. Österreichs Süddeutschlandwerber hat nur eine Sorge: »Unsere Leute werden das schnell merken und könnten dann übermütig werden.«

Bayerns Fremdenverkehrschef Günther Stopperich möchte die »Rückkoppelung« jetzt verstärken. Zusammen mit dem Bund Naturschutz entwickelt er ein Zehn-Punkte-Programm von allerlei Urlaubsaktivitäten. Auch denkt er an einen Umweltpreis für gute Beispiele und an eine »Ideenbörse«, die auf das Thema Mensch und Natur hin sortiert sein soll. Die Feriengebiete in den Alpen bieten sich dafür als Exerzierfeld ganz besonders an.

Schnell noch hoch

Kaum ist der erste Schnee in den Alpen gefallen, kaum haben die nun überall stationierten Beschneiungskanonen ihr Umfeld beschossen, da gibt es in einigen Skigebieten eine bis dahin ungewohnte Erscheinung: Im Mondlicht, im Flutlicht oder im Schein von Stirnlampen steigen am Morgen oder am Abend erstaunlich viele Menschen mit Tourenskiern auf den frisch besprühten und gewalzten Pisten bergauf. Am Hörnle bei Bad Kohlgrub wurden an einem einzigen Spätherbsttag nicht weniger als hundert, in Hochfügen am Eingang des Zillertals rund 200 und in der Axamer Lizum nahe von Innsbruck sogar über 500 dieser schneesüchtigen, scheinbar natursuchenden Skigeher gezählt, wie eine Umfrage des Verbandes Deutscher Berg- und Seilbahnen ermittelt hat.

Ein neuer Trend ist angesagt im Ski- und Alpintourismus. Und damit sieht sich der Deutsche Alpenverein denn auch »vor eine neue Konfliktlage gestellt«, wie dessen Vizepräsident Ingo Buchele zum Saisonauftakt 2004 sagt. Die Entwicklung war schon im vorigen Winter vorauszusehen, als in einigen der kleineren Skigebiete die Zahl der Skitourengeher die der Pistenfahrer bereits überholt hatte.

Manchem alten Berg-, Ski- und Naturfreund sträuben sich angesichts dessen die Seehundsfelle. Hatte er doch bislang die maschinell hergerichteten, zunehmend reglementierten Pisten als »Skiautobahnen« abgetan und grundsätzlich gemieden – aus schier ideologischen Gründen: Der Aufstieg oder eine Querung in Sichtweite des verdrahteten Berges und gar noch der Skifahrermassen erschien ihm widernatürlich. Die Bergbahn benutzte er allenfalls zur Wegabkürzung, um von der Bergstation aus noch höher oder weiter hinaus ins freie Gelände zu gehen. Eine Methode, aus der sogar touristische Programme entstanden, wie das vom DAV Summit Club entwickelte »Ski plus«. Dies war und ist immer noch ein Kompromiss zwischen Bewegungslust, Naturgenuss und Bequemlichkeit.

Jetzt aber suchen immer mehr mobile Menschen den ganz schnellen winterlichen Outdoor-Genuss. Mit dem eigenen Auto und Tourenskiern brettern sie aus den Ballungsgebieten in Skigebiete, um sich dort für zwei Stunden oder etwas länger zu tummeln. Die rund hundert Kilometer von München bis ins Werdenfelser Land sind ihnen für das kurzfristige Freizeitvergnügen keineswegs zu weit. Bisher waren nur ortsnahe Bewohner und ein paar Touristen morgens oder abends die Pisten hochgestapft.

Die Motive der Schnelltourengeher, wie sie sich durch Befragung ergaben: Man möchte sich nach oder vor dem Tagesstress noch ein bisschen in der Natur austoben (was allerdings in Stadtnähe oder sogar in künstlichen Skigebieten auch möglich wäre). Man möchte in einem lawinen- und immer schneesicheren Gebiet auf Skiern unterwegs sein, den Mondschein und abendliche Geselligkeit auf einer Hütte erleben. Außerdem kostet eine solche liftlose Skitour nichts. Die Infrastruktur wird vom Bergbahnbetreiber bereitgestellt. Am Ort wird nicht übernachtet, sondern höchstens Brotzeit gemacht.

Da liegt das Konfliktpotenzial auf der Hand. Es kann auf der Piste zu Ärger oder Kollisionen zwischen normalem Skifahrer und Tourengeher kommen. Auch Pistenmaschinen, die in der Regel vor oder nach Betriebsschluss rollen, sind eine Gefahr. Das Wild kann aufgeschreckt, der Lawinensprengdienst behindert werden. Von Umweltproblemen, die durch solche Autotouren und Skistippvisiten ins Gebirge entstehen, gar nicht zu reden.

In zwei Konferenzen und mehreren Sondierungen vor Ort haben deshalb Experten der betroffenen Verbände im Jahr 2003 nach Lösungen gesucht. Das Ergebnis erläuterte Manfred Scheuermann vom DAV-Natur- und Umweltschutz, der vor Jahren schon ein Konzept für »umweltfreundliches Skibergsteigen« entwickelt hatte: Dem hinzugefügt werden jetzt zehn »DAV-Regeln für Skitourengeher auf Skipisten«, die etwa den Aufstieg nur in Randbereichen und allerlei Rücksichten empfehlen.

In drei bayerischen Modellgebieten (Jenner, Hörnle, Tegelberg) wird der bestehende Schilderwald weiter aufgeforstet. An Schlüsselstellen wird der Skitourengeher durch einen gelben Wegweiser gelenkt. Er darf auch über Betriebsschluss hinaus noch bis 20 oder sogar 22 Uhr die Piste benützen, so lange sollen die Walzen fern bleiben. Die Parkplatzgebühren werden erhöht. Und im Februar läuft eine Aufklärungskampagne mit »Tiefschneetagen« und einer Info-Tour, die Manfred Kammerlander in einem bayerischen Skigebiet führt.

Die Aufklärung findet offene Ohren, sodass sich die Aufregung um die Feierabend-Skifahrer schnell gelegt hat. Im Vergleich mit dem immer schneller rotierenden Karussell der Lifte und dem eher gefährlichen Variantenskilauf erwiesen sich die Pistentourengeher als harmlos, ihr Verhalten wird allenfalls als lässliche Sünde wider den Sportgeist und das Naturerleben hingenommen. Dass sie eine von den Bergbahnunternehmen geschaffene Infrastruktur kostenlos nutzen, muss wohl oder übel toleriert werden.

Kompromiss gesucht

Der Konflikt zwischen den verschiedenartigen Nutzern des Rohstoffs Schnee dauert indes an. Immer mehr Tourengeher benützen die nach wie vor dicht bevölkerten Skipisten als »Aufstiegshilfe«, und immer mehr Bergbahnen wollen genau das beschränken. »Wenn sich pro Stunde 2.500 Skifahrer und 300 Tourengeher gemeinsam auf einer Piste bewegen, kommt es theoretisch zu 750.000 möglichen Begegnungen,« hat Peter Huber an der Alpspitzabfahrt errechnet. Zugspitzbahndirektor Huber ist Präsident des Verbandes Deutscher Seilbahnen und Schlepplifte, der seine Anlagen grundsätzlich als Sportstätten anerkannt haben will.

Das Bayerische Staatsministerium für Umwelt, Gesundheit und Verbraucherschutz verweist jedoch im Februar 2012 auf die Landesverfassung, nach der auch Skiabfahrten und Loipen der grundsätzlich frei zugänglichen Natur zuzuordnen seien. Über Einschränkungen etwa aus Sicherheitsgründen könne daher nicht pauschal entschieden werden, sondern nur im jeweiligen Einzelfall. Auch der Deutsche Alpenverein ist gegen unbegrenzt gültige Pauschalsperrungen von Pisten.

Über eine Kompromisslösung beraten nunmehr die verschiedenen Interessenten. Die Tendenz geht zu zeitlich unterschiedlichen Regelungen, mit denen die Betreiber von Bergbahnanlagen allen Arten von Wintersportlern gerecht werden sollen, ohne ihnen den Spaß an der Freud zu nehmen.

Immer höher
Die Alpenbahnen nähern sich mehr und mehr den mehr oder weniger berühmten Gipfeln und Gletschern, immerhin blieb das Matterhorn noch verschont.

Neue Welt der Gletscher
Wie die Schweiz ihre Topografie nutzbar machte

Kultur und Geschichte, Wirtschaft und Gesellschaft, Sommer- und Wintertourismus – in der Schweiz ist alles von den Bergen bestimmt. Das gilt besonders für das Bündnerland, wo die West- in die Ostalpen übergehen. Dort wurde noch 1978 der letzte Wolf erlegt, während sich rund um die Kantonshauptstadt Chur klassische, von Prominenz besuchte Gebirgskurorte wie Davos oder Arosa bereits in hochtechnisierte Wintersportzentren für den Massentourismus verwandelten. Ähnlich stürmisch war der Fortschritt in Wallis. Da und dort wurden Schneetummelplätze aus dem blanken Boden gestampft. Pass- und Panoramastraßen wurden ausgebaut, uralte Eisenbahnen wurden modernisiert und vernetzt und bekamen Namen wie »Glacier-Express« oder »Bernina-Express«.

»Größter Skizirkus der Welt«

Mit dem »größten Skizirkus der Welt«, wie verkündet wird, eröffnen die Walliser Orte Crans und Montana am 4. Dezember 1965 die Wintersaison in der Schweiz. Der eidgenössische Skischulverband hat dazu 120 Ski-Instruktoren eingeladen, die ihre Gäste aus ganz Europa eine Woche lang in modernen Skilauftechniken unterrichten sollen. Außerdem bieten die 120 Schweizer Wintersportorte in dieser Saison: 842 Bergbahnen, 14 Bobbahnen, 50 Kunsteisbahnen, 260 Eislaufplätze und 120 Skischulen. Weiter planen die Eidgenossen, wie Herbert Felber als Leiter des Schweizer Verkehrsbüros in Deutschland auf einem Empfang in München mitteilt, diesen Winter 6.765 Turniere des neuen Modesports Curling.

Alles also tipptopp im klassischen Alpenreiseland. Auf eine Attraktion allerdings müssen die Gäste – die meisten kommen nunmehr aus der deutschen Bundesrepublik – in der bevorstehenden Saison verzichten: Dem »Dampfbähnli« in Mittel-Thurgau nahe St. Gallen ist der Dampf ausgegangen, es ist als letzte Privatbahn der Schweiz auf einer Strecke von 42 Kilometern elektrifiziert worden. Fortschritt muss sein, überall.

Gurtners »Weiße Arena«

Wie hat man sich den alpinen Wintertourismus von morgen vorzustellen? Zum Beispiel so: Der automatische Anrufbeantworter gibt am Morgen Auskunft über die Schneebeschaffenheit des Tages, über die geöffneten Pisten, das voraussichtliche Wetter und eventuelle Lawinengefahren. Gut informiert, entsprechend ausgestattet und beruhigt kann man also die Gondel der »größten Luftseilbahn der Alpen« besteigen. Sie fasst 126 Personen und kennt keine Wartezeiten. Nur vier Mann bedienen diesen »Jumbo des Bergverkehrs«. Keine zehn Minuten später ist man in 2.230 Metern Höhe – in der Wunderwelt der sogenannten »Weißen Arena« im Kanton Graubünden.

Dort oben, auf der Sonnenterrasse des Schweizer Vorderrheintals, ist zum Herbst 1972 ein Traum verwirklicht worden. Der Traum vom »industrialisierten Tourismus, der dennoch nicht ganz von der Romantik losgelöst ist«. So formuliert es Walter Gurtner-Casty, der Präsident der Bergbahngesellschaft mit dem fremdartigen Namen Crap Sogn Gion Laax. Wir sitzen im Berghotel auf dem Felsen des Heiligen Johannes, wie die rätoromanische Bezeichnung zu übersetzen wäre.

Ein futuristisches Bauwerk wie auf einer Weltausstellung. Tatsächlich hat Gurtner die Elemente von der EXPO in Lausanne aufgekauft: vier Stahlscheiben mit 27 Metern Durchmesser, das Kilo zum Schrottpreis von acht Rappen. Die Scheiben gliedern jetzt die Etagen des kreisrunden, auf einem Betonsockel buchstäblich montierten Berghauses, das insgesamt 17 Millionen Mark gekostet hat.

In den Restaurants, Bars und Terrassen ist für 980 Menschen ein Platz an der Sonne und ein Rundblick über das Bündner Oberland, im Tal die alten, nun wieder aufblühenden Dörfer Flims, Laax und Falera. Wenn der Sonneneinfall trotz des UV-Schutzes am rundum laufenden Fenster zu stark wird, strömt automatisch kühlende Frischluft ein.

Auch das ist neu im Alpintourismus: Farbfotos bieten auf drei Ebenen täglich vier Menüs und etliche Imbisse zur gefälligen Selbstbedienung an. Um die Versorgung mit Bündner Fleisch, der Spezialität des Kantons, für die Besuchermassen sicherzustellen, hat Gurtner einen eigenen Betrieb gegründet, der 30 Tonnen monatlich produziert und auch schon nach Deutschland exportiert. Für die Getränkekarte liefert der Weinberg des Bischofs von Chur herrlichen Süßdruck.

Wie am Fließband laufen Wagen durch die Rotunde und räumen ab. Aller Abfall wird an Ort und Stelle der »totalen Verbrennung« zugeführt und liefert so den nötigen Strom. Das Wasser wird hochgepumpt und oben in riesigen Behältern aufbereitet. Bestellt und berechnet wird alle Ware durch Computer, die nebenbei die Fragebogen mit Wünschen und Beschwerden der Besucher auswerten.

»Das Kleinstunternehmen hat auch auf dem Berg keine Zukunft mehr«, räumt Unternehmer Gurtner mit der alten Hüttenseligkeit auf. In dieser – nach der Zugspitze – »größten und modernsten Gipfelüberbauung«, die sich sogar als hochalpines Kongresszentrum empfiehlt, verkörpern nur noch vier präparierte Hirschköpfe an der Wand jenen Rest von Romantik, den die neuen Bergbauherren bewahren wollen.

Auch in die Gebirgswelt draußen, so großartig und unzerstörbar sie ist, hat die touristische Technik markant ihre Zeichen gesetzt. Nach allen Seiten hin führen über sanfte bis mittelsteile Hänge und Kuppen zwölf autobahngleiche, von fünf Pistenraupen bis zu 80 Meter breit ausgewalzte Abfahrten und ein ebenso präparierter Spazierweg von zwei Kilometern Länge für Nichtskiläufer. In der ganzen, zwanzig Quadratkilometer großen »Weißen Arena« gibt es 120 Pisten mit 22 Beförderungsanlagen.

Zehn Jahre kämpfte Gurtner um den Ausbau der »Dachetage« seines Kantons. Alle Beschwerden des Schweizer Alpenclubs werden schließlich vom Bundesrat in Bern abgewiesen.

So kann Gurtner, den man inzwischen den »König von Graubünden« nennt, auch noch eine Gletscherbahn auf den 3.028 Meter hohen Bündner Vorab bauen, selbstverständlich mit allem »Zubehör«, etwa einem kreisrunden Bergrestaurant mit vollbiologischer Kläranlage und einem »Kinder-Happyland« Mit einer Höhendifferenz von rund 2.000 Metern und einer Länge von zehn Kilometern wird die Abfahrt die längste der Alpen.

Die anliegenden Gemeinden, deren Bettenkapazitäten sich sprunghaft vermehrt haben, ziehen mit bei dieser planvollen Industrialisierung der Berglandschaft. Nicht nur im Winter, sondern auch im Sommer sind starke Zuwächse zu erwarten. Auf dem Laaxer See zum Beispiel soll ein geräuschloser Wasserskilauf möglich sein, und der Caumasee empfiehlt sich allezeit zum Baden, denn Thermalwasser aus unbekannter Quelle wärmt ihn ständig auf 22 Grad – ein Wunder der Natur neben den neuen Wunderwerken des technisierten Tourismus.

Auf dem Höhepunkt seiner Unternehmungen wird Walter Gurtner von einer seiner Pistenraupen überfahren. Er stirbt im April 1983 nach einem Schlaganfall. Sein Sohn Reto übernimmt die Geschäftsführung der »Weiße Arena Gruppe« mit inzwischen vier Tochtergesellschaften. Auch er gilt in Graubünden als Visionär. Das Unternehmen wirbt als erste Bergbahn seit 1995 im Internet, führt 1999 einen Buchungsservice per SMS und Internet ein, errichtet drei New Technology Centers, ein Modul-Hotel und ein Design-Hotel mit Multimedia, das den Schweizer Tourismus-Oskar bekam. Wegen des Klimawandels hat man Teile des Vorab-Gletschers im Sommer 2006 erstmals durch ein die UV-Strahlen abschirmendes Spezialvlies abgedeckt, sodass bis zu drei Meter Schneehöhe konserviert werden können. Im April 2007 wird noch vorhandener Schnee als Reserve in eine Halfpipe gestoßen (»Snowfarming«). Als größtes Wintersportgebiet Graubündens dehnt sich die Weiße Arena heute über eine Fläche von 100 Quadratkilometern aus. Sie hat 28 Bahnen und 220 Kilometer Pisten, wovon 70 Prozent über 2.000 Meter hoch liegen, und an Spitzentagen bis zu 19.000 Besucher. Geplant ist ein »Rockresort« mit weiteren tausend Betten.

Zermatt im Zenith

»Die Herren in Zürich, die selbst alles zubetoniert haben, wollen uns vorschreiben, was wir nicht betonieren sollen.« Constant Cachin, Kurdirektor von Zermatt seit zwanzig Jahren, spielt gern den zornigen alten Mann, wenn nicht alle seine hochfliegenden Pläne »oben« sofort

Verständnis finden. Und das kommt in letzter Zeit häufiger vor, seitdem eine schier babylonische Bauwut die Gemeinde erfasst hat.

Das schon 1218 urkundlich verzeichnete Walliser Bergdorf, das in den goldenen Zeiten des Alpinismus noch ein Wallfahrtsort kühner Bergsteiger war mit sonnengebräunten Häusern und Holzspeichern auf pilzförmigen Ständern, hat sich zur »Metropolis alpina« entwickelt, zur wohl betriebsamsten, am perfektesten organisierten und technisierten Hauptstadt der Alpen. Was allein innerhalb des Jahres 1980 offiziell eingeweiht worden ist, hat neue Markzeichen gesetzt, von denen Wachstumskritiker nur hoffen können, dass sie keine neuen internationalen Maßstäbe werden.

Zehn Jahre hatte der Kampf um das Kleine Matterhorn gedauert, »weil sogar Nationalräte der Verwechslung mit dem Matterhorn unterlagen«, wie der Savoyarde Cachin die Verzögerung spöttisch begründet. Die Genehmigung war schließlich nur auf die resignierende Erkenntnis der Eidgenössischen Regierung zurückzuführen, dass hier die Natur mit schon 26 Luftseilbahnen kaum mehr geschädigt werden könne.

Nun ist sie da, die höchste Seilbahn der Welt, und fährt und fährt, elf Monate im Jahr. Sie befördert mit jeder Gondel hundert Menschen zu einem betonierten Adlerhorst in 3.820 Metern Höhe, zum größten Ganzjahresskigebiet der Alpen (36 Quadratkilometer), zu einem »Snow Beach, wie man es selten sieht«, wie Bahndirektor Peter Zahnd im ortsüblichen internationalen Kauderwelsch schwärmt.

Das ist buchstäblich atemberaubend. Fünf der 235.000 Menschen, die sich im ersten halben Jahr schon in die dünne Luft tragen ließen, mussten mit Sauerstoff behandelt werden. »Akklimatisieren sollte man sich immer erst«, mahnt denn auch der Seilbahnchef. Er hat noch ein anderes Problem: Alle sechs Monate muss er die Masten neu in Position bringen lassen, denn ihre Achsen drehen sich im Eis und Permafrostgestein ständig talwärts.

Skifahrer, die sich talwärts schwingen, sollten keinesfalls die 18 Kilometer bis zum Ortsrand durchstehen oder gar dem hier oben aufgestellten Geschwindigkeitsweltrekord (193 km/h) nachjagen – sie könnten sonst auf das in der Talstation bereitgestellte EKG und das Medikamentendepot angewiesen sein. Demnächst können die mit

1.200 PS getriebenen Gipfelstürmer sogar noch ein Stück höher hinauf. Vom Querstollen aus, dem Zugang zur Skiabfahrt, wurde ein Personenlift in den Fels gesprengt.

So hat man nun von 3.864 Meter Höhe aus einen Rundblick von 360 Grad und kann über die Hälfte aller europäischen Viertausender, 50 an der Zahl, bewundern. Und weil jenseits der Grenze die Italiener von Cervinia aus ebenfalls in diese Höhe hinauf bauen wollen, setzen die Schweizer noch eins drauf und ziehen einen Schlepplift auf die Gobba di Rollin, auf genau 3.899,60 Meter. Da werden selbst die Franzosen am Montblanc nicht so bald nachkommen. (Der Höhenweltrekord bleibt aber vorerst einer Anlage in Venezuela vorbehalten).

Am anderen Ende des Dorfes, das 3.664 Einwohner, aber 14.000 Fremdenbetten hat, startet seit kurzem die einzige vollkommen unterirdisch verlaufende Standseilbahn Europas. Durch den 1.545 Meter langen Stollen können täglich 2.600 Personen zum Skigebiet Sunnega, wohin schon der erste Zermatter Skilift vom Jahr 1942 verkehrt war, binnen drei Minuten sicher befördert werden.

Die Natur bleibt bei dieser »Alpen-Metro«, die in vier Jahren für 22 Millionen Franken gebaut wurde, absolut geschont, heißt es vor Ort. Außerdem könne da kein Seil mehr durch den Wind ins Schwingen geraten. Eines der 50 Tonnen schweren, bis zu 2.800 Meter durchhängenden Tragseile der Kleinmatterhornbahn hatte sich nämlich infolge der extremen Klimabedingungen derart verlängert, dass die Kabine auf Gestein aufschlug.

Im Dorf selbst allerdings hat der rastlose Kurdirektor den Verkehr noch nicht in den Griff bekommen. »Zermatt ist autofrei, nicht verkehrsfrei,« räumt er Missverständnisse aus. Denn die 24 Elektrotaxis und die 18 Pferdekutschen, die allein noch zugelassen sind, haben keineswegs die alte Dorfidylle wiederherstellen können, sondern ziemliche Unruhe in die schmalen Gassen gebracht. Deshalb hat Cachin jetzt seinen 15 Jahre alten Plan ausgegraben, eine Einschienenbahn den Bach entlang quer durch den Ort zu bauen.

Und damit die Autotouristen nicht mehr im Vorort Täsch aussteigen und mit der Eisenbahn ins autofreie Matterhorndorf fahren müssen, möchte Cachin möglichst nahe am künftigen Monorail-Bahnhof einen riesigen »Felskeller« aussprengen lassen, der dann gleichzeitig als Quellfassung sowie für den Zivilschutz dienen könnte.

Ob der Kurdirektor, den man den »König von Zermatt« nennt, und die Gemeinschaft der tonangebenden »Burger-Familien«, die sich im Mittelalter von ihren Feudalherren losgekauft hatten, dieses traditionsreiche Dorf im Wallis vollends zum monströsen Metropolis der Alpen machen werden, bleibt vorerst eine Frage, die nicht nur den auch in der Schweiz erstarkten Natur- und Heimatschutz interessieren dürfte.

Mit der Fusion der vier Seilbahngesellschaften wagt das Bergsteigerdorf 2002 einen neuen Aufstieg. Zu verkraften ist die Sanierung vieler alter Anlagen. Da außerdem mehrere Konzessionen auslaufen, sieht sich der neue Generaldirektor Christen Baumann vor die Aufgabe gestellt, »praktisch jedes Jahr eine neue Bahn zu bauen«. Das jährlich erwirtschaftete Volumen von 20 Millionen Franken reicht auch noch, um die Elektrobusse zu vermehren.

Hoch über Zermatt hat der Schweizer Alpenclub 2009 die Monte-Rosa-Hütte neu erbaut: ein futuristisches Gebilde aus Aluminium und Holz für 120 Gäste. Die Energie wird aus großen Sonnenkollektoren gewonnen. Die TH Zürich will das System noch weiterentwickeln, indem außer Klimawerten auch Daten aus der Wetterprognose und dem Reservierungssystem einfließen.

Saas-Fee: der Gletscher ruft

Die ersten Skifahrer kommen schon Ende Oktober, wenn das Thermometer im Tal durchschnittlich nur noch zwei Grad anzeigt und in den oberen Etagen des Bergkessels die Flocken wirbeln. Anspruchsvolle Nationalmannschaften sind regelmäßig beim Saisonstart dabei, denn kein anderes Gletscherskigebiet der Alpen hat so viele – auch so schwierige – Varianten und anderen »Auslauf« wie das von Saas-Fee.

Bis Ostern 1982 allemal, wenn die Murmeltiere aus dem Winterschlaf erwachen, dreht sich das Karussell der 23 Bahnen und Lifte ringsum; dann glitzert und glänzt das Gletscherdorf im Wallis, das sich gern als »Perle der Alpen« verkauft. Danach geht es weiter mit organisierten Hochtourenwochen, denn das 1.800 Meter hoch gelegene Dorf ist von nicht weniger als 14 Dreitausendern umgeben. Und bis in den Sommer hinein pendelt die »Fee-Chatz«, ein Bus auf Kufen, von der Bergbahnstation Längfluh (2.870 Meter) hinauf zum flachen, firnigen Feegletscher (3.500 Meter).

»Früher war Saas-Fee zu manchen Jahreszeiten ein Geisterdorf, heute haben wir zehn Monate Saison«, sagt Amandé Perrig, Skilehrer mit US-Erfahrung und seit 1974 Chef der computergesteuerten Kurdirektion. Bald soll der weiße Rausch ein volles Jahr dauern. Denn vom Felskinn (3.000 Meter) soll – einzigartig in solcher Höhe – eine unterirdische Standseilbahn bis unterhalb des Allalin (4.027 Meter) gebohrt werden: Diese »Metro-Alpin« soll unabhängig von der Witterung, angeblich umweltschonend und sicher fahren. Lawinengefahren durch Abriss werden mittlerweile durch eine Art Minenwerfer gebannt.

Saas-Fee ist zum Musterfall fortgeschrittener Gletschererschließung geworden; sie ist noch perfekter als die von Zermatt drüben, jenseits des Adlerpasses (siehe Abschnitt: Zermatt in Zenith). Das verdankt der Ort natürlich in erster Linie seiner einmaligen Topografie. Nirgendwo sonst ziehen sich die scheinbar erstarrten, in Wirklichkeit aber immer bewegten Eisströme mit ihren Panzern, Spalten und Brüchen so nahe an eine menschliche Siedlung heran. Deshalb galt dieses Hochtal – wo am 20. Dezember 1849 der Pfarrer Johann Joseph Imseng als erster Mensch in den Alpen auf zwei Brettern talwärts gekurvt sein soll – früher als »scheußlichste Wildnis der Schweiz« und als »europäisches Grönland« (wie es in einem Buch von 1778 heißt).

Doch schon einige Jahrzehnte später wurden das »blauschimmernde Gletscherwasser und die jähen, weißgepuderten Felswände des mächtigen Doms« hochgepriesen. (Mit seinen 4.545 Metern ist der Dom der höchste Berg, der sich ganz auf Schweizer Boden befindet). Wer heute, von Saas-Grund auffahrend, vor dem autofreien Ort aussteigt, der empfindet vielleicht ähnlich wie 1935 der deutsche Dichter Carl Zuckmayer, der sich später ganz dort oben »am Ende der Welt und zugleich ihrem Ursprung« niedergelassen hat: »Zuerst kann man da nur hinaufschauen, es verschlägt einem den Atem."

Und atemlos erlebt man die Gletscherskiwelt. Fünfzig Kilometer Pisten mit bis zu tausend Metern Höhendifferenz, von der weißgewalzten »Autobahn« bis zur rassigen »Weißen Perle«, locken Anfänger und Könner gleichermaßen. Nicht ein einziges Mal bräuchte man, wenn man es schaffen würde, die Bretter abzuschnallen. Im knapp zwei Kilometer langen Ort selbst, den man im Gegensatz zum ebenfalls autofreien Zermatt gut und sicher zu Fuß durchqueren kann, verbindet eine »Minitram« die beiden großen Talstationen. Pläne für ein unterirdisches Parkhaus mit 3.500 Plätzen gibt es auch.

Bei solch ungebrochener Wachstumsfreude können Probleme nicht ausbleiben. In einer Langzeitstudie hat der Schweizer Psychiater Gottlieb Guntern herausgefunden, dass der starke neue Fremdenverkehr in Saas-Fee – zu 40 Prozent aus Deutschland – einen gewissen Sittenverfall unter den 9.200 Einwohnern zur Folge habe, dass beispielsweise bei Männern mittleren Alters und bei jungen Frauen der Alkoholverbrauch stark zugenommen habe. Auch sei der Anteil der örtlichen Landwirtschaft am Volkseinkommen von 70 auf ein Prozent gesunken. Damit, sagt Guntern, habe sich die »Perle der Alpen« der Gefahr ausgesetzt, bei ökonomischen und politischen Krisen völlig zusammenzubrechen. Ein Menetekel, das für alle Alpendörfer gilt, die ganz schnell ganz hoch nach oben gekommen sind.

Von der Bergstation der »Metro-Alpin« sind heute fünf lange Abfahrten am Allalin-Gletscher trassiert, darunter eine speziell für Schneesurfer. Ein Tunnelausstieg führt auf eine Variante, die am Mattmark-Stausee endet. Hier hatten 1965 zwei Millionen Kubikmeter Schnee die Wohn- und Werkgebäude verschüttet; 88 Bauarbeiter kamen dabei ums Leben.

St. Moritz: der Superspielplatz

Im »Playground of Europe«, als den ein früher englischer Alpinschriftsteller die Alpen pries, hatte St. Moritz immer schon seinen attraktiven Stammplatz. Der ist zwar in jüngerer Zeit etwas verstaubt und gar ein bisschen vergessen. Neuerdings aber weht, angefacht durch immer mehr nicht nur eidgenössische Wettbewerber, ein frischer Wind über See, Berg und Tal in diesem schönen Teil von Graubünden. Die Windrichtung zeigt freilich an, dass es mit der gepflegten Exklusivität wohl zu Ende geht.

St. Moritz und der ganze Kanton feiern 1984 ein Jubiläum: »100 Jahre Wintersport«. Es war um die Jahreswende 1884/85, als eine Gruppe britischer Urlauber, die im Sommer schon das Tessin »erobert« hatten, die winterliche Schönheit des Kurortes im Oberengadin mit seinen schon in vorrömischer Zeit bekannten warmen Eisenquellen entdeckt und auch gleich schon ein bisschen vermarktet hatten. Eine Ausstellung und üppige Programme dokumentieren die Entwicklung bis heute.

Mittlerweile ist nicht mehr zu übersehen, dass auch der einstige Superspielplatz der Alpen in die Reihe der alpinen Rummelplätze eintritt. Das verwitterte Grandhotel unten am Bahnhof hat ein touristischer Versandhändler aus Frankfurt in Beschlag genommen. Briten waren es wiederum, die in St. Moritz einen schmalen Eiskanal gebaut hatten und darin auf flachen Schlitten bäuchlings und kopfüber zu Tal gesaust waren. Daraus wurde der berühmte »Cresta Run«. Skier waren sogar schon 1859 drüben in Sils aufgetaucht; der aus Berlin zugewanderte Schreiner Samuel Hnatek hatte sie eingebürgert, weshalb sich St. Moritz stolz als »Wiege des Wintersports« rühmt (allerdings machen Wengen und Mürren die gleichen Ansprüche geltend).

St. Moritz im Winter ist und war aber immer schon »mehr als Skilauf«. Es war und ist Tummelplatz der Oberen Tausend. In seinen Hotelkästen und Tanzdielen treffen sich die Reichsten und die Schönsten. In diesem Jubiläumsjahr feiern sie, wie sie es gewohnt sind, wenn auch zusammen mit gewöhnlichen Touristen; im Festprogramm stehen beispielsweise Europameisterschaften im Zweier- und Viererbob. Zum Engadiner Skimarathon im März gehen nicht weniger als 10.000 Langläufer an den Start.

Auf dem Eis des 1.856 Meter hoch gelegenen Sees, der auf Karten nur noch mit seinem rätoromanischen Namen »Lej da S. Murezzan« angegeben ist, finden Hundeschlitten- und Pferderennen statt, Skijöring, ein Curling- und sogar ein Golfturnier. Ein Pariser Juwelier sponsert das erste Poloturnier der Welt auf Schnee. Beschlossen wird die weiße Saison durch das verrückteste Skirennen der Welt: das vom britischen Alternative Sports Club organisierte »St. Moritz Classic Ski Race«, das mit Badewannen, Bügelbrettern, einem Konzertflügel und anderem Gerät ausgetragen wird.

Und der ganze Kanton spielt mit. Obwohl die »Zeit der großen Projekte« vorbei sei, wie die Bündner Fremdenverkehrszentrale betont, ist noch einmal ein Skigebiet neu erschlossen worden: St. Peter zwischen Chur und Arosa. Etliche alte Skilifte wurden durch solche mit Dreierbänken ersetzt. Das einst als Lungenkurort berühmte Davos hat das »Gymkhana«, wie es früher auf zugefrorenen Gewässern gespielt wurde, wiederbelebt: Schaufelstoßen, Eierblasen und Rudern, alles natürlich auf blankem Eis. Was aber, fragen Fremde, sind »Schlittelabende« oder »Skichilbi mit Guggenmusi«?

Olympia-Fieber

Im August 2011 entschied der Exekutivrat von Swiss Olympic, dass der Dachverband des Schweizer Sports gemeinsam mit dem Bund und weiteren relevanten Partnern eine für 2022 »allfällige« Schweizer Olympia-Kandidatur in der Region Davos und St. Moritz vorbereiten soll. Davor hatten das Schweizer Sportparlament, die Sportverbände und Bundesrat Uelf Maurer die »absolute Notwendigkeit« einer Kandidatur betont. Die Kosten allein für die Kandidaturphase wurden auf 30 bis 40 Millionen Franken geschätzt. Schon 1928 und 1948 waren Olympische Winterspiele in St. Moritz veranstaltet worden.

Das schon seit Jahren in der Eidgenossenschaft grassierende »olympische Virus« hat indes die Umweltschützer auf den Plan gerufen. »Olympische Spiele können in der Schweiz weder umweltschonend noch sozial verträglich abgehalten werden«, warnte die CIPRA Schweiz, der 1997 gegründete Zweig der schon 1952 in Rottach-Egern auf Initiative des Bund Naturschutz und des Schutzverbandes Deutscher Wald entstandenen Internationalen Alpenschutzkommission. Viele der benötigten Infrastrukturen müssten neu gebaut werden, sie würden später kaum mehr genutzt werden. Das zeigten die nicht mehr genutzten Anlagen der Winterspiele von Turin (2006) und Vancouver (2010).

Am 24. Mai 2012 gab das Schweizer Sportparlament grünes Licht für die Kandidatur von St. Moritz und Davos. Die Bewerberorte wollen für die Winterspiele 2022 auf ein Olympisches Dorf ganz verzichten. Alle Athleten und Begleiter sollen in bestehenden Hotels und Kliniken sowie in wenigen temporären Bauten in Davos untergebracht werden. Auch einige Sportstätten sollen nur für einen begrenzten Zeitraum erstellt werden.

Das Gespann

Bergbahnen und Schneekanonen –
eine technische Kombination, auf die kaum
noch eine Skistation verzichten will.

Alpenweite Hochtechnik
Bergbahnen und Schneekanonen sollen die Saison sichern

Lange vor 1945, dem Jahr null der zweiten Erschließungswelle, hat es Luftseilbahnen in den Alpen gegeben. Sie beförderten Arbeiter, Sommerfrischler, Soldaten, Munition, vielerlei Material und – mit der Mehrzahl der früheren Bergaufzüge – vor allem Milch von den Almen. Dann begann der Skitourismus, der ohne »mechanische Aufstiegshilfen«, wie zunächst der Fachausdruck lautete, nicht denkbar gewesen wäre. Deren Boom begann aber erst, als die Alpen etwa ab 1965 zur größten Sport- und Freizeitregion Europas wurden. Undenkbar wäre er auch ohne technische Beschneiung gewesen. Sie begann 1950 in Amerika – und es dauerte nicht lange, bis die fatalen Folgen für die Umwelt erkannt und angeprangert wurden. Dennoch wurde die Massenproduktion von »Kunstschnee«, wie es nun wertneutral hieß, alpenweit forciert und sogar behördlich gefördert, nachdem die wärmer werdenden Winter die Schneesituation mindestens in unteren Lagen deutlich verschlechterten und somit die Existenzgrundlage vieler Tourismuszentren gefährdete.

Pulverschnee aus Übersee

Während der Südsturm um Deutschlands höchsten Berg fegt und zu allem Unglück auch noch das Elektrokabel am großen Gipfellift abreißt, plagt sich unten am Eibsee der Sportlehrer Rudi Langer mit einigen englisch beschrifteten Kisten und stöhnt: »Wir bräuchten eher eine Maschine, die den vielen Schnee wegbläst.« Stattdessen muss er jetzt ein Ungetüm von Maschine montieren, die imstande sein wird, die Natur nachzuahmen und den schönsten Pulverschnee künstlich herzustellen. So werden die Wintersportler, zuallererst am Eibsee, ab Januar 1964 nicht mehr darauf angewiesen sein, dass die Flocken vom Himmel wirbeln.

Durch einen Zufall hatte der Ingenieur Phillip Tropeano – er wollte einen Rasensprüher verbessern – die technische Erzeugung von Schnee erfunden, ein Jahr später lief in den Rocky Mountains der erste Snowmaker. Von dort kam eine erste Anlage in die Schweiz und eine weitere jetzt nach Bayern. Die maschinelle »Frau Holle« ist zur Zeit noch sorgsam verpackt.

Der Apparat soll ähnlich arbeiten wie die Natur selbst: Aus einem größeren Reservoir, in diesem Fall der Eibsee, wird Wasser gepumpt und über eine Leitung aus zerlegbaren Aluminiumrohren zu einem Kompressor geleitet. Hier wird das Wasser, wie in den Wolken, mit Hilfe von Pressluft verdichtet. Dieser Wasserdampf kann nun durch sieben Düsen ausgesprüht werden; bei Außentemperaturen unter null Grad verwandelt sich der »feuchte Staub« unmittelbar in Schnee.

Allerdings kommt die erste Schneekanone in Deutschland, die etwa 150.000 Mark gekostet hat, vorerst nur den Amerikanern in der »Recreation Area« am Eibsee zugute. Dass diese technische Neuheit eines Tages auch dem deutschen Skivolk nützlich sein könnte, hält Sportlehrer Langer nicht für ausgeschlossen. Zum Beispiel ließe sich damit auch Schnee auf blanke Skischanzen zaubern. Sofern die Temperaturen passen und ein größerer See in der Nähe ist; die Wasserleitung genügt nicht.

Gondeln immer größer

»Die Raumfahrt hat auch den Seilbahnen neue Impulse gegeben,« sagt Dr. Josef Wolff, Direktor des Technischen Überwachungsvereins Bayerns und im Dezember 1971 Gastgeber der Internationalen Organisation für das Seilbahnwesen in München. Versammelt sind Projektanten, Konstrukteure, Betriebsinhaber und Aufsichtsbehörden von rund 40.000 Seilbahnen und Liften aus 26 Ländern.

Gondeln, die sich nach Einwurf einer Münze selbstständig in Bewegung setzen; automatische Waagen, die das Maximum der Personenbelastung messen; Handsteuerung von der Kabine aus – das sind die letzten Entwicklungen. Außerdem wachsen sie ins Riesenhafte, die Bahnen über den Bergen: 125 Personen fasst die größte Europas, die in Einsiedeln in der Zentralschweiz gen Himmel schwebt; 140 Menschen schafft die größte der Welt im amerikanischen Olympiaort Squaw Valley.

Das alles soll bald übertroffen werden. Am Weißfluhjoch, wo sich das Eidgenössische Lawinenforschungsinstitut befindet, wird bereits eine Seilbahn für 150 Passagiere gebaut. Planungen bis zu 160 Personen liegen vor. Gegenüber solchen schwebenden Waggons nimmt sich das Anfang der 1970er-Jahre größte Projekt in Deutschland, die 80-Personen-Bahn auf den Osterfelderkopf bei Garmisch, noch bescheiden aus. Etwa 1.300 Menschen pro Stunde können mit den Großkabinenbahnen in Höhen bis zu 4.000 Meter (Mont Blanc) befördert werden, über gigantische Schluchten und zerklüftete Gletscher hinweg.

Auch Seilbahnen werden in Zukunft elektronisch gesteuert sein, erfährt man in München. Völlig automatisch werden sie in Tal- und Bergstationen aus- und einfahren. Rechenmaschinen werden die Geschwindigkeit regulieren. Lautsprecheransagen und Musikberieselung wie im Flugzeug sollen den zwischen Himmel und Erde schwebenden Menschen in den führerlosen Riesengondeln die Angst nehmen. Dabei seien die Bergbahnen heute das sicherste Verkehrsmittel, betont Wolff. Im Jahresdurchschnitt werden in Europa zwei Tote registriert.

In Bayern, wo 76 der 100 deutschen Seilschwebebahnen und außerdem 850 Sessellifte verkehren, waren 1970 fast zwölf Millionen Personen befördert worden. Es gab nicht mehr als sieben Unfälle, die meist beim Ein- und Aussteigen passierten. Die Schlepper sind noch sicherer. Immerhin muss jede Seilbahn zweimal im Jahr mit einem magnetinduktiven Verfahren, das auch feinste Risse entdeckt, geprüft werden. Konstruiert wurden, zum Beispiel für die neue Gondelbahn von Bayrischzell auf den Wendelstein, selbstfahrende Rettungswagen, die sich auf dem Seil entlangschieben. Noch in der Entwicklung befindet sich die Bremsung am Seil, die bei Geschwindigkeiten von zehn bis zwölf Metern pro Sekunde notwendig wird.

Allerdings ist die Prüftechnik bei den neuen Großbahnen an ihrer Grenze angelangt. Im Gegensatz zu anderen Transportsystemen fehlt es an grundlegend neuen konstruktiven Entwicklungen. So kommt es, dass trotz elektronisch gesteuerter Luftomnibusse, trotz der Geisterbahnen am Himmel die anderen Verkehrsmittel in den Bergen noch keineswegs zum alten Eisen gehören, sondern zu verstärkter Konkurrenz ansetzen. Insbesondere die schienengebundenen Zahnrad- und

Standseilbahnen (sieben in der Bundesrepublik) erleben in anderen Alpenländern einen neuen Boom.

Bei den Standseilbahnen, die von einem Zugseil im Pendelbetrieb gezogen werden, sind Anlagen mit über 3.000 Personen Stundenleistung geplant. Bei Kaprun soll sogar eine regelrechte U-Bahn im Berg neben dem bisherigen Schrägaufzug gebaut werden, um den Massenansturm auf den Gletscher zu bewältigen. Von sich reden macht ein absolut neuartiges Seilbahnprinzip: Die von dem Bozener Ingenieur Bruno Rixen entwickelte Wasserski-Seilbahn soll künftig als Slalom-Skilift, als Skijöring- oder Zubringerbahn auch im Winter eingesetzt werden. Sie könnte etwa 1.200 Personen kreuz und quer über jede Steigung mit beliebigem Tempo befördern.

Bergab bei den Bahnen

Vor allem die stark ermäßigten Skipässe bringen den Bergbahnen eine Fülle von Problemen. Sie würden von den meisten Wintersportlern »bis zur Grenze ausgenutzt«, hört man im Oktober 1978 in Oberstaufen (Allgäu), bei der Jahrestagung der Fachgruppe Seilbahnen im Bundesverband deutscher Eisenbahnen. Bei gleichzeitig relativ geringen Einnahmen bedeute dies eine ökonomische Gefährdung. Während der relativ kurzen Skisaison bewältigen viele Bergbahnen zwar den größten Ansturm an Fahrgästen, der Anteil der Einnahmen liegt dann aber im Schnitt nur bei 40 Prozent des Jahreserlöses.

Mit der Wirtschaftlichkeit der 27 Großkabinen-, 22 Kleinkabinen- und 84 Sesselbahnen in den deutschen Alpen geht es folglich weiter bergab. Vierzig Prozent der Betriebe wiesen 1977 wegen des hohen Aufwands für die Weiße Saison rote Zahlen aus. Je beförderte Person kommen nur 2,70 Mark in die schmale Kasse, bei den Sesselliften sogar nur 1,75 Mark.

Die Kosten allein für die Pistenpflege verschlingen rund 13 Prozent der Erlöse aus dem Wintersportbetrieb; ein leistungsfähiges Pistenpflegegerät kostet bei einer Lebensdauer von nur fünf Jahren 150.000 bis 170.000 Mark. Die Hälfte der Bahnunternehmen tragen außerdem allein die Kosten für die Anlage und den Ausbau von Skipisten. Nach Ansicht des Verbandes haben die Fahrpreise aber bereits die Grenze erreicht, jenseits der die Abwanderung in ausländische Wintersportgebiete noch wesentlich zunehmen würde.

Von der Evolution, die vor rund 90 Jahren in Skandinavien begonnen und noch vor der Jahrhundertwende in die Alpen übergegriffen hatte, ist ebenfalls im Herbst dieses Jahres die Rede auf dem Internationalen Skipistenkongress in Innsbruck. Etwa zwölf Millionen Nachkommen des ersten Schneeschuhmenschen zählt man 1978 in den Alpen. »Bis 1980 dürften es 30 Millionen aus aller Welt sein, die dem alten Mann aus dem Norden und den grantigen Alpenbewohnern viel ihrer Lebensfreude verdanken«, so die Hochrechnung von Dr. Wolf Girardi, dem Vorsitzenden des Internationalen Arbeitskreises Sportstättenbau.

Der weiterwachsende Strom von Wintertouristen bringt manche Experten zu der Frage, ob denn die technische Erschließung nicht noch viel stärker forciert werden müsste. 1978 können von den rund 4.200 »mechanischen Aufstiegshilfen« pro Stunde immerhin drei Millionen dieser Skimenschen an die höchsten Punkte ihrer Lebenslust verfrachtet werden; dort können sie auf präparierten Schneebahnen mit einer Gesamtlänge von 11.783 Kilometern neue Lebenslust tanken.

Naturschonende Alternativen scheinen das Problem der Massierung kaum zu lösen. Wie eine vorgetragene Studie der Tiroler Landesuniversität ergab, ist es dem durchschnittlichen Skimenschen – 35 bis 40 Jahre alt, eher rundlich, ein oder zwei Kinder – so gut wie unbekannt, was Skitouren sind. Er habe auch kaum eine »Bindung zum Berg«, liebe aber die »Geborgenheit eines geschlossenen Alpendorfes«.

Zehn Jahre nach dieser Alarm-Tagung, im »Winterfrühling« 1988, meldeten die 173 Seilbahnen und rund 1.600 Schlepplifte der Bundesrepublik ungewöhnlich hohe Verluste, so dass ihr Verband wegen der »Schlüsselfunktion« der Branche in Briefen an die zuständigen Ministerien um Staatsbürgschaften, zinsvergünstigte Kredite »und sonstige Finanzhilfen« bitten musste. Während sich nämlich die »technischen Aufstiegshilfen« in anderen Alpenländern mit dem wachsenden Wintertourismus rasch vermehren und ihre Investitionen ebenso wie die Erträge deutlich erhöhen konnten, waren die Anlagen in Bayern immer mehr in Bedrängnis geraten. Gründe: strenge Auflagen

(Naturschutz) und Restriktionen (Alpenplan), Konkurrenzdruck und die daher nötige Umrüstung der schnell veralteten Technik, Verlagerung des Reisestroms in wärmere Zonen und der wärmer werdende Winter.

Planer im Größenwahn

Groß und immer größer werden die Skiräume. Über Berge und Täler, Orte und ganze Regionen hinweg spannen sich die Spinnennetze der Bahnen und Lifte, die mit einem einzigen Pass zu benützen sind. Verbundfahren heißt die Parole in den Ballungsräumen der Alpen – genauso wie in den Ballungsgebieten unserer Städte. Zu vergleichen wäre dieser Trend auch mit der Gigantomanie der Großraumbüros und der Großraumjets – nur, dort ist er schon wieder rückläufig.

Jahrelang war diese Entwicklung vom Skivolk und seinen Interessenvertretern gefordert worden. Man war es leid, an jedem »Pamperllift« eine neue Karte erstehen zu müssen. »Das artet nun allerdings in die andere Richtung aus«, kritisiert im Dezember 1979 der Freizeitsportreferent im Deutschen Skiverband (DSV), Ekkehart Ulmrich. Statt die alpinen Ballungsgebiete zu entflechten und den Wintersport der Massen zu kanalisieren und zu rationalisieren, würden Skilauf und Skilandschaft allmählich industrialisiert und zum genormten, austauschbaren Konsumgut.

»Es zählt immer mehr die Quantität, darunter leidet natürlich die Qualität,« stellt Ulmrich fest. Die angebotenen Mengen im Pistenrevier sind für den, der sie bezwingen will, wahrlich atemberaubend. Schon etwa 30 »Großräume« in den Alpenländern weisen mehr als 50 miteinander durch Skipässe verbundene »mechanische Aufstiegshilfen« auf, neun davor sogar über hundert.

Sogar in Deutschland mit seinem schmalen Alpenrand, im Oberallgäu nämlich, gibt es schon einen Verbund von 140 Anlagen, wobei freilich das nur von hier aus zugängliche Kleine Walsertal (Tirol) mit einbezogen ist. Doch auch im Garmisch-Partenkirchener Raum verkauft man jetzt einen »Superpass« zu 25 Mark für 30 Bergbahnen und Lifte zwischen Zugspitze und Wank.

Wie der Normalskifahrer einen solchen Supergroßraum innerhalb einer Woche oder gar eines Tages auch nur annähernd ausnützen soll, bleibt das Geheimnis der Bahnunternehmen und Fremdenverkehrsverbände. Das wohlklingende Angebot ist vor allem dann illusorisch, wenn die angeschlossenen Bergbahnen nicht miteinander verzahnt sind, wenn die einzelnen Pistensysteme mehr oder weniger weit auseinander liegen.

Leuchtendes Vorbild aller Großraumplaner ist »Superdolomiti«. Solange man hier »nahtlos« vom Südtiroler Grödner- ins Trentiner Fassatal pendeln, dabei immer nur einen Pass (mit tageweise gestaffelten Preisen) in die elektronisch piepsenden Lesemaschinen an den Talstationen stecken und so die Genusstour der Sella Ronda an einem vollen Skitag machen konnte, hatte das System auch seinen Sinn. Der wird allerdings fraglich, nachdem sich auch noch das halbe Eisacktal mit den Anlagen von Brixen, Meransen und Vals dazugeschlossen hat und der Verbund jetzt ganze 430 Anlagen(!) umfasst.

Natürlich steigt mit der Angebotsanzahl auch der Preis. Und wer viel zahlt, möchte meist auch möglichst viel ausnützen. Da deuten sich Gefahren an. Ulmrich befürchtet, dass der Skimensch mit der »Großraumfahrerei« den Bezug zum Gelände vollends verliere. Wie ein Rennläufer fahre er »blindlings in der Gegend rum«. Darunter könnte das sichere Verhalten leiden. Dazu komme, dass man durch den Superpass – im Gegensatz zur bisherigen Punktekarte – geradezu gezwungen werde, auch noch bei schlechtem Wetter oder bei Müdigkeit weiterzufahren. Und: »Viele kommen bei diesem Angebot gar nicht mehr auf die Idee, dass man sein Auto am Ort nicht benützt.« Von Ruhe, Erholung und Landschaftsschutz ganz zu schweigen.

Zu falschen Einschätzungen kann das großräumige oder auch nur großmäulige Pauschalangebot aber auch aus anderen Gründen führen, meint der DSV-Experte bei weiterem Nachdenken: »An die Region hängen sich oft die verschiedenartigsten Orte an, sodass die Unterschiede zwischen familiengerechten und ausgesprochen sportlichen Gebieten verwischt werden.« Auch werde der Skifahrer verwirrt, wenn ihm so ein Superding suggeriere, es biete Skimöglichkeiten zwischen 800 und 2.200 Metern Höhe und 365 Tage im Jahr Schnee. In Wahrheit lägen vielleicht 70 Prozent der Großräume unter der Tausendmetermarke.

Angaben wie »40.000 Personen Beförderungskapazität pro Stunde« oder »300 Kilometer Pisten« seien für den weniger erfahrenen Skitouristen »praktisch nicht mehr umsetzbar«, meint Ulmrich. Er selbst gewinnt allmählich bei den vielen neuen »Skischaukeln«, die sich über die Berge (vor allem des Salzburger Landes) schwingen, »den leisen Verdacht, dass der Skifahrer verschaukelt werden soll«.

So lange allerdings, als sich die Superskigroßraumplaner schon aus werblichen und wettbewerblichen Gründen gegenseitig hochschaukeln, ist ein Ende dieses Booms nicht abzusehen.

Genau wie Petrus

Während im September 1985 sommerliche Hitze über der Münchner Theresienwiese liegt, redet man nebenan, auf der Theresienhöhe, vom Winter und ein bisschen vom Bier, das unten auf der Jubiläumswies'n soeben in Strömen floss. »Wir halten uns, ähnlich wie die Brauer, ans Reinheitsgebot und nehmen den Schnee genau wie Petrus nur aus Wasser und kalter Luft«, versichert scherzhaft der Vorsitzende der 107 bundesdeutschen Bergbahnunternehmen, Franz Zbil. Sein Verband betreut 1.711 Anlagen, davon 904 im Alpenland Bayern (wo im vorigen Jahr nicht die geringste Erweiterung zu melden war, während in Österreich alljährlich 20 bis 25 neue Anlagen in Betrieb gehen).

Es geht den Experten um Begriffe, die hoch umstritten sind. Mit sogenanntem »Kunstschnee« und überhaupt mit umweltfeindlicher Chemie wollen die Bergbahnen »wirklich nichts, aber auch gar nichts« zu tun haben, betont Zbil. Genau das möchte jetzt die »Intermontec« in München, die 8. Fachmesse mit Einrichtungen für Sport, Freizeit und Tourismus im Gebirge, endlich mal klarmachen.

106 ausstellende Unternehmen aus neun Staaten, einige »Verbraucherorganisationen« wie etwa der Deutsche Skiverband und Manager für den alpinen Fremdenverkehr demonstrieren und diskutieren hier die neuesten Produkte und Methoden, um Menschen den befristeten Aufenthalt in den sommerlichen, vor allem aber den winterlichen Bergen so angenehm und so sicher wie möglich zu machen.

Der vorige Winter hat es an den Tag gebracht: Ohne »Schneekanonen« läuft nichts mehr. Selbst ganz große und für ihre Schneesicherheit bekannte Stationen konnten die Skisaison nur mithilfe jener

Apparaturen retten, die in der Branche als »Kompaktschneegeräte« verkauft werden, denn »Kanonen« will man denn doch nicht. Schon wegen dieses schneearmen Winters, der die Umsätze der Bahnen bei nahezu »eingefrorenen« Preisen und verschärften Auflagen um 60 Prozent abschmelzen ließ, kann man mit einer steigenden Nachfrage rechnen.

Und mit mehr behördlicher Duldung. Nach Südtirol hat nun auch Österreich die finanzielle Förderung von Schneeanlagen aus öffentlichen Mitteln beschlossen. Grundsätzlich sind auch die Wirtschaftsministerien Bayerns und Baden-Württembergs dazu bereit, sofern an der Anschaffung einer Schneekanone ein »fremdenverkehrspolitisches Interesse« besteht. Das Bundeswirtschaftsministerium dagegen hat eine Förderung abgelehnt.

Immerhin kann man schon mit einem Gerät für 30.000 Mark (die bis zu 300 PS starken Schneemacher kosten das Zehnfache) einen Skischulhang »retten«. In den USA gibt es Skiorte, wo in Schneekanonen einschließlich ihrer Infrastruktur mehr Geld steckt als in den Liften und Bahnen, nämlich 20 Millionen Dollar und mehr.

Ob die nächste Saison in den Alpen durch reichlichen Schneefall oder durch Schneemaschinen »gerettet« werden kann, hängt allerdings immer noch von der Natur ab: Wie perfekt die neuen Geräte auch arbeiten und wie unerschöpflich der Rohstoff Wasser sein mag – zur Herstellung von »Kompaktschnee« werden in jedem Fall ein paar Minusgrade im meist talnahen Skigelände gebraucht. Offene Fragen bleiben vorerst auch noch der Lärm, den die am wirksamsten frühmorgens arbeitenden Roboter erzeugen, die Beanspruchung des Bodens durch den Einbau von Rohrleitungen und die Auswirkungen dieser Investitionen auf die »Verbraucher« im Wintersportland.

Bakterien als Zugabe

»Wir sehen erst die Spitze eines Eisbergs,« sagt Professor Erich F. Elstner vom Institut für Botanik und Mikrobiologie der Technischen Universität München im Oktober 1988 auf einer Tagung der Naturschutzreferenten des Deutschen Alpenvereins in Garmisch-Partenkirchen. Das geheimnisvolle, manchen schon Furcht einflössende Phänomen hat tatsächlich mit Eis zu tun.

Wenn man, wie sich jetzt abzeichnet, Schneekristalle bei normalen Temperaturen mit Hilfe von Bakterien einigermaßen stabil herstellen kann, dann könnte man es fast jederzeit und überall schneien lassen. Ein Wintermärchen ohne Frau Holle, ein weißes Wunder aus der Retorte. Rosige Zeiten für den Skisport und den davon mehr oder weniger abhängigen Fremdenverkehr?

Künstlich produzierter Schnee ist längst ein Hilfsmittel, um die Wintersaison in den Herbst und den Frühling hinein zu strecken. Zahllose »Schneekanonen« sprühen mit viel Lärm, Wasser- und Energieaufwand, mit Gestank und dem Abgas von Dieselöl die »weiße Pracht« auf apere Abfahrten. Dies geschieht weltweit an fast jedem Wintersportort, der im Rennen um den zahlenden Gast und den geldbringenden Rennläufer nicht verlieren möchte. Doch außer ökologischen Fragen taucht dabei vor allem ein Problem auf: Auch der »Kunstschnee« ist, wie der natürliche, nur bei Minustemperaturen zu erzeugen.

Steriles Wasser in Tröpfchenform gefriert in der Atmosphäre, wenn es zu Niederschlägen kommt, erst bei Minus 40 Grad Celsius. 1986 wurde nun in Deutschland erstmals eine Bakterienart isoliert, die in der Lage ist, dieses sogenannte »Supercooling« abzubrechen und sprühendes Wasser schon bei Temperaturen über null Grad zu kristallisieren. In den USA, wo diese Psaudomonas-Bakterien schon länger bekannt sind, nennt man den Prozess »Ice Nucleaating Activity« (INA).

Inzwischen ist es gelungen, diese Kleinstlebewesen derart zu manipulieren, dass man ihre Eigenschaften ausnützen kann: Mit abgetöteten INA-Bakterien ließ sich der Gefriervorgang bereits bei zehn Grad über null in Gang setzen. »Biotechnisch kein Problem«, bestätigt Professor Elstner und nennt den wichtigsten Vorteil: die mögliche Einsparung großer Energiemengen. In Japan setze man die so aufbereiteten Bakterien der Tiefkühlkost zu, um das Einfrieren wesentlich zu beschleunigen und die Kosten zu verringern. In Amerika wurde das Verfahren unter dem eher lustigen Namen »Snow Max« auch schon zur Erzeugung von Schnee versuchsweise angewendet.

Eine Firma aus Schweden hat sich erboten, das kristalline INA-Weiß in Bayern auszuprobieren. Das Wirtschaftsministerium schob den Schwarzen Peter erst einmal dem Umweltministerium zu. »Man konnte damit noch nichts anfangen«, bemerkt Professor Elstner. Vorsorglich warnt er vor einer unüberlegten Anwendung, bevor nicht die ökologischen und biologischen Auswirkungen bekannt seien. Voraussetzung müsse mindestens sein, dass die Bakterien »zu hundert Prozent tot« sind und dennoch die Eigenschaften der lebenden Art besitzen.

Eine weitere Frage bewegt den Wissenschaftler: »Muss man denn unbedingt zu jeder Jahreszeit den Skilauf ausüben können?« Es geht freilich nicht nur um die zeitliche Ausdehnung der Saison. Als im Frühjahr 1987 bei Rosenheim im Inntal plötzlich die jungen Blätter gelb wurden und abfielen, fand man keine Erklärung, Elstner will jetzt untersuchen, ob dieser und andere Vorgänge etwa auf versteckte Frostschäden durch die eisbildenden Bakterien zurückzuführen sind. Sie könnten sogar, wie einige Wissenschaftler vermuten, eine Rolle spielen beim offenbar gestörten Rhythmus von Regen und Trockenheit in manchen Teilen der Erde (Sahelzone).

Zurück zu den Alpen. Offenbar gehe es beim »Snowmaking« vielen Wintersportorten vor allem darum, die großen Skirennen gegen eine immer noch unberechenbare Natur »abzusichern«, meint der Zweite Vorsitzende des DAV, Gerhard Friedl, der eine »kleine Weltuntergangsstimmung« bemerkt. Die Investitionen für den weit in die Vor- und Nachsaison hinein terminierten Weltcup-Zirkus und die Erwartungen auf seine Werbewirkung werden immer höher – eine Absage wegen Schneemangels kann einen Ort an den Rand des Ruins bringen.

Wenn aber die Wintersportsaison zu sehr ausgedehnt werde, wenn die immer schwerer werdenden Pistenraupen die dünne Kunstschneedecke auf allzu weichem Boden bearbeiten, dann bestehe die Gefahr, dass die Berge »kaputt gehen«, meint der Umweltbeauftragte des Alpenvereins, Heinz Röhle. Er fügt noch einen Horrorgrund hinzu, der zu größter Vorsicht mahnen sollte: »Es besteht die Gefahr, dass sich für INA-Bakterien ein ähnlicher Schwarzmarkt entwickelt wie für Hormone, unter der Verheißung, da und dort noch größere Mengen Energie einsparen zu können.«

Schon ohne Bakterien hat die Beschneiung durch herkömmliche »Kanonen« mit anschließender Präparierung in manchen Pistengebieten, etwa am Fellhorn im Allgäu, aufwühlende Spuren hinterlassen.

Andererseits fanden die Experten bei einer Exkursion zur Kandahar-Abfahrt bestätigt, dass eine ökologisch vernünftige Pistenpflege die Natur nicht zerstört: Innerhalb der letzten zwölf Jahre haben sich auf dieser vielbefahrenen Rennpiste 192 Pflanzenarten neu angesiedelt. Aber: Am Wank wurde, erstmals im alpinen Bergwald, ein Pestizid (Antrazin) nachgewiesen.

So abartig aber der Einsatz der neuen Art von Mikrolebewesen zur Nachahmung und »Verbesserung« eines bisher der Natur vorbehaltenen Prozesses auch erscheinen mag, eine Rechtfertigung haben führende Fremdenverkehrsmanager schon durch eine nicht minder perverse Behauptung geliefert: Der Skigast in den Alpen erwarte es nicht nur, sondern habe einen moralischen Anspruch darauf, spätestens an Weihnachten ausreichend Schnee vorzufinden.

Die Versuche einer bakteriell gesteuerten Erzeugung von Schnee wurden bald eingestellt, nachdem den wissenschaftlichen auch politische Bedenken und behördliche Auflagen gefolgt waren. Weitergearbeitet wurde indes an technologischen Möglichkeiten, Kunstschnee auch bei Temperaturen über null Grad Celsius herstellen zu können.

Sündenfall im Teufelstal

Nach der Unterzeichnung der Alpenkonvention durch sieben Umweltminister und die Europäische Union im Jahr 1991 und nach mehrjähriger Zurückhaltung – einige Staaten hatten sogar Stillhaltungsgebote – scheint sich in den Tälern der Alpen derart viel Kapital und Planungsdrang angestaut zu haben, dass wieder einmal die Dämme bedroht sind. Im Bau, in Planung oder im Gespräch sind derzeit nicht weniger als 45 neue Bergbahnen und Skigebiete zwischen Wien und Nizza (die Hälfte davon in Tirol und der Schweiz) sowie 22 Wasserkraftwerke und Stauseen (mit den gleichen Schwerpunkten, wobei der Oberlauf des Lech als letztes Wildflusssystem in den Nordalpen in höchster Gefahr ist).

Die Standorte sind aufgeschlüsselt und teilweise beschrieben in der Ausstellung »Schöne neue Alpen«, die im Juli 1998 im Münchner Stadtmuseum fast zu lautlos eröffnet wurde. Dies ist eine jener Dokumentationen, die Alarm schlagen zur rechten Zeit – wie seit 1983 schon die ebenfalls von der Münchner Gesellschaft für Ökologische Forschung veranstalteten Wanderausstellungen »Grün kaputt«, »Alptraum Auto« und »Kein schöner Wald«.

Der Besuch der Ausstellung wäre eigentlich ein Muss für alle Alpenfreunde. In erster Linie für die Leute, denen die scheinbar unaufhaltsamen Trends zum total vermarkteten Amüsement-Park Gebirge, zum »Spielzeug der Zukunft« (so der Slogan für das einstige Bergbauerndorf Ischgl), zur Bühne mit Bergkulisse die Haare zu Berge stehen lassen. Angesprochen sind aber auch jene Verantwortlichen und Wohlmeinenden, die vor Schreck über den anhaltenden Gästeschwund in den Alpendörfern und in Sorge um die wohlfeil propagierte Arbeitsplatzsicherung wieder die Augen vor dieser Entwicklung verschließen und allerlei »Qualitätsverbesserungen« dulden.

Bei ihrer Wanderung durch die deutschsprachigen Länder wird die Ausstellung auch in der Alpenmetropole Innsbruck zu sehen sein. Dorthin vor allem gehört sie – und kommt vielleicht noch nicht zu spät. Zwischen Fieberbrunn und dem Gaudigletscher im hinteren Kaunertal sind 1991 elf neue Erschließungsprojekte »in Arbeit« und weitere 35 sind in den Tiroler Seilbahngrundsätzen festgeschrieben. Dabei baggern in diesem Land, wo alljährlich immer noch weit über sieben Millionen Gäste einfallen, bereits 1.300 Seilbahnen über die Berge.

Die Förderung zurückgebliebener Regionen kann kaum gemeint sein mit dieser »Liftbauflut« (so die sehr tourismusfreundliche »Tiroler Tageszeitung«). Denn die Mehrzahl der neuen Projekte ist gerade dort angesiedelt, wo Wintersportindustrie und Großgastronomie ohnedies schon das meiste Geld machen und mächtige Pressure Groups bilden: Ischgl, Kappl, Sölden, Obergurgl, Hochsöll und immer wieder das Zillertal, das mit 14 Skigebieten und 155 Liften sicherlich eines der meisterschlossenen Alpentäler überhaupt ist.

Wahrlich der Gipfel – oder auch der folgenreiche Sündenfall nach der Enthaltsamkeit – ist der Angriff auf die Wilde Krimml. Heftig gepuscht von der interessierten Gemeinde Gerlos und widersprüchlich geduldet vom Landeshauptmann Wendelin Weingartner, konnte jetzt eine »Seilbahn Beteiligungs GmbH & Co. KG« nach 14-jähriger Planung mit der bislang gescheiterten »skitechnischen Anbindung« der bestehenden Großräume Gerlos und Zell am Ziller beginnen. In schneesicheren Höhen zwischen 2.000 und 2.500 Metern sollen binnen eines Jahres drei Vierersesselbahnen und neun Hektar neue Pisten entstehen. Derzeitige Kostenschätzung: mindestens 20 Millionen Mark. Schon wird, noch ohne Genehmigung, ein lastwagenbreiter Weg bis zur geplanten Bergstation im Teufelstal planiert, angeblich für die Almbauern.

»Unter 7.000 Naturschutzverfahren, die in den vergangenen sieben Jahren über den Schreibtisch der Landesumweltanwaltschaft gingen, kenne ich kein einziges Vorhaben, welches in dieser dramatischen Form zur Zerstörung von Unberührtheit und ökologischer Besonderheit führt,« wird der Behördenleiter Riccabona in der Münchner Ausstellung zitiert. Alle Verbände und Personen, die seit Langem im Alpenschutz engagiert sind, haben sich zum Widerstand gegen die Verdrahtung dieses letzten verbliebenen Freiraums im östlichen Zillertal verbündet und zunächst den Tiroler Regierungschef unter Beschuss genommen.

Weingartner verliere seine Glaubwürdigkeit, weil er sich im Widerspruch zu seinen naturschützerischen Äußerungen von 1966 dem »Druck einer überaus gewaltigen Snow-Lobby« unterworfen habe, schimpfte wieder einmal der Schriftsteller und Bergbauer Hans Haid aus dem Ötztal. Mit dem Argument »Zusammenschluss von Skigebieten« könnte in Zukunft ganz Tirol zu einer einzigen Skiarena verdrahtet werden, folgerte Heinz Höpperger vom Alpenverein in Innsbruck. Und Landesumweltanwalt Riccabona, der auch bei den Planungen für die Ski-WM 2001 in St. Anton »die Ökologie verabschiedet« sieht, wirft den Spitzen des Staates vor, sie würden den Naturschutz nach Gutdünken außer Kraft setzen.

Die Zeichen stehen auf Sturm im bislang stillen Hochtal der jetzt noch wilden Krimml. Von einem »neuen Hainburg« gar ist die Rede. »Wir rechnen damit, dass einige Fanatiker versuchen werden, die Baustelle zu blockieren«, hat der Gerloser Bürgermeister einem deutschen Fachorgan für Wintertechnik anvertraut. Doch würden die Grundeigentümer diesen Leuten, denen es wie auch dem Alpenverein um ganz andere Dinge gehe, ein Betreten nicht erlauben.

Über 18 Jahre kann der Österreichische Alpenverein die Seilbahn- und Pistenerschließungen mitten durch den Freiraum der Wilden

Krimml verhindern. Doch trotz massiver Proteste aus dem In- und Ausland (Demo-Skitour, 30.000 Unterschriften usw.) wird ab Sommer 1998 in diesem ursprünglichen Hochtal gebaggert, geschoben, begradigt und gesprengt. »Das Gesamtausmaß der Beeinträchtigungen kann als dauerhaft und schwerwiegend eingestuft werden«, heißt es in einem Bericht des OeAV. »Lifte und Autos gehören jetzt zum typischen Landschaftsbild.«

Nachrüstung

Lange haben die Bayern gezögert, fortan aber wollen sie mit aller Gewalt den milden Wintern und der Konkurrenz der anderen Alpenländer trotzen: Nicht weniger als 13 der ökologisch nach wie vor umstrittenen Beschneiungsanlagen werden zum Winterstart 1993 in Stellung gebracht, in weiteren 16 Skigebieten sind Schneekanonen geplant. Damit könnten mindestens 126 Hektar bei Temperaturen unter minus drei Grad auch dann, wenn die Niederschläge ausbleiben, mit »Kompaktschnee« besprüht werden; das wäre dann ein Prozent des gesamten verfügbaren Skigeländes.

Im benachbarten Ausland ist die Aufrüstung an der Skifront längst viel weiter fortgeschritten. Österreich verfügt bereits über 176 Anlagen, weitere 63 sind geplant; allein in Tirol können 600 Hektar – acht Prozent der Pisten – künstlich beschneit werden. Im Schweizer Kanton Graubünden stehen demnächst 1.300 Hektar unter Beschuss. Noch weiter ist die Entwicklung in Frankreich und Italien.

Höchste Zeit zum bürgerlichen Widerstand, verkündet jetzt der Bund Naturschutz. Hubert Weiger, der Beauftragte für Bayern: »In Deutschland kann man die Lawine vielleicht noch aufhalten, im Ausland nicht mehr.« Der Bund spricht sich – wie kürzlich schon der Landesbund für Vogelschutz, der eine »Öko-Katastrophe« befürchtet – dafür aus, dass Skiberge mit künstlich präparierten Pisten boykottiert werden.

Die vom bayerischen Landtag beschlossenen Auflagen könnten allenfalls die schlimmsten Auswüchse verhindern, meint Weiger. Auf einen SPD-Antrag hin wurde der Einbau und Betrieb von Beschneiungsanlagen grundsätzlich dann verweigert, wenn nur »geografische und klimatische Nachteile« ausgeglichen werden sollen. Zur bloßen Saisonverlängerung dürfte demnach nicht mehr gesprüht werden.

Dass tatsächlich weit über die erlaubten Grenzen hinaus mit Schneekanonen geschossen werde, versuchte das Institut für Alpenökologie und Tourismus in Oberstdorf zu beweisen. Farbaufnahmen vom Fellhorn, dem Vorreiter der Schneekanonade und weitaus größten Einsatzgebiet in Bayern (14 Hektar), zeigten den Abtransport großer Schneemengen aus einem Waldrandgebiet, wo sich Birkhühner in den Schnee eingraben, und die irreguläre Anhäufung zu Schneedepots.

Die Bilder dokumentierten des Weiteren, dass auch andere Folgen des Massenskilaufs nicht unbedingt, wie oft behauptet wird, durch die technische Winterhilfe vermieden werden. Es kommt trotzdem zu Vegetationsschäden, etwa abrasierte Alpenrosensträucher. Die von den Anlagen vorgetäuschte Schneesicherheit zieht noch mehr Verkehr an, noch mehr Skifahrer drängen sich auf den Pisten, selbst dann noch, wenn diese gesperrt sind, weil nicht mehr genügend Schnee (laut EG-Vorschrift müssten es mindestens 20 Zentimeter sein) die Grasnarbe schützt. Besonders bedenklich findet der Bund Naturschutz, dass Schneekanonen von den Tallagen aus immer höher hinauf, in empfindlichere Regionen, installiert werden. Wegen der technischen Eingriffe (für Betriebsgebäude und Zapfstellen), der stärkeren Vereisung von Kunstschnee und der erhöhten Schmelzwassermenge könne die Gebirgslandschaft auf viele Jahre hinaus beeinträchtigt werden.

Schneekanonen schützen, behaupten dagegen ihre Befürworter. Bei einer Untersuchung auf der mit einer Beschneiungsanlage ausgestatteten und deshalb besser für Weltcup-Rennen tauglichen Kandahar-Abfahrt bei Garmisch fand man nicht weniger als 101 Pflanzenarten, wovon 29 als geschützt oder gefährdet gelten. Auffallend war aber doch die Häufigkeit von »Pionierpflanzen« (Hahnenfuß, Hornklee, Löwenzahn), was auf eine »stärkere Belastung« und somit Verarmung der Vegetation hinweist.

Hochgerechnet wurde auch, dass für die Schneeproduktion für zwei Skistreckenabschnitte und die Olympia-Sprungschanze der Marktgemeinde Garmisch-Partenkirchen insgesamt 23.000 Kubikmeter Wasser pro Winter benötigt werden, während die Stadt München in sieben Stunden die gleiche Menge abzapft und das örtliche Wellenbad mehr als das Doppelte braucht (ein Einfamilienhaus aber nur 100 bis 500 Kubikmeter).

Kürzlich hatte eine Fachtagung in Garmisch ein alarmierendes Bild entworfen von den »Alpen ohne Wasser«. In Graubünden lässt die Hochrüstung mit Schneekanonen (gegen die dort auch schon Bürgerinitiativen rebellieren) bereits die Anlage neuer Speicherseen planen. Auch für das Dreiländer-Skiparadies Winklmoos-Steinplatte« soll (auf der Tiroler Seite) ein riesiger Betonspeicher gebaut werden.

Nicht zuletzt die Energiefrage wird immer mehr zum Streitpunkt. Beschneiungsanlagen verbrauchen 2.000 bis 27.000 Kilowattstunden pro Hektar in einer Saison (ein Einfamilienhaus 2.000 bis 6.000 Kilowattstunden). Das aber zu einer Zeit, wo die Wasserkraft nicht ausreicht und daher umweltschädliche Energiequellen angezapft werden müssen. Bisher werden in Bayern noch Niederdruckkanonen eingesetzt. Nach dem Vorbild des Auslands aber kommen Hochdruckkanonen, die doppelt so viel Strom verbrauchen.

Schon wegen der steigenden Betriebskosten sei es, befürchtet Weiger, nur noch eine Frage der Zeit, bis dem Kunstschnee – was vereinzelt gefordert, bisher aber noch nicht erlaubt wurde – bestimmte Chemikalien oder Bakterien beigemengt werden, um die bayerischen Berge streckenweise selbst bei Temperaturen über Null beschneien zu können. Schon jetzt veranschaulichen weiße Bänder, die für nimmersatte Skifans auf grüne Hänge gezaubert werden, wie absurd es ist, die Jahreszeiten in den Alpen nach Marktlage und technischem Know-how zu regulieren.

Volles Rohr

Viele Jahre haben die zuständigen Behörden in den Landratsämtern zwischen dem Berchtesgadener Land und dem Westallgäu die künstliche Beschneiung wegen der massiven ökologischen Bedenken nur zögerlich erlaubt. Die anhaltenden Einbrüche im alpinen Wintertourismus und vor allem die Entwicklung neuartiger Schneemacher haben dieser Zurückhaltung aber scheinbar ein Ende gemacht. Einer »maßvollen Ausweitung« der Kunstschnee-Erzeugung hat sogar Ministerpräsident Edmund Stoiber bei einem Allgäubesuch im Herbst 1997 das Wort geredet.

In den anderen Alpenländern war man schon in den vergangenen »warmen« Wintern viel weniger zimperlich; der sogenannte Kompaktschnee aus der Maschine hat vielerorts über die Saison geholfen, hat Skifahrer auch bei geringem Schneefall angelockt und etliche winterliche »Events« erst ermöglicht. So wird das 1.180 Kilometer lange Pistennetz im größten Skizirkus der Welt („Dolomiti Superski«) bereits zu 70 Prozent künstlich beschneit. Eine Fabrik in Bozen kann täglich fünf Beschneiungsmaschinen vom Fließband rollen lassen.

In Tirol, dem Wintersportland Nummer 1, gibt es überhaupt kein nennenswertes Skigebiet mehr, wo nicht die Schneekristalle aus allen Rohren schießen und riesige Flächen abdecken. So wird in diesem Winter eine völlig neuartige Hochdruckanlage mit 50 Turmkanonen und 100 Zapfstellen 22 Hektar (sechs Pistenkilometer) im Hochzillertal beschneien; außerdem wird hier eine gruppenweise buchbare »Strip-Gondel« für Erwachsene zur »Blue Hour« eingesetzt.

Das Olympiadorf Garmisch-Partenkirchen hat für 908.000 Mark eine »neue Generation von Schneekanonen« gekauft. Im Gemeinderat stimmten sogar die Grünen für diese »Winter-Wunderwaffen«, wie die Kurverwaltung posaunte. Die sieben Geräte brauchen angeblich ein Drittel weniger Zeit als die bisherigen, um die Kandahar-Abfahrt zu sichern. Sie lassen sich per Computer schwenken und schalten sich bei den richtigen Klimabedingungen automatisch ein.

Auch im Allgäu wollen die Pisten-Präparierer nicht länger zurückstehen. So ist man in Ofterschwang sicher, in mittlerer Lage auf einem technisch beschneiten Hang zwei Weltcup-Rennen der Damen ausrichten zu können. Mit 27 Hektar dürfte das Ofterschwanger Horn zum größten Kunstschneeareal Deutschlands werden. Und auch Hindelang möchte nun 25 Hektar beschneien. Deshalb will der Obernaturschützer Hubert Weinzierl beim Bürgermeister Haug »das Ökomodell Hindelang«, das europaweit als vorbildlich gilt, »sehr kritisch hinterfragen«.

Kurorte, gesundheitspolitisch und daher touristisch hart betroffen, rüsten ebenfalls nach. Auf dem Blomberg bei Bad Tölz soll bis zur Mittelstation beschneit werden. In Bad Wiessee hofft Bürgermeister Herbert Fischhaber, mit der ersten Beschneiungsanlage im Tegernseer Tal, nämlich am Sonnbichl, sogar dem Föhn trotzen zu können. Auch auf dem Sudelfeld und in Reit im Winkl wird viel maschineller Schnee produziert, um kaum mehr befahrene Talabfahrten zu reanimieren.

Vielleicht aber ist die ganze Technologie bald schon wieder »Schnee von gestern«. Wie die Fraunhofer-Gesellschaft in München meldet, hat eines ihrer Institute eine neue Sorte von biologisch abbaubarem Kunstschnee aus geschäumter Kartoffel- und Maisstärke entwickelt.

Die Welt am Seil

Mit Förderung staatlicher und kommunaler Stellen und ungeheuren Geldmitteln wurden immer mehr, immer höhere, immer leistungsstärkere Bergbahnanlagen aus Fels und bald auch aus Eis gestampft. Eine Welt voller Seilbahnen kommt in Sicht. Und alles konzentriert sich auf die Alpen. Sie haben unter allen Gebirgen der Erde nicht nur die meisten dieser Verkehrsanlagen, diese führen obendrein die Hitliste der Superlative an. Das geht hervor aus der ersten umfassenden Seilbahnstatistik. Sie wird Anfang 2001 vorgelegt von Dieter Schmoll, dem langjährigen Chefredakteur des Fachblattes »Motor im Schnee«. Diese erstmals veröffentlichte Seilbahngeschichte nennt alpenweit 10.000 bodenfreie Kabinen- und Sesselbahnen sowie 18.000 Skilifte.

Standseilbahnen sind demnach Rekordhalter im Seilbahnverkehr. Die beiden längsten (4 bis 5 Kilometer) laufen auf dem Mölltalgletscher und auf der Sierra Montana (Schweiz), die höchste im französischen Retortendorf Les Deux Alpes (Bergstation 3.550 Meter), die antriebsstärkste im benachbarten Les Arcs (7.989 Kilowatt). Alpine Standseilbahnen bewältigen auch die größte Höhendifferenz (977 Meter in Mülenen, Schweiz). Nur die steilste Bahn und die drei mit dem größten Fassungsvermögen pendeln in anderen Kontinenten.

Offenbar ist bei den (bisher) sicheren und starken Standseilbahnen aber auch mit erhöhten Risiken in wirtschaftlicher Hinsicht zu rechnen, wie aus Schmolls Recherchen zu ersehen ist. Das gilt besonders für die per Seil durch Tunnels gezogenen Schienenfahrzeuge, von denen bislang sechs in Betrieb gegangen sind. So erhöhten sich bei der Gletscherbahn Kaprun – die jetzt nach 25 Millionen Beförderungen ins Inferno gefahren ist – die veranschlagten Kosten von 20 bis 27 Millionen Mark. Bei der nachfolgenden Stollenbahn in Zermatt haben sie sich fast verdoppelt. Bei der drei Jahre später eröffneten Metro-Alpin in Saas Fee wurden 25 Prozent mehr Geld verbaut.

Auch bei den Seilschwebebahnen der Welt rangieren die in den Alpen an der Spitze. So überwindet die Eibsee-Zugspitzbahn die größte Höhendifferenz (1.957 Meter). Die schnellste Bahn läuft an der Wurzeralm bei Spital (14 Meter pro Sekunde), die höchsten Stützen (114 Meter), hat die Gletscherbahn von Kaprun, das längste Spannungsfeld (3.100 Meter) der Lift an der Aiguille du Midi von Chamonix, das stärkste Seil (70,5 Millimeter) eine Schwebebahn von Bourg St. Maurice, das schwerste Tragseil (82,8 Tonnen) die Tiroler Zugspitzbahn. Und es wird weitergeplant, hoch hinauf ins Reich des wohl gar nicht mehr ewigen Schnees und sogar unter Wohnblocks hindurch: höher, größer, stärker.

Bayern sprüht mit

Während die maschinellen Schneemacher in anderen Alpenländern immer zahlreicher, größer und leistungsfähiger wurden, musste Deutschlands führendes Wintersportland das Netz seiner »Schneekanonen« aus wirtschaftlichen und ökologischen Gründen, die auch Niederschlag in Verordnungen fanden, sehr klein halten.

»Wir haben uns selbst aus dem Wintertourismus heraus katapultiert durch die falschen Vorgaben,« klagt zum Jahresausklang 2003 der für Wirtschaft, Verkehr und Fremdenverkehr verantwortliche Minister Otto Wiesheu vor Vertretern der Medien und der einschlägigen Verbände. Umso mehr freut sich der CSU-Politiker, der den von Staats wegen lange vernachlässigten Wirtschaftszweig Tourismus nunmehr zur Chefsache gemacht hat, über einen Beschluss des bayerischen Landtags vom 30. November, welcher die Förderung von »Beschneiungsanlagen« – so die endgültige Amtsbezeichnung – wesentlich lockert.

Danach entfällt ab diesem Winter die zeitliche Beschränkung beim Einsatz der nicht immer und überall geräuscharmen, stationären oder mobilen Schneeproduktionsanlagen. Die behördliche Genehmigung soll künftig »flexibler« gehandhabt, nicht mehr befristet und »nur an die tatsächlichen ökologischen Auswirkungen angepasst« werden. Ein neues Gutachten des Landesamtes für Umweltschutz hat immerhin festgestellt, dass sich die Belastungen für den Einsatz von Schneekanonen durchaus in Grenzen halten. Die Naturschutzverbände berufen sich indes immer noch auf frühere Untersuchungen mit weniger positiven Befunden.

Der jüngste Landtagsbeschluss setzt außerdem das vor zehn Jahren erlassene Verbot staatlicher Förderung der künstlichen Beschneiung außer Kraft. Das eigentliche Problem in Bayern sind weniger die ökologischen Fragen als vielmehr die Finanzierung des immer aufwendiger gewordenen Maschinenparks im Skigelände.

Dass Landesmittel hierfür auf absehbare Zeit nicht zur Verfügung stehen, hat Wiesheu den Wintertourismus-Interessenten schon einmal klargemacht. Dies im Gegensatz zu den staatlichen Subventionen, die seit Langem im Ausland üblich sind. Dort sind obendrein die Steuerabgaben für die Bergbahnunternehmen geringer. So bildet denn Bayern, das sich unterwegs zum »modernsten Staat« Europas wähnt, auf diesem Gebiet das Schlusslicht: Erst elf Prozent der Pistenflächen in den 79 Skigebieten können durch 88 Anlagen künstlich beschneit werden – in Österreich sind es jetzt 30 Prozent.

Dabei sind die ausgewiesenen Skiflächen Bayerns vergleichsweise winzig. Aber nicht weniger als 44 Prozent aller Winterurlauber in deutschen Landen suchen Bayern auf (im Sommer nur etwa 30 Prozent). Das heißt: Es wird eng – oder künftig werden auch im Winter noch mehr deutsche Touristen ausländische Reiseziele ansteuern.

Eine möglichst großflächige Beschneiung der vergleichsweise ohnehin tieferen Lagen (bei ausreichenden Temperaturen) ist nun eines der Ziele bei der bayerischen Winteroffensive. Das Wirtschaftsministerium und die halbstaatliche Bayern Tourismus Marketing GmbH sehen neue Chancen, nachdem die Übernachtungszahlen in den Winterhalbjahren seit der Jahrhundertwende gesunken sind oder stagnieren. Da mit staatlicher Förderung der Beschneiung aber vorerst nicht zu rechnen ist, müssen zunächst die Seilbahnunternehmen und die interessierten Gemeinden tiefer in die Tasche greifen.

Einige wenige Orte im Süden der Landeshauptstadt, kaum 100 Kilometer von ihr entfernt, sind auf der neuen Strecke bereits »beispielhaft« abgefahren. So zog das längst veraltete und total modernisierte Skigebiet Hocheck bei Oberaudorf, drei Kilometer von der

Autobahnausfahrt entfernt, mit künstlicher Beschneiung, Abendskilauf, Sonderangeboten für bestimmte Zielgruppen und attraktiven Wochenpauschalen schon im vorigen Winter viele Skifahrer an, die sonst vielleicht ein paar Kilometer weiter in den Tiroler Skizirkus weitergefahren wären.

Wasservorrat endet

Die »technische Beschneiung« sei für die Sicherung des Skibetriebs unverzichtbar geworden. In dieser Erkenntnis sind sich Ende des 20. Jahrhunderts die Seilbahnbetreiber, Touristiker und ein Großteil der zuständigen Kommunal- und Landespolitiker aller Alpenländer einig. Auf der Gegenseite lehnen alle Ökologen, Alpen- und Umweltschutzverbände die Kunstschnee-Erzeugung mittels »Schneekanonen« – wegen Beeinträchtigung von Flora und Fauna, hohem Wasser- und Energieverbrauch – nach wie vor fast kompromisslos ab. Sie beziehen ihre Argumente aus zahlreichen wissenschaftlichen Untersuchungen.

Im Wesentlichen geht es jetzt um die globale Klimaerwärmung, die ab 2030 eine ausreichende Schneesicherheit nur noch in Berghöhen über 1.600 Metern erwarten lässt. Deshalb wird weiter in immer modernere, leisere, effektivere, weniger Energie verbrauchende Anlagen investiert – überall, nur nicht in Liechtenstein.

Auf die anderthalbfache Größe dieses Fürstentums ist die Gesamtfläche der künstlich zu beschneienden Skipisten alpenweit inzwischen gewachsen. Die Internationale Alpenschutzkommission CIPRA zählt 2007 etwa 3.100 Schneekanonen. Diese verbrauchen pro Jahr und Hektar etwa eine Million Liter sauberes Wasser und 260.000 Megawattstunden Strom – das heißt so viel Wasser wie Hamburg und so viel elektrische Energie wie Potsdam. Dabei wird eine paradoxe Entwicklung beobachtet: Die künstliche Beschneiung erfolgt vermehrt in der Absicht, dem Schneemangel infolge der globalen Erwärmung entgegenzuwirken – und trägt wegen des enormen Energieverbrauchs zu eben dieser Früherscheinung des Klimawandels bei.

Weit an der Spitze der Aufrüstung mit Schneekanonen rangiert Südtirol; hier können mancherorts 80 Prozent und in einigen Stationen bereits hundert Prozent der Pistenflächen beschneit werden. In Österreich können auf einer Pistenfläche von insgesamt 23.300 Hektar knapp 60 Prozent mit künstlichem Schnee über mehrere Monate gesichert werden. Nach Ansicht aller Beteiligten einschließlich der staatlichen gilt die »technische Beschneiung« längst als unverzichtbar. Über 70 Prozent der Wintergäste kommen nach wie vor des alpinen Skisports wegen nach Österreich. Angeblich sichert allein der Wintertourismus rund 250.000 Arbeitsplätze.

Mit je 19 Prozent folgen die für Kunstschnee gerüsteten Skipisten der Schweiz und die nur wenig größeren Frankreichs. Das klingt bescheiden. Aber im Hochgebirge Savoyens kommt es schon zu großräumiger Austrocknung, mancherorts ist der Wasservorrat um 70 Prozent gesunken. Die Gletscher können den Bedarf nicht mehr decken. Immer größere Speicherbecken müssen in die sensible Landschaft gepresst werden. Die deutsche Hydrologin Carmen de Jong, die diese Untersuchungsergebnisse 2007 bekannt gemacht hat, verliert ihre Professur an der Universität von Savoyen und sieht sich als »Opfer einer Mobbing-Campagne derjenigen, die am Skizirkus in den Alpen gut verdienen«.

Den größten Zuwachs hatte zuletzt Bayern. Innerhalb von fünf Jahren wurde die Kunstschneefläche um 140 Prozent erweitert. Sie bleibt hier aber immer noch – laut CIPRA – bei einem Anteil von 15 Prozent der Abfahrten. Im August 2005 regelt das Umweltministerium die Eckpunkte zur Genehmigung von Beschneiungsanlagen. Im Winter 2009 können zwar erst 250 Hektar Pistenfläche zwischen Berchtesgadener und Allgäuer Alpen beschneit werden. Aber auch hier sind die Folgelasten nicht zu übersehen.

Den allein für die Grundbeschneiung nötigen Wasserbedarf beziffert das Bayerische Landesamt für Umwelt in einer aktuellen Untersuchung auf 600.000 Kubikmeter – entsprechend der Wassermenge des Schwansees. Bei Nachbeschneiung wird pro Skisaison leicht der Wasserbedarf von 42.000 Personen erreicht, während der dabei verbrauchte Strom über 7.000 Zwei-Personen-Haushalte versorgen könnte.

Schnee bei jedem Wetter

Der Vormarsch an der Kunstschneefront ist offenbar trotz alledem nicht aufzuhalten. Zum Winter 2008 wird zeitgleich auf den Gletschern von Zermatt und im Pitztal ein »All Weather Snowmaker«, den ein bei der Meerwasser-Entsalzung führender Konzern in Israel entwickelt hat, erstmals in Betrieb gesetzt. Er soll fortan unabhängig von den bisherigen Voraussetzungen (mindestens minus 4 Grad Lufttemperatur, maximal 2 Grad Wassertemperatur, weniger als 80 Prozent Luftfeuchtigkeit) die Produktion großer Mengen von »qualitativ gleichwertigem Kunstschnee« ohne Zusatzstoffe ermöglichen. Der Alpenverein lehnt aber auch diesen Allwetterschneemacher ab, denn er brauche die dreifache Strommenge und erfordere einen 15 Meter hohen Produktionsturm sowie große Speicherteiche, die aus der Gletscherschmelze gespeist werden.

Inzwischen gibt es Anlagen, die sogar bei 35 Grad Wärme noch so etwas wie Schnee herstellen können, berichtet das Bayerische Landesamt für Umwelt, das seine jüngste Untersuchung mit einem schlichten Appell an alle Mitmacher im Schneegeschäft schließt: »Für tiefer gelegene Ferienorte der Alpen wäre eine Investition in die konsequente Ausrichtung auf schneeunabhängigen Tourismus eher angebracht. Bauten für Beschneiungsanlagen laufen der vom Schnee unabhängigen Nutzung jedoch zuwider, weil für den Tourismus in den Sommer- und Übergangsmonaten der Schutz von Natur und Landschaftsbild oberstes Gebot ist.

Sudelfeld unter Beschuss

Von einer geplanten »Modernisierung« der Skiarena Sudelfeld erfährt der Bund Naturschutz erstmals im Jahr 2009. Aber erst im September 2011 werden durch das Genehmigungsverfahren die Zielvorhaben genauer bekannt. Danach soll in diesem ältesten bayerischen und größten zusammenhängenden deutschen Wintersportgebiet, das als Landschaftsschutzgebiet ausgewiesen ist, die größte Beschneiungsanlage in Bayerns Alpen entstehen. Im Endausbau sollen 250 Schneekanonen auf einer Fläche von 71 Hektar eingesetzt werden. Bisher konnten erst 21 Hektar besprüht werden.

Das Projekt erfordert einen bislang in Bayern unbekannten Verbrauch von Energie und insbesondere von Wasser. Auf der Walleralm (Oberes Sudelfeld) müsste ein betonierter Speichersee für 175.000 Kubikmeter Wasser angelegt und mit einem bis zu 38 Meter hohen Damm umringt werden. Von dort aus müssten Rohrleitungen in einer

Länge von 17 Kilometern verlegt werden. Bei dieser Gelegenheit wollen die Betreiber der drei Sesselbahnen und 18 Schlepplifte auch gleich das 31 Kilometer lange Pistennetz »modernisieren«; störende Kuppen sollen einfach gesprengt werden.

Heftiger Protest konnte da nicht ausbleiben, wobei sich bald eine breite Abwehrfront bildete. Die geplanten Erdarbeiten, so der Tenor, wären ein gewaltiger Eingriff in geschützte Biotopflächen, lokaltypische Pflanzenarten (Enziane) wären bedroht. »Gigantismus pur«, der mit Nachhaltigkeit und Naturverträglichkeit nichts zu tun habe, klagt der Alpenverein. Die Kreisgruppen des Bund Naturschutz in den betroffenen Landkreisen Miesbach und Rosenheim sehen das Vorhaben als ein Alarmsignal: »Der Ausverkauf der Alpen geht weiter«. Mitglieder von Mountain Wilderness malten mit blauer Lebensmittelfarbe in den Schnee: »15.000 qm Wahnsinn« – so groß nämlich soll der Speichersee werden.

Ebenso heftig wird die geplante Schnee-Kanonade im Hinblick auf die Klimaerwärmung kritisiert. Nach einer Studie der Organisation für wirtschaftliche Zusammenarbeit und Entwicklung (OECD) werden die meisten bayerischen Skigebiete langfristig verschwinden, darunter auch das Sudelfeld. Dessen »Ski-Paradies« – so die Werbung – liegt zwischen 800 und 1.563 Meter über dem Meeresspiegel. Schon in vergangenen Jahren waren die Pisten trotz der seit 1998 eingesetzten Schneemacher oft unbefahrbar.

Sieben Umweltorganisationen, voran der Deutsche Alpenverein, reichten im März 2012 eine Petition an den Bayerischen Landtag ein. Sie richtet sich nicht nur gegen den großen Teich, sondern gegen eine staatliche Förderung weiterer großer Beschneiungssysteme überhaupt und plädiert für die Erhaltung der verbliebenen Almlandschaft. Bayern habe sich in der 2011 in Kraft getretenen Novelle des Naturschutzgesetzes ausdrücklich zum besonderen Schutz der Alpen verpflichtet, die der damalige Umweltminister Markus Söder als den »Regenwald Europas« bezeichnet hat. Doch die Petition wird im Landtag auf Beschluss der Mehrheit erst gar nicht behandelt; Bayern ist eben immer noch ein CSU-Land.

Hochhäuser in eisigen Höhen
Die französische Skistation Avoriaz hat sich die Architektur amerikanischer Großstädte zum Vorbild genommen.

Orte aus der Retorte
Frankreichs Großplanungen wurden in Italien nachgeahmt

Fast ein Drittel der Alpen entfällt auf Frankreich. Bis weit ins 20. Jahrhundert hinein war die Berglandschaft zwischen Bodensee und Mittelmeer vergleichsweise wenig berührt vom großen Tourismus. Nur die schroffen Fels- und Gletschergiganten der Savoyer Alpen waren ein Lieblingsziel der Alpinisten. Bald nach dem Zweiten Weltkrieg aber begann eben dort, in den französischen Nordalpen, mit internationalem Kapitaleinsatz die hochalpine »Urbanisation« und »Planification«. Am Reißbrett namhafter Architekten entstand eine Skistation nach der anderen. Auch südlich des Brenner wurden neue Skigebiete aus dem Boden gestampft, manche auf Gletschern. »Das führt in vielen Gebieten zu einem verantwortungslosen Ausverkauf von Natur, Landschaft und Kultur«, warnte 1980 der Meraner Publizist Hanspaul Menara. Noch weniger Rücksicht auf die Umwelt nahmen Planer in den rein italienischen Alpenregionen.

Flaine: Spectacle im Schnee

Infrarotstrahler sollen die Straße zu jeder Jahreszeit schnee- und eisfrei halten. Diese führt, 75 Kilometer südöstlich von Genf, in ein Hochtal, das abenteuerlustige Skiläufer bisher nur auf Seehundsfellen erreichen konnten. Leuchtende Straßenschilder zeigen jetzt dem Autofahrer an, welche Temperaturen, Sonnen- und Schneeverhältnisse, welche Wartezeiten an den Skiliften er in 1.700 Metern Höhe erwarten kann. Unterirdisch mündet die Straße schließlich ins Dorf Flaine – dem perfekten Wintersportort aus der Retorte.

In Anwesenheit französischer Regierungsmitglieder und 120 geladener Journalisten aus aller Welt wird diese modernste alpine Touristenstadt am 19. Dezember 1968 in Betrieb genommen. Zunächst werden zwei Hotels mit 430 Betten, eine Reihe von bunt bemalten Baracken mit 200 Betten, die im Sommer den Bauarbeitern dienen, sowie ein Nachtclub und ein Filmclub eröffnet. Alles ausgeschalter Rohbeton, alles verkehrsfrei. Bis 1970 will »das internationale Skizentrum der Zukunft« ständig 6.000 Winterurlaubern nicht nur luxuriöses Quartier bieten, sondern auch – bis in den Mai hinein – ein mit allem technisch möglichen Komfort ausgestattetes Schneesportparadies, wie es derzeit noch nirgendwo existiert.

Die Planer verstehen Flaine als Alternative zum herkömmlichen Ferienbetrieb in den Bergen. Mit viel Geld und vielen Ideen wollen sie Träume von einem neuen winterlichen Freizeitleben wahr werden lassen. Der durch Ölbohrungen reich und als Kunstsammler bekannt gewordene Elsässer Jean Schlumberger hat das Tal in Hochsavoyen entdeckt, das Projekt erdacht und vorfinanziert. Der in New York lebende Bauhaus-Pionier Marcel Breuer entwarf eine Architektur, die als »Ausdruck von Sonne und Schatten« mit den Turmkonturen des Hochgebirges spielen soll.

Fast schon selbstverständlich gehören zu diesem Eldorado in Weiß auch ein Warmwasserpool, ein Eislaufstadion und ein Shoppingcenter mit infrarotbeheiztem Boulevard. Frankreichs Ski-Champion Emile Allais plante das Netz von Bergrobotern und Abfahrtspisten, die Höhenunterschiede von mehr aus tausend Metern aufweisen und in zunächst 35 Kilometern Länge planiert sind. Vom 2.480 Meter hoch gelegenen »Terminal« einer über die sogenannte »weiße Wüste« schwebenden »Lufttram« hat man einen überwältigenden Blick auf den Mont Blanc.

Auf 15 Monitoren in Hotelhallen, Bergbahnhöfen, Restaurants und Einkaufsgalerien wird der aktuelle Zustand der nach Goethe-Gestalten benannten Schneebahnen angezeigt: »Faust« zum Beispiel ist geöffnet, »Mephisto« geschlossen, weil dort gerade die »Pisteure« arbeiten. Abends, so erfährt man weiter am Bildschirm, werden ein »Spectacle audiovisuell« sowie ein Filmvortrag über die »wilde Welt der Alpen« geboten. Natürlich wird auch das Wetter des Tages vorhergesagt. Und wenn gerade ein prominenter Gast da ist, holt ihn Jeanne Pouchalon, die Moderatorin von »Tele Flaine«, flugs vor die Kamera.

Parolen wie »Skisport = Frankreich« lassen erkennen, dass die 207 Wintersportorte zwischen Genfer See und Pyrenäen gegenüber den bekannteren Skizentren Österreichs und der Schweiz nicht länger zurückstehen möchten. Dabei assistiert auch die französische Eisenbahn: Jeden Freitag verbindet ein »Schneezug« (mit Liegewagen und Autoverladung) Dortmund und Frankfurt direkt mit den französischen Alpen. Und ab Genf gibt es sogar regelmäßige Linienflüge in diese Gletscherwelt.

Tignes: Eis- und Wohntürme

Die Snow Show geht ganzjährig weiter im »größten Amphitheater Europas«. Seit der damalige Bürgermeister von Tignes (Hoch-Savoyen) diesen Superlativ vor fünf Jahren kreiert hat, sind die Grundstückspreise in 2.100 Meter Höhe um das Viertausendfache und die Zahl der Betten um das Zehnfache gestiegen. Europas höchster Urlaubsort präsentiert sich im Frühjahr 1972 als eine ausgewachsene alpine Stadt.

Als »Lohn des Mutes« kennzeichnet der heutige Bürgermeister Boch die Entwicklung. 1952 hatte sie mit der Anlage des größten Energiespeichers Europas begonnen. Inzwischen verfügt die neue Siedlung, die Bergbauern zu Fachleuten für Urbanisation und Tourismus gemacht hat, über 12.000 Betten in 30 Hotels, zahllosen Appartements und »Studios«. Schon wachsen rings um den See von Tignes regelrechte Satellitensiedlungen, bis ins Detail in einem atemberaubend modernen, an die Konturen des Hochgebirges angepassten Stil entworfen. Bald werden Hochhäuser mit 20 Etagen und tausend Zimmern in den Himmel ragen.

An der Grande Motte haben die »Citoyens des Neiges« – Schneebürger, wie sich die 450 ständigen Bewohner nennen – das höchste Sommerskigebiet der Alpen erschlossen. Der jüngste Lift führt auf 3.450 Meter. Zusammen mit zwei Seilbahnen und fünf Schleppern ruft er die Schneesüchtigen zu Gletscherpisten mit 1.280 Metern Höhenunterschied und Namen wie »Die große Spalte« oder »Die Eistürme«, die von 15 Kilometern Kordeln gesichert werden. Gefahrlos soll man über den Wolken wedeln.

Ab mittags, wenn der Schnee weich wird, locken fünf kristallklare Bergseen und der Stausee, in dem das alte Dorf Tignes versunken ist, zum Segeln und anderem Wassersport. Zum Baden ist es da oben,

250 Meter über dem alten Val d'Isere, natürlich zu kalt. Dafür haben jetzt zwei Hotels geheizte Freibäder. Außerdem berechtigt der Sportpass zum Golf-, Tennis-, Volleyball- und Boccia-Spielen, zum Schlittschuhlauf unter Flutlicht, zum Forellenfang, zur »Körperkultur«, zur Fotosafari im Nationalpark Vanoise, zum Reiten und zu geführten Wanderungen in Fels und Gletscher. Zehn Hochgebirgsführer stehen bereit.

An einem Frühjahrsabend treffen wir in der Mephisto-Bar des Retortendorfes, wo die Familie des französischen Ski-Idols Jean-Claude Killy einige Hotels, Bars, Sportgeschäfte und eine Kunstgalerie betreibt, die Bürgermeister der Tiroler Ski-Dorados Kitzbühel und Kirchberg. Sie studieren mit einer österreichischen Delegation die vielleicht wegweisende Entwicklung des französischen Alpentourismus.

Courchevel: alpines Montmartre

Der Tag beginnt mit Musik. Sie strömt aus gedämpften Lautsprechern in den »Jardin Alpin«, den weißen Alpengarten von Courchevel, über firnglitzernde Pistenspielwiesen und gepflegte Schneeteppiche. Im Rhythmus von Bach und Vivaldi üben die Anfänger. Nicht weniger als 200 Skipädagogen (»Frankreichs größte Skischule«) stehen ihnen mehrsprachig zur Verfügung. Zehntausend Brettlrutscher können pro Stunde von den Stationen am Rand der Baumgrenze aus in Höhen bis auf die 2.708 Meter hohe Saulire befördert werden.

Das größte Skigebiet der Welt liegt ihnen zu Füßen: »Trois Vallées« (Drei Täler) mit 500.000 Quadratkilometern erschlossener Fläche, 30.000 Betten, 18 Seilbahnen, 52 Liften, 300 Kilometern Pisten und einem Höhenunterschied von insgesamt 50.000 Metern. Dieses Netz verbindet alle drei Täler über Gipfel und Bergkämme hinweg. Jedes dieser Hochtäler mit seinen Stationen hat sein besonderes Gesicht. Meribel, der älteste Ort in 1.450 Metern Höhe, pflegt noch die Gemütlichkeit eines Almdorfes; alle Häuser haben Schieferdächer und holzbelegte Mauern. Courchevel ist ein alpines Montmartre, in seinen auf mehreren Bergetagen planvoll erbauten Chalets wohnt und trifft sich »tout Paris«, von Brigitte Bardot bis Gisard d'Estaing.

Der vorläufige Höhepunkt der staatlich gelenkten und geförderten Entwicklung ist das Tal der Menuiren. In 1.900 Metern Höhe wächst die pagodenförmige Glas- und Betonarchitektur von »Belleville« mit hypermodernen Hotels, geheiztem Schwimmstadion und ganztägig sendenden Rundfunkstationen zu dem »am sorgfältigsten geplanten und bestangelegten Skizentrum der Welt«, wie das amerikanische Magazin »Life« schwärmt. Altmeister des weißen Sports, wie Emile Allais und Jean Blanc, haben hier mit ihren Ideen neue Maßstäbe gesetzt.

Alle Bahnen wurden zu den Ortszentren hin geordnet, wo Eislaufbahnen und Sprungschanzen neben Supermärkten stehen. Jedes Gebäude liegt an einer Fahrstraße und am Rand eines der drei »Ski-Boulevards«, sodass man das Auto nicht braucht und überall mit angeschnallten Skiern hingelangen kann. Nach oben laufen die Lifte auseinander, bilden mit den mindestens 50 Meter breiten Pisten ein sinnvoll verzahntes Netz.

Im Jahr 1980 soll die Grenze des schier wahnwitzigen Wachstums erreicht sein. Dann werden 75.000 Fremdenbetten bereitstehen und hundert Bahnanlagen die Berge ringsum vollends erschließen, darunter zehn Dreitausender. Schon jetzt können 23 Gletscher von den »Altiports«, den Höhenflugplätzen, mit Sechs-Personen-Flugzeugen erreicht und abenteuerliche Abfahrten von mehr als zehn Kilometern Länge gewagt werden. Und wer wie ein Vogel im ewigen Schnee landen will, kann dies in einer Fallschirmspringerschule erlernen.

Bis 1980 soll man die Superskistadt in Savoyen per Jet schneller als jedes andere Alpenzentrum erreichen können. Über den »Trois Vallées« schwebt ein gewaltiges Projekt, für das der französische Staat schon 100 Millionen Francs bereitgestellt hat: Der Kamm des 2.293 Meter hohen Montagne de Charferie zwischen Meribel und Belleville soll gleichsam abgehobelt werden und Platz machen für den ersten hochalpinen Großflughafen der Welt.

Inzwischen wuchsen allein im Westen des Mont Blanc, des höchsten Alpenberges, etwa zwanzig solcher »Retortendörfer« in Höhen um 2.000 Metern. Außerhalb der Skisaison sind die meisten fast verlassen. Weniger erschlossen wurden die sanfteren, südlichen Seealpen, deren Dörfer und Almsiedlungen zuvor fast so verlassen, so menschenleer waren wie es heute die neuen, nördlichen Wintersportstädte außerhalb der Skisaison sind. Doch auch hier griffen erfahrene »Planificateure« und Profiteure ein.

Gurschlers Gletschertraum

Höher geht's vorerst nimmer: 3.212 Meter über dem Meeresspiegel landet, sanft abgebremst, Italiens größte und Südtirols höchste Seilbahn. Am 12. Juli 1975 ist die Schnalstaler Gletscherbahn eingeweiht worden. Ein knappes Jahr später bereits türmt sich über ihrer Gipfelstation ein futuristisch anmutendes Haus von 28 Metern Höhe, und darauf ragt eine Antenne, die elf Fernsehprogramme Mitteleuropas für Europas höchstgelegenes Hotel einfängt. In 120 holzverkleideten Zimmern kann man für 12,50 Mark (Frühstück und Minidusche inbegriffen) preiswert und – je nach Kreislaufanpassung an diese Höhenlage – mehr oder weniger gut schlafen. Sogar eine Sauna gibt es oben.

Dies ist das Werk eines ungewöhnlichen Mannes, eines Träumers und Draufgängers. Schon als Dreizehnjähriger drängte der Gurschler Leo vom Kurzhof, einem der letzten Bergbauern im oberen Schnalstal, seinen Vater zur technischen Erschließung des Hochferners, den nach alter Tradition alljährlich riesige Schafherden überqueren. Doch das erschien dem Vater zu gewagt. Erst nach dessen Tod setzte der Jungbauer seinen Traum in Wirklichkeit um.

Ein Wagnis sondergleichen, das er obendrein zur Hälfte selbst finanzieren musste. Eigenhändig brachte Gurschler mit einem eigens dafür umgebauten Riesenbagger das Material für eine Seilbahn hinauf zur bisher unberührten Grawand, mehrmals drohte er dabei zu kippen. Ebenso gefahrvoll war der Transport der überschweren Drahtseile über die noch nicht ausgebaute Straße des sehr rückständigen Seitentals im Vinschgau, einmal hing ein Vorderrad frei über dem Abgrund.

Das Unmögliche gelang. Unten, an der 2.011 Meter hoch gelegenen Talstation von Kurzras, erstand ein kleines modernes »Sportdorf«. An ein 125-Betten-Hotel der ersten Kategorie gliedern sich Appartementhäuser mit 500 billigeren Betten. Jeder Gast erhält eine Kreditkarte mit Magnetstreifen, mit der er ringsum bargeldlos bezahlen kann. Von der alten Besiedlung blieben nur ein Kirchlein und ein Bauernhof.

Oben auf dem Tausend Hektar großen Gletscher baute der Leo einen Skizirkus sondergleichen. Auf einem Slalomhang kann sich jeder Skifahrer gegen Einwurf einer Münze mit der hier vorgegebenen

Rekordzeit von Weltmeister Ingmar Stenmark elektronisch messen; seine Leistung wird am Ziel automatisch ausgedruckt. Und der Europameister in Freestyle, Peter Lindecke, hat eine ebenfalls abgesperrte Piste aufgemacht, wo mit Musik und Videorecorder verschiedene Figuren des »Skiballetts« gelehrt werden.

Quer über den Hochferner ließ Gurschler einen Weg walzen, auf dem auch brettlose Gipfelfans unter natürlicher UV-Bestrahlung durch glitzernden Gletscherfirn wandern können. Eine Stunde geht man bis zur bewirtschafteten Hütte »Schöne Aussicht«, die ihren Namen angesichts der Dreitausenderwelt rundum verdient. Auf Skiern indes fährt man vom »Gletschersee« mit dem Sessellift zurück zur Bergstation mit ihren hundert Liegestühlen, bevor man eine der Talabfahrten startet.

Wem die Eispyramiden nicht als Blickpunkte genügen, den könnten auch die Skihaserl im Bikini und die bunten Drachenflieger ergötzen. Auf der Gletscherzunge ist sogar eine fünf Kilometer lange Loipe maschinell gespurt, so dass nun auch der ganzjährige Langlauf in Mode kommen könnte. Als weitere Attraktion kommt später ein »Icedome« mit Eismusikinstrumenten hinzu, zu dem Skiabfahrten mit halbstündiger Führung organisiert werden.

Während er sein Gletschertraumbild immer noch mehr perfektioniert, wird Leo Gurschler immer öfter von Depressionen geplagt. Am 28. Oktober 1983 zieht er sich, während seine Frau und die vier Kinder auf ihn zum Essen warten, in seine Wohnung zurück und schießt sich, wobei er zweimal abdrückt, mit einer Schrotflinte in den Kopf. Das gut gehende Unternehmen mit 70 Mitarbeitern gehört hundert Gesellschaftern.

Pinos Piancavallo

Auf die Dienste von Frau Holle kann Pino Rosenwirth verzichten. Denn sobald die Außentemperaturen auf den Nullpunkt fallen, dreht der Direktor der Station Piancavallo und ihrer Skischule einfach einen Hahn auf – und aus elf im Gelände stationierten Düsen regnet es weiß. »Auf diese Weise können wir den Beginn der Wintersaison selbst bestimmen«, meint Maestro Rosenwirth. Doch damit nicht genug: Durch Ändern des Mischungsverhältnisses Wasser-Pressluft können alle gängigen Schneearten, vom Pulver bis zum Firn, künstlich erzeugt und an beliebiger Stelle aufgelegt werden.

Eines der jüngsten und der südlichsten Skizentren der Alpen, die sich in diesem Bereich »venetisch« oder »karnisch« nennen, hat sich 1976 mit diesem System vom Winterwetter weitgehend unabhängig gemacht. Rund 1.300 Meter Höhe garantieren zwar meistens die für die Kunstschneeproduktion nötigen Nullgrade, aber das milde mediterrane Klima ist nahe und würde normalerweise nur einen kurzen Skispaß erlauben. Wenn man von dem über 2.000 Meter hohen Hausberg, dem Monte Cavallo, nach Süden schaut, sieht man die Adria, die bei Bibione nur 65 Kilometer entfernt ist, und an schönen Tagen kann man sogar das 120 Kilometer entfernte Venedig erblicken.

Nach französischem Vorbild will Rosenwirth die Retortenstation – tausend Betten, zwölf Bahnen und Lifte, maximal 10.000 Beförderungen pro Stunde – zu einem der perfektesten alpinen Spielplätze Italiens ausbauen. Geplant sind weitere 6.000 Betten, zwei Parallel-Slaloms mit elektrischen Messanlagen (»Video-Ski« und »Audio-Ski« gehören jetzt schon zu den Skischulmethoden), und für die übrige Zeit des Jahres soll ein aufgelassener Steinbruch in einen Klettergarten verwandelt werden.

Auch die Schneefabrikation hat der Macher von Piancavallo aus Frankreich, aus dem avantgardistischen Flaine, übernommen. Nur in diesen beiden Skiorten gibt es bereits ein derartiges, stationäres Beregnungssystem. Üblicherweise behilft man sich noch mit kleinen, mobilen »Schneekanonen«. In Piancavallo jedoch kann das 30.000 Quadratmeter große, gewalzte und markierte Skigebiet zu einem Drittel – also einem Hektar – künstlich befahrbar gemacht werden.

Das benötigte Wasser wird aus drei synthetischen Seen in ein zentrales Kompressorenhaus gepumpt. Von hier aus kann es bei Schneemangel und Frost mit zehn Atmosphären Druck über ein unterirdisches Röhrensystem als Wasserdunst aus den elf Düsen versprüht werden, um sich dann in der Luft in Schneekristalle beliebiger Art zu verwandeln. Dies geschieht zweckmäßigerweise am frühen Morgen.

Inzwischen bietet Piancavallo über 50 Hektar Pisten und einen großen Snow Park. Eine Besonderheit ist ein Bob, der auf Schienen von 1.500 Metern Höhe hinabschießt. Es werden auch Kurse in arktischem Überlebenstraining angeboten. Übernachten kann der Winterabenteuertourist in einem Iglu-Dorf. Die Skigebiete Friauls sind durch Lifte mit Österreich und neuerdings auch mit Slowenien (Bovec) verbunden.

Isola 2000: Palmen und Pulver

Englands sportlicher Kronprinz Charles hat noch Ende April 1977 einen Skikurs erfolgreich absolviert, und am 18. Mai schließt die Station nicht etwa wegen Schneemangels, sondern weil dann doch das Interesse auch der unermüdlichsten Skifans stark nachzulassen pflegt. Das südlichste Skigebiet der Alpen, Isola 2000, hält unter den mehr als 20 französischen Wintersportstationen den Rekord: Amtliche Messungen ergaben am Fuß der Pisten im Durchschnitt von vier Wintern eine Schneehöhe von 196 Zentimetern. Das hat bestimmte klimatische, kommerziell nutzbare Gründe.

Mit englischem Kapital und nach den bewährten Methoden französischer Planification ist das 85 Straßenkilometer nördlich von Nizza liegende Gebiet, das bis 1945 zu Italien gehört hatte, erschlossen worden. Erst nachdem eine 17 Kilometer lange Straße vom 900 Jahre alten Dorf Isola aus hoch gebaut worden war, hatten 1971 das erste Hotel und damit die erste Saison eröffnet. 1977 hat Isola 2000 bereits 5.000 Betten, davon 585 in den vier Hotels. Inzwischen haben die Geldgeber aus dem Inselreich an die 250 Millionen Mark in diese »britische Insel« in den Alpen investiert. Unlängst allerdings haben sie das Ganze an einen arabischen Konzern verkauft.

Isola besteht praktisch aus einem einzigen, wie mit bunten Bauklötzen zusammengestellten Gebäudekomplex – eine beim ersten Anblick vielleicht schockierende, bald aber irgendwie faszinierende und jedenfalls funktionierende Architektur. Man flaniert da durch eine stets belebte »Grand' Rue«, die sich etwa einen Kilometer lang, voll überwacht, durch alle Gebäudeteile zieht.

An ihr liegen 22 Boutiquen, 15 Restaurants und Bars, zwei Nightclubs, ein Kino mit täglich wechselndem Programm, Kunstgalerien, allerlei Freizeitanlagen wie Billard- und Bridge-Räume, ein Eislaufstadion, ein beheiztes Schwimmbad und natürlich auch die Hotels. Die kleine Stadt im Schnee hat sogar ihre eigene Radiostation, ihre

Wochenzeitung und einen umzäunten Schneekindergarten mit eigenem Schlepplift; Mutti kann vom Balkon aus zuschauen.

Vom überdachten Boulevard aus kann man auch direkt in die einzige Gondelbahn einsteigen. Die ist der große Verteiler. Honoré Bonnet, ehemals Trainer der französischen Ski-Nationalmannschaft, hat das Verkehrsverbundsystem geschaffen, in dem es kaum je Ballungen oder Wartezeiten geben kann. Störend wirken allenfalls die blutjungen Snowboarder, die sich mit ihren breiten Brettern in Schlabberanzügen bevorzugt in französischen Skistationen ins Gros gewöhnlicher Skifahrer drängeln.

Hundert Kilometer misst jetzt das Gesamtnetz der Pisten, zwanzig Kilometer kommen bald noch hinzu. Sie ziehen sich über drei Täler, von sanften Hängen mit lichten Lärchen hinauf zu den baumlosen Höhen um 2.700 Meter, die den Panoramablick bei gutem Wetter vom Montblanc-Massiv bis zur Palmenküste des Mittelmeers freigeben. Wem das alles noch nicht genügt, der kann sich auf der Winterinsel auch auf einer 500 Meter langen Autorennbahn, die aus Eis besteht, unter Anleitung französischer Piloten »après le ski« gehörig austoben. Erklärtes Ziel: »Beschleunigung Ihrer Reflexe, die Ihr Leben retten können.«

Spektakel im Sonnental

»Bruno der Bär« nennt sich der Hüttenwirt. Er sieht ganz danach aus. Und was er jeden Tag braut, könnte einen Bären wild oder zahm machen. Es heißt »Grolla«, soll ein traditionelles Gesöff aus dieser Berggegend sein und aus heißem Kaffee mit Rum, diversen Säften und Gewürzen bestehen. Man trinkt es gemeinsam aus einem hölzernen Gefäß mit mehreren Mundstücken.

Die Hütte auf dem Monte Vigo sieht fast so aus wie jene Bruchbude aus Chaplins »Goldrausch«, in die ein Schneesturm, ein Braunbär und ein wildgewordener Digger allerhand Unruhe bringen. Die Hütte liegt aber nicht in Alaska, sondern in 2.179 Metern Meereshöhe über dem Val di Sole, dem Sonnental des Trentino, mit prächtigem Ausblick auf die Felstürme der Brenta-Dolomiten. Sie ist Mittelpunkt eines weit gespannten Verkehrssystems im Schnee.

Dieses besteht im Winter 2012/13 aus 69 Kabinenbahnen und anderen Aufstiegshilfen. (Schon 1985 lockte hier der erste Vierer-Sessellift Italiens). Von Höhen bis zu 3.000 Metern aus zieht sich ein Netz von 380 Pistenkilometern sternförmig hinunter zu den drei Talorten: Madonna di Campiglio im Süden, Folgaria und Marileva auf der nördlichen Hemisphäre dieses alpinen »Sonnensystems« sowie zum Tonalepass. Jede dieser Stationen bietet sich auch als Startplatz für eine ausgedehnte Skisafari an. Jede hat ihren eigenen Charakter.

Strahlendster Stern ist »Madonna«, von Liebhabern des traditionsreichen Nobelortes auch »Primadonna« genannt. Die Skiabfahrt vom Vigo, an zwei Bergseen vorbei, über ein verzahntes Band bunter Bahnen hinüber zum Crosté-Pass (2.443 Meter) ist allein schon eine Tagesreise wert. Man muss dabei den Ort mit seinen Hotelpalästen, Spielsälen und Boutiquen oder das schlichtere Campo Carlo Magno passieren.

Ständig wird da unten, immerhin noch zwischen 1.550 und 1.780 Metern Höhe, ein Gran Spectacolo italiano geboten: eine Revue modischer Eleganz, Eitelkeit, Dolcefarniente und fröhlicher Volksfeststimmung. Da wird selbst der Sport zur Supershow. Auf dem Eis werden »American Football« und Speedway-Runs ausgetragen, auf der berühmten »3-Tre« etabliert sich der Weltcup-Zirkus. Und im Frühjahr starten Hubschrauber auf dem Campo zum abenteuerlichen Heli-Skiing.

Während sich im Dörfchen Folgaria technische Raffinesse und beschauliche Ruhe treffen, trifft sich tutta Italia im Retortendorf Marivella, das in zwei Teilen auf 900 und auf 1.400 Metern Höhe montiert wurde. Familien mit vielen Bambini, Freundesgruppen mit viel Geschrei, fröhliches Volk soweit das Auge reicht, das wirbelt durcheinander wie Schneegestöber – auf den glatt gebügelten Pisten mit ihren Liftkarussells ebenso wie in den fünfstöckigen Betonburgen, in die ganze Parkdecks eingefügt sind. Auto, Bett, Bergbahn, Sonne – alles beieinander, so wie es der moderne Tourist offensichtlich mag.

Olympia-Werbung
Sogar mit Ballons, die über die Alpen geschickt wurden, warb man für Olympische Spiele 2018 in München und zwei anderen Orten Oberbayerns.

Olympische Träume
Wie Bayern immer wieder die Winterspiele anstrebte

Kaum haben Deutschlands Olympier die Halbzeit im sechsjährigen organisatorischen Vorturnier zu den von München beworbenen Sommerspielen 1972 hinter sich gebracht, geht man in Bayern an den Start zu einem neuen olympischen Rennen. Die Bewerbung scheitert zwar, dennoch versucht man noch dreimal, die Winterspiele nach Bayern zu holen. Über massive Bedenken ökonomischer und vor allem ökologischer Art gehen die vereinten Befürworter kühn hinweg.

Fünf Ringe in sechs Orten

Auf einem Kongress des Internationalen Skiverbandes (FIS) in Barcelona soll eine Vorentscheidung fallen für den Ort der Olympischen Winterspiele 1976, und dafür machen sich nun die Wintersportzentren Berchtesgaden und Garmisch-Partenkirchen im Mai 1969 starke Hoffnung. Die deutschen Wintersportverbände, die Gemeindeverwaltungen der beiden Orte und ein unabhängiges Gutachten sehen jedenfalls die Bewerbung gut begründet.

Nachdem die Winterspiele 1972 in Asien stattfinden, scheint für 1976 wieder Europa aufgrund seines Übergewichts von Wintersport treibenden Ländern an der Reihe zu sein. Für Bayern bietet nach derzeitigen Spekulationen auch die Münchner Olympiade gute Voraussetzungen. Deren gründliche Vorbereitung habe Vertrauen in die deutsche Organisation und den Großraum München geweckt, heißt es in einer Studie, die vom Sportreferat des bayerischen Kultusministeriums und vom NOK erstellt wird.

Die Großdörfer Berchtesgaden und Garmisch-Partenkirchen haben sich also guten Mutes gerüstet. Noch stehen sie zwar in einer Art Konkurrenz zueinander, doch beanspruchen sie keineswegs den ganzen Olympiakuchen für sich allein. In der Berchtesgadener Studie werden Bad Reichenhall, Ruhpolding, Reit im Winkel und sogar Salzburg mit einbezogen. In diesem Bereich sind angeblich schon Ende der 1960er-Jahre so gut wie alle Einrichtungen für alle olympischen Winterdisziplinen vorhanden.

Trotzdem will Berchtesgaden am Seilbahnprojekt auf den Watzmann festhalten. Deshalb widersetzte man sich auch einem Plan, den Naturschützer schon 1970 zunächst vertraulich mit österreichischen Stellen beraten hatten: Ein erster Alpen-Nationalpark soll sich vom Königssee aus südlich bis Saalfelden und Bischofswiesen im Land Salzburg erstrecken und mehrere Gebirgszüge umfassen. Der neue Berchtesgadener Landrat Rudolf Müller, CSU-Mann und »Preuße«, lehnt jede – mit einem Nationalpark verbundene – Ausdehnung des Naturschutzes ab, denn dies würde einen Teil der vor hundert Jahren erschlossenen Wander- und Wintersportgebiete praktisch für den Tourismus sperren und die geplante Watzmann-Bahn verhindern.

Erster Fehlstart

1977 beschließt der Gemeinderat von Berchtesgaden, sich um Olympische Winterspiele zu bewerben, zunächst für 1988, dann für 1992. Mit einer farbigen Werbebroschüre wird die Idee im Januar 1983 erstmals konkretisiert. Sie präsentiert den höchsten Olympionikern fünf mögliche Wettkampforte. Das Olympische Dorf könnte im Ferienpark Vorauf bei Siegsdorf preiswert eingerichtet werden. »Mühelos« ließen sich im Chiemgau und im Rupertiwinkel etwa 100.000 Gästebetten im Umkreis von 40 Kilometern aufbieten, heißt es in der Beschreibung.

Diese Kapazitäten nicht nur zwei olympische Wochen lang, sondern langfristig auszulasten und »zusätzliches Geschäft« ins schöne, aber wirtschaftsferne Landl zu holen, ist denn auch erklärtermaßen der eigentliche Sinn der Bewerbung. Denn höchstens 18 Prozent des jährlichen Urlauberaufkommens in diesem Raum entfallen bisher auf den Winter. (Der Tourismus insgesamt stagniert; der größte Arbeitgeber der Region, der Radiohersteller Körting in Grassau, muss Ende März schließen).

Der »ungeheure Werbeeffekt« ist das Hauptargument des agilen Kurdirektors Michael Dyckerhoff, der bei der Eröffnungsfeier gern die

Fünf Ringe per Laserkanone an die Watzmann-Ostwand werfen würde und der Alternativvorschläge zur Sicherung heimischer Arbeitsplätze, etwa durch Belebung alter Handwerkskünste, skeptisch beurteilt: »Glaubt denn im Ernst noch jemand, er könne vom Export von Marmorschussern (Murmeln) oder der Produktion von Spanschachteln leben?«

Unter solchen Umständen sind alle verantwortlichen Politiker und Wirtschaftsleute in Berchtesgaden eindeutig für die Kandidatur – außer den beiden SPD-Vertretern im Gemeinderat, dem einzigen Grünen und einem CSU-Mann, der sich selbst als »schwarzes Schaf« bezeichnet. Dagegen opponieren außerdem der Kreisverband der FDP und natürlich Alpenverein und Naturschutzbund.

Bürgerbefragungen, deren repräsentative Bewertung der Kurdirektor als »schwachsinnig« abtut, erbringen einmal 55,3 und einmal sogar 85,1 Prozent gegen eine Bewerbung. Zwei Mal lehnt der Marktgemeinderat den Antrag auf einer Bürgerversammlung ab. Der örtlichen SPD werden sogar Informationsstände untersagt, obwohl Bayerns Sozialdemokraten die Idee von Winterspielen in der Bundesrepublik »nach dem erforderlichen Meinungsbildungsprozess« durchaus unterstützen wollen.

Inzwischen liebäugelt man auch im Werdenfelser Land mit einer Olympia-Bewerbung. Die Querelen im Berchtesgadener Land kommen den eigenen Interessen nicht ungelegen. Geschickt lässt man dann gleich politische Verbindungen spielen, in München wie in Bonn, wobei Bobveteranen und die attraktive Garmischer Abgeordnete Michaela Geiger (»Miss Bundestag«) als Agenten eingesetzt werden.

Auf acht bis zehn Millionen Mark bezifferte der Garmischer Bürgermeister Toni Neidlinger (CSU) die nötigen Umbaukosten für die meist schon vorhandenen, teilweise schon bei den Winterspielen von 1936 genutzten Anlagen. Dagegen hat sich Berchtesgadens Bürgermeister Anton Plenk (parteifrei) bisher stets vor derlei Zahlenangaben gescheut und einfach nur »sparsame Spiele« versprochen. Plötzlich rühren sich aber auch im Zugspitzland ernstzunehmende Gegenstimmen. Sie bringen dieselben Argumente vor wie die Olympiagegner im Berchtesgadener Land.

Gemeinden gespalten

Am Vorabend der deutschen Bewerbung für die Olympischen Winterspiele 1992, über die das NOK am 5. November 1983 in Saarbrücken entscheiden will, bricht in den zur Kandidatur anstehenden Marktgemeinden Berchtesgaden und Garmisch-Partenkirchen der offene Krieg aus zwischen Befürwortern und Gegnern eines solchen Spektakels. Zur ersten Gruppe zählen fast sämtliche Mandatsträger und Honoratioren in beiden Regionen, zur letzteren inzwischen 17 Organisationen.

Während eine 19-köpfige Delegation aus den favorisierten sechs Gemeinden im Südostwinkel Bayerns und nur drei Mann aus dem fast schon aus dem Rennen geworfenen Werdenfelser Land zur Präsentation mit anschließendem »Dankeschön-Empfang« ins Saarland aufbrechen, bitten die Antiolympier zu einer Pressekonferenz in den Münchner Ratskeller. Denn in den örtlichen Zeitungen, so klagten sie, würden ihre Argumente ebenso unterdrückt wie in den Gemeinderäten. Und obwohl sie aufgrund von freilich wenig repräsentativen Umfragen meinen, die Mehrheit ihrer Mitbürger und sogar die ihrer Urlaubsgäste hinter sich zu haben, handeln sie sich zu Hause zunehmend Ärger ein.

Peter Kurz zum Beispiel, SPD-Gemeinderat in Berchtesgaden, hat schon über tausend Aufkleber mit seinem Namen, dem Watzmann und der Aufschrift »Olympiade nein Danke« verkauft. »Aber keiner tut ihn bei uns auf sein Auto«, rügt er mangelnde Zivilcourage. »Die haben halt Angst, dass ihnen die Reifen aufgestochen werden.« Das Auto des Anführers der Garmischer Gegner geht tatsächlich in Flammen auf.

Obwohl sich die SPD-Gremien im Berchtesgadener Land mit 50 zu zehn Stimmen und die im Landkreis Traunstein mit 52 zu elf Stimmen gegen die Bewerbung ausgesprochen haben sollen, gehören die SPD-Bürgermeister Ludwig Schwabl von Inzell (wo der Eisschnelllauf zu Hause ist) und Herbert Ohl von Ruhpolding (wo die Damenrennen sowie Biathlon ausgetragen werden sollen) zu den kräftigsten Pro-Propagandisten. Einig sind sich nur die Grünen. Allerdings hat auch deren einziger Berchtesgadener Marktgemeinderat, Peter Karger, einen schweren Stand im Kampf gegen die Götter aus dem Olymp. Einen

Antrag, der die Bewerbung noch einmal in Frage stellen sollte, habe der parteilose Bürgermeister Anton Plenk eigenmächtig unterdrückt mit der Erklärung: »Ich will die Spiele, aus Amen.«

Ob der Abwehrkampf ganz gewaltfrei abgehen wird, bezweifelt bereits Bartl Wimmer von der Bürgerinitiative »Für Berchtesgaden ohne olympische Winterspiele e.V.«. Nach der NOK-Entscheidung, meint er, würden sich wohl auch die vielen Zweifler und Wunschträumer, die der Bewerbung bislang keine Chance gaben, am Widerstand beteiligen. Auf alle Fälle will man eine Infratest-Umfrage in Auftrag geben. Auch Störaktionen seien zu befürchten.

Die Widerständler wollen auch nicht ausschließen, dass im Zug der Berchtesgadener Kandidatur vor allem im Ausland gewisse Ressentiments gegen die politische Vergangenheit Berchtesgadens und seines Obersalzbergs hochkommen, vielleicht sogar provoziert werden könnten. In dieser Beziehung sieht der Grüne Karger denn auch Zusammenhänge mit der Bewerbung: »Die wollen mit der Aura der Fünf Ringe halt auch den ganzen Hitler-Rummel in unserer Gegend verdecken.«

Die Kür in Saarbrücken geht dann ganz klar an Berchtesgaden. Mit einem riesigen Aufgebot präsentiert sich der deutsche Olympia-Bewerber für 1992 drei Jahre später in Lausanne.

Mit Rosi und Strauß

Kaum haben die Bayern für die nächsten vier Jahre ihren Landtag gewählt, dürfen sie einem Ereignis entgegenfiebern, das für die nächsten sechs Jahre den Südosten des Freistaates und damit die Bundesrepublik ins Blickfeld der Welt rücken könnte. Ministerpräsident Franz Josef Strauß, der voraussichtliche Wahlsieger vom 12. Oktober, will gleich anschließend in die Schweiz fahren und »für Berchtesgaden so viele Lanzen brechen, wie für den Zuschlag nötig sind«. Die Chancen stehen gar nicht schlecht. Sechs Millionen Mark lässt man sich Werbung und Präsentation kosten.

Am 17. Oktober 1986 wird das IOC in Lausanne die Entscheidung für 1992 verkünden. Das deutsche Berchtesgaden ist einer von sieben wintersportlichen Bewerbern. Insgesamt 75 Landräte, Bürgermeister (verschiedener Parteien), Sport-, Kultur- und Fremdenverkehrsfunktionäre, ehemalige Weltmeister und Olympiasieger aus dem Ruperti- und dem Chiemgau (darunter »Gold-Rosi« Mittermaier) wollen die 89 IOC-Mitglieder davon überzeugen, dass die winterolympischen Voraussetzungen im Raum Berchtesgaden »mehr als günstig« sind, das hat sogar Bundeskanzler Kohl schriftlich garantiert.

Eine Ausstellung und Broschüre in sechs Sprachen, Trachtler, Musikgruppen für Folklore und Klassisches, ein eigens vom Olympia-Veteran Willy Bogner gedrehter Film »Olympische Träume« sorgen fünf Tage lang für die richtige Einstimmung auf den Berchtesgadener Traum. Rückenstärkung gibt außerdem eine auf eigene Kosten anreisende Gruppe von etwa hundert Berchtesgadenern, die mit dem Wahlspruch »OUI« (ja) demonstrieren wollen, dass die überwiegende Mehrheit der Bevölkerung hinter der Bewerbung stehe. Sie hoffen, dies durch das regionale Ergebnis der Landtagswahlen noch verdeutlichen zu können.

Auf diese Wahlen spekulieren aber auch die 350 organisierten Olympia-Gegner, darunter örtliche Mandatsträger der SPD und der Grünen, die ebenfalls in großer Zahl, aber jedenfalls friedlich, in Lausanne demonstrieren wollen. Sie druckten auf Recyclingpapier ein Pamphlet in vier Sprachen mit dem Motto »Spiele der Fröhlichkeit – gegen den Willen der Bevölkerung? Nein!«

Der erwartete »olympische Schub«, wie ihn München 1972 erlebt hat, ist das Hauptargument sowohl der Befürworter wie ihrer Gegner (die längst schon die Spekulation blühen sehen). Kurdirektor Dyckerhoff verweist auf die 23.000 Gästebetten im Berchtesgadener Land, die bisher im Winter nur zu 33 Prozent ausgelastet waren. Er hat von Monika Berwein, die bei den Spielen in Innsbruck der deutschen Mannschaft angehört hatte, an der Münchner Fachhochschule für Tourismus eines von mehreren Gutachten anfertigen lassen. Die ehemalige deutsche Jugendmeisterin kam zu dem schlichten Schluss, dass nichts den Bekanntheitsgrad eines Ortes dermaßen steigern könne wie das olympische Spektakel.

Die Abstimmung bringt dann jedoch ein unerwartetes Fiasko: Den Zuschlag erhält Albertville in Frankreich. Berchtesgaden bekommt nur sechs der 85 Stimmen und scheidet schon im ersten Wahlgang aus dem Rennen. Erinnerungen an die »Nazi-Vergangenheit« des Ortes am Obersalzberg, so hört man, sollen den Ausschlag gegeben haben. Auch sollen die Vertreter der schwarzafrikanischen Länder wegen der Sympathie, die Strauß gegenüber der Apartheid hegt, Vorbehalte geäußert haben.

Noch eine Bewerbung

Zweiundzwanzig Jahre später geht Bayern wieder an den Start – und dieses Mal scheint alles optimal vorbereitet zu sein. Am 8. Dezember 2008 votiert die Spitze des Deutschen Olympischen Sportverbands (DOSB) einstimmig für ein Bündnis München, Garmisch-Partenkirchen und Schönau im Berchtesgadener Land als deutschen Bewerber für die Olympischen Winterspiele 2018. Immerhin kann sich der erst 2006 gegründete Dachverband auf 91.000 Turn- und Sportvereine mit 27,5 Millionen Mitgliedern stützen.

Sieben Monate später wird in München eine Bewerbergesellschaft gegründet. Sie engagiert wieder Olympia-Stars von einst, um die bayerische Botschaft aller Welt zu verkünden: Rosi Mittermaier, Christian Neureuther, Katharina Witt, Willy Bogner. Auch bildet der DOSB eine Fachkommission, die den Naturschutzverbänden die Teilnahme anbietet. Darauf besteht insbesondere der Generaldirektor des größten Sportverbandes der Welt, Dr. Michael Vesper.

Der langjährige grüne NRW-Minister verheißt die »umweltverträglichsten Spiele der olympischen Geschichte.« Daher haben auch die grünen Stadträte Münchens, das noch lange von der Sommerolympiade 1972 zehren kann, keinerlei Bedenken. »Ich sehe keinen Ort auf der Welt, wo Olympia ökologischer ginge«, begründet ihr Bürgermeister Hep Monatzeder das Pro. OB Christian Ude propagiert die Idee schon seit Januar 2000.

Anders am Alpenrand. Für die Berchtesgadener ist es nun schon fast Routine. Da der Kunsteiskanal am Königssee immer noch gut ist für die Bob-, Rodel- und Skeletonwettbewerbe, käme man mit Ausbaukosten von 26 Millionen Euro und ohne Eingriff in die Landschaft davon. »Wir freuen uns immer wieder«, kommentiert Schönaus Bürgermeister Stefan Kurz den vierten Anlauf für Winterspiele. Sein ebenfalls parteiloser Garmischer Kollege Thomas Schmid freut sich ebenso, nicht zuletzt auf die dann wohl fremdfinanzierbare Untertunnelung der Zufahrtsstraßen.

Doch bald lebt die schon bei den früheren Bewerbungen geprobte Olympia-Opposition wieder auf. Im Werdenfelser Land sollen nämlich zehn der 21 Disziplinen ausgetragen werden, darunter sämtliche Skiwettbewerbe. Und dafür reicht die vorhandene Infrastruktur trotz alljährlich hoher Investitionen kaum aus. Die rund um die Zugspitze längst stark in Mitleidenschaft geratene Bergwelt müsste doch noch erheblich umgebaut werden.

So argumentieren die örtlichen Umweltverbände sowie – nach einer repräsentativen Umfrage – 27 Prozent der Bewohner des hoch verschuldeten Olympiadorfes von 1936. Schon für die Ski-Weltmeisterschaft 2011 musste wieder einiges Land hergerichtet werden. Obendrein wäre ein Olympisches Dorf auf der grünen Wiese fällig, jahrelange Baustellen sind also in Sicht. Und gänzlich unklar ist noch, wo zwischen Krün und Oberammergau die Loipen samt Stadien für Langlauf und Biathlon hingestellt werden sollen.

Nach anfänglicher Kooperation und interner Diskussion fordert der Bund Naturschutz im Juni 2009 den Verzicht auf die sogenannte »München+2-Bewerbung«. Winterolympia in Bayern sei nach Klima- und Umweltgesichtspunkten einfach nicht vertretbar und zudem Steuergeldverschwendung, meint BN-Geschäftsführer Richard Mergner. Die Belastungen durch den Skisport seien in dem hochsensiblen Raum um Garmisch ohnehin schon zu hoch. Bauern und private Grundeigentümer, die Flächen bereitstellen sollen, sorgten sich um Einnahmeausfälle und den Zustand ihrer Böden nach den Spielen.

Nach anfänglicher Mitarbeit in der Fachkommission Umwelt teilt der 1. Vorsitzende des Vereins zum Schutz der Bergwelt, Professor Michael Suda, im Oktober 2009 dem grünen Sportbund-Generaldirektor Vesper in einem Brief mit: »Wir werden uns zurückziehen.« Man sei zu dem Schluss gekommen, dass die Neutralität oder auch die Skepsis gegenüber »dieser Veranstaltung« weder im Verfahren noch nach außen vermittelbar sei. Olympia sei »keine Naturschutzveranstaltung«. Als Teilnehmer der Fachkommission werde man aber automatisch zum Promoter, und man wolle keinesfalls als Feigenblatt einer Bewerbung zur Verfügung stehen.

Im Januar 2010 droht auch der Deutsche Alpenverein mit dem Ausstieg aus der Bewerbungsgesellschaft. DAV-Präsident Professor Heinz Röhle vermisst eine »klare Struktur des Umweltkonzeptes mit entsprechendem Projekt- und Prozessmanagement«. Der Forstwissenschaftler sieht viele Fragen ungeklärt, vor allem die Finanzierung – und: »Woher soll umweltverträglich das Wasser für die Beschneiung genommen werden? Wie sollen die Verkehrsströme bewältigt werden?«

Begleitet werden müsste Olympia durch Projekte wie das von der UNESCO angeregte Biosphärenreservat »Green Gap« oder auch von einer »Ökologischen Sportregion bayerische Alpen«, wünscht Röhle. Er findet es bezeichnend für die Denkweise der Olympia-Befürworter, »dass sie die Alpen vorrangig als Kulisse für Sport sehen«. Das Projekt eines mindestens 70.000 Hektar großen Biosphärenreservats, ursprünglich eines der 18 Öko-Leitprojekte, tauche in den Bewerbungsunterlagen nicht mehr auf; es hatte freilich bei der betroffenen Bevölkerung ohnehin wenig Akzeptanz gefunden.

Dieser Verzicht sei der Beweis dafür, dass der Umweltschutz bei der Olympiabewerbung keine große Rolle spiele, erkennt Ludwig Hartmann, Landtagsabgeordneter der Grünen. Um die Öffentlichkeit besser über die möglichen Folgen olympischer Winterspiele in der voralpinen Region um Garmisch-Partenkirchen aufzuklären, gründet er ein »Netzwerk NOlympia«. Eine Homepage wird eingerichtet.

Weil sein Alpenverein trotz seiner Vorbehalte nicht ablassen will vom Olympia-Optimismus (»2018 bringt Mehrwert für Naturschutz«), legt Präsident Röhle unter leisem Protest sein Amt nieder. Auch Richard Adam, der neben dem Sportmodekönig und ehemaligen Ski-Champion Willy Bogner die Bewerbungsgesellschaft bisher geleitet hat, erklärt frustriert seinen Rücktritt. Der langjährige Tourismusvermarkter Bayerns ist ein Vorkämpfer für einen »Tourismus mit Einsicht«.

Und noch ein Fiasko

Im Frühjahr 2010 wird das für Langläufer und Biathleten zuletzt vorgesehene, höher gelegene Oberammergau wegen anhaltenden Widerstands von Grundstückseigentümern aufgegeben. Zuvor schon sind

Planungszugriffe in Klais, Krün und am Barmsee daran gescheitert, da auf diesen Hoch- und Almflächen wertvolle Naturschutz- und Habitat-Gebiete zerstört worden wären.

So entdeckt die Bewerbergesellschaft schließlich das dem Freistaat Bayern gehörende Gut Schwaiganger unten im weniger schneesicheren Loisachtal. Darüber entbrennt ein Grundsatzstreit, der die ganze olympische Problematik offenbart. Mit einer nur »temporären Nutzung« würden dauerhafte Eingriffe auf Flächen im Bereich dieses Staatsgutes minimiert, so lautet das Hauptargument der Bewerber, die sich hier nicht mehr mit privaten Eigentümern herumärgern müssen.

Ein solches Argument habe absolut nichts mehr mit Nachhaltigkeit zu tun, entgegnen Silvia Hamberger und Axel Doering von der Gesellschaft für Ökologische Forschung, die seit 1977 durch Ausstellungen wie »Grün kaputt« und »Schöne neue Alpen« eine große Öffentlichkeit alarmiert hat. Der Hinweis auf eine nur temporäre Nutzung sei bloße Augenwischerei, er solle nur vor den Bürgern im Land und der Weltöffentlichkeit verheimlichen, dass hier geltendes Naturschutzrecht außer Kraft gesetzt werde.

Allein in Schwaiganger wären über 33 Hektar intakter Landschaft von temporär gebauten Sportanlagen, Loipen und »Funktionsflächen« betroffen. Diese 33 Hektar würden durch Bebauung und/oder Planierung substanziell jedenfalls verändert werden – wenn am Ende nicht mehr.

Im September 2010 kann Staatskanzleichef Siegfried Schneider im Garmischer Talkessel einen Kompromiss mit fast allen störrischen Bauern aushandeln. Am 8. Mai 2011 entscheidet sich dort bei einem Bürgerbegehren eine knappe Mehrheit »pro Spiele«. Bei der augenscheinlichen Prüfung der Anlagen und der Argumente kann zumindest München den Eindruck gewinnen, dass jetzt »alles o.k.« sei.

Eine starke Delegation reist voller Zuversicht nach Durban in Südafrika. Münchens Oberbürgermeister Christian Ude hält eine eindrucksvolle Rede in englischer Sprache. Er hat einen breiten Rückhalt, von der Eisbärin Giovanna aus Hellabrunn, die zur »symbolischen Botschafterin« erklärt wird, bis zur Bundeskanzlerin Angela Merkel, die Olympia 2018 zu einer »nationalen Sache« erklärt hat.

Umso größer sind Überraschung und Enttäuschung, als die 110 Mitglieder des IOC am 6. Juni 2011 der deutschen Bewerbung eine deutliche Absage erteilen. 63 Stimmen für die südkoreanische Stadt Pyeongchang und nur 25 für München. Ein neuerliches Fiasko für die mit einem 33-Millionen-Euro-Etat ausgestatteten Bewerber und ihre namhaften Werber, für Sportfreunde, Stadtplaner, Investoren und sonstige Interessenten. Tränen bei der Kuratoriumsvorsitzenden Katarina Witt – Jubel dagegen bei den Naturschützern, weil nunmehr »wertvolle Landschaft bewahrt« bleibe.

Doch schon am Tag danach beginnen die Trauernden, über eine abermalige Bewerbung für ein späteres Jahr nachzudenken. Das Thema soll, wie Olympiaparksprecher Arno Hartung im Februar 2012 versichert, von einem Interessentenkreis »am Kochen gehalten werden«. Wenn auch vorerst nur auf kleiner Flamme.

Verwundete Natur
Straßenbau im steilen Gelände verursacht nicht selten große Schäden an Natur und Umwelt.

Natur in Not
Untersuchungen über gefährdete alpine Landschaften

Die forcierte Entwicklung großer Teile der Alpen für den Massentourismus im Sommer (etwa ab 1955) und mehr noch für den Wintersporttourismus (etwa ab 1965) führte zwangsläufig zu gravierenden Eingriffen in die Natur. Da die alpine Landschaft im Vergleich zu anderen besonders sensibel ist, konnten ökologische Schäden nicht ausbleiben. Im Visier des Naturschutzes waren insbesondere die Trassierung und Präparierung autobahngleicher Skipisten sowie die Gletschererschließung.

Eine Gefährdung des Wasserhaushalts und der Vegetation wurde in zahlreichen Untersuchungen nachgewiesen. Sogar einige Naturkatastrophen wurden auf solche Eingriffe zurückgeführt. Zwar versuchten die Verantwortlichen später, durch Raumordnung, restriktive Gesetze oder aufwendige Sanierungsmaßnahmen gegenzusteuern, nicht zuletzt um ihr Image zu verbessern, was von den Kritikern aber meist als bloße Kosmetik bewertet wurde.

Erst seit jüngster Zeit schien die Bewahrung der Natur bei alpinen Planungen eine vordringliche Rolle zu spielen. Doch die seit der Nuklearkatastrophe von Fukushima drohende Energiekrise hat alte Begierden wiedererweckt.

Stirbt unser Bergland?

Verfallene Almhütten, verkarstete Hänge, Kahlschlag, Erosion, Muren, schütter gewordene Bergwälder, Lawinenstriche, Wildbachschäden, eine sterbende Landschaft – eine Denkschrift mit dem Titel »Schutz dem Bergland«, im Februar 1970 vom Innen- und Landwirtschaftsministerium Bayerns gemeinsam herausgegeben, dokumentiert durch erschreckende Fotos und Zahlen erstmals, was auf das europäische

Zentralgebirge in nächster Zeit zukommen kann, wenn die Struktur des Alpenraums nicht rasch und entscheidend verbessert wird.

Was ist da geschehen und geschieht weiter? Die von den beiden Ministerien beauftragten Sachverständigen untersuchen diese Frage im Detail. Mit der industriellen Entwicklung wuchs der Rohstoffbedarf; vor allem Bergwälder wurden rücksichtslos ausgebeutet. Weil es keine Raubtiere und Wilddiebe mehr, dafür aber winterliche Futterstellen gibt, vermehrte sich zugleich der Gamsbestand in den bayerischen Alpen auf das Doppelte, der Rotwildbestand stieg örtlich auf das Zehnfache. Die Tiere fressen die Sämlinge von Tannen und Laubholz und schälen die Bäume ab, bis sie vertrocknen und umbrechen.

In den letzten Jahren wurden außerdem immer mehr Almen und Wälder sich selbst überlassen. Denn die Bergbauern und privaten Waldbesitzer wenden sich lieber dem lukrativeren Fremdenverkehr zu. Früher bewaldete oder beweidete und mit großem Aufwand genutzte Flächen werden so zu Ödland. Die gestörte Vegetation kann sich bei den extremen klimatischen Bedingungen vielfach nicht selbst in die natürlichen Pflanzengesellschaften zurückbilden. Bayerns Alpen haben die höchsten Niederschlagsmengen im Bundesgebiet. So ist der Bergwald dem starken Oberflächenabfluss, dem Schneedruck, dem Kriechschnee, den Muren und Lawinen ausgesetzt.

In vier Alpenlandkreisen Bayerns sind zwischen 1960 bis 1970 34 Menschen durch Schneerutsch getötet und etwa doppelt so viele verletzt worden. Auch im Sommer sind zahlreiche Beherbergungsbetriebe bedroht, weil sie im Hochwasser- oder Vermurungsbereich von Wildbächen errichtet wurden, wie die Denkschrift feststellt. »Eine Hochwasserkatastrophe wie die des Jahres 1954 würde heute ungleich größere Schäden anrichten.«

Das bedeutet höchste Alarmstufe nicht nur für den Tourismus, von dem heute fast alle 157 Bergbauerngemeinden in dem knapp 250 Kilometer langen und bis zu 30 Kilometer breiten Alpenstreifen Bayerns abhängig sind. Durch die Industrialisierung, den Verkehrsausbau und die dichtere Besiedelung sind die Tallandschaften allgemein gegenüber früher anfälliger geworden.

Die Bevölkerungszahl im bayerischen Alpenraum ist seit 1949 um mehr als 50 Prozent angewachsen und liegt in einzelnen Gebirgstälern bereits bei 300 Personen pro Quadratkilometer (im Freistaat durchschnittlich bei 146).

Was ist zu tun? Zur »Rettung unserer Berglandschaft« stellt die Denkschrift ein genaues Programm auf, das 960 Millionen Mark kosten würde. Es sieht unter anderem vor: 2.250 Kilometer Uferschutzbauten, 5.000 Sperren für Wildbäche, systematische Aufforstungen und Bepflanzungen, umfangreiche Verbauungen von Rinnen, Anbrüchen und Lawinengebieten, die Verbesserung von etwa 15.000 Hektar Bergweide, 600 Kilometer Wirtschaftswege mit Stützmauern, Brücken, Drainagen und Tunnels.

»Das Maß ist voll«

Die Rummelplätze im scheinbar »ewigen Schnee« vermehren sich rasch und ziemlich planlos. 365 Tage im Jahr Skilauf, Gaudi, Gletscherbräune – das ist eine neue Dimension der »Bergerholung« und der Ehrgeiz allzu vieler. 1978 sollen bereits eine halbe Million Deutsche diesem »Sport« gehuldigt haben. Mit den jetzt erkennbaren Folgen befasst sich im Juni 1979 erstmals auch die Hauptversammlung des Deutschen Alpenvereins in Berchtesgaden.

Denn die ökologischen Auswirkungen der fortschreitenden Vermarktung der vergletscherten Hochgebirgslandschaften werden immer deutlicher. Im Tiroler »Hochstubai« zum Beispiel, wo sich an Sommersonntagen bis zu 7.000 Menschen tummeln, ist ein Rückgang der Firnflächen festzustellen. Eine solche Entwicklung könnte, sagen Wissenschaftler, den Wasserhaushalt ganzer Alpentäler nachhaltig beeinflussen. Doch das Geschäft geht über ökologische, manchmal sogar über ökonomische Vernunft.

Für über 25 Millionen Mark, die größtenteils aus ERP-Krediten (European Recovery Program) kommen sollen, wollen nun ein Möbelfabrikant, ein Möbelhändler und ein Skischulbesitzer den Mittelbergferner im hintersten Pitztal derart erschließen, dass man erst mit einer Kabinenbahn auf und von 3.000 Metern Höhe mit einem Dreipersonen-Sessellift wieder abfahren muss, um eventuell ganzjährig Ski laufen zu können.

Noch absurder erscheint die geplante Erschließung des einzigen Gletschers im Rätikon, der von Wanderern viel besuchten Schesaplana.

Der höchste Punkt des für den Sommerbetrieb vorgesehenen Brandnerferners liegt bei 2.490 Metern, der niedrigste bei 2.000 Meter; für den Pistenbetrieb blieben also lächerliche 310 Meter Höhenunterschied. Die niedrige Lage lässt überdies den Schnee schon im Frühjahr auf wenige Firnflecken abschmelzen.

Ähnliche Spekulationen gibt es am Großvenediger, wo ein zehn Jahre altes Projekt immerhin auf eine »kleine Lösung« geschrumpft ist, sowie am Jamtalferner im Paznauntal, am Hocheiser im Land Salzburg, am Kleinen Fleißkess und am Wurzenkees in Kärnten. Zwar sind es überall österreichische Unternehmer, die in diese schwindelnden Höhen streben, doch vermutet der DAV, dass vor allem deutsches Kapital hinter so manchem Strohmann steckt.

Die nun schon klassischen Sommerskigletscher Österreichs haben sich längst als Goldgruben erwiesen. Schier wunderbar vermehrten sich im 30-Kilometer-Umkreis die Übernachtungsziffern in immer mehr Fremdenbetten: 15.000 sind es schon im Stubaital, 30.000 im Zillertal (mit dem Hintertuxer Gletscher), 50.000 im Gebiet von Kaprun (mit dem Kitzsteinhorn) und 20.000 im Ötztal (wo der Rettenbachferner als vorerst letztes Sommerskigebiet vermarktet wurde). Am Dachsteingletscher haben jetzt sogar Sommerlanglaufwochen »über den Wolken« begonnen.

Die Schneehungrigen kommen überwiegend aus der Bundesrepublik und zu 80 Prozent an Wochenenden. Das führt zu einer maßlosen Überlastung der Zufahrtswege. Auch bringt der Vorstoß der Massen in früher unnahbare Bergreservate manche Gefahren mit sich. Beim Besuch der Baustelle auf der »höchsten Luftseilbahn Europas«, die zum 3.820 Meter hohen Klein-Matterhorn führt, fiel eine Reporterin wegen akuten Sauerstoffmangels in Ohnmacht.

Der Gletscherbrand, eine schmerzhafte Haut- und Bindehautentzündung, breitet sich aus, weil es oft an den einfachsten Schutzvorkehrungen fehlt. Und überall ohne Ausnahme lauern Gletscherspalten, auch wenn dies in den aufwendigen Prospekten verschwiegen wird. Auf der Monte Rosa wollte ein Schneefahrzeug einem Grazer Arzt zu Hilfe kommen, dabei versank es in einer Spalte. In Tirol wurde ein Skifahrer durch nachrutschenden Schnee erdrückt, nachdem er in eine Spalte gestürzt war.

Am Stilfser Joch in Südtirol, das sich als »das größte Sommerskiareal der Alpen« andient und das »höchste Hallenschwimmbad Europas« aufweist, schaufeln Pistenmänner im Frühjahr die abgrundtiefen Spalten zu und lassen nur einige »besonders schönschaurige Löcher« gut gesichert zur Besichtigung und Mahnung frei. Der Rummel ist hier so groß, dass auch während des Sommers nicht weniger als 250 Skilehrer beschäftigt werden müssen. Am Rettenbachferner werden jetzt zwei pensionierte Bergführer als »Gletscherwächter« abgestellt.

Die größte Gefahr aber droht der Hochgebirgslandschaft selbst. »Das Maß ist voll«, erklärte der Österreichische Alpenverein und forderte, dass mit der von der »Arge Alp« angestrebten alpinen Raumordnung endlich ernst gemacht werde. Auch Wissenschaftler der Universität Innsbruck protestierten gegen die »unverantwortlichen Anschläge« auf die letzten unerschlossenen Oasen in den Ostalpen (der französische Westen hat noch mehr Reserven).

»Hier zeichnet sich eine höchst gefährliche Entwicklung ab,« stellte auch der Deutsche Alpenverein in seinem jüngsten Jahresbericht fest. Einen Gutteil der Verantwortung weist er der auf Belebung des stagnierenden Sommergeschäftes erpichten Bundesregierung in Wien zu. Dort sind seltsamerweise der Fremdenverkehr, die Wirtschaftsentwicklung und der Umweltschutz in einer Hand vereinigt, in der des allzeit optimistischen Handelsministers Josef Staribacher, den man in der Branche den »Happy Peppi« nennt.

Der Boden leidet

»Ganz alarmierend« nennt Professor Dr. Alexander Cernusca vom Innsbrucker Universitätsinstitut für Botanik im Januar 1979 Messergebnisse des Bayerischen Landesamtes für Wasserwirtschaft in den Skigebieten der Alpen. Mit Hilfe von Beregnungssystemen, auch der Feuerwehr, wurde hier festgestellt, dass nicht weniger als 80 Prozent der Niederschläge abfließen und pro Hektar zehn Tonnen Bodenoberfläche mitreißen. Das kommt daher, dass für die Planierung von Abfahrtsschneisen die obersten, wasserspeichernden Bodenschichten abgetragen werden und dass es außerdem zu einer Verdichtung der Erde kommt. Auf manche Abfahrten wird zum Festigen sogar ein stickstoffhaltiger »Schneezement« gestreut.

Bei einer autobahnähnlichen Abfahrt von 1.500 Metern Länge und 100 Metern Breite werden so nach starken Regenfällen stündlich 240 Millionen Liter Wasser zusätzlich dem meist angrenzenden Wald zugeführt. Es kann dann zu Waldrutschungen und anderen Erosionserscheinungen kommen. Eine Begrünung solcher Flächen, so Cernusca, wirke sich nur geringfügig aus. Bei Untersuchungen in drei ausgewählten Skizentren (Obergurgl, Achenkirch, Bad Gastein) hat man Schäden an 15 bis 20 Prozent der Vegetation ermittelt, an einigen Abschnitten bis zu 75 Prozent.

Eine »besonders gefährliche Entwicklung«, so Cernusca, zeichnet sich beim Pistenbau oberhalb der Waldgrenze ab. Dorthin geht der Trend. Das Psychologische Institut der Universität Innsbruck hat durch eine Umfrage herausgefunden, dass 85 Prozent aller Skifahrer schneesichere Abfahrten oberhalb der Waldgrenze wünschen. Hier oben aber ist kaum eine Wiederbegrünung möglich. Schon eine kleine Pflanze braucht in solchen Höhen 35 Jahre, um zu wachsen. Zum Aufbau natürlicher Bodenprofile müsse man im Gebirge mit mehreren Hundert Jahren rechnen.

Begrünung fragwürdig

Der »Rekultivierung«, die stellenweise sehr aufwendig ist, kann sich zwar heute kein Seilbahn- und Pistenbauer mehr entziehen. Doch noch ehe die Wunden vernarbt sind, noch bevor sich die Rasendecke wieder zu schließen beginnt, setzt in aller Regel der Skibetrieb ein, denn die Amortisation drängt. Das gibt dem keimenden Grün kaum eine Chance. 1981 ermittelt der Münchner »Verein zum Schutz der Bergwelt« den Verlust von über 160 Arten der ursprünglich vorhandenen alpinen und subalpinen Vegetation. Das Botanische Institut der Universität Innsbruck meldet sogar die Vernichtung von 600 Alpenblumensorten und damit von einem Drittel aller Arten.

Zu Erdabtrag und Rinnenerosion, zur Verdichtung (die neuesten Pistenwalzen haben 250 Pferdestärken) und Veränderung der Bodenstruktur und damit Verminderung des Wasserspeichervermögens auf Skipisten kommt in den Ansaatflächen als entscheidender Faktor noch die Einbuße an oberirdischer und mehr noch an unterirdischer Biomasse. Wiederbegrünungen seien ab 1.400 Metern Meereshöhe problematisch und ab 1.800 Metern »fast aussichtslos«. Sie stellten überdies nur einen optischen Ersatz für die zerstörte Vegetation dar und übernähmen keinesfalls deren Schutzfunktion.

Doch auch optisch bieten sich dem Naturfreund in solch ausgepowertem Berggelände oft nur noch Rudimente einstiger Landschaftsschönheit dar. Bei Begehungen der wichtigsten bayerischen Skiabfahrten bemerkte Schauer hauptsächlich ortsfremde Grassorten, europäisches Einheitsgrün, den wildkrautarmen Rasen von Sportplätzen und Kunstböschungen. Im Bereich der Garmischer Pisten etwa, wo die Abfahrtsschneisen oft noch von Fahrwegen und Trampelpfaden durchzogen sind, haben bereits 20 Prozent und mehr der Gesamtfläche jegliche Vegetation eingebüßt.

So ungefähr muss einmal die Verkarstung in anderen Berggebieten der Erde begonnen haben. Immerhin ist die Gefahr in den Alpen von Wissenschaftlern und Behörden nunmehr erkannt. In Tirol werden regelmäßig sogenannte »Rasen-Colloquien« veranstaltet; Erfahrungsaustausch und Versuchsstationen im mittel- und hochalpinen Gelände sollen neuartige Wachstumsmöglichkeiten erforschen. Erstmals soll es auch schon gelungen sein, aus Abfallprodukten der Penicillin-Erzeugung eine schnell wachsende, dauerhafte Grassorte zu gewinnen und im Bereich der Dresdener Hütte (2.600 Meter) anzusiedeln. Normalerweise würde eine Begrünung in diesen Höhen viele hundert Jahre dauern.

Die Bezirksregierungen von Oberbayern und Schwaben haben unterdessen begonnen, Skiliftbetreiber in fundiertem Gespräch, verbunden mit Ortsbesichtigungen, von der Rentabilität einer fachlich richtigen Pflege zu überzeugen. Bislang aber ist eine vorbeugende Pflege bei den Pistenbetreibern nur auf freiwilliger Basis zu erreichen, sofern nicht in den Konzessionen bestimmte Auflagen enthalten sind. Und so kommen die Naturschützer meist immer noch zu spät.

Auf dem Sudelfeld bei Bayrischzell wurde kürzlich ohne Genehmigung eine zehn Meter breite Trasse in den Bergwald geschlagen, um dem ohnehin gut gehenden Liftzirkus dort »Deutschlands erste Dreier-Sesselbahn« hinzuzufügen. Die Behörden verhinderten das erst nach lautstarkem Bürgergrollen. Am Brauneck bei Lenggries schieben zwei Planierraupen eine 15 Meter breite Erdtrasse auf, damit auch weniger geübte Skifahrer die zu Weltcup-Ehren gekommene Garland-Abfahrt gefahrlos meistern können.

Almen ohne Gras

Als 200 Bauern und Bäuerinnen aus dem Landkreis Garmisch-Partenkirchen im September 1983 traditionsgemäß ihre Almbegehung unternehmen, packt sie das Entsetzen. Gleich über der Nebelgrenze am »Sonnenberg« Wank ist der Erdboden aufgeworfen, breite Risse haben sich gebildet, kümmerlicher Bewuchs bedeckt die Wunden. Unübersehbare Folgen der intensiven Vermarktung eines Berggebietes für den Massenskitourismus.

Im vorigen Winter erst war die neue Kleingondelbahn zum 1.780 Meter hohen Wankgipfel eingeweiht worden, nachdem die abermals an Olympischen Winterspielen interessierte Marktgemeinde für mehr als 20 Millionen Mark neue Abfahrten in die Hänge trassiert und an der Talstation überdimensionale, offenbar für die Zukunft projektierte Parkflächen betoniert hatte. Zwar hatte man das immerhin 80.000 Quadratmeter große Skigelände schon 1981 »wiederbegrünt«. Doch der Graswuchs ließ bald nach, weil der eingebrachte Kunstdünger seine Wirksamkeit verlor.

Regen schwemmte dann die viel zu dünne Humusauflage weg, die Erosion begann. »Bald wird der Wank an seiner Nordostseite zur Sandwüste«, befürchtet nun Franz Erhard, der Vorsitzende der Partenkirchner Weidegenossen. Werden diese ihre Kühe und Kälber künftig noch grasen lassen können, wo doch kaum mehr Gras wächst? Schon weiden die Rösser nicht mehr oben auf den Wankalmen. Es könnte ja zu unliebsamen Konfrontationen kommen mit der wachsenden, wandernden Schar von Touristen. »Unsre Ross' haben den Leuten gleich die Knöpf' von den Joppen gebissen«, erzählt Erhard.

Doch nicht allein um Rinder, Pferde und landwirtschaftliche Rentabilität geht es bei derlei Eingriffen in die Bergnatur. Das gesamte ökologische Gleichgewicht gerät durch die anhaltende alpine Zersiedelung und nicht zuletzt durch den Pistenbau immer mehr aus den Fugen. Mancherorts, wo sich der hochtechnisierte Wintertourismus ballt, zeichnen sich schon erste Umrisse von Katastrophen ab in den Alpen.

»Der größte, wichtigste und empfindlichste Wasserspeicher Europas ist durch Entwaldungen (die umfangreichsten seit den napoleonischen Kriegen), durch Erosion und nicht zuletzt durch unsachgemäße und übermäßige Nährstoffbelastung bei der Schneepistenbehandlung (sogenannter Schneezement aus Stickstoffdünger) nicht nur im unmittelbaren Bereich der Pisten bedroht.« So düster hat unlängst die Regierung von Oberbayern als höhere Naturschutzbehörde die Situation in einem »Grünbuch« beschrieben.

Bei neueren Untersuchungen hat das Landesamt für Wasserwirtschaft in München festgestellt, dass bei einigen Skipisten in Oberbayern bis zu zehn Tonnen Feinerde pro Hektar und Jahr aus dem Boden ausgewaschen werden. Der Humus geht somit für eine geschlossene Begrünung verloren. Diese Verluste an Landschaftsbasis liegen in der Spitzengruppe im gesamten Alpenraum.

Denn Bayerns Berge sind vorwiegend steile, bewaldete Nordhänge mit hohen klimatischen Belastungen (Föhn, Ausaperungen). Auch findet sich am Alpennordrand vorzugsweise der extrem erosionsgefährdete Flysch (schweizerisch: fließende Erde). Auf der anderen Seite aber fordert der geringe Anteil Bayerns an den Alpen – und die Nähe zu den Ballungszentren – eine hohe Dichte der Pistenanlagen geradezu heraus.

Alpenbewohner kontern

»Die Natur schlägt zurück« – die Schlagzeile häuft sich. Katastrophenmeldungen aus vielen Teilen der Alpen scheinen einen alten Alptraum wahr zu machen. Berufene und Unberufene analysieren die Lage in den Hochlagen und schlagen Alarm. Horrorvisionen werden verbreitet, Schuldzuweisungen erteilt gegen jene, die trotz aller Warnungen und frühen Gefahrenzeichen hemmungslos in die sensible alpine Natur eingreifen, gegen Häuschen- und Hotelbauer, Straßenplaner und Bergbahnbetreiber, Pistenverbesserer und Pistenfahrer, Almbauern, Jäger, Tourengeher, Fremdenverkehrsnutzer, eigentlich gegen fast alle, die in und mit den Bergen leben.

Jetzt schlagen sie zurück, die Alpenmenschen, die um ihren guten Ruf und wohl auch um eine gedeihliche Entwicklung ihrer Existenzgrundlage, des Tourismus, besorgt sind. Im September 1987 kommen sie aus ihren Tälern nach München, wo Meinungen über Alpenprobleme und ein Großteil des touristischen Aufkommens erzeugt werden. Viele Übertreibungen in jüngster Zeit und wichtigtuerische Einmischung einiger Politiker lieferten ihrem Abwehrkampf gute Argumente.

Auf der Münchner »Intermontec«, der einzigen deutschen Messe für Sport, Freizeit und Tourismus im Gebirge, diskutieren Fachleute aus mehreren Alpenländern über »Problemlösung und systematische Entwicklung von Strategien« für einen umweltverträglichen Fremdenverkehr, hauptsächlich im Winter. Auch wird in einem »Snowmaker Symposium« dargestellt, dass der künstlich erzeugte Pistenbelag, den man lieber »Kompaktschnee« nennt, nach Langzeituntersuchungen von Schweizer Botanikern die Vegetation eher bereichern als verarmen würde.

Dass es Naturkatastrophen im Hochgebirge immer schon gegeben hat und dass sie nicht nur Endergebnisse technischer Erschließung sind, demonstriert im Oktober eine erste »Öko-Tour« im Vinschgau, der dem schwer heimgesuchten Veltlin benachbart ist. Fachleute erklären den Wanderern an Ort und Stelle, wie durch Besiedelungsdruck und intensive Kultivierung das System »kippte« – und wie die Natur damit »fertiggeworden« ist.

Eine Delegation aus dem zweimal hart getroffenen Stubaital lädt in den Franziskaner ein, um durch Dias nachzuweisen, dass die gewaltigen Muren und Lawinen in »touristisch gänzlich unerschlossenem Gebiet« abgegangen sind. »Wir haben mit der Natur zu leben – und mit ihren Überraschungen«, betont Bürgermeister Johann Egger aus Neustift.

»Den Pisten kann man keine Schuld geben,« versichert der für Tourismus zuständige Tiroler Landesrat Franz Kranebitter internationalen Journalisten in Sölden, wo die von den Gletschern her angeschwollene Ötztaler Ache schwere Verwüstungen hinterlassen hat und eben noch die letzten Sektflaschen aus dem Schlamm gebuddelt werden. Doch vorsichtshalber will Tirol nunmehr Neuerschließungen nur noch dort zulassen, wo es »aus regionalwirtschaftlicher Sicht unbedingt notwendig erscheint«.

Schließlich marschiert noch eine starke Abordnung aus Garmisch-Partenkirchen – mit 47 Bahnen und 10.000 Betten die deutsche Wintersportmetropole – in der Landeshauptstadt auf: mit Dia- und Modellschau, mit Bürgermeister, Kurdirektor, Oberbaurat, Forstdirektor, Geologe, Klimaforscher, Balneologin und dem Ortsvorsitzenden des Alpenvereins. Alle verweisen sie die Katastrophen-Visionen, die das Werdenfelser Land unter Geröll, Wasserfluten und Riesenlawinen versinken ließen, ins Reich medialer Phantasien.

»Die Besiedelung und Verkehrserschließung bis in die entlegensten und höchsten Alpentäler sind nicht als Ursachen der katastrophalen Ereignisse anzusehen,« sagt Roland Ulrich vom Geologischen Landesamt. Günter Gleißner, Chef des Forstamtes im Landkreis konnte bisher »nirgendwo Anzeichen für einen großflächigen Zusammenbruch unseres Waldes entdecken«. Immerhin werden jetzt am Wank ein Messzentrum für das Forschungsprojekt »Eurotrac« (das die alpine Luft nach Verfrachtungen und hausgemachtem Schmutz analysieren soll) sowie ein »Forschungsschwerpunkt Kalkalpen« eingerichtet.

Als »absolut ungefährdet« bezeichnet der Garmischer DAV-Chef Helmut Pfanzelt, der im Münchner Ratskeller nach Älplerart seinen Filzhut aufbehält, seine engere Heimat. Die »sogenannten Katastrophenkarten« des Alpenvereins seien gründlich missverstanden worden. Was sie an Szenarien darstellten, seien nur hochgerechnete Möglichkeiten in späteren Jahrhunderten.

Ganz so gefahrlos scheint die Lage aber doch nicht mehr zu sein. Die Internationale Kommission zum Schutz der Alpenregionen (CIPRA) legt in Brixen einen Dekalog »zur Sicherung der Umweltvorsorge« vor. Das erste der zehn Gebote lautet: »Die zuständigen Behörden in den Alpenländern sollen kurzfristig diejenigen Gebiete als Gefahrenzonen ausweisen, die durch Hochwasser, Muren, Steinschlag, Wildbäche und Lawinen bedroht sind.« Das zweite Gebot besagt: »Alle Erschließungen sind nur ein Klacks gegenüber dem Sterben des Bergwaldes.«

Die übrigen Gebote beziehen sich auf die Sicherung der Berglandwirtschaft (die Alpen sind Heimat von sieben Millionen Menschen), den sanften Tourismus (gefordert werden etwa Richtlinien für den Umbau von Skipisten in Richtung höherer Umweltverträglichkeit), die Minderung der Luftschadstoffe (für Belastungszonen und Verdichtungsräume sollen Smogalarmpläne mit niedrigen Grenzwerten erlassen werden), den Schutz der alpinen Gewässer (Entwässerungen sollen grundsätzlich nicht mehr vorgenommen werden), das Umweltvorsorgerecht (das bestehende Vollzugsdefizit soll beseitigt werden, nachdem alle bisherigen Leitlinien kaum gegriffen haben), die Umweltvorsorgepolitik (ihr soll Vorrang vor dem Katastrophenmanagement eingeräumt werden) und die grenzüberschreitende Zusammenarbeit (gefordert werden rechtsverbindliche Verträge wie für Rhein und Nordsee).

Um diese und andere Forderungen führen die verbündeten Alpenschützer noch jahrelang heftige Auseinandersetzungen, vor allem mit verantwortlichen Politikern, gelegentlich aber auch untereinander. Wobei sie immer wieder auf scheinbar unüberwindliche Hindernisse stoßen. So initiiert die CIPRA im Namen von etwa hundert Organisationen aus allen Alpenländern kurz vor der Weltklimakonferenz in Kopenhagen im Dezember 2009 einen »Klimapakt«, der die Alpen zu einer Modellregion entwickeln solle. Hier sei immerhin, so CIPRA-Deutschland-Chef Stefan Köhler auf einer Pressekonferenz in München, der Temperaturanstieg seit Mitte des 20. Jahrhunderts mit 1,6 Grad doppelt so hoch wie im weltweiten Mittel. Sichtbarste Anzeichen: das Abschmelzen der Gletscher und ein beginnendes Artensterben.

Stahlnetz an der Wand

Steil steigen wir hoch vom Parkplatz an der Deutschen Alpenstraße zum »Lokaltermin« im Lattengebirge; in einigen Rinnen liegt an diesem Herbsttag 1987 noch alter, grauer Schnee. Die Experten haben schöne, bunte Karten mit: die letzten Auszüge aus dem Lawinenkataster, das seit 15 Jahren in den bayerischen Alpen geführt wird. Im vorigen Winter waren größere Schneemassen denn je heruntergedonnert von der Weißwand, haben die Zufahrt nach Ramsau und Berchtesgaden verschüttet, im Sommer folgte Geröll, ein Autofahrer wurde getötet.

»Wir stellten sieben Lawinenstriche fest, die bisher nicht bekannt waren,« erklärt Diplom-Forstwirt Bernhard Zenke, der ein Lawinenforschungsprojekt des Landesamtes für Wasserwirtschaft betreut. Für die Fachleute war es eine »große Überraschung«: Die Lawinen kamen nicht etwa, wie üblich, aus Regionen oberhalb der Waldgrenze, sondern mitten aus dem Bergwald. Zenke: »Wir haben erkennen müssen, dass dieser seine Schutzfunktion nicht mehr erfüllen kann.«

So war es im letzten Winter an vielen Stellen der Alpen geschehen. Zum ersten Mal überhaupt war es am Nordrand des größten europäischen Gebirges nicht nur zu vereinzelten, mehr oder weniger zufälligen Lawinenabgängen gekommen, sondern zu gehäuften, großflächigen Verwüstungen bis in besiedelte Gebiete und noch bis in den März hinein. Die Katastrophe war vorprogrammiert und nicht nur für die Experten vorhersehbar.

Verkehrsabgase in Kombination mit saurem Regen und natürlichem Altern haben immer größere Teile des Bergwaldes krank gemacht. Die aufkommende Naturverjüngung wird vom überhandnehmenden Schalenwild verbissen, durch Lawinen, Kriech- und Gleitschnee ausgerissen. In den verlichteten Beständen – Kahlschlag für den Skibetrieb hat es im betroffenen bayerischen Bereich entgegen voreiliger Alarmanalysen nicht gegeben – wuchs eine dichte Grasflora.

»Sie bildet eine ideale Gleitschicht für Schnee,« umriss Bayerns Landwirtschafts- und Forstminister Simon Nüssel im Sommer bei einer anderen Besichtigung den Teufelskreis. »Vermehrte Gleitschneebewegungen, kleine Lawinen und Waldzerstörung durch Schnee sind die Folgen.« Und so frisst sich das Übel immer weiter.

Rund 60 Prozent des bayerischen Bergwaldes, nämlich 140.000 Hektar, dienen dem Lawinenschutz, dem Wasserschutz und/oder dem Schutz des Bodens. Schon vor dem Katastrophenwinter, der die Dramatik der Entwicklung enthüllt hat, hatte Bayern ein im Alpenraum einmaliges Sanierungskonzept eingeleitet. Bis 1989 sollen die Planungen für 80.000 Hektar Schutzwald abgeschlossen sein. Bei 50 der vorgesehenen Sanierungsgebiete sind Ortschaften, Straßen und sonstige Infrastrukturanlagen unmittelbar betroffen.

Eine ungeheure Aufgabe für die nächsten Jahrzehnte, die einige hundert Millionen Mark verschlingen wird, wie Nüssel schätzt. Die zusätzlichen Kosten für Lawinenverbauungen durch die Wasserwirtschaftsverwaltung könnten eine ähnliche Größenordnung erreichen. Mit einer Verdoppelung des Aufwands wäre jedenfalls zu rechnen, wenn es nicht gelingen sollte, die überhöhten Wildbestände zu reduzieren.

Insgesamt sollen 100 bis 120 Arbeitskräfte eingesetzt werden, um etwa 40 Millionen Forstpflanzen – zur Hälfte Laubbaumarten – in den gelichteten Schutzwäldern oder verwilderten Almen einzusetzen und die Berghänge da, wo die neuen Gefahren drohen, mit technischen Schutzbauten zu überziehen. Auch dies bedeutet, zwangsweise zwar, eine weitere Aufrüstung der Alpen.

»Es geht nicht mehr nur um Naturschutz, sondern um reinen Objektschutz,« bemerkt der Reichenhaller Forstdirektor Georg Meister beim Augenschein nahe von Weißbach, wo der deutsche Alpenverein oberhalb der Bundesstraße, die im Sommer von 40.000 bis 50.000 Fahrzeugen täglich überwiegend touristisch genutzt wird, eine angekaufte Versuchsfläche wiederaufforstet, nachdem die Lücken immer größer geworden sind.

Einzelnes Pioniergehölz, Birke und Haselnuss etwa, ist schon hochgekommen. Man hofft nun, dass es dem Schneedruck (bis zu eine Tonne pro Quadratmeter) standhalten werde. Natürlich muss dann auch das Wild ferngehalten werden. »Bei der Gams, die sich nirgends so sicher fühlt wie im Wald, hilft nur noch abschießen«, sagt Meister hart. Immerhin sei bisher die Hälfte der Jungpflanzen verbissen worden.

Auch diese Sanierung kann nicht mehr sein als eine bloße Überbrückungsstrategie. In den nächsten zehn bis 20 Jahren würde sich die alpine Luftbelastung wahrscheinlich nicht wesentlich verringern lassen, meint Meister, der Vater des Nationalparks Berchtesgaden. Er versucht hier, »die Natur nachzuahmen« und nicht möglichst schnell wieder Holz herzustellen. Erst in 30 bis 40 Jahren könnten die neuen Bäume und Sträucher ihre Schutzfunktion übernehmen. Es ginge auch schneller: Man könnte die Gefahr durch Lawinengalerien oder Sprengbahnen für Schneebretter bannen. »Doch das würde zur Vernichtung des vertrauten Landschaftsbildes führen.«

Im Gegensatz zum Alternativprogramm an der romantischen Weißbachschlucht geht es 15 Kilometer weiter, an der Weißwand, nicht mehr ohne gewaltige technische Eingriffe in die Natur. Auf 3,5 Kilometern Länge müssen Eisenbarrieren und Stahlnetze im Fels verankert werden; Detailaufnahmen aus Flugzeugen sind vorher nötig. Das kostet etwa 45 Millionen Mark und setzt voraus, dass das Wild aus diesen Flächen vollkommen »abgezogen« wird. 16 bis 18 Jahre dürfte die Sanierung hier in Anspruch nehmen.

Ähnlicher Aufwand ist auch in anderen Gebieten dringend nötig geworden. Im Allgäu sollen sämtliche Rehwildbestände aufgelassen und die Gämsen wieder auf die Höhen getrieben werden, wo sie bis zu ihrer »Domestizierung« beheimatet waren. Die Straße, die von Lenggries zum Sylvensteinsee führt, war an zwölf Wintertagen wegen Lawinengefahr gesperrt, mehrere Ortschaften, auch auf österreichischer Seite, waren von der Außenwelt abgeschnitten, die Bevölkerung forderte Abhilfe. Jetzt werden zwei Lawinengalerien von rund 500 Metern Länge für 15 Millionen Mark gebaut. Zwischen Kreuth und der Landesgrenze wurden eine Materialseilbahn und ein Steig für die Bauarbeiter installiert, wurden Lawinenabrisse und Schneedynamik von der Luft aus fotografiert. Große Holzbarrieren sollen nun im gelichteten Bergwald die zwischen 15 und 20 Tonnen schweren Schneemassen vor dem Rutschen sichern.

»Die Sicherung der Alpen als Lebens-, Wirtschafts- und Erholungsraum muss uns diesen Einsatz wert sein,« sagte Forstminister Nüssel, als er das staatliche Sanierungsprogramm am Steilenberg bei Bayrischzell vorstellte. Kleinere Beiträge dazu werden von einzelnen Gruppen schon geleistet. So stellte die Jugend des Alpenvereins das Umweltwochenende im September unter das Motto »Umweltfreundlich Reisen«. Der Deutsche Skiverband sprach sich gegen die Errichtung neuer alpiner Sportgebiete aus und forderte die Skifahrer auf: »Raus aus dem Wald!« Und der Umwelt-Arbeitskreis der bayerischen SPD schlug vor, den Autoverkehr in den Alm- und Bergwaldgebieten nach Schweizer Vorbild durch höheres Bußgeld und rigorose Sperren stark einzuschränken.

Immer noch bedürfen etwa 13.000 Hektar – fast zehn Prozent des gesamten Bergschutzwaldes in Bayern – dringend der Sanierung. Die Anpflanzung von Baumsetzlingen kostet rund 30.000 Euro, die Lawinen- und Murenverbauung mindestens 200.000 Euro pro Hektar, so dass der Staat alljährlich drei Millionen Euro in seine Schutzwälder investieren muss. Überwachung findet heute in der Regel mit Kleinflugzeugen statt.

Windpark im Wipptal

In den teils zu Italien und teils zu Österreich gehörenden Brennerbergen, wo im September 1991 der älteste Alpenbewohner, Ötzi genannt, als Mumie im Eis gefunden wurde, soll eine Art hochalpiner Industriepark entstehen. Das gab die Landesregierung von Südtirol im Februar 2012 im Amtsblatt bekannt. Sie hat sich nicht beeinflussen lassen von all denen, die dagegen sind und dies zum Teil durch Gutachten begründen, darunter die Landesregierung Tirols, die Nordtiroler Gemeinden des Wipptals, die alpinen Verbände Italiens, Südtirols, Österreichs und Deutschlands, örtliche Tourismusverbände, Naturschutz- und Vogelschutzverbände.

Worum geht es? Eine Aktiengesellschaft plante auf dem bislang naturbelassenen Sattelberg zunächst 22, dann in »abgespeckter« Version 19 hundert Meter hohe Windkraftrotoren. Befördert wurde das Projekt natürlich durch die japanische Atomkraft-Katastrophe und den angesagten Ausstieg Deutschlands aus der Kernenergie. Die Anlage am Brenner, wird versichert, könnte 32.000 Haushalte mit 86 Millionen Kilowattstunden sauberer, sicherer Energie versorgen und Schadstoffausstoß von 10.000 Fahrzeugen einsparen – das übliche Versprechen.

»Wir müssen Windräder dort hinstellen, wo der Wind weht,« wehrte Landeshauptmann Luis Durnwalder (Südtiroler Volkspartei) erste Einwände seines eigenen Landesumweltbeirats und der anderen Parteien ab. Auf dem 2.115 Meter hohen Sattelberg, dessen Skigebiet 2006 geschlossen wurde, weht der Wind konstant mit acht Metern in der Sekunde. Die Homepage der Etschwerke, der Hauptaktionär, beruft sich gar auf den grünen deutschen Ministerpräsidenten Winfried Kretschmann: »Wir können die Windräder doch nicht im Keller bauen.«

Auf Berggipfel gehören sie aber erst recht nicht, sagen nun zahlreiche Freunde der unverbauten Natur. Die Windräder seien doch vom Tal aus gar nicht zu sehen, entgegnen die Planer. So haben sich denn auch die meisten Gemeinderäte in den nächstgelegenen, touristisch darbenden Orten Brenner und Gossensass mit den Windmachern solidarisiert. Zu solch einem Projekt gehören aber auch neue Straßen, Hochspannungsleitungen und sonstige Infrastruktur, sagen die Gegner. Ohnedies sei das Wipptal ja schon durch den interalpinen Transitverkehr hoch belastet. Eine Volksbefragung wird angestrebt.

Ein bisschen mehr Rücksicht verlangte schließlich auch der Südtiroler Regierungschef vom ersten Windpark im Land, nämlich einen ökologischen Begleitbericht sowie ein Radar für den Vogelschutz. Im Internetforum der Bozener Zeitung »Dolomiten« erschien indes ein Ratschlag, der wohl nicht ganz ernst gemeint war und doch die ganze Problematik auf den Punkt bringt: »am besten Skilifte abreißen, Skipisten aufforsten, überzählige Hotels und Touristen-Unterkünfte beseitigen, dann sinkt der Energieverbrauch, was die Windgeneratoren überflüssig macht«.

Wasserkraft im Virgental

Die Suche nach neuen, alternativen, erneuerbaren Energiequellen hat also die Alpen voll erfasst. Uralte, längst zu den Akten gelegte Pläne, einige Berg- und Gletscherbäche in Turbinen abzuleiten, werden angesichts drohender Kalamitäten wieder aus den Schubladen geholt. So auch in Osttirol, wo nach einem Großprojekt von 1971 der Oberlauf der Isel gedrosselt und zusammen mit 26 anderen Gletscherbächen in ein gigantisches Speicherkraftwerk im 30 Kilometer entfernten Kalser Dorfertal hinauf gepumpt und in »weißes Gold« verwandelt werden sollte. 140 Hektar bestes Hochweideland und 60 Almen sollten dafür geopfert werden.

Der geballte Widerstand der Bergbevölkerung, mangelhafte Finanzierung sowie ein Gerichtsurteil von 1985 haben den energiepolitischen Großmachtträumen in den Tauerntälern dann doch ein Ende gemacht. So wurden andere, naturgemäße, gleichwohl spektakuläre Lösungen (wie beispielsweise Schaupfade) ermöglicht – nachdem der Osttiroler Teil des länderübergreifenden Nationalparks Hohe Tauern 1971 endlich von der Landesregierung in Innsbruck anerkannt und 1974 der Oberlauf der Isel einschließlich der einzigartigen Umbalfälle zum Naturdenkmal erklärt worden war.

In den 1980er-Jahren aber ist der Kampf im Virgental erneut aufgeflammt. Ein Ingenieurunternehmen mit Hauptsitzen in Innsbruck und München entwickelte das Projekt »Wasserkraft obere Isel«, zwei Werbegesellschaften wurden dafür mobilisiert. Demnach soll der letzte frei fließende große Alpenfluss Österreichs, sobald er die Talsohle erreicht, in einen Kanal gezwängt und in ein Kraftwerk abgeleitet werden. Die Bürgermeister der vom rückläufigen Tourismus betroffenen Gemeinden Virgen und Prägraten, denen Zuwendungen von der Tiroler Wasserkraft AG in Aussicht gestellt wurden, haben bereits zugestimmt, vorbehaltlich allerdings einer Volksbefragung.

Nachdem die lange geheim gehaltene Planung bekannt wurde, hat der 1973 gegründete Verein zum Schutz der Erholungslandschaft Osttirol massiven Widerstand angekündigt. Er stützt sich dabei auch auf ein Urteil des Salzburger Verwaltungsgerichts, welches eine Beschwerde dahin beschied, dass das öffentliche Interesse an der Produktion von erneuerbarer Energie jeweils nach Standort und Effizienz mit dem Ausmaß des Eingriffs in Landschaft und Natur abzuwägen sei. Abgewiesen wurde mit diesem Grundsatzbescheid die Beschwerde eines Windparkbetreibers.

Entzauberter Zauberwald

Auch in Bayern hat die sogenannte Energiewende des Jahres 2011 plötzlich Wasser auf die Mühlen der Stromkonzerne gebracht. Mit 4.250 Wasserkraftwerken steht der Freistaat ohnehin schon an der Spitze der Bundesländer. Seit dem angekündigten Atomausstieg nun bieten sich die Flüsse und Bäche, auch im Alpenraum, zum neuen Einstieg in die Kraft der Fließgewässer an, die hier schon seit 200 Jahren genutzt wird. Natürlich soll dies in Zukunft »naturnah« geschehen. Bayerns Umweltminister Marcel Huber hat eigens ein »Forum ökologische Wasserkraft« ins Leben gerufen.

Zielvorgabe: Bis 2021 soll der Anteil dieser nachhaltigen Energie von derzeit 15 auf 17 Prozent am Gesamtstrombedarf im Land gesteigert werden. Über die Möglichkeiten und Probleme soll in Workshops beraten werden, an denen die großen Energiekonzerne, voran e.on, ebenso beteiligt sind wie die betroffenen oder interessierten Gebietskörperschaften und die Umweltverbände. Diese aber sind von vornherein skeptisch.

»Wegen einer Mehrproduktion von nur zwei Prozent dürfen wir nicht unsere letzten Bäche und Flüsse opfern, von denen jetzt schon

90 Prozent für die Energiegewinnung genutzt werden«, meint Richard Mergner vom Bund Naturschutz. Auch Kleinstkraftwerke könnten das Landschaftsbild verunstalten, könnten Flora und Fauna weiter gefährden. Schon seien neun von zehn einheimischen Fischarten vom Aussterben bedroht. Das Umweltministerium verkomme zum Wasserkraftministerium.

Wie weit die Eingriffe auch Bayerns Alpen bedrohen, zeigt das von der Gemeinde Ramsau abgesegnete Projekt privater Investoren. Am Auslauf des Hintersees, bei der für die Holztrift 1622 erbauten Seeklause, soll Wasser abgeleitet und in einem hundert Meter langen Druckrohr quer durch den wunderschönen Zauberwald einem Turbinenhäuschen an der Ramsauer Ache zugeführt werden.

Die Naturschützer befürchten, auch wenn das Minikraftwerk nur drei mal drei Meter groß werden und nur 47 Kilowatt leisten soll, Schlimmes für eine dramatische, mystische, durch einen Bergsturz vor 5.000 Jahren entstandene Landschaft, die einst Maler bis aus Livland angelockt hat (einige ihrer Gemälde stehen als Kopien auf Staffeleien am Weg) und nicht umsonst den offiziellen Namen Zauberwald hat.

Da rauschen Quellgewässer, worin übermannshohe Felsbrocken ruhen, herab vom Blaueisgletscher. Bach und Pfad krümmen sich zwischen knorrigen Wurzeln, werden durch erratische Blöcke und herabgestürzte Bäume immer wieder umgelenkt. Die meisten Steine sind bemoost. Weißerlen haben sich auf dem Schotter angesiedelt, stachelige Berberitzen haben hier eine letzte Heimat gefunden. Aus einer Lawinenrinne sprießen kleine Birken und andere Pionierpflanzen. Spechte machen sich an abgestorbenen Bäumen zu schaffen. Tannen und Ulmen umsäumen den Bach – dem nun wegen eines lächerlichen Energiegewinns ein Großteil seines Wassers abgegraben werden soll.

Schlechte Aussichten

Die Bergnatur ist allerdings nicht nur durch die Menschen vor Ort in hoher Gefahr. Alle amtlichen Prüfungen, Pläne und Prognosen könnten – wie immer offenkundiger wird – durch die Entwicklung des Weltklimas überholt werden. Um ganze vier Grad könnte sich die Temperatur nach Schätzungen vieler Experten für Süddeutschland bis zum Ende des 21. Jahrhunderts erhöhen. Dann wäre – laut OECD – in Deutschland nur noch die Zugspitze schneesicher. Im Alpenraum steigt die Temperatur schon jetzt schneller denn je: In den vergangenen 50 Jahren war hier die Erwärmung mit etwa 1,2 Grad doppelt so hoch wie weltweit. Trotzdem wurde die Beschneiung in allen Alpenländern, auch in Bayern, massiv ausgebaut: Von 2003 bis 2010 hat sich die beschneite Pistenfläche – laut Landesamt für Umwelt (LfU) – von rund 400 Hektar auf gut 700 Hektar vergrößert.

Eine neue Untersuchung »Klimaanpassung 2020«, mit der das LfU als zentrale Fachbehörde für Umwelt- und Naturschutz, Geologie und Wasserwirtschaft in Bayern die Universität Bayreuth beauftragt hat, kommt zu dem Schluss, dass die Anzahl der Eistage (mit Temperaturen von maximal 0 Grad) bis 2020 um durchschnittlich 50 Prozent abnehmen wird. Der deutliche Rückgang der Schneesicherheit in den Mittelgebirgen und den tieferen Lagen der Alpen führe zu einer ebenso deutlichen Abnahme der klassischen Wintersportmöglichkeiten.

»Der Einsatz von technischen Beschneiungsanlagen (…) muss vor dem Hintergrund der zunehmenden Erwärmung kritisch hinterfragt werden,« heißt es in der aktuellen Studie. Und da sich der Wintersport künftig auf die höheren Lagen der Zentralalpen konzentrieren werde, würden sich Konflikte zwischen Naturschutz und touristischer Nutzung auch auf diesen verbleibenden Flächen weiter ausweiten. Schlechte Aussichten also in jeder Hinsicht.

Veränderung
Eine Collage von Schülerinnen und Schülern der Tourismusschule Kleißheim, die 2011 in Salzburg in der Ausstellung »Die Alpen« gezeigt wurde.

Welche Zukunft?
Gesellschaftliche Trends führen auf viele Wege und Abwege

Die Bilanz zur Jahrtausendwende ergibt ein Bild der Berge, das geprägt ist von veränderten Wertvorstellungen. Die Dominanten Spiel, Sport und Freizeit inmitten einer scheinbar immer noch wilden Natur erfordern noch mehr Eingriffe und Einbauten als schon in den vergangenen Jahrzehnten des stürmischen Wirtschaftswachstums. Der Tourist wird vollends zum Verbraucher, zum »User« der Alpen. Mehr als zuvor erwartet er einen regelrecht inszenierten, reibungslos funktionierenden »Zirkus« mit allen Varianten gewohnter Technik und neuer Hightech. Im 19. Jahrhundert haben Engländer die Alpen als »Playground of Europe« entdeckt. Heute hat das Wort »Spielplatz« einen neuen Sinn. Die Alpen von morgen – wer gestaltet sie, wer schützt sie? Viele fühlen sich zu vielerlei Beiträgen berufen. Sogar im Alpenverein wird kontrovers darüber diskutiert.

User im Fun Village

Das »Fun Village«, ein Dorf von Iglus und Zelten, liegt am Rettenbachferner, ganz oben im Ötztal. Dort wird Anfang April 2000 der »Schnee von morgen« demonstriert: Schneevolleyball, Schneegolf, Pistenbully Safari, Boarder Cross, Eisturmklettern, Flying Fox, Snow Scooter, Zorb und andere neue Wintersportarten. Der alpine Ski-Zirkus scheint einen neuen, internationalen Höhepunkt erreicht zu haben.

In der Freizeitarena von Sölden diskutieren zur gleichen Zeit hundert Topmanager der Freizeitindustrie unter dem Motto »Future Mountain« Zukunftsstrategien für den alpinen Wintertourismus. »Berge voller Leben« sollen, laut Programm, im neuen Jahrhundert geboten werden. Und das nicht nur in Österreich, das 47 Prozent des europäischen Wintertourismus abdeckt und 52 Prozent seiner Einnahmen aus dem gesamten Urlaubsreiseverkehr zwischen Weihnachten und Ostern erwirtschaftet.

»Die Alpen sind ein Thema.« Mit diesem Kernsatz beginnt der 472 Seiten starke »Alpenreport«, den die CIPRA (Internationale Alpenschutzkommission) erstmals herausgibt. Über 70 Fachbeiträge fassen alle erdenklichen Fakten, Probleme und Lösungsmöglichkeiten zum Thema zusammen, geben Denkanstöße, zeigen Konflikte auf, mahnen zu Korrekturen. Der Zirkus bekommt ein theoretisches Gerüst.

Dass der Tourismus in den Alpen und der weltweite Alpinismus zum Einstieg ins neue Millenium eine erhöhte Aufmerksamkeit erfahren, zeigen im April 2000 noch zwei weitere Symposien. In Altenmarkt-Zauchensee (Salzburger Land) geht es um die Frage »Bergtourismus – Fluch oder Segen?«. Alpinisten, Touristiker, Geografen und Sprecher von »Nichtregierungsorganisationen« untersuchen und vergleichen den sozioökonomischen Wandel in verschiedenen Bergregionen. Gleichzeitig eröffnet in Altenmarkt eine große Ausstellung »Der Berg ruft«.

Alpenverein wohin?

Die größte Bergsteigerorganisation der Welt, der Deutsche Alpenverein, sieht sich im Juni 2000 auf der Hauptversammlung im Gründungsort München ebenfalls an einem Scheideweg, wenn nicht in einer Sackgasse: Soll man die neuen Trends aufgreifen, die sich die Alpen vorwiegend als gigantische Freizeitstätte aneignen? Oder wollen die alpinen Wegweiser zurück zu den alten Idealen und Werten? Oder soll ein Brückenschlag zwischen zwei grundverschiedenen Strömungen versucht werden?

Die neue Geschäftsführung unter dem früheren Heeresbergführer Alexander Hartinger hat die Weichen in Richtung Sponsoring, Service, Marketing, Merchandising gestellt. Typisch ist ein DAV-Produkt namens »Outdoor Challenging 2000«, das die im kommerziellen Bereich längst üblichen Zirkus-Programme auf die Spitze treibt: Fünf Tage lang können sich Frauen und Männer nahe eines mondänen Schweizer Kurorts bergsportlichen Herausforderungen der neuen Art stellen: Freeclimbing, Mountainbiking, Trekking und Kayaking. Eine weltbekannte Textilfirma stellt die Ausrüstung und ein weltbekannter Autokonzern ein Sondermodell, damit die Teams schnell von einer alpinen Szene zur nächsten gelangen.

Heftig wettern der ausgeschiedene DAV-Vorsitzende Fritz März, der aus Protest zurückgetretene Zweite Vorsitzende Herwig Sedlmayer und der verdiente Kulturbeauftragte Helmut Zebhauser gegen eine solche Marktanpassung, die den alten Alpenverein zu einem »ADAC der Berge« und den Bergsteiger zum »Mountain User« machen würde. Eine satte Mehrheit der Delegierten entlastet dennoch den neuen Vorstand, das extra beantragte Vertrauen will aber nicht einmal die Hälfte der 600 mit 4.726 Stimmen angereisten Delegierten aussprechen. Immerhin hat die marktorientierte Führung den Verein seit seinem 100. Geburtstag im Jahr 1969 um fast 400.000 Beitragszahler vermehren können.

Die forcierte Steigerung der Mitgliederzahlen ist auch dem Allein- und Grenzgänger Reinhold Messner ein Graus. Der Oberalpinist, der allerdings längst aus dem Alpenverein ausgetreten ist, beklagt das »zerstörerische Potenzial des Tourismus«. Messner hat schon 1998 nicht nur an die Alpinisten appelliert, »die Berge vor zu vielen Bergsteigern zu schützen« – durch Verzicht auf Hütten, Markierung, Routenbeschreibungen, Bohrhaken, Hightech. Stattdessen erwartet er mehr Kultur, mehr Wissen, mehr Staunen.

Zeit der Krise, Zeit des Umbruchs? Der entlastete DAV-Vorsitzende Josef Klenner, der über den streitenden Flügeln steht, sieht es philosophisch: Die ganze Geschichte des Alpenvereins belege, dass es immer wieder Zeitabschnitte gegeben habe, in denen die jeweils vorherrschenden Wertvorstellungen infrage gestellt wurden. In einem Gespräch mit dem Autor dieses Buches meint Klenner, man müsse jetzt »auf dem Markt der Meinungen sortieren und zuordnen«.

Vorbereitet wird von einer Projektgruppe ein neues Leitbild »DAV 2000 plus«. Aus einer Mitgliederbefragung geht schon mal der Wunsch hervor, die – zwar als »sehr gut« beurteilten – Leistungen des Alpenvereins im Bereich Umwelt- und Naturschutz und die Maßnahmen für eine sozial- und naturverträgliche Entwicklung auszubauen.

Vordringlich ausgebaut werden im ersten Jahrzehnt des neuen Jahrhunderts aber Fundamente und Kulisse einer alpinen Freizeitindustrie, die sich ohne viel Bedenken, wenn auch gegen einigen Widerstand, an wirkliche oder von der kommerziellen Werbung erst erzeugte Bedürfnisse einer sogenannten Spaß-Gesellschaft anzupassen versucht.

Himmelswege

Ein Balkon aus Stahl hängt an der begehbaren Krone der zweihundert Meter hohen Betonwand, der höchsten Staumauer Österreichs, der Kölnbreinsperre. Atemberaubend ist der Blick – über die Brüstung, durch den Glasboden oder ein Bodengitter – von 1.900 Meter Seehöhe hinunter ins »Tal der stürzenden Wasser«, wie das Maltatal in Kärnten schon in alten Dokumenten hieß. Manchen Besucher mag da ein wohliger Schauder überkommen. Im zylinderförmigen Berghotel, nur ein paar Schritte entfernt, werden mutige Gäste an der Bar zum Bungee-Sprung animiert; am Seil können sie sich 165 Meter in die Tiefe stürzen. Fast fünf Millionen Euro ließ sich der Verbund, einer der größten Stromerzeuger Europas, diese Neuheit und einige weitere, ökologisch zuträglichere Anlagen kosten.

Was soll das werden: Kanzeln zum Schauen oder zum Schaudern? Schönfernblick oder Schandfleck der Bergwelt? Der »Skywalk« ist die vorerst jüngste Attraktion im Alpenzirkus. Der erste »Himmels-Spazierweg« war, mithilfe von zwei deutschen Firmen, im etwas zurückgebliebenen Westen des amerikanischen Grand Canyon installiert worden. Seit 2010 werden auch die Alpen entsprechend nachgerüstet, nicht zuletzt an ihrem schmalen bayerischen Rand, wo die herkömmlichen Einrichtungen dem veränderten Freizeitabenteuerdrang offenbar nicht mehr genügen.

Den Anfang machte das Karwendel. Ein Riesenfernrohr ragt an der Bergstation der Seilbahn bei Mittenwald auf 2.244 Metern Höhe sieben Meter über die Felskante. Bald folgte die Alpspitze. Bei 60 Helikopterflügen wurden 84 Metallteile auf 2.200 Meter Höhe transportiert, 24 Meter tief im Fels verankert und zu einer Aussichtskanzel montiert, die 16 Meter in Form eines großen X in den Himmel hinaus schwebt, fast tausend Meter über dem Höllental.

Der sogenannte »AlpspiX« hatte natürlich Gegner. So verließ der Extremkletterer Stefan Glowacz den Alpenverein, weil die Sektion Garmisch-Partenkirchen dem Projekt zugestimmt hatte. Glowacz, dem auch Klettersteige missfallen, und ein anderer Alpinist hängten sich am Tag vor der Eröffnung mit einem Protestplakat unter die Kanzel.

Nach der Erschließung erreichen Mobilisierung und Vermarktung der Alpen neue Höhen, die bisher nicht bekannte Aussichten bieten. Das Zirkusprogramm wird einem analysierten oder vermeintlichen Zeitgeist angepasst. »Der Berg als Freizeitarena Mitteleuropas« – so lautete das Motto einer Doppelmesse, die in Bozen die allerneuesten Berg-Maschinen und Projekte präsentierte.

Erkennbar wurde dort ein Haupttrend: Noch mehr Ideen und Investitionen für den alpinen Sommertourismus, zumal der Wintertourismus eher stagniert. Das heißt: noch mehr Spaß und Sport vor allem für ein jüngeres Publikum, wenngleich die Entscheidungen infolge der Finanzkrise – wie es in Bozen hieß – nun doch »etwas länger dauern«.

Ungeachtet aller Theorien, Krisen und Proteste schreitet der Umbau der Alpen zur Kunstwelt voran. Das Schlag- und Leitwort heißt: »Inszenierung.« Und danach handeln nicht mehr nur die »Alpen-Lifestyle-Metropolen« wie das hier führende Ischgl (wo für die Saison 2010/11 noch einmal 20 Millionen Euro investiert wurden) und andere First-class-Arenen (das Zillertal hat für weitere 32 Millionen Euro aufgerüstet). Zunehmend wollen auch bisher stille Orte mithalten im alpinen Showbusiness.

Kapital genug scheint trotz der Finanzklemme verfügbar zu sein. Andernfalls oder obendrein spekulieren Betreiber und Gemeinden auf öffentliche Finanzspritzen, insbesondere aus dem Regionalfördertopf der EU (bis zu einem Anteil von 60 Prozent) oder aus dem Seilbahnförderprogramm des Freistaats Bayern. Und wenn man sich schon keines dieser neuen Super-Spektakel leisten kann, dann tut es auch eine Art Wanderzirkus, den (meist ortsfremde) Event-Agenturen gegen gute Bezahlung besorgen.

Am Geld wird also nicht gespart. Österreich ist dem Trend, wie meist im Tourismus, schon ein Wegstück voraus; auch »AlpspiX« in

Bayern wurde aus dem Nachbarland finanziert. Immerhin konnte die österreichische Seilbahnindustrie in den vergangenen Wintern bessere Ergebnisse denn je verbuchen. So wird denn auch an Superlativen nicht gespart. Als »weltweit einmalig« rühmt die Tirol-Werbung einen Tummelplatz für Fans von Trend-, Fun- und Outdoor-Sportarten, der am Eingang des Ötztals aufgemacht hat. Eine schwankende Netzbrücke spannte man zwischen zwei bestehende Brückenpfeiler, die als Kletterwände hergerichtet wurden.

Auf diesem »Skywalk« kann man einen reißenden Fluss überqueren. Auch kann der Alpenfan der neuen Generation im Klettergurt einen »Mega-Swing« von 30 Metern wagen oder von der Freestyle-Rampe per Mountainbike oder Snowboard direkt ins Wasser jumpen. Schlafen kann er hier auch, natürlich nicht in gewöhnlichen Tiroler Gasthöfen, sondern in Tipis oder Lodges aus Holz – schöne Grüße aus Kanada. Im Stubaital nebenan eröffnete eine Aussichtsplattform, die »ganz leicht« mit den Gletscherbahnen zu erreichen ist und Ausblick bis nach Innsbruck bietet.

Outdoor-Oktoberfest

Das Kapital ist oft vielfach verflochten. Die »Steinplatte Aufschließungsgesellschaft mbH & Co. KG« in Waidring wählte für ihren »Skywalk« die Form einer Koralle; diese Panoramakanzel schwebt 15 Meter über dem Abgrund. Eine ähnliche Anlage im Rofan ist wie ein Adlerhorst gebaut und heißt deshalb auch so. In Saalbach entstand ein »Turm 6«, der im ersten Betriebsjahr eine Millionen Menschen, dreimal so viel wie bisher, auf beheizten Sesseln beförderte. In Schladming entsteht für die Ski-WM 2013 ein »Planet-Planai«: ein überdimensionaler Looping mit tausend Quadratmeter großer Glasfassade.

Riesige Seilrutschen, »Flying Foxes« genannt, breiten sich ebenso rasch alpenweit aus wie allerlei andere Freizeitattraktionen. Vom 2.038 Meter hohen Gschöllkopf schwingt man sich per »Skyglider« mit Tempo 80 zu Tal. Serfaus, einst wegen seiner umweltfreundlichen »Dorf-U-Bahn« gerühmt, veranstaltet einen »Waterslide Contest« (hier endet das Skirennen in einem Bassin) und den Wettbewerb »Chill & Destroy«, während Jerzens mit »Fire & Ice« und Hochfilzen mit einem Volksbiathlon aufwarten. Die Alpen als Abenteuerspielplatz mit Adrenalin-Ausstoß, gleichsam ein Outdoor-Oktoberfest. Ins Kalkül kommt jedenfalls eine neuen Größe: der »Spaßfaktor«.

Neue Attraktionen locken und beschleunigen auch jenen Freizeitgast, der sich eher weniger bewegen will. In der »Skiwelt Wilder Kaiser«, mit 91 Liften das größte Verbundskigebiet Österreichs, erspart ein 20 Meter langes Förderband mit anschließendem, solar betriebenem Lift den ohnehin kurzen Anstieg. Solche »Zauberteppiche« stehen fußmüden Touristen jetzt vielerorts zur Verfügung, im französischen Skiort Val Thorens erreichen sie ein Rekordtempo von 1,2 Meter pro Sekunde. Rolltreppen gehören längst zur Ausstattung vieler Bergbahnstationen. Und neuerdings auch Wasser.

Für die wichtig gewordene »Summer World« offeriert eine Münchner Event-Agentur namens »The Wave« – man bedient sich fast nur noch der Anglizismen – mobile, schnell montierbare Wasserbecken, darin Pumpen eine Surfwelle erzeugen, ähnlich der im Münchner Eisbach. Auf dem Pilatus, den von Luzern aus die steilste Zahnradbahn der Welt erklimmt, wird auf über 2.000 Metern Höhe gar ein Wasserspielplatz mit Strand und Wasserwanderweg installiert, in Verbindung mit einer überdeckten Panoramagalerie zwischen der Bergstation und dem Gipfelhotel.

Die Planer von künstlichen Spielplätzen und Stränden haben die Großstädte längst hinter sich gelassen, sie sind dabei, die weite Welt der Berge zu erobern. The Games must go on – on the Playground of Europe.

Erlebnisplanung

Der neue Spielplatz Europas hat natürlich nicht nur die nötigen Geldgeber und politischen Helfer, sondern auch seine Masterplaner, Marketingmanager, Theoretiker und Philosophen. So einer ist zum Beispiel der jugendlich wirkende Matthias Imdorf, seines Zeichens Kreativdirektor der Erlebnisplan GmbH in Luzern und Dozent für Imagineering Tourism an der Fachhochschule Salzburg. Er möchte »Missverständnisse von Disneyland bis Landschaftsschutz« beiseite räumen.

Für den Alpenentwickler Imdorf ist das alles, was jetzt so kreativ daherkommt, keineswegs neu. Schon bei der Eroberung der Alpen vor bald zweihundert Jahren, doziert er im »Mountain Manager« (1/2012), der Plattform für alpine Innovationen, hätten namhafte Schriftsteller mit ihren Bestsellern die Inszenierung der Alpen eingeläutet. Jede touristische Maßnahme – ob Seilbahnmast, Blumenlehrpfad oder Speichersee – sei nunmehr Teil der gesamten Inszenierung. Natur und Kultur, Brauchtum und Technik sollen dabei als Staffage dienen.

In einigen Alpenregionen hat Imdorf bereits einige seiner Ideen erfolgreich umgesetzt. So verwandelte er den Hausberg von Graz in einen »Hexenberg« zwischen Almwiesen und Funktürmen, schuf in Südtirol einen »Wald der Riesen«, in Nordtirol einen »Himmelssteig«, im Waldviertel einen »Xundheitstreff« und in der Schweiz einen neuen, noch raffinierteren »Heidpfad« als zuvor. Und der alten Schafbergbahn am Wolfgangsee soll künftig durch Reminiszenzen an die k.u.k.-Zeit gehörig Dampf gemacht werden.

Das ebenfalls in Luzern beheimatete »Tourismusforum« vereinigt alle zwei Jahre, unter hoher Aufmerksamkeit der Branche, die Vordenker der schönen, neuen Alpenwelt. Zuletzt kamen die »New Colors« in Kaprun/Zell am See auf die Tagesordnung (im März 2012 präsentierte sich das TourismusForum Alpenregionen mit diesem Themenfokus). Dort also, wo genau fünfzig Jahre zuvor der große Eingriff ins Hochgebirge begonnen hatte (siehe Abschnitt »Seilbahn ins ewige Eis« Seite 59).

Genau hier sind denn auch die bisherigen Highlights des alpinen Ganzjahrestourismus zu bestaunen: Auf der Schmittenhöhe bei Zell können alle 138 Skipisten zu 100 Prozent »technisch beschneit« werden, im Sommer lockt eine Achterbahn. Und das Kitzsteinhorn bei Kaprun präsentiert sich als »Gipfelwelt 3000«. In einem Thementunnel, durch den einmal Skifahrer gelotst wurden, führt ein Ranger im Sommer ins Innere des Berges mit Permafrost, Kristallen und Geräuschen.

In einem anderen Tunnel, der in diese Gletscherwelt führte, waren am 11. November 2000 bei einem Brand der Bahn 115 Menschen ums Leben gekommen. 2004 waren alle 16 Angeklagten freigesprochen worden. Die zuständige Staatsanwaltschaft Amberg wollte den Prozess wegen vermuteter »Kartellbildung« noch einmal aufrollen. 2012 aber wurden die Ermittlungen endgültig eingestellt.

In den Highlife-Hochburgen der Alpen endet die Skisaison im Frühling 2012 lauter, furioser, schriller denn je. Sölden richtet ein Electric Mountain Festival aus, auf dem Kitzsteinhorn wird ein Firn und Fun Gletscherfrühlingsfest geboten, Obertauern lädt zur Schatzsuche im Hochgebirge, auch ein BMW ist da zu finden. Und hoch über Ischgl, dem Tiroler Tollhaus, stellt Eventmanager Peter Reiner die amerikanische Popdiva Mariah Carey zum Mountain Concert auf die gigantische Bühne, in 2.300 Metern Höhe tobten über 14.000 Wintersportler. Natürlich wurden dem Star alle Wünsche erfüllt: weiße Möbel, weiße Rosen, Topfpflanzen, Rohkost, Champagner, Luftbefeuchter. Elton John hatte sich, als er in Ischgl gastierte, einen roten Teppich vom Hubschrauberlandeplatz auf dem Gletscher bis zur Bühne legen lassen.

Abrüstung

Nachhaltige Wege in eine sinnvolle Zukunft

Ohne Technik
Immer noch gibt es schöne Berge, die Skifreunde ohne Zuhilfenahme von »mechanischen Aufstiegshilfen« begehen können.

Die Alternative
Wie die Alpen geschützt und dennoch genutzt werden können

Der Schutz der alpinen Natur ist eigentlich ein uraltes Thema. Schon um die Wende zum 20. Jahrhundert hatten sich Persönlichkeiten und Interessenvereine gegen massive Eingriffe in die Bergwelt in Gestalt von Eisenbahnen, Berggrandhotels, Energiespeichern oder Klammstegen ebenso eingesetzt wie für die Schaffung von biologisch wertvollen Reservaten. Schon 1910 konnten sie das Hochgebirge um den Königssee südlich von Berchtesgaden als Schutzgebiet durchsetzen.

Doch erst in den 1970er-Jahren wird auch verantwortlichen Politikern bewusst, dass in Zukunft systematische, ja rigorosere Maßnahmen notwendig sein werden, um die allzu schnell zunehmende Gefährdung des großen mitteleuropäischen Hochgebirges insbesondere durch Technisierung, Siedlungsdruck und Massentourismus wenigstens zu verlangsamen – ganz aufhalten lässt sich die Entwicklung wohl nicht mehr.

Der Deutsche Alpenverein schätzt zum Ende der 1960er-Jahre die Zahl der »Erholungsuchenden« in dem von 13 Millionen Menschen bewohnten, rund 1.100 Kilometer langen Alpenbogen zwischen Wiener Wald und französischen Seealpen auf 120 Millionen Besucher jährlich, mit zunehmenden Trend vor allem im Winter. Einen weiteren derartigen Ansturm, der einen enormen Ausbau der Infrastruktur zwingend erfordern würde, könnte die sensible alpine Natur kaum aushalten, warnen jetzt Ökologen. Von fatalen soziokulturellen Wirkungen ist vorerst noch kaum die Rede.

Doch das Umdenken hat bereits – nicht zuletzt auch im Gefolge der 1968 ausgelösten gesellschaftlichen Umwälzungen – um 1970 deutlich begonnen: mit dem vom Europarat verkündeten ersten

Naturschutzjahr und der Einrichtung eines ersten Umweltministeriums im Alpenfreistaat Bayern.

Umdenken heißt allerdings noch lange nicht umkehren und umplanen oder gar rückbauen. Viele Widerstände sind noch zu überwinden, viele an stetes Wachstum und Wohlstand, an Sport und Reisen gewohnte Verantwortungsträger sind zu überzeugen. Beispielsweise kann die Bundesregierung erst im Jahr 1976, nach langem Kompetenzgerangel, ein verbindliches Naturschutzgesetz erlassen.

Inzwischen sind zwar Organisationen wie die immerhin schon 1952 ins Leben gerufene CIPRA (Commission Internationale pour la Protection des Alpes) aktiv geworden, ihre Öffentlichkeitsarbeit findet aber in Politik und Gesellschaft noch wenig Beachtung oder wird als sektiererisch abgetan. So kann erst im November 1991 in Salzburg ein internationales Übereinkommen zum Schutz der Alpen verabschiedet werden. Auch mit der Unterzeichnung der von der CIPRA schon seit 1987 erarbeiteten Sachbündel (»Protokolle«) einer Alpenkonvention lassen sich die Staaten viel Zeit; erst 1995 kann sie in Kraft treten.

Beim Deutschen Alpenverein ist es ein Fachmann aus Frankfurt, der Geologieprofessor Reinhard Sander, der ab 1975 als Erster Vorsitzender die Signale klar und kompromisslos in Richtung Natur- und Umweltschutz umstellt. »Nicht Käseglocke, sondern naturgerechte Nutzung«, ist seine Parole für die nächsten fünf Jahre. Sander sieht die größte Bergfreunde-Organisation der Welt nunmehr in der Rolle des Zauberlehrlings, der als Vorreiter für den Fremdenverkehr zwar dessen Auswüchse nicht verhindern konnte, in der gegebenen Situation aber alles in seiner Macht stehende tun müsse, um den Schaden zu begrenzen.

Das bedeutet zunächst einmal, eine – erst zögerlich begonnene – deutliche Politisierung des Vereins auch gegen einflussreiche Mitglieder, die um die parteipolitische Neutralität bangen. Auf der Agenda stehen fortan häufiger Treffen mit wissenschaftlichen Experten, mit Politikern und Journalisten, außerdem eine rege Mitarbeit in internationalen Fachgremien, Ausbildungskurse für Naturschutzreferenten, Lehrschriften und Kurse für einfache Mitglieder über Umweltschutz (»Spleen, Show, Chance«?). Bekräftigt wird das latente Bekenntnis, dass der DAV die von den Gründern postulierte »Erschließung« des Alpenraumes für abgeschlossen hält.

Der Umbruch bekommt Gesicht durch ein reformiertes Grundsatzprogramm, das nach einjähriger Diskussion in den Sektionen auf der Hauptversammlung des Alpenvereins 1977 in Rosenheim einmütig verabschiedet wird. Immer noch recht vorsichtig zwar wird darin festgehalten, dass »die Ziele des DAV mit denen der einheimischen Bevölkerung grundsätzlich dann übereinstimmen, wenn alle wirtschaftlichen Eingriffe in ihrer Gesamtheit den Naturhaushalt langfristig nicht überfordern.« Einige viel weiter reichende Forderungen – zu den Themen Straßenbau, Seilbahnen, Jagd, Siedlungswesen usw. – gehen ausschließlich an Regierungsstellen und Öffentlichkeit.

Flankiert wird der Abwehrkampf gegen die drohende Totalerschließung der Alpen durch regionale, lokale oder Vereins-Initiativen, auch durch neue, sanfte Strategien von touristischen Zielorten und Veranstaltern. Ganz entscheidend aber sind die – wenn auch immer wieder schwierigen – Planungen der ersten alpinen Nationalparks, wobei Bayern 1978 im Berchtesgadener Land eine Pilotleistung erbringt.

Von alledem, von den unerschöpflichen Möglichkeiten einer alternativen, einer besseren Alpenpolitik, handelt der zweite Teil dieses Buches.

Almwiese
Noch grünt und blüht es auch im Hochgebirge, doch die Vegetation ist in Gefahr.

Grüne Signale
Wie die Alpenpolitiker allmählich umschalteten

Vierzig Millionen Menschen machen alljährlich Urlaub in den Alpen; zusätzlich strömen an den Wochenenden eines Jahres weitere 60 Millionen Ausflügler und Skifahrer ein. Wie soll das weitergehen? Wird der alpine Tourismus so weiterwachsen wie bisher, wird er sich an sich selbst »gesundschrumpfen« oder sollen vernünftige Perspektiven abgesteckt werden? Ende der 1970er-Jahre schien die Grenze des Wachstums erreicht. In den neun Alpenregionen, die sich 1972 zur »Arge Alp« zusammengeschlossen hatten, setzte nun auch von oben her das von Fachleuten längst geforderte Umdenken und Umlenken ein, begann erstmals überhaupt so etwas wie eine koordinierte »Alpenpolitik«.

Ende der Betonberge?

Die deutsche Alpen- und Voralpenlandschaft soll nicht weiter »ausverkauft« und »zersiedelt« werden. Im Vorgriff auf ein Landesentwicklungsprogramm haben das bayerische Innen- und das Umweltministerium im November 1972 gemeinsam Richtlinien an die örtlichen Behörden herausgegeben, die das Bauen in den klassischen Feriengebieten Oberbayerns und des Allgäus drastisch einschränken und sinnvoll steuern sollen.

»Der Siedlungsdruck aus ganz Deutschland massiert sich heute auf das Alpengebiet«, stellt Umweltminister Max Streibl fest. Nach neuen Prognosen sei Oberbayern der deutsche Regierungsbezirk, der in den nächsten Jahren die größte Zunahme an industriellen Arbeitsplätzen zu erwarten habe. Auch die Zahl der hier gemeldeten Zweitwohnungen hat sich in den letzten vier Jahren verdoppelt, sie wird 1972 auf 50.000 geschätzt.

Die Nachteile dieser Entwicklung hat das Innenministerium den Gemeinden in einem Rundschreiben aufgezeigt: »Gegenden großer landschaftlicher Schönheit« – dazu gehören in erster Linie die seenreichen Voralpen – drohen zu verstädtern, wertvolle Erholungsmöglichkeiten werden eingeengt, gemeindliche Einrichtungen der Daseinsvorsorge müssen zusätzlich bereitgehalten werden, obwohl die Ferien-, Sommer- und Zweitwohnungen oft leer stehen und den Kommunen praktisch nichts einbringen. Manche Orte entwickeln sich durch die Konzentration solcher »Ruhesitze« schon zu ausgedehnten Altersheimen, was weitere kommunale Probleme mit sich bringt.

Um diesen Bedenken den nötigen Nachdruck zu verleihen und wirtschaftliche Interessen nicht ausufern zu lassen, wurde den lokalen Planungsbehörden jetzt von München aus ein neuer Rahmen gesetzt. Grundsätzlich sollen nun nicht mehr bebaut werden: Landschaftsschutzgebiete, Fluss- und Seeuferbereiche, Waldgebiete, Hanglagen, Bergkuppen, Höhenrücken, überörtliche Grünzüge und Gebirgstäler dürfen auch dann, wenn schon eine Streubebauung vorhanden ist, nicht mehr »durchgehend« bebaut werden. Auch der Zugang zu allen diesen Landschaftsteilen muss freigehalten werden.

Freizeitwohnsitze und Objekte, die sich »städtebaulicher Großformen bedienen«, sollen grundsätzlich nur noch in zentralen Orten und Siedlungsschwerpunkten zugelassen werden. Apartment- und Hotelsilos wie an der Ostsee und vereinzelt im Bayerischen Wald sollen im Voralpenland also nur in Orten entstehen, die – wie Garmisch-Partenkirchen – ohnehin schon städtischen Charakter angenommen haben.

Auch auf die äußere Gestaltung baulicher Anlagen in den kritischen Regionen sei zu achten. Was heute zum Teil unter moderner Bauweise verstanden werde, sei in manchen Fällen durchaus geeignet, die Anziehungskraft der südbayerischen Ferien- und Naherholungsgebiete zu beeinträchtigen, betonte Minister Streibl, der aus dem Oberammergauer Fremdenverkehrsgewerbe kommt. Es komme jetzt darauf an, »noch größere Einbrüche in unsere Alpenlandschaften zu verhindern«.

Streibl rechnet allerdings damit, dass diese »bisher rigorosesten Richtlinien« für die Bautätigkeit in manchen Gemeinden und Landkreisen auf erheblichen Widerstand stoßen werden. Ähnlich wie der Alpenerschließungsplan, der manche Berggebiete von Verkehrsanschlüssen und Seilbahnen ausschließe.

Der Boom bröckelt

Neue Projekte zur Erschließung der bayerischen Alpen seien »nicht mehr sinnvoll«, stellen im August 1976 das bayerische Wirtschaftsministerium und die oppositionelle SPD übereinstimmend fest. Und auch die Betreiber selbst üben plötzlich auffallende Zurückhaltung. »Der Boom beim Bau von Bergbahnen bröckelt deutlich ab«, sagt Ingenieur Franz Zbill, Direktor mehrerer großer Bergbahnanlagen im Chiemgau und Vorsitzender des Fachbeirats der 4. Internationalen Winterdienstausstellung in München. Zbil begründet die Trendwende im alpinen Tourismus allerdings eher mit ökonomischen als – wie bisher meist geschehen – mit ökologischen Fakten.

In Bayern, wo seit dem Ende des Zweiten Weltkriegs 34 neue Anlagen (Skilifte eingeschlossen) entstanden sind, fahren die Seilbahnen jetzt nur noch mit einer durchschnittlichen Auslastung von 21,3 Prozent und damit zu über 60 Prozent in den roten Zahlen. Dafür macht Zbil in erster Linie die Kostensteigerungen verantwortlich. Eine neue Seilbahn erfordert heute eine Investition von 10 bis 15 Millionen Mark und 60 bis 80 Prozent der Betriebsausgaben verschlingt das Bedienungs- und Wartungspersonal. Aus psychologischen Gründen müsse in jeder Großkabine ein Schaffner mitfahren.

Die Folgen zeichnen sich ab. Noch für dieses Jahr wird der Konkurs der Hochfellnbahn bei Bergen erwartet; der französische Hersteller will die technischen Anlagen demontieren. In ähnlicher Gefahr ist die neue Hochriesbahn südöstlich von Rosenheim, wo noch strafrechtlich schwebende Manipulationen hinzukommen. Die drohende Einstellung der traditionsreichen Wendelsteinbahn kann wahrscheinlich nur noch durch einen zinsverbilligten Kredit des Freistaates und eine Beteiligung von Landkreis und Gemeinden vorerst abgewendet werden.

Nach Ansicht des Wirtschaftsministeriums ist die Ausstattung der alpinen Fremdenverkehrsgebiete mit einer Bergbahn pro 67 Quadratkilometer fast so hoch wie in der Schweiz und deshalb »befriedigend, teilweise gut«. Die Aufsichtsbehörde möchte daher grundsätzlich nur noch Schlepplifte auf Wiesenhängen in Talregionen, die allerdings wegen der schlechten Schneelage riskant sind, genehmigt wissen. Der SPD-Umweltexperte Reinhold Kaub glaubt, dass die Erholungsfunktionen der Landschaft und die Belange des Naturschutzes durch die

»Ausbauwut« und die »hinreichend bekannte Salamitaktik« der Bahnunternehmen und einzelner Gemeinden schon jetzt ernsthaft gefährdet seien.

»Die Ausstattung unserer bayerischen Alpen mit wintersportlichen Aufstiegshilfen ist immer noch wesentlich zu gering«, widersprach Unternehmer Zbil einem totalen Ausbaustopp. Von 1.378 Gipfeln über 1.500 Meter Höhe in Oberbayern seien derzeit nur 28 durch Bergbahnen erschlossen. Diese sorgten, auch wenn sie für sich nicht rentabel seien, für die Rentabilität des Gastgewerbes und anderer Dienstleistungsbetriebe am Ort. Eine Untersuchung des Wirtschaftsgeografischen Instituts der Universität München zeigte jedoch auf, dass es keine direkten Beziehungen zwischen der Errichtung von Bergbahnen und höheren Übernachtungszahlen in den jeweiligen Wintersportgebieten gibt.

Bergauf in roten Zahlen

Bayerns Berge sollen, wie es scheint, vorerst nicht weiter für den Fremdenverkehr »erschlossen« werden. Im Wirtschafts- und Verkehrsministerium, das für die Genehmigung von Bergbahnen zuständig ist, liegt im Frühjahr 1976 nur ein einziger Antrag vor; er betrifft den Umbau der alten Nebelhornbahn von Oberstdorf. Gebremst wird die alpine Infrastruktur offenbar aus mehreren Gründen, die allerdings durch die Weiterentwicklung der Technik in absehbarer Zeit entfallen könnten.

Naturschutz, Alpenverein und zum Teil auch das Umweltministerium kämpfen hartnäckiger denn je um die Freihaltung der letzten ruhigen Gebirgsbastionen. Daran sind zum Beispiel bisher alle Versuche gescheitert, touristisch so interessante Gebiete wie die Hochries und den Geigelstein sowie die Südseite des Jenner mit »mechanischen Aufstiegshilfen« zu überziehen. Zum anderen fahren viele der bestehenden Bahnen bereits in roten Zahlen, was etwa auf die Notwendigkeit zurückgeführt wird, aus Wettbewerbsgründen wenig rentable Wintersportpauschalen anbieten zu müssen.

Die Situation wird noch verschärft durch strenge Sicherheitsauflagen, für die das Oberbergamt in München zuständig ist, und durch häufige Kontrollen durch den Technischen Überwachungsverein. Die Seilbahnunfälle in anderen Ländern – so in Betten, Saas-Fee und zuletzt in Cavalese, wo der folgenschwerste Tragseilriss in der Geschichte der Bergbahnen 42 Menschenleben gefordert hat – lassen solche Sorgfalt notwendig erscheinen. Am 25. April 1976 war es auch bei einer der größten deutschen Seilbahnen, die vom Eibsee zum Zugspitzgipfel führt, zu einer Panne gekommen: 37 Menschen hingen zweieinhalb Stunden lang über dem Abgrund, weil an der Tragseilumlenkung im Spannraum infolge eines Materialfehlers eine Rolle gebrochen war.

Trotzdem nennt Martin Seyler, der für »Bergbahnen und sonstigen Schienenverkehr« zuständige Referent im bayerischen Wirtschaftsministerium, die Seilbahnen ein »nach wie vor sehr sicheres Verkehrsmittel«.

In der Schweiz wurde jetzt ein System entwickelt, das den ganzen Bergauf-Verkehr revolutionieren könnte: Der »Monotrack« besteht aus Zahnradschienen, die in Selbstmontage beliebig gebogen und möglichst umweltfreundlich aufgestellt werden können. Ein sogenannter Traktor mit Elektro- oder Benzinmotor fährt auf dieser Schiene und zieht Anhänger oder trägt Kabinen. Auf einer endlosen Schleife könnten mit dieser schon in Weinbergen eingesetzte »Bergbahn aus dem Baukasten« bis zu 10.000 Personen pro Stunde bei Steigungen bis zu 100 Prozent befördert werden.

Doch auch bei den gewöhnlichen Seilbahnen, die der Ministerialrat Seyler als »Schwingungsgebilde« einordnet, gibt es neue Entwicklungen. In Vorarlberg fährt eine Kabine, die sich mit einem Triebwerk am Seil den Berg hinauf »hangelt«. In Tirol setzt man auf die – im Prinzip schon alte – Standseilbahn, die auf Schienen durch ein Drahtseil hochgezogen wird, so in Ellmau im Kaisergebirge und, zu den Olympischen Winterspielen eröffnet, in der Axamer Lizum.

Grenze erreicht?

Auf Einladung des bayerischen Wirtschafts- und Fremdenverkehrsministers Anton Jaumann diskutieren im Februar 1979 die staatlichen Vertreter von acht der neun in der Arbeitsgemeinschaft Alpenländer (Arge Alp) zusammengeschlossenen Regionen über den Tourismus in den Alpen. Auffallend, dass die Erwartungen von den Höhen früherer Jahre herabgestuft werden auf realistische Einschätzungen.

Wenngleich die erste von sechs vorbereiteten Thesen immer noch meint: »Die trotz Rezession bzw. Stagnation stabile Entwicklung des Fremdenverkehrs in den westlichen Industriestaaten lässt erwarten, dass auch in Zukunft die Nachfrage nach Fremdenverkehrsleistungen des Alpenraumes tendenziell zunehmen wird.«

Dies will indes nur der Hofrat Dr. Werner Opitz aus dem Land Salzburg uneingeschränkt unterschreiben. Er glaubt, dass die Grenze der Belastbarkeit des Alpenraums zwar erkennbar, aber noch lange nicht erreicht sei. Der Tourismus garantiere in vielen Gebieten überhaupt erst das Überleben der Bevölkerung und der Kulturlandschaft. Die Alpen müssten der Erholungspark der stressgeplagten europäischen Bevölkerung bleiben.

In anderen österreichischen Bundesländern ist man offenbar zurückhaltender geworden. Luis Basetti, Landesrat für Fremdenverkehr der Regierung Tirols, rechnet nur noch mit bescheidenen Zuwächsen, die auch nur dem starken Trend zum Zweiturlaub im Winter zu danken seien, während der Sommer stagniere. Und in Vorarlberg, so Landesrat Dr. Elmar Rummele aus Bregenz, übersteigt der Zuwachs an Betten bereits bei weitem den der Nächtigungen.

»Wenn wir uns sehr anstrengen, um die Qualität zu verbessern, wird es in den nächsten fünf Jahren noch eine weitere leichte Zunahme im Alpenraum geben«, so die Prognose von Dr. Hans Spögler, der in der Südtiroler Regierung den Tourismus vertritt. Er sieht die Belastbarkeitsgrenze schon erreicht. Auf längere Sicht sollte man »nicht so optimistisch sein«, warnte Spögler vor einem anhaltenden Wachstumsglauben. Er verwies insbesondere auf den Geburtenrückgang in Westdeutschland, der größten »Urlauberquelle«.

Bei einer aktuellen Reiseintensität von 53,5 Prozent gäbe es in der Bundesrepublik Deutschland durchaus noch Reserven, meint indes Ministerialdirektor Alfred Bayer, der Vertreter Bayerns. Er verweist auf das 1978 von der Arge Alp verabschiedete »Teilleitbild Fremdenverkehr«, das zwischen hoch entwickelten Feriengebieten, wo »Ordnungsaufgaben« überwiegen sollen, und noch entwicklungsfähigen unterscheidet. Die Mitgliedsländer hätten auch erkannt, dass die gemeinsame Lösung gleichartiger Probleme nicht zu einem Wettbewerbsvorteil eines einzelnen führen dürfe.

Trotz allen guten Willens und vieler Konferenzen zieht man aber noch lange nicht gemeinsam an einem Bergseil. »Wir haben schon etwas strengere Richtlinien als manche Nachbarn«, betonte Raimund Eberle, der Regierungspräsident und Fremdenverkehrsverbandschef von Oberbayern. »Das macht sich natürlich in der Konkurrenz deutlich bemerkbar.« Da habe man zum Beispiel einem Dorf den Bau eines Skiliftes in einer vom Staat ausgewiesenen »Ruhezone« verweigert – mit dem Erfolg, dass nun die Tiroler Nachbargemeinde einen gebaut habe.

Allerdings bleibt auch in Bayern nicht aus, dass der »Fortschritt« durch die Hintertür in die Bergwelt kommt. Da wurde irgendwo ein kleiner Hotelbetrieb gebaut und gefördert, um bald danach den Nachweis zu führen, dass er sich nicht rentiere und folglich zu einem Apartementhaus mit Zweitwohnungen umgewandelt werden müsse. Eberle: »Beim Anspruch an die Landschaft müssen wir höllisch aufpassen, dass sich nicht zu viele Trittbrettfahrer an den Fremdenverkehr anhängen.«

In Italien ist man in mancher Beziehung zumindest auf dem Papier vielleicht schon ein Stück weiter. So will Südtirol, sagte Spögler, überhaupt keine neuen Touristikgebiete mehr ausweisen, sondern nur noch die bestehenden verbessern oder neuen Bedürfnissen anpassen. Auch das Trentino plant keine weitere Steigerung des Hotelangebots, sondern will angeblich nur kleine Pensionen sowie den sogenannten »Agrotourismus« – die Integration mit der Landwirtschaft – fördern.

Koalition am Gletscher

Der Erste, der abstürzte, war der Ausbildungsleiter des Deutschen Alpenvereins, ausgerechnet er. Arnold Hasenkopf fiel etwa 15 Meter, bis zum gurgelnden Grund der Gletscherspalte. Er riss den nach ihm angeseilten Dr. Fritz März, den nächsten DAV-Vorsitzenden, mit in den Schlund. Der pendelte nun auf halber Höhe. Zwei Gebirgsgreenhorns, ausgerechnet sie, mussten oben die Seilsicherung übernehmen, bis sich die beiden Alpin-Funktionäre mit Hilfe von Steigeisen und Eispickel leicht lädiert aus der drei Meter breiten Spalte hoch rackern konnten.

Eindrucksvoller hätten die Gefahren des Hochgebirges kaum demonstriert werden können als durch diesen Zwischenfall am Sulzenauferner in den Stubaier Alpen. Er stand freilich nicht auf dem Programm des viertägigen Informationstreffens, das der Deutsche Alpenverein im September 1979 für Politiker aus verschiedenen Parlamenten auf der Sulzenauhütte (2.191 Meter) und im Gelände erstmals veranstaltet hatte.

»Die Berge als Freiheitsraum, aber auch voller Gefahren – und das in einer Gesellschaft, die voller Zwänge ist und sich überall absichert!« Dies ist es, was der DAV-Vorsitzende Reinhard Sander den Gästen aus dem politischen Raum, der gewiss nicht der Zwänge entbehrt, als die heutige »gesellschaftspolitische« Sicht der alpinen Verbände darstellt. Diese neue Entwicklung sei allerdings noch weithin unbemerkt geblieben in der Öffentlichkeit.

Die Berge, auch und gerade die unwegsamsten und gefährlichsten, werden zweifellos immer mehr zur Zuflucht der Zivilisationsmüden und -geschädigten – ein gewaltiges Auffangbecken. Eine Armee von Möchtegern-Messners macht sich auf den langen Marsch durch die Freiräume über zweitausend Metern Seehöhe.

Der Frankfurter Verbandsdirektor Sander, der die größte alpine Vereinigung der Welt auf den neuen Kurs getrimmt hat und nun für den Kemptener Anwalt März den Platz räumt, drückt den Trend vor den in der Mutterbergalm versammelten Parlamentariern und Presseleuten so aus: »Das Risikoerlebnis wird etwas ungeheuer Bedeutungsvolles, je mehr wir uns einer Spießergesellschaft nähern.«

Und die Politiker, die eben dieses Risikoerlebnis gekostet hatten, ziehen mit am gleichen Bergseil. Der gerade vom Zuckerhütl (3.505 Meter) abgestiegene CDU-Generalsekretär Heiner Geißler anerkennt die »gesellschaftspolitische Aufgabe« des Alpenvereins. Leider aber sei die Notwendigkeit, den Alpenraum zu schützen, im Bewusstsein der Bürger noch nicht in gleicher Intensität verankert wie bei anderen »Kulturgütern«.

CSU-Umweltsprecher Alois Glück, der mit dem Bonner SPD-Fraktionsassistenten Hans Holleder zusammen die beiden DAV-Spitzenleute aus der Gletscherspalte geborgen hat, will sein politisches und bergsteigerisches Augenmerk auf die jetzt vermehrt auftretenden

Sicherheitsprobleme konzentrieren. Es kämen ja immer mehr Schulklassen zu Wanderungen ins Gebirge, ohne dass sie oder auch nur die Lehrer ausreichend dafür ausgebildet seien.

Vor allem aber wollen sich die Alpinpolitiker nun der weiteren Totalerschließung der letzten Naturreservate im Hochgebirge – die wenigen Gletscher sind das Hauptangriffsziel der Spekulanten – nach Kräften entgegenstemmen. Beim Abstieg vom Trögler (2.902 Meter) können sie ein Beispiel dafür erleben: Wo sich im Winter und Frühjahr bis zu fünftausend Menschen täglich tummeln, an der Dresdener Hütte, breitet sich jetzt im Spätsommer, da die Gletscherzungen bis auf einen Rest mit lächerlichem Sommerskibetrieb ausgeapert sind, ein einziges riesiges Schuttfeld mit ausgebaggerten Abfahrtsschneisen, Masten, Drähten und einer fabrikgroßen Halle, dem Umsteigebahnhof der ganzjährig verkehrenden Gletschergondelbahnen.

Gegen die kommerziellen Interessen des großen und mittleren Geldes, das in die letzten Täler dringe, müsste eine Gegenmacht aufgebaut oder stabilisiert werden, meint der linke SPD-Bundestagsabgeordnete Rudi Schöfberger – nachdem er jedoch für die letzten 650 Höhenmeter nach dem Abstieg zusammen mit Geißler und anderen Berggenossen schamlos die Gondel des mittleren Geldes benützt hat, »weil wir so Durst auf ein Bier hatten«. Ein so großer idealistischer Verein wie der DAV mit 380.000 Mitgliedern (Stand: 1979) wäre nach Vorstellung Schöfbergers prädestiniert dazu, den Kern einer solchen »Macht gegen die Vermarktung der Alpen« zu bilden.

Auch der Bonner FDP-Abgeordnete Werner Kubitza träumt nach dem erhebenden Gang über Grate, Gletscher und Gondelbahntrassen von einer Großen Koalition der Alpinpolitiker. Wie sich auf Regierungsseite die Arge Alp gebildet habe, so sollten sich alle gesellschaftlich relevanten Kräfte, die sich im Alpenraum engagieren, zu einem Schutz- und Trutzbündnis zusammenschließen.

Die Politiker rennen auf der – nach Zerstörung durch eine Lawine wiederaufgebauten – Sulzenauhütte der DAV-Sektion Leipzig offene Türen ein. Sander sinniert, als wir ihn fragen: »Es gäbe noch weitere Organisationen, etwa den Deutschen Naturschutzring mit seinen 95 Umweltverbänden, mit denen man über die Idee nachdenken könnte, wie wir eine alpine Pressure Group aufbauen könnten.«

Die Idee zeigt bald erste Wirkungen. Am 22. September treffen sich in Seefeld (Tirol) demokratische Sozialisten mehrer Länder zu einer Fachtagung über »Ökologie und Ökonomie im Widerstreit«. Am 18. November versuchen Glück und seine CSU-Freunde, soweit sie keine Wachstumsfans sind, bei einer Tagung der konservativen Parteien in Meran das Interesse auf den alpinen Umweltschutz zu lenken. Und ein parlamentarischer Stammtisch der Bergkameraden aller Fraktionen soll in Bonn am Rhein aufgemacht werden, wo allerdings die umliegenden Hügel längst schon mehr als vermarktet sind.

Lastenausgleich

Die jüngsten Lawinenkatastrophen und das Hochwasser, das wieder bis weit in den Voralpenraum hinein droht, haben ein neues Denken zwar nicht ausgelöst, aber voll bestätigt: Zu überarbeiten sind sämtliche alpinen Flächennutzungspläne im Hinblick auf Gefährdungszonen für Siedlungs- und Infrastrukturmaßnahmen; zu überprüfen ist, in welchen Bereichen »Jahrhundertereignisse« bereits bei vergleichsweise geringen Niederschlagsmengen eintreten können.

Diese und andere Forderungen sind Inhalt eines 14 Seiten starken Maßnahmekatalogs. Er wird im März 1988 auf der Grundlage einer allgemein gehaltenen »Konvention zum Schutz der Alpen« von über 50 Abgeordneten sozialdemokratischer und sozialistischer Parteien aus der Bundesrepublik, Österreich, der Schweiz und Italien in Kochel am See erarbeitet – zufällig am selben Wochenende, als wieder einmal »die Natur zurückschlägt«, als Schneeberge viele Menschen und ganze Siedlungen begraben. Der Katalog soll mit Bürgern diskutiert und den Parlamenten zugeleitet werden.

Im Vergleich mit vielen gutgemeinten Alpenschutzprogrammen ist die Kocheler Konvention der Linken konkret, umsetzbar und viel weitergehend. Die Probleme berühren allerdings längst nicht mehr nur die Alpenländer. »Wir wissen heute, dass ein Großteil der Bedrohung nicht hausgemacht ist, sondern von außerhalb kommt«, betont Hans Kolo, der Umweltsprecher der bayerischen SPD und Vorsitzende der »Arbeitsgemeinschaft demokratischer Sozialisten im Alpenraum«.

Drei Einflussfaktoren werden genannt: Die Schadstoffzufuhr aus Industriegebieten ist in den Alpen wesentlich stärker als im Flachland, weil hier die Niederschlagsmengen doppelt so hoch sind; der Verkehr ist, hauptsächlich in Form des Transits, in den letzten Jahren dreimal schneller gewachsen als im übrigen Mitteleuropa; und beim Tourismus ist das Verhältnis noch viel krasser. Auf den Tourismus bezieht sich denn auch ein großer Teil der Forderungen.

Ein Stichwort dabei heißt »Lastenausgleich«. Die Talschaften, die noch nicht und möglichst auch künftig nicht am Kuchen Fremdenverkehr mitspeisen, sollen praktisch entschädigt werden durch Abgaben aus voll entwickelten Gebieten. Dadurch wäre es nach Ansicht von Tiroler Abgeordneten beispielsweise nicht nötig gewesen, auch noch die Gletscher des Pitz- und des Kaunertals technisch zu erschließen, wo doch das benachbarte, prosperierende und stellenweise explodierende Ötztal schon alles bietet, was der moderne Skitourist offenbar verlangt.

Abgaben sollen nach Vorstellung der linken Alpenschützer auch die internationalen Konzerne leisten, die weiterhin den »harten Tourismus« betreiben und nicht auf umweltfreundliche Urlaubsformen umsteigen wollen oder können. Den Begriff »sanfter Tourismus« wollen die Gegenspieler der eher konservativen »Arge Alp« allerdings aus dem Verkehr ziehen; er sei zu einem »Primitiv-Tourismus mit Rucksack und kaltem Zimmer abgemeiert«.

Kolo will auch wissen, dass die bereisten Gemeinden über rund 90 Prozent ihres touristischen Angebots nicht mehr selbst verfügten. Die großen Reiseunternehmen bestimmten nicht nur die Urlaubsformen vor Ort, sondern bereits die Investitionen, etwa in Bahnanlagen. Von den Kapitalrückflüssen gelange das wenigste in die Kommunen zurück. Die hochqualifizierten Arbeitsplätze, wozu Kolo etwa Konzeption und Werbung zählt, befänden sich in München, Mailand, Brüssel und Berlin, aber nicht in Seefeld oder Garmisch-Partenkirchen.

In den Ausgleichsfonds, mit dessen Hilfe die Alpen vielleicht von dem alptraumhaften Druck entlastet und weiteres Wachstum gesteuert werden könnten, soll auch ein »Wasserzins« der Elektrizitätsgesellschaften fließen. Noch viel zu wenig sei über die ökologischen Schäden bekannt, die von Laufwasser- und Speicherkraftwerken, insbesondere von Pumpspeicherbecken im Hochgebirge (für Schneekanonen) ausgehen.

Überhaupt sollen künftig – schlägt die linke Alpenallianz vor – jeder Investitions- und Kaufentscheidung im alpinen Bereich die ökologischen Folgekosten angerechnet werden, etwa in Form flexibler Steuern für Zweitwohnungen, Abfallproduktion, Energieverschwendung, Chemisierung und Mechanisierung. Umweltverträglichkeitsprüfungen und andere Instrumentarien sollen dazu entwickelt werden.

Ausflügler mehren Konflikte

Im Alpenraum entstehen neue »Konfliktpotenziale«, nachdem Siedlungsdruck, Massentourismus, Verkehrsballung und das langsame Sterben des Schutzwaldes bereits schwere, in jüngster Zeit katastrophale Folgen gezeigt haben. Wissenschaftler und Politiker aus vier Alpenländern erörtern im April 1988 auf einer Tagung der von der CSU gegründeten Hanns-Seidel-Stiftung in Wildbad Kreuth die neuesten Erkenntnisse und die – zum Teil drastischen – Folgerungen.

Als das größte der anstehenden Probleme nennt der bayerische Umweltstaatssekretär Alois Glück den rasch wachsenden Ausflugsverkehr vor allem im Voralpenland. So würde die angestrebte Verkürzung der Wochenarbeitszeit »viele Pfingstsituationen« bringen. Alpiner Umweltschutz würde stattdessen eine Umorientierung hin zum verlängerten Jahresurlaub erfordern. Schon schwappen die Münchner Wochenendwellen weit nach Oberitalien hinein.

Um den motorisierten Tages- und Kurzreiseverkehr aus den Ballungszentren zu kanalisieren und möglichst zu reduzieren, solle man die bestehenden Engpässe »bewusst nicht erweitern«, fordert der Umweltpolitiker Glück die Gemeinden auf, bei denen seit einigen Jahren immerhin eine Abkehr vom bisherigen Wachstumsdenken zu erkennen sei. Parkplätze und Bergbahnen sollten grundsätzlich nicht mehr erweitert werden.

Der größte Engpass allerdings soll endlich beseitigt werden. Die Tagungsteilnehmer fordern eine baldige Regierungsvereinbarung über den Bau eines Brennerbasistunnels für die Eisenbahn und überhaupt eine Verbesserung der internationalen Politik der Umweltvorsorge im alpinen Raum. Diese müsse sich auch auf die Sanierung der Bannwälder, die Erhaltung der Berglandwirtschaft und die Sicherung der Arbeitsplätze bei möglicherweise stagnierendem Fremdenverkehr beziehen.

Dass der »sanfte Tourismus« vielleicht »viel schlimmer« sei als der herkömmliche Massentourismus, verdeutlicht Professor Ulrich Ammer, Direktor des Instituts für Landschaftstechnik der Universität München, an der Beunruhigung und den vegetativen Schäden, die durch neuartige Bergaktivitäten entstehen könnten. Vor allem das Varianten- und das Tiefschneeskifahren entwickle sich zu einem Problem, das die Regeneration des Bergwaldes gefährde. In Bayern sind bereits zehn Prozent der Schutzwaldflächen nicht mehr zu verjüngen, wenngleich – wie ein Sprecher der Staatsforstverwaltung betont – »die Lebenskraft des Waldes insgesamt noch nicht gebrochen ist«.

König der Bergtiere
Im Schweizer Nationalpark und einigen anderen Schutzgebieten der Alpen ist der Steinbock wieder heimisch geworden – wie auch der Steinadler und vereinzelt der eingewanderte Braunbär.

Der Königsweg
Warum Nationalparks der beste Naturschutz sind

Lange, steile und beschwerliche Wege waren zu bewältigen, bis in den Alpen – nach amerikanischem Vorbild – die ersten Nationalparks entstanden. Anhaltende Missverständnisse lagen wie Felsbrocken auf den in den einzelnen Ländern unterschiedlichen Wegen. Offizielle Schutzgebiete würden die wirtschaftliche Entwicklung der betreffenden Bergregion behindern und die Existenz der ansässigen Bevölkerung gefährden, meinten die einen. Ein staatlich geplanter Nationalpark wäre doch nur ein großer Zoo, sagten die anderen. Viel Verständnis für ökologische Zusammenhänge, viel Mut und einiges Geld waren nötig, um die Grundidee trotzdem schrittweise durchzusetzen: so viel alpine Wildnis wie überhaupt noch möglich zu erhalten, für die Menschen aufzuschließen – und nicht etwa zu »erschließen«. Heute gibt es 14 alpine Nationalparks. Vier davon werden hier exemplarisch vorgestellt.

Anfang im Ammergebirge

Was in der Schweiz, in England und Amerika möglich ist, das müsse man doch auch in Deutschland zuwege bringen, meint der Präsident des Deutschen Naturschutzringes, Professor Dr. phil. Dr. med. Hans Krieg, als er 1950 mit dem Plan eines deutschen Nationalparks an Behörden, Vereine und Abgeordnete herantritt. Krieg ist Generaldirektor aller wissenschaftlichen Sammlungen des bayerischen Staates und Direktor der Zoologischen Staatssammlung.

Im Januar 1952 scheint es so weit zu sein, dass seine Idee verwirklicht werden könnte. Vom US-Hochkommissar John F. McCloy persönlich erhält Krieg, der sich durch Forschungsreisen nach Südamerika einen internationalen Namen gemacht hat, für diesen Zweck einen Scheck von 25.000 Mark überreicht, es handelt sich um eine Spende amerikanischer Privatleute.

Professor Krieg hat für diesen einzigartigen »Naturschutzpark« eine der schönsten und unberührtesten Gebiete des bayerischen Oberlandes ausgewählt: das Ammergebirge. Er möchte wilde Tiere aussetzen, die in Deutschland bereits auf dem Aussterbeetat stehen, zum Beispiel Adler, Steinböcke und Murmeltiere. Und für die Landschaft in diesem Kerngebiet hat der Naturschutzexperte nur den einen Wunsch: »Die Leute sollen hier ein Stück unverschandelter Natur genießen können, wo keine Seilbahn den Berg hinaufrattert und die Flüsse nicht schnurgerade durch einen Zivilisationswald ohne Bergblumen fließen.«

Der Nationalpark böte aber auch der Wissenschaft einmaliges Forschungsmaterial, meint Professor Krieg. Hier könne man die natürliche Landschaft mit der zivilisierten vergleichen. Studenten der Natur- und Forstwissenschaft sollen im Ammergebirge untergebracht werden. »Damit wir nicht etwa Wachtposten aufstellen und das ganze Gebiet einzäunen müssen«, sagt der Initiator. Er verspricht sich vom künftigen Nationalpark, wegen des zu erwartenden Fremdenzustroms, einen erheblichen volkswirtschaftlichen Nutzen. Und deshalb hofft er auf ein »baldiges Ja« des bayerischen Landtags. Doch gar so bald soll es nicht geschehen.

Europas grünes Dach

Die Regierungschefs der Bundesländer Kärnten, Salzburg und Tirol unterzeichnen am 21. Oktober 1971 einen Vertrag – »geleitet von dem Wunsche, die Hohen Tauern als einen besonders eindrucksvollen und formenreichen Teil der österreichischen Alpen in ihrer Schönheit und Ursprünglichkeit als Beispiel einer für Österreich repräsentativen Landschaft und zum Wohle der Bevölkerung, zum Nutzen der Wissenschaft und zur Förderung der Wirtschaft für alle Zukunft zu erhalten«.

Dieser Vertrag mit der wortreichen Präambel soll eine schon 1909 in München geborene Vereinsidee (»außer Wald auch die alpine Flora und die große wie kleine Tierwelt zu schützen«) in konkrete politische Formen gießen: die Schaffung des »Nationalparks Hohe Tauern«, des bislang größten in Europa, des schönsten in den Alpen. Ein grünes Dach des Kontinents. Zwanzig Jahre nach diesem feierlichen Rütlischwur in Heiligenblut, dem oft fotografierten Bilderbuchdorf am Großglockner, soll das erklärte Ziel erreicht sein.

Mindestens in den drei hochalpinen »Sonderschutzgebieten« des neuen Nationalparks – Pasterze, Gamskogel, Piffkar – und in den »Kernzonen« darf sich die Natur wieder frei entfalten. Was sie zu bieten hat, veranschaulichen Infozentren und kleine naturkundliche Führer: beispielsweise wieder eingebürgerte Steinböcke, Raufußhühner und Bartgeier. Doch auch in den sogenannten Außenzonen wird Ökologie großgeschrieben.

Überall entstehen Geo-Lehrpfade: zu zerklüfteten Gletschern und tosenden Wildbächen, durch den »Rauriser Urwald« und durch Europas einziges Smaragdbergwerk.

Nirgendwo mehr – so wird allseits versichert – sind die letzten ungezähmten Gebirgswasser von der Energiewirtschaft bedroht. Und Seilbahnen soll es schon überhaupt nicht mehr geben. Ein Projekt namens »Tauriska« (so hieß der keltische Volksstamm, der vor 2.000 Jahren in dieser Gegend lebte) soll die kulturelle und wirtschaftliche Entwicklung vorantreiben: mit Bauernmärkten, Aktivitäten zur Dorferneuerung, geschichtsbeladenen Festen (zum Beispiel das »Hexenspiel« in Krimml oder die »Keltischen Musiktage« in Stuhlfelden).

Neue, umweltfreundliche Formen des Verkehrs werden gefördert und getestet. So sind Bahnfahrten von Salzburger, Kärntner und Wiener Bahnhöfen um 30 Prozent verbilligt. Heiligenblut hat ein Konzept, um ganz autofrei zu werden. Auf der Tauernautobahn soll eine »Öko-Maut« eingeführt werden, um abgasfreie »Tälerbusse« finanzieren zu können, der erste bringt bald im Lungau Urlauber dorthin, wo sie bisher mit dem eigenen PKW angelangt waren.

Insbesondere für den Tourismus ist der Nationalpark eine enorme Herausforderung. Er könnte eine Vorbildfunktion wahrnehmen und einen wichtigen Beitrag zur »Schule des Reisens« auf umwelt- und sozialverträgliche Art leisten, meint Peter Haslacher, der Umweltreferent des Österreichischen Alpenvereins. Fast alle Gemeinden im Kärntner und Salzburger Teil haben die Chance begriffen und arbeiten an entsprechenden Programmen. Allein im Mittleren Pinzgau können Urlauber allwöchentlich aus zwölf verschiedenen Wandertouren auswählen; sieben Nationalparkwächter führen, kostenlos.

Von Heiligenblut aus führen bekannte Alpinisten nicht nur in die höchsten Regionen, sondern auch zum Pferdetrekking und Goldwaschen. Vorbereitet werden Fußwanderungen auf historischen Spuren von Salzburg nach Venedig über den Großglockner. Großer Aufbruch auch am Großvenediger, dem zweithöchsten Berg Österreichs, dessen Gipfel (3.674 Meter) genau an der Grenze zwischen dem Nationalparkland Salzburg und Nochnicht-Partner Osttirol liegt.

Die wichtigsten Gemeinden Osttirols werden sich, unterstützt von der Landesregierung in Innsbruck, noch lange gegen den Vollzug des Nationalparkbeschlusses wehren, weil sie von den Planungen befürchten, den wirtschaftlichen Anschluss zu verlieren.

Kompromiss am Königssee

Am 13. Juli 1972 endlich »ersucht« der Bayerische Landtag die Staatsregierung, einen »Alpennationalpark« zu planen. Dann wird noch einmal sechs Jahre lang argumentiert, untersucht, besucht, begutachtet und gestritten, bis sich Experten und Politiker auf einen Standort einigen. Es ist eine der schönsten und immer noch »wildesten« deutschen Landschaften (obwohl jetzt schon mehr als zwei Millionen Menschen pro Jahr »einwandern«): das Bergland beiderseits des fjordartigen Königssees bei Berchtesgaden, wo schon 1910 ein alpines Schutzgebiet ausgewiesen worden war.

Auf einer Fläche von 210 Quadratkilometern soll nun alpine Natur in optimaler Weise geschützt, entwickelt und notfalls rückentwickelt werden. Zugleich soll dieser erste Nationalpark in den Ostalpen der Erholung, Bildung, Information und Forschung dienen. Für letzteren Zweck sind Dauerbeobachtungsflächen und klimatologische Messstationen, botanische und zoologische Untersuchungen geplant. Am 1. August 1978 soll die Verordnung dazu in Kraft treten.

Das Konzept kann nach so langem Tauziehen nur ein Kompromiss sein. Die Grundbedingung: Dem Berchtesgadener Land, dessen Bevölkerung fast hundertprozentig vom Fremdenverkehr und gewissen Erträgnissen seiner Natur lebt, darf die Existenzgrundlage nicht geschmälert werden. Andererseits soll auf jede »konsumtive« Nutzung der Naturgüter im künftigen »Nationalpark Berchtesgaden« verzichtet werden, verkündet Gründungsdirektor Hubert Zierl.

Aber auf etwa 20 Prozent der Gesamtfläche wird man weiterhin altgewohnten Ansprüchen der Holznutzung, der Jagd und der Almwirtschaft genügen müssen, wenn auch in beschränkten und wissenschaftlich kontrollierten Maßen. Drei Prozent der Fläche sollen als »Lichtweiden« geduldet werden. Dort oben auf den Almen dürfen Bauern – gewiss zur Freude der Wanderer – weiterhin ihr Vieh mit Glockengeläut grasen lassen.

»Bei den langen Märschen durch den Wald auf der Futtersuche zertreten die Kühe viele Pflanzen,« mahnt der aus dem Amt gegraulte Nationalparkplaner Georg Meister, dessen Ideen man als allzu idealistisch empfand: Nach gegenwärtigem Kenntnisstand seien noch alle endemischen Pflanzen vorhanden, meint dagegen Zierl. Als »Schönheitsfehler« bewertet er nur, dass die Wurzeln des Gelben und des Purpur-Enzians weiterhin für eine Schnapsbrennerei ausgegraben werden dürfen.

Bei der Wiedereinbürgerung ehemals heimischer Wildtiere will sich das Nationalparkamt – das zum Missbehagen des Alpenvereins dem (touristisch engagierten) Landratsamt und nicht dem (ökologisch orientierten) Umweltministerium untersteht – auf wenige Arten beschränken. Infrage kommen nunmehr nur noch Fischotter, einige Großeulen und der Luchs; diese Raubkatze aber auch nur dann, wenn sie von der Bevölkerung »grundsätzlich akzeptiert« wird. Den überhöhten Rotwildbestand möchte man allmählich auf 150 bis 300 Stück reduzieren. Die so lange heiß umstrittene Frage, wie viele Tiere auf welche Weise zu »reduzieren« seien, entscheidet der aus dem Nationalpark Bayerischer Wald erfahrene Zierl so: »Wir reden nicht mehr viel darüber, wir langen zu.«

Urwald nachempfinden

»Wir versuchen, die Urwaldstrukturen nachzuempfinden«, umreißt Forstamtsdirektor Dr. Reindl die nach all den Debatten doch ziemlich »reduzierten« Ziele. Weil man nun den Bergwald weitgehend unbewirtschaftet lasse, könne man Holzarbeiter umschulen zu Parkwächtern (»Ranger«). Kein Meter Forststraße solle mehr gebaut werden. Allenfalls werde man das bestehende, insgesamt 200 Kilometer lange Wegenetz »kinderwagerlbreit« ausbauen und für Bergwandertouristen markieren.

Allerdings ist auch bei hoher Kompromissbereitschaft kaum einzusehen, warum die Forststraßen im Nationalpark kurz vor seiner offiziellen Gründung noch mit einem scheußlichen Schilderwald bepflanzt wurden und warum an der Archenkanzel, wo sich ein herrlicher Tiefblick auf den Königssee bietet, ganze Bankreihen und ein massives Geländer hingestellt werden mussten.

Sünden gibt's noch viele auf der Alm. Ein hässlicher Hang mit verkümmerter Fauna zieht sich an der Kühroint hoch. Der Bundesgrenzschutz kann auf den Skilift neben seinem Haus, wo sich auch die GSG-9-Männer nach ihrem Einsatz in Mogadischu erholen durften, offenbar nicht verzichten. Und zusammen mit den Naturschützern muss Kurdirektor Fedor Radmann derzeit Sturm laufen gegen eine Starkstromleitung mit 40 Meter hohen Masten entlang von Wanderwegen.

Als viertes Ziel möchte Zierl noch »Schutz und Pflege des historischen Erbes« in den Aufgabenkatalog einfügen, nachdem er ähnliche Bestrebungen in Amerika erkundet hat. Immerhin hat das Landesamt für Denkmalpflege ermittelt, dass sich im Bereich des Nationalparks noch 52 Kaser (Almhütten) befinden, von denen 23 nicht mehr genützt werden und dem Verfall preisgegeben wären. Die alten »Rundumkaser« sind geradezu ein volkskundliches Wahrzeichen des Berchtesgadener Landes; die Geschichte dieser Almen geht bis ins Jahr 790 zurück.

Die Berchtesgadener ärgert nun allerdings, dass sie keinen Felsbrocken und keinen gestürzten Baum mehr (etwa für Skipisten) beiseite räumen dürfen, ohne alle möglichen Dienststellen zu befragen. Brummt ein Bergführer vom Alpenverein, dem die Natur gewiss am Herzen liegt: »Wenn erst der Bürokratismus in die Berge kommt, ist es viel schlimmer, als wenn man selber mit dem Hackl aufräumt.«

Ewig rauschen die Bäche

Der Gletscherbach gurgelt und gischtet. Sanft steigt der Almweg direkt daneben den Talboden hoch. Vereinzelte Lärchen und Zirben noch, dann ein paar uralte Almhütten: Innergschlöss, die letzte Ansiedlung im Talschluss, mit einem Gemeinschaftsstall, einem Gasthof und einem Informationsstadel des Alpenvereins. Dahinter glänzen die wild zerklüfteten Eisströme des Schlatenkees und die weißen Spitzen des Großvenedigers (3.674 Meter), Österreichs zweithöchsten Bergmassivs.

»Ein Bild von so überwältigender Wirkung, wie deren wohl nur wenige innerhalb der Ostalpen angetroffen werden mögen,« so hatte schon 1883 ein Mann vom Alpenverein geschrieben. Auch der Begleiter unserer Informationswanderung im August 1981, der Forstrat Anton Draxl, gerät an dieser Stelle ins Schwärmen: »Die größten Gletscheroberflächen, das größte naturbelassene Land, die schönste Bauernkultur Österreichs – das wollen wir nicht kaputt machen lassen!«

Seit zehn Jahren nun wird um dieses Stück Bergland gekämpft. Die derzeitige Hauptfront verläuft am Gletscherweg Innergschlöss in Osttirol. Hier soll sich in allernächster Zeit entscheiden, ob es möglich ist, »im schönsten Raum der Zentralalpen etwas zu schaffen, das etwas von der einstigen Unversehrtheit unserer Erde für alle Zeiten konserviert«. So beschreibt der Erste Vorsitzende des Österreichischen Alpenvereins, Professor Luis Oberwalder, das Projekt »Nationalpark Hohe Tauern«.

Nachdem schon 1909 in München ein Verein Naturschutzpark Hohe Tauern gegründet und bald auch die ersten Grundflächen vom damals noch binationalen Alpenverein angekauft worden waren, hatten die Landeshauptleute von Tirol, Salzburg und Kärnten am 21. Oktober 1971 in Heiligenblut einen Vertrag unterzeichnet, nach dem im berühmtesten Hochgebirge Österreichs der erste Nationalpark der Alpenrepublik geschaffen werden soll. Bei dem feierlichen Rütlischwur ist es bislang geblieben. Ein Gerangel um Kompetenzen, Interessen und Einflüsse hat das Projekt verzögert.

Vielen Verantwortlichen erschien es von vornherein einige Nummern zu groß: 2.600 Quadratkilometer soll der Nationalpark umschließen, von den Krimmler Wasserfällen im Westen bis zum Katschberg im Osten. Dreißig Gemeinden mit 60.000 Einwohnern liegen in dem Gebiet, das ungefähr die Fläche des Landes Vorarlberg hat. Der Osttiroler Teil gehört seit jeher zu den ärmsten in Österreich. Dort befürchtet man, dass Naturschutz total keine Entwicklung verheiße, sondern diese eher verhindere. »Wir sind 30 Jahre hinter den anderen zurück«, sagt Bürgermeister Kasimir Berger von Prägraten. »Was jetzt geschieht, ist für uns lebenswichtig.«

Die verständliche Verunsicherung eines Teils der Bevölkerung trifft sich mit energiepolitischen Intentionen des Staates. Da das Kernkraftwerk Zwentendorf kraft Volksentscheids nicht in Betrieb genommen werden kann, setzt Österreich auf die Ausbeutung seiner letzten Wasserkräfte. Und die Hohen Tauern bergen immer noch die größten ungehobenen Schätze an »weißem Gold«. Oberhalb von Kals am Großglockner plant man einen sechs Kilometer langen Speichersee mit 220 Meter hoher Staumauer. In ihn sollen 26 Gletscherbäche durch unterirdische Stollen eingeleitet werden. Ein Milliardenprojekt, das auch im europäischen Energieverbund eine wichtige Rolle spielen soll.

Ein ökologisches Gutachten sagt allerdings den »Verlust unersetzlicher Erlebniswerte« voraus, falls der Landschaft das rauschende Wasser abgegraben werden sollte. »Ein Tal ohne Bach ist wie ein stummer Mensch«, sinniert Oberwalder beim Wandern im »Gschlöss«. Hier hat sein Alpenverein einen musterhaften »Gletscherlehrpfad« angelegt. Auch die Umbalfälle nahebei, die nun durch Energiepläne ebenfalls bedroht sind, machte man naturnah »wanderbar« (ein Werbewort der Wiener Regierung). Dafür gab es sogar ein »Europadiplom«. In dieser Osttiroler Region haben die Alpenvereine der Bundesrepublik und Österreichs (zusammen über 600.000 Mitglieder) im Jahr 1980 mit Erfolg begonnen, einen »alternativen Alpintourismus« zu erproben.

Die Kraftwerksplaner indes haben, nachdem etwa 100.000 vorwiegend junge Österreicher gegen die »Brutal-Variante« unterschriftlich protestiert hatten, einen »Kompromiss« gefunden: Zur Hauptbesuchszeit« könnten die schönsten Gletscherbäche durchaus weiterrauschen, in der übrigen Zeit wäre immer noch etwas »Restwasser« zu sehen. Doch die Anhänger eines natürlichen Nationalparks widersetzten sich solchen »Klosettbächen«, die man durch Knopfdruck und Computer regulieren könnte.

»Das Rauschen des Baches im Tages- und Jahresrhythmus, allein von der Sonneneinstrahlung am Gletscher reguliert, gehört unverzichtbar zu dieser Landschaft, andernfalls kann man den ganzen Nationalpark vergessen,« ruft der Planungsbeauftragte Draxl zum letzten Gefecht. Leider sei man im Osttiroler Virgental noch nicht so weit wie im Kärntner Glocknerdorf Heiligenblut, wo der Bürgermeister gedroht habe: »Wenn sie uns die Bäche nehmen, marschieren unsere Schützen auf.«

Unterstützt von ihrem erzkonservativen Landeshauptmann Eduard Wallnöfer in Innsbruck, dem Wirtschaftswachstum wichtiger ist als eine konservierte Landschaft, harren die meisten Bürgermeister der betroffenen Gemeinden noch in Warte- oder sogar in Abwehrstellung gegen den »überzogenen Naturschutz«. Denn wenn einmal die Gletscherbäche nicht oder kaum mehr durch die Täler fließen, sondern durch den Stausee, dann – so spekulieren die meisten dort – fließen die Schillingmillionen auch in die schmalen Kassen der Gemeinden.

Dieses Geld wäre willkommen, um im Südwesten des Venedigers einen großräumigen Sommerski- und Wanderzirkus anzulegen. Die Pläne liegen im Detail vor: Für eine zehn Kilometer lange Gletscherstraße, die im Zuge des Kraftwerkbaus realisiert werden könnte, sowie für eine 2.600 Meter lange Einseilumlaufbahn und einen Schlepplift bis auf den Hohen Zaun auf 3.467 Meter. Von 58 Dreitausendern im Venedigergebiet wären damit nur zwei »in Anspruch genommen«, räumen die Erschließer alle Naturschutzbedenken beiseite.

Wenn ihnen Wasserenergie und Gletscherrummel einmal ein »wirtschaftliches Auskommen« sichere und sie obendrein im Verwaltungsrat die Mehrheit bekämen, dann wären die Gemeinden durchaus mit einem »überschaubaren« Nationalpark einverstanden. Aber Professor Luis Oberwalder, ein Sohn des wirklich noch jungfräulichen Virgentals, gibt seinen engeren Landsleuten zu bedenken: »Man kann nicht Jungfrau und Prostituierte zugleich sein.« Weil dieser Widerspruch seit zehn Jahren nicht überwunden werden konnte, ist das schöne Österreich außer Monaco und Liechtenstein immer noch das einzige Land Europas ohne Nationalpark. Jedoch nicht mehr lange.

Tirols letztes Aufgebot

1982 verwirklicht das Land Kärnten im Bereich der Großglockner- und Schobergruppe seinen Anteil am größten Nationalpark Mitteleuropas, 1984 folgt Salzburg und 1991 endlich auch Tirol. Das Schutzgebiet umfasst nunmehr 1.800 Quadratkilometer – statt der ursprünglich verplanten 2.600 Quadratkilometer.

Bis zuletzt haben sich die Gemeinden Osttirols hartnäckig gesträubt. In einer geheimen Volksabstimmung lehnt der Gemeinderat von Matrei großflächige Schutzgebiete, Jagdverbot, land- und forstwirtschaftliche Nutzungseinschränkungen einstimmig ab. Bei einem Treffen, zu dem der ÖAV-Vorsitzende Professor Christian Smekal in die »Höhle des Löwen« zur Diskussion einlädt, lässt Bürgermeister Dr. Andreas Köll der Presse schriftlich mitteilen: »Es wird Ihnen sicherlich einleuchten, dass sich ein mitteleuropäischer Kulturraum im Herzen der Alpen nicht mit einem Indianerreservat in Yellowstone oder einer afrikanischen Steppe vergleichen lässt.«

Smekal findet dies »schwer verständlich«. Die Erfahrungen in den bisher 29 Nationalparkgemeinden, wo rund 55.000 Menschen ihren Unterhalt erwirtschaften, hätten die auch in den anderen Bundesländern anfangs artikulierte Angst vor dem »großen Glassturz« eindeutig ausgeräumt. Die Sommernächtigungen – Gradmesser des Wohlstands in Österreich – sind dort insgesamt deutlich gestiegen, die Bevölkerungs- und Beschäftigtenzahlen ebenso, nach jahrelangen Wanderverlusten bis zu 23 Prozent.

Rettung eines Dorfes

Das Dorf liegt in 1.325 Metern Höhe genau am Fuße des Großglockners und gehört zum Nationalpark Hohe Tauern. Kals ist sein kurzer Name. An der Brücke des Ortsteiles Großdorf beginnt ein Weg durch den schönen Lawoareswald. Er ist durch ein geschnitztes Käuzchen markiert und stellt dreierlei dar: einen alten Mühlenweg, einen Öko-Lehrpfad für Kinder und den Einstieg in eine intakt gebliebene Wildwasserlandschaft, die einmal zum größten Stausee der Ostalpen und damit zu einem der potentesten Energielieferanten der wasserreichen Republik werden sollte.

Wo sich die schwarz-silber schimmernden Schluchtwände zum wildromantischen Dorfertal hin öffnen, sollte eine 220 Meter hohe Staumauer vor die Daberklamm geklotzt werden. Schon seit 1950 warb eine Studiengesellschaft für das gigantische Projekt. Dessen erste Stufe sollte die Zusammenführung aller Kalser Bäche in das Dorferbecken sein. 140 Hektar bestes Hochweideland mit 60 Almen sollten dafür geopfert werden. »Ganze 160 Meter hoch wären wir überschwemmt worden,« sagt der Almbauer Anton Gratz, dem man nicht einmal eine Abfindung geboten hatte.

Doch Widerstand wurde wach. Jungbauern und Bäuerinnen waren es vor allem, die den »Ersäufern« den Kampf ansagten. Gescheitert ist das Projekt aber letztlich nicht an Einsicht, sondern am nicht vorhandenen Geld von Investoren und am Verwaltungsgerichtshof, der 1985 erkannte, dass dieses Vorhaben »weder dem volkswirtschaftlichen Interesse des Fremdenverkehrs noch der ebenfalls im Interesse der Volkswirtschaft liegenden Aufrechterhaltung bäuerlicher Wirtschaftsformen in Berggebieten dient«.

Zehn Millionen Bäume

Auf der Europakarte ist es auf einen Blick zu erkennen: Das Sengsengebirge und das Reichraminger Hintergebirge bilden das größte zusammenhängende Waldgebiet der Alpen, die größte Fläche mit den wenigsten Siedlungen und Straßen. Seit 1997 sind die beiden wenig bekannten Bergregionen zusammengefügt zum »Nationalpark Kalkalpen«. Dieser ist mit einer Fläche von vorerst 18.300 Hektar um ein Drittel größer als das größte Waldgebirge Deutschlands, der Nationalpark Bayerischer Wald. »Unter den Schwingen des Adlers« – der Wappenvogel ist live und als Logo präsent – erstreckt sich das Naturreservat über Höhen von 385 bis 1.963 Metern (Hohe Nock). Es gehört zu 87 Prozent der Republik Österreich und besteht zu 80 Prozent aus Wald; sechs Flächen mit je drei bis vier Hektar sind unberührter Urwald.

Mit solchen Dimensionen, die den Waldweiten in Ostkanada gleichen, sollte sich der Besucher dieses Nationalparks vertraut machen, wenn er dort zu einer Wanderung aufbricht. Und er sollte sich im nagelneuen Nationalparkhaus in Molln (nahe der Autobahn Linz-Graz) erst einmal informieren. Im ersten Jahr nach der Eröffnung hat der ungewöhnlich gestaltete Pavillon schon 28.000 Besucher angelockt. 99 Gruppen nahmen an den geführten Wanderungen teil, bei denen versucht wird, die Schönheiten und Eigenheiten des großen Kalkgebirges zu zeigen, ohne die vielfältige, da und dort einzigartige Pflanzen- und Tierwelt zu stören.

Die schier unerschöpflichen Naturressourcen werden wiederum an imposanten Zahlen deutlich: In 30 verschiedenen Waldgesellschaften mit etwa zehn Millionen Bäumen leben tausend Pflanzenarten, 800 verschiedene Großschmetterlinge, 4.000 Käfer, 80 teilweise gefährdete Brutvogel- und 50 Säugetierarten. Sogar ein Braunbär wurde bei Pettenbach wieder gesichtet – und leider von einem Jäger erschossen (was die offiziellen Berichte unerwähnt lassen). Die beiden Luchse und die Schleiereule, weitere Heimkehrer, leben noch. In rund 800 Quellen und unverbauten, 470 Kilometer langen Bachläufen taucht der Fischotter auf und eine Quellschnecke, die in diesem Teil Europas bisher unbekannt war. Auch ein weltweit einzigartiger Höhlenkäfer wurde nach jahrelanger Suche gefunden.

Wie das Quellwasser in unzähligen Karstspalten versickert und in tausend Rinnsalen unterirdisch in die Tiefe stürzt, dann zu Seen und Wildflüssen anschwillt, dieses Naturschauspiel zeigt eine Ausstellung »Verborgene Wasser« im Nationalparkhaus, wo man dafür einen »Gläsernen Berg« gebaut hat. Sie bietet Anregung beispielsweise für ein Rafting-Abenteuer in der Steyrschlucht, bis hin zur »Rinnenden Mauer«, wo das Wasser auf 50 Metern Länge aus der bunt geschichteten Konglomeratwand über sieben Meter herunter tropft und fließt. Oder vielleicht zu einer geführten Höhlentour, wo die Eigenarten von Klima, Pflanzen, Mikrowesen und verborgenem Wasser eigenartige Erlebnisse bieten.

Auf Pferden, Kutschen und Mountainbikes lassen sich Wald und Berg erforschen. Die angebotenen Wander- und Trekkingtouren dauern bis zu sechs Tage, mit je sechs Stunden Gehzeit und Übernachtung im Biwak. Zur Orientierung gibt es immerhin, weit über den Nationalpark hinaus, markierte und teilweise thematisierte Wege sowie 20 Almhütten, von denen die meisten bewirtschaftet oder auf Selbstversorgung eingerichtet sind. Am Rand des Parks erklären sechs Infohütten die örtlichen Gegebenheiten. Und dazu gehört nicht zuletzt die Geschichte; rund um das Sengsengebirge stand einst ein Industrierevier in voller Blüte.

Längst ist das »Land der Hämmer« durch die Österreichische Eisenstraße verknüpft, während im Hintergebirge ein Radweg »auf den Spuren der Waldbahn« hergerichtet wurde. Das Hauptprodukt waren, neben dem Holz natürlich, europaweit exportierte Sensen. In Steinbach am Ziehberg blieb der mächtigste Kalkofen der Nordalpen erhalten. In der Ramsau arbeitet noch der letzte Kohlenbrenner. In Molln werden immer noch oder wieder Maultrommeln hergestellt sowie Ritterrüstungen und historische Waffen für Theater und Festspiele.

Dass in dieser wilden Gegend auch ein zwar illegales, aber volkstümliches Gewerbe blühte, dokumentiert das einzigartige Wilderermuseum an der Steyrbrücke von St. Pankraz unter dem Schlagwort »Rebellen der Berge«. 1919 hatte Molln eine legendäre Wildererschlacht erlebt. Vom Museum aus zieht sich der historische »Flötzersteig« zehn Kilometer hinauf bis zum Alpineum von Hinterstoder, mit Wasserfällen, Höhlen, Triftklausen und anderen Erinnerungen an die Zeit der Holzknechte und Flößer. Ähnliche Eindrücke vermittelt der sechs Kilometer lange Rundwanderweg im Weißenbachtal, dem »Tal des Holzes«. Das Leben hier, erinnert sich die 77-jährige Elsa Nußbaumer, war für alle »nix als a Schinderei«.

Sein Entstehen verdankt auch dieser Nationalpark, wie zwei der drei anderen in Österreich, eigentlich einer verfehlten Energiepolitik, die hemmungslos auf die Ausbeutung der heimischen Wasserschätze gebaut hatte. Noch 1982 waren zwei Großkraftwerke mit einer hundert Meter hohen Staumauer geplant. Obendrein wollte der größte Industriekonzern der Republik in diesem Hintergebirge einen riesigen Schießplatz abgrenzen, um eine neue Kanone auszuprobieren. Nur durch massive Proteste des Alpenvereins, der Naturschutzverbände, der Bauern und der Jugend konnten die Wahnsinnsprojekte verhindert und stattdessen der Natur ein ganz großes Refugium geschenkt werden.

Die vielgestaltigen Angebote und eine langsam greifende Öffentlichkeitsarbeit (wunderschön das Magazin »aufwind«) sollen dazu beitragen, dass Österreich-Urlauber künftig mindestens einen der vier, demnächst vielleicht fünf Nationalparks zwischen Großvenediger, Donauauen und Neusiedler See aufsuchen. In Zusammenarbeit mit Tourismusorganisationen, Reiseveranstaltern, Naturschutzverbänden und ausländischen Nationalparks sollen Patenschaften, Packages und Projekte koordiniert werden.

Schwarze Gletscher

»Ah, der Chef selbst«, stellt der Chefwanderführer fest. Jakob Lieberherr legt das Fernglas aus der Hand und winkt dem Murmelmann kurz zu, bevor er mit seiner kleinen Gruppe zu den neu eingebürgerten Bartgeiern hinaufsteigt. Im Schweizerischen Nationalpark sind Mensch und Natur gut Freund.

Damit es so bleibt, hat der seit 1992 amtierende Direktor, der 45-jährige Zoologe Klaus Robin, von Studenten an zwei Tagen 2.000 Fragebögen an die Besucher verteilen lassen. Außerdem lässt er seine wissenschaftlichen Mitarbeiter im Inn-Städtchen Zernez, wo sich Verwaltung und Informationszentrum befinden, über ihr Forschungsgebiet öffentlich berichten. Da werden dann auch heiße, aktuelle Fragen über das steter Wandlung unterworfene Verhältnis zwischen Menschen, Tieren, Pflanzen und Bergen diskutiert. Beispielsweise mögliche, nötige oder vorerst unnötige Besucherbeschränkungen.

»Mich beschäftigt die Frage, wie viele Touristen der Park eigentlich verträgt,« sagt Robin. Eine Aktivierung der bisher vernachlässigten Öffentlichkeitsarbeit, wie er sie begonnen hat, bedeutet natürlich auch mehr Besucher. Rund 250.000 waren es in den letzten Jahren. Das wäre nicht viel, verglichen mit deutschen Nationalparks: Auf den 13.500 Hektar im Bayerischen Wald werden alljährlich rund 1,5 Millionen Touristen gezählt, im 21.000 Hektar großen Alpennationalpark Berchtesgaden zuletzt etwa 450.000.

Im 17.000 Hektar großen, einzigen Nationalpark der Schweiz, der am 1. August 1914 als erster in Europa gegründet wurde, konzentriert sich der Besucherverkehr allerdings auf die Sommersaison. Mit dem ersten Schneefall wird er gesperrt, wegen Lawinengefahr und zur Beruhigung des Wildes; erst Anfang Juni war er in diesem Jahr wieder schneefrei.

Die Gratwanderung zwischen den Notwendigkeiten, ein über 3.000 Meter aufragendes Naturreservat der Alpen zu schützen und zugleich den Menschen zu vermitteln, kann also auch hier nur über Aufklärung, Sensibilisierung und eine gewisse Lenkung führen. Bisher jedenfalls haben sich fast alle Besucher an die strikten Wegegebote und die vielen anderen Restriktionen gehalten. Wanderführer Lieberherr meint, dass die 80 Kilometer markierten Wanderwege, eingeteilt in

17 mehrstündige Routen und erreichbar von acht Parkplätzen aus, durchaus ausreichen, um die schon bis zu 3.000 Wanderer täglich zu verkraften.

Ihnen öffnet sich eine Bergwelt, die im Urzustand zu verharren scheint. Sie stoßen nur auf wenige, aber hochinteressante Siedlungsspuren. Da sind Ruinen von Schmelzöfen am danach benannten Ofenpass (2.149 Meter), wo einmal Eisen-, Silber- und Bleierze verhüttet und die Urwälder ringsum für die Schmelze verfeuert wurden. Seit 78 Jahren von den Menschen in Ruhe gelassen und niemals aufgeforstet, ist wieder ein Drittel des Nationalparks von Arven, Legföhren und anderen schönen Bäumen bewachsen. 640 verschiedene Pflanzenarten wurden registriert. In den »Schneetälchen«, in hoch gelegenen Mulden und Hangkerben, wo der Schnee länger als acht Monate liegt, hat sich eine besonders hübsche Flora entwickelt, mit Alpenveilchen und Blauer Kresse.

In gut 2.000 Metern Höhe stoßen wir auf die letzten Spuren früher Zivilisation, die Hausfundamente sind seit zwei Jahrhunderten überwuchert. Das Dorf Stabelchod war von französischen Soldaten zerstört, der letzte Wirt in Zernez gehängt worden. Jetzt begrüßen uns nur noch Murmeltiere auf der Lichtung mit lautem Pfeifen; im Juli bringen sie in ihren Höhlen das Heu ein wie früher die Bergbauern. Spuren von Wild überall: Trittsiegel vom Hirsch, schwarze Suhlflecken im Gras, wo sich die Tier reiben, wenn es ihnen zu heiß wird. Und vielstimmige Konzerte: 60 Brutvogelarten leben im Park, 40 ziehen als Sommergäste durch.

Unter allen Nationalparks Europas ist der Schweizerische wohl am besten erforscht. Rund 5.000 Tierarten wurden bisher bestimmt. Viele der kleineren leben in den Höhlen von totem Holz (nur an den Wanderwegen werden gestürzte Bäume beseitigt). Die jüngsten Bewohner sind die fünf (nach früher Ausrottung) wieder eingebürgerten Bartgeier, die von einer kleinen Biwakschachtel aus Tag und Nacht beobachtet und mit Fleisch von überfahrenem Wild eine Weile noch gefüttert werden.

»Wir dürfen ihnen aber nicht zu nahekommen, sonst würden sie uns wie Hühner nachlaufen,« sagt Lieberherr, während er sein Stativ auf zwei auf einer Felskante hockende Jungvögel einstellt. Er hat sie schon acht Meter über Murmeltieren kreisen sehen und glaubt nicht an die Legende vom »Lämmergeier«, wie der größte Alpenvogel früher verschrien war. »Wahrscheinlich wollen sie nur spielen.« Wenn die Thermik gut ist, beteiligen sich auch die Steinadler am Naturschauspiel.

Faul ruht eine Gämse auf einem Schneefeld und lässt sich nicht aufschrecken. Etwa 1.400 Stück gibt es. Außerdem 270 Steinböcke, für die jetzt ein Managementprojekt beginnt. Von den Luchsen, die Naturschützer 1972 illegal eingesetzt hatten, haben sich die Spuren 1980 verloren. An der Westflanke des Piz dal Diavel (»Teufelsberg«) sind dafür die 200 Millionen Jahre alten Fußabdrücke von Dinosauriern zu sehen.

Doch es sind wohl weniger die Tiere, deren Anwesenheit meist nur indirekt zu erkennen ist, die immer mehr Menschen in das älteste und höchstgelegene Schutzgebiet Europas locken. Faszinierend ist vor allem die Landschaft selbst mit ihren einzigartigen Formationen unter dem Dach der weißgleißenden Dreitausender, vom viel begangenen Piz Nair bis zum Piz Pisoc (3.174 Meter), wo der letzte Braunbär der Schweiz 1904 sein Leben lassen musste. Da gibt es »Schwarze Gletscher« aus gefrorenem Geröll über Permafrost, dekorative »Girlandenrasen«, die durch komplizierte Gefrier- und Auftaubewegungen entstehen, und weite Almen mit schönstem Alpenpanorama wie dem Plain Cheval, wo früher Saumpferde weideten.

Dieser Pass war einmal ein wichtiger Alpenübergang für Wanderer, Mönche und Krieger. Heute liegt er ziemlich abseits der Hauptverkehrsströme, führt mitten durch den Nationalpark und dient nur noch einem ziemlich sanften Tourismus. Dass der Nationalpark ein wesentlicher Faktor für den Tourismus ist, weiß natürlich auch der neue Direktor Robin und er will es nicht ändern. Wenngleich er sich in anderen Schweizer Berggebieten und am Bodensee durchaus weitere Nationalparks und damit eine gewisse Verteilung künftiger, noch größerer Touristenströme vorstellen kann.

Zu den 1992 eingeführten Neuerungen gehört übrigens auch ein – von der Universität Zürich entwickeltes – Geografisches Informationssystem, das langfristige Prozesse in diesem hochalpinen Nationalpark beobachten soll.

Der Schweizerische Nationalpark ist der einzige Nationalpark der Eidgenossenschaft geblieben. Unter dem touristischen Druck haben sich die Wildtiere – im Sommer 2006 wurde der erste Braunbär gesichtet – weitgehend auf Nachtaktivität zurückgezogen. Eine Plage sind heute die Wilderer, die sich im Grenzgebiet zwischen drei Ländern vergleichsweise sicher fühlen.

Autofrei zum Adler

»Wir stehen hier im Jagdgebiet des Steinadlers«, sagt Ulli Brendel, der den König der Lüfte in einem speziellen Monitorringprogramm wissenschaftlich betreut. »Sie brauchen aber keine Angst zu haben«, fügt er hinzu und verweist Geschichten von geraubten Kleinkindern ins Reich der Fabel. Einen Dackel hat einer von Brendels stolzen Schützlingen neulich aber doch gepackt und davongetragen; man sollte also Hunde bis Pudelgröße lieber anleinen. Im Nationalpark Berchtesgaden werden derzeit, im Frühsommer 2003, fünf Paare beobachtet.

Brendel führt seine Gäste vorzugsweise an Plätze, wo der große Greifvogel die mittags aufkommende Thermik nutzt, um ohne einen einzigen Flügelschlag kreisend aufzusteigen und sich blitzschnell auf ein Beutetier zu stürzen. Aber auch an die Horste, von denen man 70 kennt, werden die Besucher bis auf 300 Meter herangeführt. Die Steinböcke, die noch aus Zeiten des »Reichsjägermeisters« Göring stammen, können sogar aus 20 Metern Nähe besichtigt werden. Und die Murmeltiere pfeifen und verschwinden oft erst unmittelbar vor dem amüsierten Wanderer. Den Adlermann freut vor allem, dass die Leute neuerdings auf die Priesbergalm kommen können, ohne ein einziges Mal das Auto benutzen zu müssen.

Möglich macht es das Programm »Fahrtziel Natur«. Es wurde vom Berliner Umweltzentrum der Deutschen Bahn AG in Zusammenarbeit mit den vier größten Umweltverbänden entwickelt und vor Ort von den Nationalparks sowie dem jeweils regionalen Tourismus und Personennahverkehr realisiert. Für 15 Schutzgebiete der Bundesrepublik gibt es jetzt über 150 Angebote, von der Kanutour durch die Sächsische Schweiz bis zur Wattwanderung. Mit 945 Zügen, darunter immerhin 109 Fernzüge, und mit Linien- oder Sonderbussen können alle diese Naturziele ohne Stress und Umweltbelastung direkt erreicht werden.

Das jüngste Ziel nun ist Berchtesgaden, wo ein Jubiläum zu feiern ist: 25 Jahre Alpennationalpark. Am 1. August ist dazu ein großes Fest der Offenen Türen anberaumt. Zwei Intercity-Züge kommen täglich aus Nord- und Westdeutschlands Metropolen im südöstlichsten Bahnhof der Bundesrepublik an. Für nur 22,50 (Familien 48) Euro kann man an fünf beliebigen Tagen die Busse der Region benutzen, auch den Wanderbus, der den Nationalpark bis hinauf zum Hirschbichl quert, und den Zubringer zum Kehlstein, wo Touristen immer noch »Hitlers Adlernest« vermuten.

Der Nationalpark-Ranger Lorenz Köppl hat die kleine Gruppe von der ebenfalls jubilierenden Jennerbahn (sie wird 50 Jahre alt) hergeführt und unterwegs schon viel erzählt: über die Geschichte dieses Naturreservats, über Umweltbildung, Forschung, Almwirtschaft, Botanik. Die in einem Bergkessel versteckte Alm – der Nationalpark besteht nicht nur aus Urwald, Felsgestein und Königsee – ist nicht nur Jagd- und Brutgebiet der Steinadler, sondern auch eine Bergwiese, wo der gelbe Enzian prächtig gedeiht. Die Wurzel darf – eine der gelegentlich kritisierten Ausnahmen in der Nationalparkordnung – der Brennmeister Hubert Irlinger ausgraben und in seiner urgemütlichen Hütte zu hochprozentigem Schnaps destillieren, natürlich auch Wanderer in Schlückchen probieren lassen. »Bei guad'm Weda kemman vui, bei schlechtem koa.« Auch der Lenz hat den Touristen viel zu erzählen, von Mönchen und Mythen, vom Arbeiten und Leben auf der Brennhütt'n.

»Mit den Forschern unterwegs«, »Farbenzauber« – so heißen einige der vielen naturnahen Jubiläumsangebote im Berchtesgadener Land. Im Hochsommer wird jeden Tag eine Sonderwanderung angeboten. Anspruchsvoll sind die geführte Bergtour mit dem Jäger zu den Gämsen im Wimbachgries, der Treck mit Haflingern ins Wimbachtal oder die Wanderung mit dem Senn zum Kasen.

Im Vorfeld des Nationalparks, wo Bergsport mit technischen Hilfsmitteln grundsätzlich verboten ist, können Kinder und mutige Erwachsene mit den Bergführern der Brüder Grassl und des Bergveteranen Thomas Huber (dessen Söhne die Spitze der deutschen Kletter-Elite bilden) sich von einem Felspfeiler abseilen lassen, einen Klettersteig erklimmen und – ein Top-Abenteuer namens »Flying

Fox« – mittels Klettergürtel, Rollen und zwei Seilen über eine 50 Meter tiefe und ebenso breite Schlucht schweben. Und wenn sie, was alle Beteiligten hoffen, mit der Eisenbahn statt mit eigenem Kfz angereist sind, dann kann jeder Teilnehmer dem sensiblen Bergwald auch noch einiges an klimaveränderndem Kohlendioxidausstoß ersparen.

Auch das Aufgabenfeld Forschung wird eifrig beackert. Zu den anstehenden Aufgaben gehören 17 Projekte, die sich mit dem Klimawandel im Hochgebirge befassen, etwa die – gefahrdrohenden – Auswirkungen auf den Permafrost in Höhen ab 2.500 Metern. Auf dem Gelände eines ehemaligen Hotels ist ein »Haus der Berge« geplant, bestehend aus einem Informationszentrum, einer Umweltbildungsstätte und einem Freiraum. Der von jeglichem Eingriff freie Anteil an Wildnis im Nationalpark soll von jetzt 66 auf über 75 Prozent erweitert werden.

Almprotest

Immer öfter werden Almen oder Gipfel von besorgten Menschen besetzt, die für den Erhalt der Bergwelt demonstrieren.

Aktionen, Abkommen, Allianzen
Allerlei Beispiele für eine nachhaltige Steuerung

Bereits im Jahr 1952 organisierten einzelne Personen und Staaten den länderübergreifenden Alpenschutz. Aus dieser Initiative entstand die »Commission Internationale pour la Protection des Alpes«, abgekürzt CIPRA. Sie arbeitete auf einen umfassenden Staatsvertrag hin, es sollten 40 mühevolle Jahre voller Verzögerungen werden, bis am 7. November 1991 die Umweltminister Österreichs, Frankreichs, Deutschlands, Italiens, Liechtensteins, der Schweiz und der EU in Salzburg die sogenannte Alpenkonvention unterzeichneten (Slowenien und Monaco kamen später dazu). Nach und nach wurden dann – jedoch noch nicht von allen Staaten – sogenannte Durchführungs-Protokolle unterzeichnet und ratifiziert; sie beziehen sich auf Raumplanung und nachhaltige Entwicklung, Naturschutz und Landschaftspflege, Berglandwirtschaft, Bergwald, Tourismus, Energie, Bodenschutz und Verkehr. Für vier Fachthemen fehlen noch die Protokolle: Bevölkerung und Kultur, Luftreinhaltung, Wasserhaushalt und Abfallwirtschaft. Zu Bevölkerung und Kultur sowie zum Klimawandel wurden erste Deklarationen formuliert. Die Alpenkonvention hat 16 offizielle Beobachterorganisationen, eine davon ist die CIPRA. Daneben setzten und setzen sich weiterhin viele kleine, private Initiativen für den nachhaltigen Schutz der Alpen ein.

Gütesiegel und Rostbüchse

Durch Lob und Tadel, aber auch durch Nennung von Ross und Reiter bei der Umweltzerstörung soll künftig der unvermeidliche Entwicklungsprozess in den Alpen so weit wie möglich gesteuert werden. Dies sind die vordringlichen Ziele einer »Schutzgemeinschaft Alpen«, die sich im März 1980 in Oberammergau bildet. Ihr gehören mehrere alpine Bürgerinitiativen an. Der Deutsche Naturschutzring (DNR), der Schweizerische Bund für Naturschutz, der Deutsche und der Österreichische Alpenverein stehen auch dahinter, mithin insgesamt rund fünf Millionen Mitglieder.

»Jeder, der in den Alpen neu erschließt, muss wissen, dass jetzt ein neuer Wind weht«, verkündet der DNR-Sprecher Klaus Gerosa auf einer Pressekonferenz. Es gehe nunmehr darum, »Widerstandsgruppen« aufzubauen gegen den weiteren Bau von Fernstraßen, die weitere Opferung von Gletschergebieten für den Sommerskilauf, die dringlich gewordenen Planungen für die Energiewirtschaft (Stauseen, Trockenlegung von Bächen, Hochspannungstrassen), gegen Zersiedelung und Kulturzerstörung.

Mit Geduld und im Guten und durch sachverständige Alternativplanungen hätten die Umweltschutzorganisationen bisher eine Entwicklung gefordert, die auf die ökologischen Zusammenhänge Rücksicht nehme, heißt es in einer Resolution. Dies alles habe bisher jedoch nur wenig genutzt und der Landschaftszerstörung zum Schaden der einheimischen Bevölkerung und der Erholungsuchenden keinen Einhalt gebieten können. Deshalb werde man nun nicht mehr nur reagieren, sondern agieren.

Erste Aktionen sollen von einer siebenköpfigen Koordinierungsgruppe in München vorbereitet werden. Gedacht ist an eine Art Gütesiegel für umweltfreundliche Entwicklung, das an Fremdenverkehrsorte oder ganze Talverbände vergeben werden soll, aber jederzeit wieder entzogen werden kann. Als Beispiel nennt Gerosa das Hochplateau von Sulden. Dort hat man aufgrund einer Volksbefragung darauf verzichtet, den Cevedale (3.764 Meter) durch eine Seilbahn zu erschließen, um stattdessen eine Bergsteigerschule (unter Leitung von Reinhold Messner) einzurichten. Als weiterer Anwärter auf die Auszeichnung wird Bayrischzell genannt.

Auf der anderen Seite soll ein negativer Preis, eventuell in Form einer rostigen Blechbüchse, an solche Gemeinden oder Personen verliehen werden, die ein abschreckendes Beispiel für alpine Landschaftszerstörung liefern. Auch hierfür gibt es schon einen Kandidaten: den bayerischen Finanz- und früheren Umweltminister Max Streibl. Ihn hat der Bund Naturschutz angeschrieben, um drei in seinem Wahlkreis Garmisch-Partenkirchen anstehende Umweltprobleme zu diskutieren.

Streibl hat nicht nur mit dem Argument abgelehnt, er wolle nicht in schwebende Verfahren eingreifen, er hat vielmehr selbst zugunsten der staatsgesteuerten Wirtschaft eingegriffen. In einem der Fälle, bei dem es um eine Hochspannungstrasse im oberen Isartal geht, ist er Interessent, nämlich Aufsichtsrat der Bayernwerk AG.

Bei künftigen Aktionen will die Schutzgemeinschaft auch deutlich auf die »Verflechtungen der Politik mit der Privatwirtschaft« aufmerksam machen. Die Kooperation der alpinen Verbände versteht sich nicht zuletzt als Gegengewicht zur regierungsgesteuerten Arge Alp. Diese müsste froh sein, meinte Dr. Richard Gebhardt, der Geschäftsführer des Deutschen Alpenvereins, dass sich in ihrem gesellschaftlichen Vorfeld ein Gremium bilde, das endlich das bisherige »Vollzugsdefizit« abbauen wolle.

Die Schutzgemeinschaft Alpen wirkt noch einige Jahre in diesem Sinne. Auf Vorstandsbeschluss wird sie 1998 »stillgelegt«, weil Fremdenverkehrs- und andere Verbände inzwischen einen Teil ihrer ursprünglichen Aufgaben übernommen haben und weil die beteiligten Bürgerinitiativen sich wieder selbständig auf regionale Projekte konzentrieren wollen. Gerosas Fazit: »Wir hatten unser Ziel erreicht, die Funktionäre und Politiker wachzurütteln, und wir wollten nicht, nach dem Muster von Greenpeace, immer noch radikaler werden.«

In Vent dreht der Wind

Als beispielgebend für »sanften Fremdenverkehr« in den Alpen wird die Tiroler Gemeinde Vent im November 1981 mit einer erstmals verliehenen »Goldenen Visitenkarte« ausgezeichnet. Diesen Preis will die »Schutzgemeinschaft Alpen«, eine internationale Arbeitsgemeinschaft von bisher 17 alpinen Bürgerinitiativen (siehe Kapitel: Grüne Signale), nunmehr alljährlich zusammen mit einem Negativpreis vergeben, das nächste Mal am Bodensee.

»Bei uns wird vielleicht in Jahren amal noch a kloana Schlepplift hinzukommen und a Häuserl gebaut werden, im Großen und Ganzen aber garantieren wir: Vent bleibt Vent!« So bedankt sich der Fremdenverkehrsobmann Lois Pirpamer in München für die Auszeichnung. Einstimmig hat der Gemeinderat beschlossen, auf den Liftanschluss an das Gletscherskigebiet im Südtiroler Schnalstal zu verzichten, um die Hochgebirgslandschaft vor der »Verrummelung« und vielleicht vor der Zerstörung zu bewahren.

Die 150 Einwohner von Vent, der Heimat des Alpenvereins-Mitgründers Pfarrer Franz Senn, hätten damit bewusst in Kauf genommen, dass sie vorerst auf einen gehobenen Lebensstandard im Gegensatz zu den anderen Orten im Ötztal verzichten, sagt Pirpamer. Sie gewönnen damit aber mehr Ruhe, mehr Lebensqualität für sich und ihre Gäste. Und sie säßen mit ihrer konservativen Haltung möglicherweise auch wirtschaftlich am längeren Hebel.

Tatsächlich zeigt sich gerade im Ötztal bereits, dass sich der Wind der Konjunktur im Alpentourismus allmählich dreht. Während das stille Bergwanderdorf Vent, 1.900 Meter hoch gelegen und 13 Kilometer vom nächsten Ort entfernt, in diesem Sommer mit einer Steigerung der Nächtigungen von 18 Prozent rechnen kann, ist der Aufenthaltstourismus in den betriebsamen Nachbarorten Sölden und Obergurgl um 14 Prozent zurückgegangen. »Wenn die net den Sommerskilauf hätten, wär's ganz katastrophal«, meint Pirpamer.

Eine Pointe des Positivbeispiels von Vent ist auch, dass ausgerechnet jener Südtiroler Unternehmer, der den »Anschluss« ins italienische Skiparadies initiiert hatte, sich mit seinen Hotelbauten im Schnalstal offenbar derart übernommen hat, dass er vor dem Konkurs steht. (siehe Abschnitt »Gurschlers Gletschertraum« Seite 178). Geplant waren eine neue Mautstraße vom Inneröztal hinauf nach Vent, ein großes Restaurant am Fuß des Hochjochferners und einige »Aufstiegshilfen« bis jenseits der Staatsgrenze. »Man hatte uns ausländisches Kapitel angeboten«, verrät Pirpamer. Zur Landschaftsgefährdung wäre noch eine wirtschaftliche Überfremdung hinzugekommen.

Auf der Liste für die kunstvoll in Glas eingeschweißte »Rostige Blechbüchse« stehen zehn Kandidaten, auf den ersten drei Plätzen jene Kraftwerksgesellschaft, die in Osttirol die Gletscherbäche ableiten will, der bekannte Wintersportort Lech, der sich mit brutalen Hochbauten am Arlberg und zur lieblichen Lechquelle hin ausbreitet, sowie der Tiroler Landeshauptmann Eduard Wallnöfer, der die Erschließung weiterer Gletscher seines Landes allen Protesten zum Trotz nicht bremsen will.

Sölden steht auch auf der Liste. Doch die wild wuchernde Ötztal-Metropole macht weiter so. Einer der Pläne ist das »Helikopter Skiing« nach kanadischem Beispiel. Unter Beifall der alpinen Bürgerinitiativen verkündet der Venter Alpenschützer Pirpamer vorsorglich: »Die schiaß ma dann ab.«

Viel Grün statt Weiß

Hoch zu Ross geht es durch den »Wilden Westen Österreichs«. Urlaubsabenteurer ab zehn Jahre, sie müssen gar nicht reiten können, dürfen eine Woche lang mit braven Haflingerstuten verbringen; auch das eigene Pferd darf mitgebracht werden. Das ist eines der Aktivprogramme, die das Dorf Brand in Vorarlberg seit Anfang 1985 seinen Gästen bietet. Wie es dazu gekommen ist, das ist ein Musterbeispiel dafür, wie Fremdenverkehr und Naturschutz in einer Hochgebirgsregion in Konflikt geraten und dennoch miteinander leben können.

»Im Jahr 1347 haben unsere Vorfahren das Tal für ein jährliches Zinslehen von 21 Viertel Schmalz an zwölf Bauernfamilien aus der Schweiz abgegeben«, berichtet Günther Flaig, der seit vielen Jahren das Verkehrsamt leitet. Die Walser machten den Talabschluss, der zu den schönsten der Ostalpen gezählt wird, zu einem blühenden Stück Hochland. Die Landwirtschaft wurde weitgehend durch den Fremdenverkehr ersetzt, der schon 1903 mit Gründung eines Verschönerungsvereins organisierte Formen angenommen hatte. Die Zahl der Bauernhöfe ist inzwischen von 60 auf 20 gesunken, dafür gibt es jetzt beispielsweise zwölf Tennisplätze.

Hauptanziehungspunkt des Tourismus und Alpinismus im Brandnertal ist seit jeher die Schesaplana, deren immerweißer, 2.965 Meter hoher Gipfel die Grenze zur Schweiz bildet. Schon 1610 war er bestiegen worden. Später war Victor von Scheffel oben, auch König Friedrich August von Sachsen, während sich der König von Rumänien mit dem Anblick von unten begnügte. Ein General Wundt bezwang den »König des Rätikon« 1885 erstmals im Winter.

Nachdem Steige und Hütten und 1956 endlich eine Gondelbahn bis zum Lünersee (1.970 Meter) den Zugang in diese Gletscherregion erleichtert hatten, machten sich die Erschließer daran, auch noch »unseren Gletscher selbst zu verkaufen«, wie Flaig sagt. Weitere Straßen,

Seilbahnen, Lifte und aufwendige Lawinenverbauungen waren geplant. Auch Vorarlberg sollte partizipieren am Gletscherskilauf, am ganzjährigen »Weißen Rausch«. Heftiger Widerstand der Alpenvereine und ein wissenschaftliches Gutachten jedoch brachten das Projekt zu Fall.

»Wir haben uns daraufhin ganz auf Grün umgestellt«, schildert Flaig den Fortgang der Ereignisse. Immerhin konnten Infrastrukturkosten von 70 Millionen Mark gespart und zum Teil anderweitig verplant werden. Rund um den Lünersee wurde ein Wanderweg mit prächtiger Flora und schönstem Panorama angelegt, die Talstation erhielt ein grünes Dach.

Das Verkehrsamt der anmutigen Alpenstadt Bludenz offeriert jetzt eine Sechs-Tage-Tour »Von Hütte zu Hütte durch das Rätikon«, die auch als Drei-Länder-Wanderung (Österreich, Liechtenstein, Schweiz) angelegt werden kann. Insgesamt sind im Brandnertal rund 400 Kilometer Wanderwege gepflegt und beschildert. Dazu kommt ein 35 Kilometer langer Radwanderweg von Bludenz bis Walgau.

Viel Grün findet sich auch auf der Angebotspalette des Beherbergungsgewerbes. Sechs Häuser mit gleichem Vier-Sterne-Standard haben sich zusammengetan, jedes bietet eine Programmspezialität. Eines hat sich auf Naturküche eingestellt, ein anderes hat zwei Bergführer engagiert, die den Gästen im nahen Klettergarten beibringen, was sie in der von der Erschließung verschont gebliebenen hochalpinen Region praktisch beherrschen sollten.

Das letzte Aufgebot

Nach einer Untersuchung des Studienkreises für Tourismus sind die Erholungsreisen in die Alpen in der ersten Hälfte der 1980er-Jahre von 6,3 auf 4,6 Millionen zurückgegangen. Über die Gründe rätseln kompetente Fachleute im Februar 1986 auf dem Internationalen Reisemarkt in München. Österreich, wo die Nächtigungen deutscher Urlauber schon seit den 1970er-Jahren besonders stark einbrechen, macht die Weltwirtschaftslage, die Abwanderung vor allem jüngerer Urlauber zu den »Sonnenzielen« am Mittelmeer und die Verteuerung der touristischen Angebote um zehn Prozent binnen zehn Jahren verantwortlich. Es stellt sich aber auch die Frage, ob die Schrumpfung des Gästeaufkommens mit dem Verlust von intakter Landschaft zusammenhängt.

Die Gretchenfrage wird zwar nicht rundweg bejaht. Doch verweisen die Repräsentanten aller Alpenländer beim Münchner Podiumsgespräch auf durchgreifende, teilweise rigorose Gesetze und Maßnahmen, die in jüngster Zeit verstärkt zum Schutz der Umwelt eingeleitet wurden. Die Trumpfkarte zieht dabei Tourismusminister Josef Spögler von Südtirol, wo überhaupt kein neues Skigebiet mehr erschlossen werden dürfe, »geschweige denn ein Gletscher«. Der Berner Tourismusforscher Jost Krippendorf, dessen Buch »Die Landschaftsfresser« das Umdenken wesentlich gefördert hat, beargwöhnt die neuen politischen Postulate zwar eher als Leerformeln. Tatsächlich aber halten sich gerade in Südtirol letzte Widerstandsnester gegen den Totalausbau ganzer Täler; das Sarn-, Ahrn- und Ultental sind dafür besonders gute Beispiele: Von Norden her, die Brenner-Autobahn bei Sterzing verlassend, gelangt man nur über das 2.211 Meter hohe Penserjoch ins Sarntal. Vom Süden, von den Weingärten Bozens aufwärts, schlängeln sich Autos und Busse durch eine atemberaubende Schlucht mit 17 Tunnels, quer durch das rote Vulkangestein der Porphyrplatte, immer noch über dem weiß schäumenden Wildwasser der Talfer. Ansonsten ist das 60 Kilometer lange Tal nur durch Wanderwege und Saumpfade »erschlossen«.

Derart abgeschlossen hat sich im Herzen Südtirols dessen flächengrößte Gemeinde mit ihren 27 Streusiedlungen als ein kleines Stück heile Welt erhalten. Da gibt es noch keine gemanagten Urlauberburgen, dafür aber die wunderbar restaurierte »Bilderburg« Runkelstein sowie gemütliche Gasthöfe und Frühstückspensionen in knorrigen Bauernhöfen. Und trotz Straßenausbaus blieb der übliche Verkehr fern vom Sarntal. Zwischen den Häuslgruppen von Bundschen und Pens bewegt man sich tunlichst auf Schusters Rappen oder auf dem Rücken eines Haflingers (1873 war das strapazierfähige, stämmige, blonde Bergpferd hier erstmals gezüchtet worden).

Die Sarntaler, insgesamt 6.318 Seelen, haben nicht nur die dörflichen Schönheiten ihrer engen Heimat vor Zivilisationsschäden geschützt, sondern auch ihre eigene Art, ihren Lebensstil, sogar ihre Sprache; sie enthält mittelhochdeutsche Brocken (die Verwandtschaft heißt hier »Fruintschaft«). Ihre Bräuche und Feste übers Jahr, bis zu den spätherbstlichen »Klöckelnächten«, gehören zu den schönsten und reinsten der Alpen. Und ihre Trachten gelten als die ursprünglichsten im deutschen Sprachraum.

Seit 2009 werden im Sarntal Prototypen von Elektro- und Hybridautos verliehen, den Strom dafür gibt's an einer Tankstelle im Skigebiet Reinswald gratis.

Ein alter Bauer erinnert sich, wie die Leute in Prettau früher von der Gerste gelebt haben, die in dieser Höhe von 1.700 Metern aber nie richtig reif wurde und dem Brot eine grünliche Farbe gab. Heute muss der Mann nicht mehr von seiner einzigen Kuh und seinen paar Hühnern leben; seine Mineraliensammlung und das Kapellchen mit den geschnitzten Bänkchen, wie für Zwerge geschaffen, bringen hin und wieder einen Obolus von vorbeikommenden Wanderern.

»Gottes Reich ist nicht Essen und Trinken«, mahnt eine der zwölf Kreuzwegtafeln, zur Bescheidenheit. Nicht nur die Leiden Christi, auch die Leiden der modernen Menschen haben Burschen aus der örtlichen Holzschnitzschule aus Baumstämmen herausgehauen. Eine Pistole etwa symbolisiert die Gewalt. Ein liebliches Kirchlein liegt am Ende des aus dem Dorf hinausführenden Leidensweges. Es lehnt sich an große »Köfel«, herabgestürzte Felsbrocken. Ringsum blühen Alpenrosen. Unten rauscht die Ahr. Oben dröhnt der Rötbachwasserfall. Und die Kulisse bilden die bis in den Frühsommer hinein schneebedeckten Zillertaler Alpen.

Wir befinden uns im nördlichsten Ausläufer Südtirols, in einer der verschlossensten und eigenartigsten Landschaften der Alpen, die sich jetzt nur langsam dem Fremdenverkehr öffnet. Verschlossen war dieses Ahrntal nicht nur durch Bergengen, Bergrutsche, Schotterkegel und reißende Wasser. Einen künstlichen Sperrriegel bildete jahrhundertelang die Burg Taufers. Nur durch einen Torbogen konnte man hier, vom Pustertal kommend, über das Tauferer- ins Ahrntal hinein. Jetzt führt eine sichere Straße eine Etage tiefer vorbei. Hinter der Brücke an der Klamm beginnt immer noch eine andere Welt, ein anderer Menschenschlag, auch wenn sich die sechs Gemeinden mit 13.000 Einwohnern und 12.000 Gästebetten nun dem Tourismus geöffnet haben.

Die gemauerte Kuchl ist schwarz vom Rauch der 300 Jahre. Zwei alte, zahnluckerte Weiberl hantieren am offenen Herd. Wanderer, die gern eingelassen werden, müssen sich ducken, so niedrig ist der Eingang. Wie der Außerhof ist fast jedes Bergbauernhaus im Ultental gleichsam ein Museum, in dem freilich nicht einfach nur Volkskundliches zur Schau gestellt, sondern immer noch gelebt, hart gearbeitet und manchmal gefeiert wird wie in der manchmal gar nicht so guten alten Zeit.

Viel hat sich nicht verändert heroben auf den Höfen, die bis auf 1.800 Meter Höhe verstreut sind. Wie Schwalbennester kleben manche am Steilhang. Windräder, Karren, Schlitten und Mistradl (zum Abtransport des Stalldungs) stehen oder hängen draußen am Stadel aus behauenen Balken und werden auch noch in Betrieb genommen. Jeder dritte dieser Höfe ist mit dem Auto nicht erreichbar, 47 Prozent sind ohne Fließwasser, manche haben immer noch keine Elektrizität, obwohl gerade dieses Tal aus seinen Speicherseen mehr Strom als jedes andere im Land erzeugt.

Das Leben in der Talsohle allerdings hat sich doch verändert, und es hat auch die Berghöfe ein bisschen in den Wohlstandssog gezogen. Aufgeblüht sind die »Dörfl«, die alle nach Schutzheiligen benannt sind. Der Rückstand dieses Nebentals des Vinschgaus, der topografische und historische Gründe hat, hat ihm den italienischen Namen gegeben: »Val d'Ultimo« – letztes Tal. Und eben dieser Rückstand wird vom Ultener Verkehrsdirektor Oswald Schwiembacher und den Leuten, die auf einen sanften Tourismus setzen, durchaus als Vorteil gesehen: Vieles, was anderswo verloren ging, blieb erhalten, nichts wurde verbaut. Und so soll es auch bleiben.

Ein Berg wird besetzt

Zum ersten Mal ist Ende 1987 ein Berg besetzt worden, um seine Erschließung als Skigebiet zu verhindern. Vier Stunden lang stiegen besorgte Bürger aus der näheren Umgebung und der Landeshauptstadt Innsbruck von Sellrain aus zum Gipfel des Waldegg. Dort sollen ein weiteres Netz von Bahnen und Liften, ein Restaurant und riesige Parkplätze entstehen. Und zwar gegen den Willen und ohne die bisher übliche Förderung der Tiroler Landesregierung, aber mit kommunalem und ausländischem Kapital und offenbar mit Wohlwollen des österreichischen Bundesverkehrsministers.

Dabei liegt der Großraum Innsbruck mit seiner mehrmals olympisch genutzten Infrastruktur in der Weltrangliste beim Bau von mechanischen Aufstiegshilfen längst an einsamer Spitze. Im ganzen Land Tirol befördern über 1.200 Seilbahnen und Lifte – ein Drittel des Gesamtbestandes in Österreich – im Winter und teilweise auch im Sommer gewaltige Menschenmassen auf die Berge im »Herzen der Alpen«. Die Tiroler Fremdenverkehrswerbung, die dieses Attribut erfand, meint dazu in einer Broschüre mit Selbstironie: »Ihre Förderbänder für menschliche Leiber sind gut im Geschäft.« Die Kehrseite: Einige der meistgenutzten Urlaubsgebiete, das Ötztal und das Stubaital, waren von den Naturkatastrophen des vorigen Sommers nicht verschont geblieben.

Während der Bergbahn-Boom in Tirol also trotz allem, wenn auch nicht mehr mit hochoffiziellem Segen, weiter angeheizt wird, scheint in Deutschland die Wachstumsbremse endlich zu greifen. Seit Ende der 1970er-Jahre hat die Zahl der Seilbahnen nur noch um sieben Prozent zugenommen, während sie in anderen Ländern um 400 Prozent und mehr gestiegen ist. Während die Tiroler für den nächsten Winter stolz die ersten »Superlifte« mit Vier-Personen-Gondeln ankünden, setzen Bayerns Bergbahnen nicht auf Vergrößerung der Anlagen und Pistenreviere, sondern allenfalls auf die »Entschärfung« einiger wenig familienfreundlicher Abfahrten (etwa am Wallberg), auf technische Rationalisierung und auf konsequenten Umweltschutz.

Schon in den letzten drei Jahren wurden hier 68 Millionen Mark für die Umstellung auf Elektronik und für die systematische Wiederbegrünung investiert. Allerdings waren die ersten Versuche einer Rekultivierung von maschinell präparierten und vielbefahrenen Pisten in Höhen über 1.500 Metern zunächst gescheitert. Der ausgestreute Grassamen kam kaum zum Keimen, weil falsch, nämlich künstlich gedüngt wurde und die Vegetationsfrist zwischen Schneeschmelze und Wintereinbruch in diesem Jahr zu kurz ist.

Inzwischen sieht der Bergwanderer an Böschungen und Kanten und sogar an Stellen, wo Grasnarben zwecks Pistenkorrektur abgetragen wurden, wieder grüne Matten mit dichtem, gedrungenem Pflanzenwuchs – und gar nicht die so oft befürchteten Erosionsflächen. Möglich wurde dies durch moderne, wissenschaftlich abgesicherte Methoden.

So wurde in Lech am Arlberg (wo man die Skifahrer ohnehin durch eine rigorose Preispolitik »herunterfahren« möchte) ein Produkt namens »Perlhumus« vorgestellt, das hauptsächlich aus Braunkohle besteht und während der Schneeschmelze aus dem Hubschrauber gestreut wird. Die Pisten werden dann vier Wochen früher vom Schnee befreit, so dass sich die Vegetationszeit entsprechend verlängert. Außerdem gelangen wachstumsfördernde Humussubstanzen in den Boden.

Forstleute, Botaniker und Behördenvertreter aus Bayern und Tirol beobachteten eine Begrünungsdemonstration der deutschen Bergbahnen am Osterfelderkopf bei Garmisch. Im Bereich zwischen 1.500 und 2.050 Metern waren dort in den 1970er-Jahren eine Gondelbahn und fünf Schlepper mit entsprechenden Pisten entstanden – eine ziemlich massive Erschließung, deren Folge auch ein spärlicher Bewuchs war. Erste Erfolge hat jetzt der Einsatz von rund hundert Kilo Spezialgrassamen nach jeder Wintersaison samt organischer Düngung, wofür die Zugspitzbahn rund 10.000 Mark im Jahr aufwendet.

Allmählich beginnt man aus den Fehlern zu lernen. Offen bleibt aber die Frage, ob all die Maßnahmen zur Sicherung von erosionsfestem Boden und der Verzicht auf die Rodung von Schutzwald genügen werden, um künftigen Katastrophen vorzubeugen. Denn auch die CIPRA nennt den Landschaftsmissbrauch für Skipisten, Bergbahnen, Verkehrs- und Siedlungsflächen nur als eine von sechs Ursachen für die gehäufte Entstehung von Starkregen, Muren, Steinschlag und Wildwassernot – neben dem chemisch bedingten Waldsterben, zu intensiver Alm- und Berglandwirtschaft, zu hoher Wilddichte, dem Bau immer neuer Alm- und Forststraßen sowie der Asphaltierung der Bergwelt durch Straßen, Parkplätze und Zweitwohnungen.

Lifte abgebaut

Hundert Jahre nach seiner Gründung – am 7. Januar 1890 in Bozen – hat das Fremdenverkehrsamt von Südtirol nicht nur einen neuen Präsidenten bekommen, sondern auch neuen Pioniergeist bewiesen. Man will ernst machen mit dem alpenweit geforderten, aber bisher nur punktuell verwirklichten »Erschließungsstopp«. Im Winter 1989/90 wird es erstmals weniger Lifte geben. Mindestens 16 Anlagen wurden oder werden stillgelegt und teilweise abgebaut, für fünf von ihnen gibt es keinen Ersatz durch modernere, komfortablere, umweltfreundlichere »Aufstiegshilfen«.

»Wir wollen nicht mehr größer werden«, verkündet der neue Präsident Werner Frick, der zugleich Landesrat (Minister) für Fremdenverkehr des kleinen, schönen Landes ist. Eine klare Absage an den Massentourismus oder einfach nur die Frucht der Erkenntnis, dass vielerorts einfach kein Platz mehr ist für immer noch mehr Beton und Stahl? Die engen Gebirgstäler zwischen Brenner und Brenta ließen keine »hochtrabenden Entwicklungsträume« zu, findet Frick, der bislang dem Verband der (meist kleinen) gastgewerblichen Betriebe vorstand.

Heute könnten selbst notwendige Verkehrs- und Freizeitinfrastrukturen nur mit größter Zurückhaltung und landschaftlichem Einfühlungsvermögen verwirklicht werden. Dies aber werde dem Ferienland langfristig nur Segen bringen, »weil wir unseren Gästen unverbaute Gebirgsnatur, Heimeliges anbieten können«. Qualität also vor Quantität – die sich auch hier mit 3,5 Millionen Ankünften jährlich einer bedenklichen Grenze nähert.

Für den Wintertourismus der 1990er-Jahre hat der »Wandel durch Innovation«, wie ihn beim Jubiläumsfest in Bozen ein deutscher Professor aus Innsbruck beschwört, bereits begonnen. Beispielsweise im viel besuchten Grödnertal, das sich für alpine Weltmeisterschaften rüstet und dabei mit den vorhandenen Anlagen auskommen will. Ersetzt wurde die alte, oft total überlastete Gondelbahn von Wolkenstein auf den Superskiberg Ciampinoi durch eine Umlaufbahn mit Zwölfer-Kabinen, deren Bergstation im Felsen der Gipfelmulde versteckt wurde.

Ganz ohne moderne Technik geht's aber doch nicht. Am Kronplatz im Pustertal, der anderen großen Drehscheibe im Südtiroler Ski-Karussell, wurden sechs Lifte durch zwei Umlaufbahnen mit auskuppelbaren Kabinen abgelöst. Durch ähnliche Umrüstung glaubt man die Anstehzeiten auf der Seiseralm, am Helm (bei Innichen), im Ahrntal, am Rossberg (bei Sterzing) und auf der Rinneralm (bei Ratschings) deutlich verkürzen zu können.

Verlängert werden soll dafür die Wintersaison durch fest installierte Anlagen, die jetzt schon rund 250 Pistenkilometer »mechanisch beschneien« können. Es habe sich nämlich erwiesen, entgegnet Umweltfreund Frick den Gegnern von »Schneekanonen«, dass der »Kompaktschnee« die Grasdecke nicht schädige, sondern sogar fördere, weil er die Feuchtigkeit binde und eine schützende Schicht bilde.

Skifahrer gegängelt

Freiwillige Helfer brachten im Sommer und Herbst 1990 etwa 10.000 Bäumchen mit der Bergbahn aufs Nebelhorn, auf 1.985 Meter Höhe. Im Pistengebiet, das durch vier Lifte im Winter bedient wird, setzten die Mitarbeiter der Arbeitsgruppe für Landschaftsplanung, Landschaftsökologie und Landschaftsgestaltung an der Universität München die standortgemäßen Kleinballenpflanzen »nach dem Vorbild der Natur« als sogenannte Rotten und umgaben diese jeweils mit einem stabilen Zaun, stellenweise mit einem »Schneegleitschutzbauwerk«.

Die Verjüngungskerne für den weitgehend verschwundenen oder gefährdeten Bergwald sollen auf diese Weise geschützt werden vor Wild, Weidevieh und vor allem vor der wachsenden Schar der Variantenfahrer. Vor jenen wilden Skifreaks, die sich mit Vorliebe zwischen Baumgruppen durchschlängeln und auch vor Aufforstungsflächen nicht Halt machen, weil ihnen die offiziellen, oft autobahngleichen Abfahrten zu langweilig geworden sind. Sie und auch andere Skifahrer werden künftig behutsam gegängelt.

Das Experiment am Nebelhorn ist Teil eines Sanierungskonzepts, das Signale für andere intensiv genutzte und daher belastete Wintersportzentren der Alpen setzen will. Ernst Lauterwasser, Vorsitzender des Umweltbeirats beim Deutschen Skiverband (DSV), spricht von einem »Pilotprojekt für einen TÜV in Skigebieten«. Die schon im »Umweltplan 2000« des DSV verkündete Idee geht davon aus, dass nicht nur die Sicherheitstechnik der Bergbahnen regelmäßig überprüft werden soll, sondern genauso das ganze Umfeld – die Konfliktzone zwischen Wintersport und Naturschutz.

Das Nebelhorn und dazu noch das Fellhorn, die beiden beliebtesten, im Sommer wie im Winter meistbesuchten Berge des Allgäus, boten sich schon deshalb für ein solches Modell an, weil die Bahngesellschaften mit erheblichen finanziellen Eigenleistungen mitzogen und weil sich die Gemeinde Oberstdorf, der Ausgangspunkt, an die Spitze des alpinen Umweltschutzes in Bayern gesetzt hat. Die Skifahrer – und nicht nur sie – werden künftig einige Einschränkungen hinnehmen müssen; der Spaß soll ihnen gleichwohl nicht verdorben werden.

Um Schäden an der Vegetation zu vermeiden, wie sie zunächst schon durch die schweren Pistenraupen verursacht werden können, sollen maschinelle Präparierungen am Fellhorn in weiten Bereichen erst ab einer Schneehöhe von 40 Zentimetern beginnen. Sobald einzelne Geländestellen ausapern, will man den Skibetrieb dort einstellen: damit sollen auch Schäden durch Skikanten verhindert werden. Durch Aufklärungstafeln, Symbole, Wimpelleinen soll außerdem versucht werden, das Verlassen der markierten Pisten und insbesondere das Abfahren durch Wald oder Latschengruppen zu unterbinden. Ähnliche Maßnahmen sind für den Sommer geplant, um den Wandertourismus und eine zu intensive Alpwirtschaft ökologisch zu lenken.

Am Nebelhorn entstanden Absperrungen aus Fangnetzen. Sie sind im Bereich des Schlepplifts so angeordnet, dass zwar das Ausfahren möglich ist (etwa nach einem Sturz), das Einfahren im geschützten Bereich aber nur durch einen mühsamen Aufstieg (Lauterwasser: »Wozu die meisten zu faul sind«). Auch werden neue Methoden der Hochlagenbegrünung getestet, nachdem sich das bisher verfügbare Saatgut als nicht optimal erwiesen hat.

Dass durch derlei massive Eingriffe die alpine Kulturlandschaft allmählich zur Kunstlandschaft wird, ist nach Ansicht beteiligter Ökologen der unvermeidbare Preis, wenn man ein Berggebiet schützen und weiterhin für den Freizeitskisport nützen will. Der Selbstheilungsprozess durch einwandernde einheimische Pflanzenarten würde mindestens 15 Jahre dauern, hat die Landschaftsökologin Ulrike Pröbstl festgestellt. In ihrer umfangreichen Untersuchung für den DSV werden die Auswirkungen des Skisports auf die Vegetation nicht nur negativ bewertet. So habe der von Bergbahnbetreibern praktizierte Verzicht auf Düngung und Beweidung und die meist späte Mahd unterhalb der Waldgrenze naturnahe Pflanzengesellschaften entstehen lassen. Frau Pröbstl spricht sogar von einem »Sonderbiotop Skipiste«.

Längst schon hat sich Deutschlands südlichste Gemeinde zu einem Testgelände entwickelt. So arbeitet der Biologe Karl Partsch mit seinen Helfern, die bis aus Berlin kommen, am stark erosionsgeschädigten Fürschießer (2.271 Meter) mit einer Methode, die inzwischen auch in Österreich und der Schweiz angewandt wird. In Höhen um 2.000 Meter werden bestimmte Samen gesammelt und im Winter in Gärtnereien zu Jungpflanzen gezogen; diese werden dann am Berghang gesetzt und durch verrottende Jutenetze geschützt. So will Partsch, der als Grüner im Europaparlament für die Natur kämpft, um drei bis fünf Jahre »der Natur voraus sein«.

Am Osthang des Fellhorn hat der traditionsreiche Touristenverein »Die Naturfreunde« das Kanzelwandhaus in 1.519 Metern Höhe – Bauruine der Alpinschule der SS-Ordensburg Sonthofen – zu einem »Alpinschutzzentrum« ausgebaut. Die verbandseigenen Lifte wurden längst abgebaut, seit zehn Jahren darf nur noch bei Schneehöhen über 30 Zentimetern Ski gefahren werden. In Sommerschulen (unter anderem mit Partsch) wird ökologische und kulturelle Bildung mit praktischer Wiederaufpflanzung verbunden.

Eine Entlastung der Gebirgstäler verspricht sich Oberstdorf nicht zuletzt durch ein Modell, das auf einer Münchner Tagung sogar der ADAC-Touristiker Peter Zimmer lobend hervorhob: Gäste mit alpiner Skiausrüstung können künftig die innerörtliche Buslinie kostenlos benützen und ihr Auto am Ortsrand stehen lassen. Eine andere Linie soll im Stundentakt 13 touristische Ziele zum Nulltarif anfahren; in die für den Kfz-Verkehr längst gesperrten Seitentäler kutschieren außerdem Pferdewagen oder Schlitten.

Inzwischen wurden am benachbarten Fellhorn 30 Kilometer im Sommer zertrampelte Pfade renaturiert und inmitten des Skigebietes, dem größten Deutschlands, eine Schutzzone für die regelmäßig einfliegenden Raufußhühner eingerichtet. Beamte der bayerischen Grenzpolizei, die seit dem EU-Beitritt Österreichs stark entlastet waren, wurden mit der Überwachung betraut. »Unsere Maßnahmen greifen«, bilanzierte Geschäftsführer Augustin Kröll nach dem ersten Winter.

Lehrstück Geigelstein

Am 8. Mai 1991 setzt Bayerns Umweltminister Peter Gauweiler seine Unterschrift unter eine Verordnung, die einen ganzen Berg, den Geigelstein, mit einer Fläche von immerhin 3.135 Hektar unter Naturschutz stellte. Eine Bürgervereinigung lädt daraufhin zu einem Festakt nach Prien, ihrem Gründungsort. Zu feiern ist der erste Sieg dieser Art – nach einem langen, grundsätzliche Probleme aufwerfenden, zeitweise wenig aussichtsreich erscheinenden Kampf.

Dieser hatte mit lockenden Verheißungen und damals im Alpenraum üblicher, meist erfolgreicher Salamitaktik begonnen. Es war ein Kampf gegen eine Übermacht von Kommunalpolitikern, Kapitalanlegern, Politikern sowie Almbauern, die Einschränkungen beim Wegebau und der Stickstoffdüngung befürchteten, des Fremdenverkehrs, der neue Attraktionen erwartete, und zeitweise sogar der Alpenvereinssektion Prien, die eine bessere Versorgung ihrer Priener Hütte (1.440 Meter) erhoffte.

Von Schleching aus hatte man schon 1967 einen Doppelsessellift gebaut, natürlich samt Pisten und anschließendem Schlepplift bis zur Wirtsalm, knapp unterhalb des 1.808 Meter hohen Gipfels des Chiemgauer Aussichtsberges. Schnell erwies sich diese schmalbrüstige und daher bald veraltete Anlage als Verlustgeschäft. Doch die »Geigelstein GmbH & Co. Achental KG« plante weiter, größer denn je.

Nun sollte auch von Westen, von Sachrang her eine Kleinkabinenbahn auf den Geigelstein hochgezogen werden, sodass eine wunderschöne Skischaukel entstanden wäre. Das abgeschiedene Grenzdorf Schleching, das früher einmal weitgehend vom Schmuggel gelebt hatte, sollte schlechterdings in die grandiosen Berchtesgadener Olympiapläne (siehe Kapitel: Olympische Träume) eingebunden werden, als Austragungsort für alpine Wettbewerbe. Dafür freilich fehlte jegliche Infrastruktur.

Die Pläne waren raumgreifend. Den vorgelagerten Schachenberg wollte der Bundesgrenzschutz 1978 zu einem Hochleistungszentrum für den Skisport machen. Selbstverständlich mit Mannschaftsquartieren, Pisten, Liften und Großparkplatz. Zwecks Energiegewinnung wollte man das Bergwasser von Grattenbach und Thalbach ableiten. Ein kleines Nebenprojekt war eine Sommerrodelbahn. Jedenfalls sollte zwischen Achental und Priental ein kompletter Wintersportzirkus entstehen, trotz Steilhängen bis zu 70 Prozent und Lawinengefahr an einigen Stellen.

In dieser Situation sahen ein paar Chiemgauer Naturfreunde einen weiteren ihrer Lieblingsberge – Kampenwand und Hochries hatten sie schon »aufgeben« müssen – in Gefahr, auch noch vermarktet zu werden. Mit dem Diplomingenieur Karl Lindner und dem Alpinjournalisten Hans Steinbichler als Wortführer gründeten sie 1974 die Bürgerinitiative »Rettet den Geigelstein«. Bald wuchs der Verein auf mehr als 300 Mitglieder, bald waren über 5.000 Unterschriften gesammelt. Mit Flugblättern, Informationsveranstaltungen, Begehungen, Ausstellungen, Gesprächsrunden, alpinen Zeitschriften, Petitionen und zahlreichen Briefen an hohe Politiker bis nach München hinein wurde getrommelt.

Und sie hatten starke Argumente. Der Geigelstein gilt als einer der artenreichsten Berge der nördlichen Voralpen. An den Hängen etwa der Mühlsturzwand hörte man noch Murmeltiere pfeifen. Auch Birkhähne, Auerhähne und Schneehühner konnten angetroffen werden, sie ließen sich durch die wenigen Tourengeher kaum stören. Seltene Orchideen, Trollblumen, Soldanellen, Feuerlilien, Windröschen und Bergdisteln machten den Geigelstein zum »Blumenberg des Chiemgaus«. Erdbewegungen und Felssprengungen hätten diese Flora gewiss geschädigt.

Der Trommelwirbel blieb nicht ungehört. Vehement setzten sich die Umweltpolitiker Gustav Starzmann (SPD) und Wolf-Dieter Grosser (FDP) für die Anliegen der Bürgerinitiative ein. Als auch der Bergfreund und einflussreiche CSU-Politiker Alois Glück hinzukam, konnte sein Parteifreund Gauweiler nicht mehr umhin, den Geigelstein von Staats wegen zu »retten«.

Fortan ist es also verboten, hier weitere Straßen, Wege, Abfahrten, Bahnen und »ähnliche Bauten« zu verändern oder neu anzulegen. So wurde »aus einem Spekulationsobjekt ein Naturschutzgebiet«, jubeln die verbündeten Bergfreunde, als sie sich in einem Festakt auflösen. Aber bald gründen sie sich neu und treten wieder in Aktion. Plötzlich tauchte nämlich ein alter Plan des Landwirtschaftsministeriums aus der Versenkung auf.

In aller Stille genehmigte die Regierung von Oberbayern den Ausbau eines sehr schmalen Wanderpfades zwischen Priener Hütte und Rossalm (1.680 Meter) zu einer 1,2 Meter breiten, mit einem »Motorschubkarren« befahrbaren Straße. Diese höchstgelegene, von einem einzelnen Bauern betriebene oberbayerische Alm lag nun allerdings mitten im neuen Naturschutzgebiet. Ein heimlicher Sündenfall.

Diesmal immerhin findet das – bemüht als umweltfreundlich beschriebene – Projekt einige Sympathien selbst in alpinen Kreisen und bei allen zuständigen Ämtern, nicht zuletzt beim neuen bayerischen Umweltminister Werner Schnappauf (CSU), während sich der grüne, gern bergwandernde Bundesumweltminister Jürgen Trittin auf die Seite der Naturschützer schlägt. Wieder marschieren die Geigelstein-Vorkämpfer auf breiter Front auf. Sie protestieren, lamentieren und prozessieren. Und – zur allgemeinen Überraschung gibt das Bayerische Verwaltungsgericht dem klagenden Bund Naturschutz recht und stellt das Signal wieder zurück auf Grün.

Aufgehoben wird mit Urteil vom 15. Februar 2005 jener Bescheid der Regierung von Oberbayern, der die zuständige Gemeinde Aschau für die »Sanierung des Alm- und Wanderwegenetzes« auf dem ihr gehörenden Teilgebiet am Geigelstein von den Bestimmungen der Naturschutzverordnung befreit hat. Endlich und vielleicht endgültig können die initiativ gewordenen Bürger aufatmen. Sie empfehlen seither die Gerichtsakten für Minister, Beamte, Landräte und Bürgermeister als ein »Lehrstück für funktionierende Demokratie«.

Und noch ein Schmuckstück des Blumenberges wird gerettet. 2002 wird der ruinöse Weberbauerkaser, der noch übrig geblieben war von ursprünglich 14 Hütten auf der Haidenholzalm, abgebrochen und verfrachtet, um im Freilichtmuseum des Bezirks Oberbayern auf der Glentleiten bei Kochel wieder zusammengefügt und der Öffentlichkeit zugänglich gemacht zu werden. Die Almwirtschaft hatte sich hier ohne Zufahrtsweg nicht mehr gelohnt, der Kaser verfiel, seine Wiesen verwilderten.

Immerhin kann der botanisch bewanderte und biobäuerlich tätige Bürgermeister Fritz Irlacher von Schleching seine Feriengäste bei Führungen auf die seltenen Arten hinweisen, die dort oben gedeihen: schwarze und rote Kohlröschen, zwei kleinwüchsige Orchideenarten und ganz seltene straußblütige Glockenblumen. Eigentlich wäre es dem Bürgermeister lieber gewesen, den Kaser zu einer »Umweltstation« für das Naturschutzgebiet Geigelstein herrichten zu können. Aber die Gemeinde hätte den Unterhalt kaum tragen können, auch wenn sie für ihr »Öko-Modell Achental« einen kleinen Zuschuss aus Brüssel bekommt.

Abrüstung an allen Fronten

Nun ziehen sie endlich an einem Seil: der Verband Deutscher Seilbahnen, der Deutsche Skiverband und das bayerische Umweltministerium (nur dem Bund Naturschutz erscheint der ganze Kraftaufwand immer noch zu gering). Im Oktober 1991 wurden Pflöcke eingerammt für neue, naturverträgliche, gemeinsame Wege im Skitourismus. Dieser bewegt sich – trotz mehrerer schneearmer Winter – nach wie vor bergauf, wenn auch nicht mehr ganz so steil und stürmisch wie in den vergangenen Jahrzehnten.

Zwei Prozent Zuwachs konnte Klaus Scheck als Geschäftsführer des größten europäischen Veranstalters für Skireisen (über 30.000 Teilnehmer jährlich, 600 Skilehrer) für die letzte Saison melden. Scheck schätzt den »harten Kern« der Skifahrer in Deutschland auf immerhin noch zwei Millionen Menschen: »Die fahren, ob es schneit oder nicht, die finden schon irgendwo einen Tummelplatz.« Und sei es im Kaukasus.

In den Alpen aber wird dem Expansionsdrang nun, auch von kommerzieller Seite her, der eine oder andere Riegel vorgeschoben. »Natur heil« heißt die Devise, nicht mehr »Ski heil« – und »Ski geil«. Von den Tages- und Wochenend-Skireisen per Bus, die Straßen belasten und Alpentäler mit Abgas füllen, möchte sich der Sport-Scheck, der in einigen Orten früher als »Sport-Schreck« verrufen war, »mehr und mehr verabschieden«. Auf den Gletschern will er keine Massenveranstaltungen (wie die bisher üblichen Ski Openings) mehr arrangieren. Das »Heli-Skiing« in Europa hat er aufgegeben (ein lukratives Angebot aus dem italienischen Aostatal wurde ausgeschlagen).

Umweltschutz ist fortan auch für die 149 Bergbahnen, 1.500 Schlepplifte und 200 Pistenfahrzeuge der Bundesrepublik das oberste Gebot, bekräftigte auf seiner Jahrestagung in Schwangau der Verband

Deutscher Seilbahnen (VDS), der sich 1989 vom Bundesverband Deutscher Eisenbahnen in Köln getrennt und mit Sitz in München zusammengeschlossen hat.

Jetzt haben die VDS-Mitglieder einen Katalog erarbeitet, der längst gepredigte Grundsätze in konkrete Maßnahmen umsetzt: Der Zufahrtsverkehr zu den Bergbahnen soll gebändigt werden durch stark ermäßigte Umwelt-Verbundkarten, durch Kostenbeteiligung an örtlichen und regionalen Ski- und Wanderbusangeboten, durch Lenkung des PKW-Verkehrs speziell an Wochenenden.

Landschaftsökologische Sanierungsmaßnahmen, nicht nur solche der Wiederbegrünung, greifen bereits am Nebelhorn, am Fellhorn, am Tegelberg und an der Kampenwand. Für das besonders belastete Zugspitzplatt ließ der VDS ein Umweltgutachten erstellen, das die schützenswerten Bereiche der Moränen, Gletscherschliffe, Höhlen und Verkarstungen kartiert und im Bild dokumentiert. Bei zu wenig Schnee soll nicht mehr gewalzt werden. Die Bremsenergie von Zahnradbahnen wird ins Netz zurückgeführt.

Für alle technischen Anlagen sollen nur noch biologisch abbaubare Schmierstoffe verwendet werden. Fünf bayerische Skiberge haben jetzt eigene Abwasserkanäle. In drei Skigebieten (Nebelhorn, Kampenwand und Tegelberg) bemüht sich indes der Deutsche Skiverband (DSV) um eine modellhafte »Öko-Prüfung«, die Daten zu umweltverträglichen Konzepten und Modifikationen von Skipisten liefern soll. Jedes Mitglied muss dafür zwei Mark zahlen, auch die Seilbahnen schießen Geld zu.

Dem »Wettrüsten mit Schneekanonen« hat nun auch das bayerische Umweltministerium Einhalt gesetzt. Zwar biete die künstliche Beschneiung dem Fremdenverkehr im Hinblick auf die Sicherung der Skisaison unübersehbare Vorteile, bilanzierte Ministerialdirektor Professor Werner Buchner auf dem Nebelhorn; dem gegenüber stünden aber erhebliche ökologische Risiken: Entnahme von Wasser, Verschiebung des Artenspektrums, Lärm, Störung des Landschaftsbildes. Deshalb lehne Bayern die großflächige Verbreitung von Kunstschnee ab. Ein Gesetz dazu wird vorbereitet.

Blockade am Brenner

Ein Bündel von rigorosen und teilweise technisch neuartigen Sofortmaßnahmen soll verhindern, dass die Menschen in den großen Alpentälern und das durch Verbauung und Schadstoffe höchst gefährdete alpine Ökosystem vollkommen überrollt wird von der Verkehrslawine, die sich infolge der Öffnung der Ostgrenzen und des Europäischen Binnenmarktes weiter verdichten und beschleunigen dürfte.

Neun Umweltschutzverbände und Bürgerinitiativen aus Bayern, Tirol, Vorarlberg und Südtirol veröffentlichten dazu im April 1992 in München eine gemeinsame Resolution, die an die Regierungen und die EG verschickt wurde. Ihre Forderungen wollen die Beteiligten weiterhin durch Autobahn-Blockaden mit einigem Nachdruck versehen. Pfingsten soll der gesamte motorisierte Reiseverkehr am Brenner lahmgelegt werden.

Am meisten überraschte auf einer Pressekonferenz die Ablehnung des Brenner-Basistunnels, den Österreich, Italien und Deutschland seit langem planen und der bisher, weil sich dadurch ein Großteil des Güter- und Personenverkehrs auf die »schnellere Schiene« verlagern ließe, auch von den Umweltschützern akzeptiert worden war. Nach langer Diskussion aber sind deren Sprecher nun einstimmig zu der Erkenntnis gekommen, dass dieses Jahrtausend-Projekt wegen der nötigen »Zulaufstrecken« für die bereits stark belasteten Täler zwischen Rosenheim und Bozen von der Bevölkerung nicht hingenommen werde.

Außer umwelt- und verkehrspolitischen Gründen machte Hans Steininger, der Verkehrssprecher des Bundes Naturschutz, nunmehr volkswirtschaftliche Bedenken geltend. Nach jüngster Hochrechnung würde der Tunnel über 20 Milliarden Mark kosten und vor dem Jahr 2010 nicht realisierbar sein. Bis dahin aber werde es bessere, billigere Alternativen geben. So arbeitet ein Südtiroler Ingenieurbüro an einem Projekt, nach dem Rohre kleinerer Dimension, durch die dann Container auf Loren geschleust werden könnten, den Alpenhauptkamm queren sollen. Das würde nach dem Prinzip der Rohrpost funktionieren. Landschaftsfressende und lärmende Zulaufstrecken wären dann entbehrlich. Eine »Rollende Landstraße« zwischen München und Verona strebt übrigens auch schon das bayerische Wirtschafts- und Verkehrsministerium an.

Weil Bayern nach den neuen Straßenbauplänen neben Nordtirol zum »Haupttransitland im Alpenverkehr« (Steininger) zu werden drohe, wird in der Resolution weiterhin gefordert, dass sofort kleine Verladestationen für Lastkraftwagen vor dem Alpenraum gebaut werden. Diese würden im Wesentlichen aus 300 Meter langen und sieben Meter breiten Rampen bestehen, nicht mehr als eine halbe Million Mark kosten und binnen sechs Monaten erstellbar sein, erläuterte Steininger. Er schlug zunächst die Schnittstellen zwischen Autobahn und Eisenbahn im Raum Ulm-Augsburg und bei Ingolstadt vor.

Weitere Forderungen der gemeinsamen Resolution sind, keine Fernstraßen im oder zum Alpenraum mehr zu bauen, sämtliche laufenden Projekte einzustellen, im alpenüberschreitenden Straßengüterverkehr die »Schweizer Norm« (Begrenzung auf 28 Tonnen und Nachtfahrverbot) sowie Geschwindigkeitsbeschränkungen (89 bzw. 100 Kilometer pro Stunde) sofort einzuführen und Verordnungen über sektorale LKW-Fahrverbote zur unverzüglichen Verlagerung bestimmter Güter auf die Schiene (z. B. Schrott, Metalle, Erze, Baustoffe, Kies, Steine, Fahrzeuge, Papier) zu erlassen.

Auf der Inntalautobahn haben Bürgerinitiativen etwa tausend Gütertransite beobachtet und »viele sinnlose Fahrten« festgestellt: »Da werden Schweinebacken aus Niederbayern nach Italien gefahren, um nach drei Wochen Lufttrocknung als Parmerschinken zurückzukommen; da transportiert man Dickmilch aus Ingolstadt nach Mailand, die dann in Yoghurtbechern reimportiert wird.« Dafür können denn auch EG-Subventionen kassiert werden.

Arlberg schluckt Autos

Die Hölle tobte im Hölltobel. Mehrere hundert Kubikmeter Fels stürzten auf die Flexenstraße, deren Eröffnung vor hundert Jahren im Dezember 1997 gefeiert worden war. Schwierige, kostspielige Räum- und Sanierungsarbeiten, vom Absprengen einiger Felsplatten bis zum Anbringen von Sicherheitsnetzen, waren wieder einmal fällig. Denn die Passstraße mit ihren markanten Galerien schleust jeden Winter fast 130.000 Urlaubsgäste und in Spitzenzeiten bis zu 5.000 Tagesbesucher nach Lech und Zürs; sie verbindet die beiden Hotelorte mit der übrigen Arlbergregion und weiter mit der Autobahn Bodensee-Innsbruck.

Gerade noch rechtzeitig konnte eine weitere Eröffnungsfeier über die Hochgebirgsbühne gehen. Ein als »weltweit einzigartig« gerühmtes Verkehrssystem wurde im Rahmen einer »Underground Party« übergeben. Es besteht aus einem 1.080 Meter langen Tunnelnetz, das den Ortsteil Oberlech mit seinen 900 Gästebetten vollends fahrzeugfrei machen soll. Zwar konnte man schon bisher nur mit einer Seilbahn von Lech aus hochkommen. Aber für die Versorgung und Entsorgung waren oberirdische Transporte mit täglich zwölf Skidoos und 14 Raupenfahrzeugen nötig. Das brachte Lärm, Unruhe und Dieselgestank und funktionierte bei schlechter Schneelage überhaupt nicht.

Fortan geht alles durch die Röhre. Der Gast fährt (falls der Flexenpass frei ist) sein Auto bis zur Talstation der Seilbahn in Lech, die bei Bedarf bis ein Uhr nachts in Betrieb ist. Dort lädt er sein Gepäck aus und bekommt einen Parkschein für die Tiefgarage gegenüber, wo das Auto bis zum letzten Urlaubstag bleiben kann und soll. Mit der Gondel geht's dann 250 Meter höher. Koffer, Taschen und Skiausrüstung werden in Container verstaut, ebenfalls mit der Bergbahn nach Oberlech und dort direkt in die gebuchten Zimmer gebracht.

An dem umweltfreundlichen Service sind bisher 17 Hotels und eine weitere Seilbahn angeschlossen. Sie alle haben sich, neben der Gemeinde, an den Kosten von 13,5 Millionen Mark beteiligt. Im unterirdischen Umschlagplatz werden im Winter rund 12.000 Container abgefertigt. Die Tiefgaragen von Lech können 1.350 Fahrzeuge aufnehmen.

Der Verkehr ist nur ein Teil der Zukunftsplanung, mit der sich eine Projektgruppe befasst. Auch die oberirdischen Verkehrsverhältnisse auf dem sogenannten Burgplateau des Arlbergs wurden deutlich entlastet. Seit einiger Zeit verbinden sieben blaue Niederflurbusse die Parzellen Zug, Stubenbach, Straß und die selbstständige Gemeinde Zürs mit Lech, wo 1.380 Personen ständig wohnen und etwa 3.000 während der Wintersaison arbeiten. Zugleich wurden die Gehsteige im Ortskern verbreitert und die Dorfplätze neu gestaltet.

Natürlich können alle 85 Bahnen und Lifte sowie die Skibusse mit dem Arlbergpass beliebig benützt werden. Doch der Zustrom ist kontingentiert. Einen Tagespass, der immerhin 66 Mark kostet, bekommt man für Lech und Zürs nur dann garantiert, wenn man als Tagesbesucher mit öffentlichen Verkehrsmitteln anreist. Auf Großveranstaltungen mit übermäßiger Verkehrsbelastung wollen die beiden Vorarlberger Gebirgsdörfer auch verzichten; eine gemeinsame Austragung der Ski-Weltmeisterschaften im Jahr 2001 mit St. Anton hat eine Volksabstimmung verhindert.

Schon 1982 hatte Lech einen Umweltschutzpreis bekommen. Dazu kam kürzlich noch das höchste Prädikat »Vorbildlich« des Österreichischen Gemeindebundes, der 400 Bewerber geprüft hatte. Als vorbildlich gilt auch der Lawinenschutz im 180 Kilometer weiten Tourengebiet. Aus zehn stehenden Rohren, hierorts entwickelt und »Lawinenorgeln« genannt, können pyrotechnische Druckladungen bis zu 200 Meter weit gefeuert werden. Sie können von Lech aus auf Lawinenanrisse gezielt und per Computer bei jedem Wetter gezündet werden. Die Energie liefern Solarzellen.

Ein Basler Marktforschungsinstitut fand 2010 bei einer Umfrage unter Tourismus-Experten heraus, dass Lech-Zürs unter den Top Ten der alpinen Winterdestinationen den Spitzenplatz einnimmt, vor Obertauern. St. Anton am Arlberg wurde an sechster Stelle genannt. Gefragt worden war nach 15 verschiedenen Faktoren.

Schönes Ödland

Das Karwendel ist das größte Naturschutzgebiet der Ostalpen und wohl – wie Kenner meinen – das schönste. Gewiss ist dieser 35 Kilometer breite, 70 Kilometer Luftlinie von München gelegene und direkt an Innsbruck grenzende Gebirgsriegel auch eine der einsamsten Berglandschaften Mitteleuropas. Immerhin ist die Hälfte der Fläche von rund 900 Quadratkilometern (davon 730 Quadratkilometer in Tirol) sogenanntes Ödland. Es gibt nur eine einzige, nämlich von Forstleuten und Jägern ständig bewohnte Siedlung: Hinterriss. Und nur eine einzige durchgehende, schmale, nicht selten unbefahrbare, teilweise mautpflichtige Straße: von Lenggries im Isartal über den Sylvensteinstausee nach Krün in Bayern oder Achenkirch in Tirol.

Rundum aber leben 30 Anrainergemeinden vom Tourismus. Ihre Bürgermeister und Fremdenverkehrsdirektoren trafen sich im Juli 1999 in Mittenwald mit dem Ziel, den »Alpenpark Karwendel« gemeinsam zu vermarkten, wofür der Verein Euregio Zugspitze-Wetterstein-Karwendel die Trägerschaft übernehmen wollte. Wenige Tage zuvor hatten hohe Umweltpolitiker aus Bayern und Tirol zusammen mit allerlei Experten im ebenso bekannten, ebenso unter Gästeschwund leidenden Karwendel-Ort Seefeld ein Projekt vorgestellt mit dem programmatischen Titel »Erholung und Freizeit im Karwendel – naturverträglich«. Mit einem Kostenaufwand von 1,2 Millionen Mark, wovon die Hälfte die EU trägt, soll das »biologische Potenzial« gesichert und gleichwohl der Tourismus im Raum zwischen Walchensee und Inn, zwischen oberer Isar und Achensee erhalten und optimiert werden.

Wie nur wenige andere Gebirge der Alpen ist das Karwendel geeignet, Erholung suchende Menschen zugleich anzuziehen wie abzuweisen. Schroff sind die Zugänge, mühsam zu begehen die Übergänge zwischen den einzelnen Berggruppen (die West-Ost-Durchquerung ist kaum unter vier Tagen zu schaffen), wild sind die Flüsse und Schluchten, höher als 2.000 Meter die meisten Gipfel, »in manchen Partien schwieriger als gewöhnlich in der Ersteigung«, schrieb schon der Karwendel-Pionier Hermann von Barth, der im Sommer 1870 nicht weniger als 28 dieser Gipfel »erobert« hat. Doch all die Widrigkeiten des großen Gebirges, so Barth, würden »seine völlige Vergessenheit nicht rechtfertigen«.

Natürlich blieb auch diese längst unter Naturschutz gestellte Berglandschaft vom Tourismus der Massen und von der Großtechnik nicht verschont. Der Tourismus hat sein Ballungszentrum im Großen Ahornboden, vor allem wenn der Herbst die taltypischen Bäume verzaubert und ganze Busladungen in das einstige Jagdrevier des belgischen Königs geschleust werden.

Die Technik indes trumpft auf am – durchaus landschaftsverträglichen – Sylvensteindamm, der bis München hinein vor Hochwasser schützen soll und noch einmal um drei Meter erhöht wurde, weil man angesichts so mancher Alpenkatastrophe noch etwas vorsichtiger geworden ist. Weitere Warnzeichen sind Sturmschäden infolge falscher Aufforstung oder Erosion und Felsstürze infolge von Bergbautätigkeit, wovon aktuell ein Ortsteil der Silberstadt Schwaz am Südrand des Karwendel bedroht ist. Dazu kommen die Einwirkungen auf Wildtiere durch Wandergruppen, Skibergsteiger, Wildwasserkanuten, Canyoningfans, Gleitschirmflieger.

In acht »Bausteinen« soll nun die Wildbiologische Gesellschaft in Ettal ein Konzept erarbeiten, das alle diese Beziehungen und Belastungen untersucht, bewertet und daraus zukunftsfähige Vorschläge ableitet. »Niemand soll aus der Natur ausgesperrt werden«, heißt es im Arbeitspapier. Vielmehr setzen die Biologen, Landschaftsplaner und Touristiker, die schon in anderen alpinen Regionen entsprechende Erfahrungen sammeln und umsetzen konnten, auf ein attraktives und lenkendes Informationsangebot, das beispielsweise auch Orte der Wildbeobachtung einschließt. Ein Baustein befasst sich mit dem Steinadler, ein anderer mit den Tieren der Fließgewässer und den Menschen, die in Badehose oder Neoprenanzug in ihre Lebensräume eindringen.

Wie der Ansturm der Halbschuhtouristen auf den Großen Ahornboden der (bayerischen) Eng gelenkt oder gedrosselt werden kann, darüber werden sich die Gemeinden und Verkehrsmanager weiter die Köpfe zerbrechen müssen. Versuche, von Lenggries aus einen Pendelbus einzusetzen und so die Lust aufs eigene Auto zu mindern, brachten nicht den erhofften Erfolg. Bei der Mandatsträgerkonferenz im Geigenbauerdorf Mittenwald erklang indes Zukunftsmusik: Angeregt wurden die Schließung der Zufahrtsstraße und der Bau einer »umweltfreundlichen«, quer durch den Alpenpark Karwendel verlaufenden Eisenbahn, die im Westen mit der Bahnlinie Innsbruck-Seefeld-Mittenwald-Garmisch und im Süden mit einer künftigen Innschifffahrt verbunden werden könnte.

Tabu für einen allzu verdichteten Tourismus bleiben auf alle Fälle die anspruchsvollen Lieblingsziele der Bergsteiger im Karwendel: die Lamsenspitze hoch über der Eng, das (vom »Isarindianer« Willy Michl besungene) Quellgebiet der Isar am Hallanger, die Soierngruppe mit dem Jagdhaus von König Ludwig II. und dem Lakaiensteg, die bis zu 800 Meter senkrecht stehenden Laliderer Wände oder die Birkkarspitze, der mit 2.749 Metern höchste Berg im Karwendel. »Renaturiert« wurde das Dammkar, zu dem von Mittenwald aus eine Bergbahn auffährt: Künftig soll das bis weit ins Frühjahr hinein schneebedeckte Kar, die längste Skiabfahrt Deutschlands, nicht mehr bequemgewalzt werden.

An der Südpforte des Karwendelgebirges indes will die Landeshauptstadt Innsbruck die »erste Schienengondelbahn der Welt« für

30 Millionen Mark in einer Länge von 2.200 Metern von der innerstädtischen Ottoburg am Innufer aus zur Hungerburg hochziehen. Sie soll ein denkmalgeschütztes Uraltvehikel ersetzen, das 1966 durch eine Lawine stark beschädigt worden war.

Der vom Land Tirol verwaltete Alpenpark Karwendel, der seit 2009 das Prädikat Naturpark hat, bietet ganzjährig touristische Programme mit den Schwerpunkten Naturschutz und Umweltbildung. Im neuen Naturparkhaus Hinterriss finden entsprechende Veranstaltungen statt. (Die deutschen Naturschutzverbände halten das Umweltbildungs-Zentrum allerdings für banal, es propagiere nur die Rettung einer Bergbahn in einem sensiblen Naturschutzgebiet). Außerdem gibt es im 727 Quadratkilometer großen Alpenpark schöne Almfeste und in der Eng eine Schaukäserei. Mehrere Moore wurden renaturiert. Für den Großen Ahornboden entsteht ein Managementplan.

Im Dezember 2007 geht die neue Hungerburgbahn in Betrieb; entworfen hat sie Stararchitektin Zaha Hadid, von der auch die moderne Berg-Isel-Schanze stammt. Vorher schon waren die Schwebebahnen von der Hungerburg auf die Seegrube und von dort hinauf zum Hafelekar vom Architekten Prachensky erneuert worden. Auf weitgehende Erhaltung der alten Substanz wurde großer Wert gelegt. Die Karwendel-Eisenbahn jedoch blieb Utopie, die Innsbrucker Innschifffahrt ebenso.

Im Netz der Via Alpina

An einem eher alpenfernen Ort, im Rathaus zu München, eröffnete die grüne Bundeslandwirtschaftsministerin Renate Künast am 15. Februar 2001 für Deutschland das »Internationale Jahr der Berge«. Im noch alpenferneren Kirgisistan, einem Bergland immerhin, war das Projekt 1998 geboren worden. In Deutschlands höchstem Veranstaltungsraum, der rundum verglasten Kunsthalle auf der Zugspitze, wurde ein Rucksack voller Aktionspläne ausgepackt. Sie wollen das Verständnis der Öffentlichkeit für die Berge und den Umgang mit diesem Großökosystem beispielhaft fördern, wozu insbesondere ein intelligenter, sanfter Wandertourismus beitragen soll.

Gestartet wird das Jahresprogramm mit einer kollektiven Winterdurchquerung eines Teils der bayerischen Alpen. In sieben Etappen werden die Chiemgauer Alpen und das Mangfallgebirge von Schleching bis Lenggries auf Schneeschuhen bewandert. Dann gibt es Tagungen über Bergwiesen und Almwirtschaft, über Naturschutzforschung und die Verkehrsproblematik in den Alpen. Vorbildliche Projekte und Lösungen werden initiiert, bekannt gemacht oder unterstützt.

In Garmisch-Partenkirchen gehen Experten der doppelsinnigen Frage nach: »Kommen die Alpen herunter?« Gemeint sind die Massenbewegungen in den Gebirgen: die gefährlichen wie Muren, Sturzfluten und Lawinen ebenso wie die natürlichen, die – was in Alarmberichten meist übersehen wird – neue Lebensräume für die Pflanzen- und Tierwelt schaffen. Denn die Berge bewegen sich seit Erschaffung der Erde.

Auch künstlerische Aktionen stehen auf der Agenda. So wird im Oberallgäu ein Labyrinth aus Steinen errichtet, in einer Augustnacht brennt überall »Feuer in den Alpen«. Nicht zuletzt werden Reisen und Wanderungen mit gründlichen Erläuterungen zur Bedeutung, Gefährdung und nachhaltigen Nutzung von Bergen für Erwachsene und Jugendliche veranstaltet.

Seinen Höhepunkt erlebt das »Internationale Jahr der Berge« am 21. Juni, als in Oberstdorf die »Via Alpina« mit einem Festakt und einem »Markt der Regionen« eröffnet wird. Bei diesem Projekt handelt es sich um eine Hochgebirgs-Wanderroute mit 300 Tagesetappen von Slowenien bis Frankreich. Dieses längste Wanderwegenetz Europas besteht aus fünf farblich gekennzeichneten Routen. Sie verbinden erstmals alle acht Alpenländer und messen insgesamt rund 6.000 Kilometer.

An 60 Punkten überschreitet die Via Alpina die Staatsgrenzen. Sie berührt alle großen Gebirge sowie rund 40 National- und Naturparke oder Naturschutzgebiete. Sie passiert viel besuchte Urlaubsorte und Sehenswürdigkeiten wie Schloss Neuschwanstein ebenso wie stille, abgelegene Dörfer etwa in den Karnischen Alpen oder im Tessin. Sie steigt von Höhe null an der Adria bis auf 3.017 Meter am Niederjoch unweit der Fundstelle des Ötzi.

Geflochten wurde das große Netzwerk von den alpinen Organisationen unter Federführung des französischen GTA (Grande Traversée des Alpes). Auf deutscher Seite hat sich auch die Bayern Tourismus

Marketing Gesellschaft engagiert. Die Planungen leitete der Präsident der italienischen »Freunde der Berge«, der Europa-Abgeordnete Luciano Caveri aus dem Aostatal. Es wurden keine neuen Wege eingerichtet, sondern klassische Wanderrouten über die Grenzen hinweg miteinander verbunden. Dazu gehören etwa der nationale Nord- und Zentralalpenweg in Österreich, der Walserweg in der Schweiz und die Grande Traversata delle Alpi in Italien.

In Deutschland folgt die Via alpina dem rund 240 Kilometer langen Maximiliansweg, den der Deutsche Alpenverein am 9. Juli 1991 in Hindelang als »sichtbares Zeichen für das einfache Bergwandern« eröffnet hatte, ebenfalls auf bereits vorhandenen Trassen. Benannt ist dieser Queralpenweg nach dem Bayernkönig Maximilian II., der im Sommer 1858, allerdings mit Pferden und Kutschen, fünf Wochen lang vom Bodensee bis zum Königssee unterwegs war, um sein Volk kennen zu lernen. Auf seinen Spuren wird jetzt sogar eine Barfuß-Wanderung angeboten. Auch kann man mit Bergführer und Fackel die Partnachklamm erkunden oder auf einem neuen, sechs Kilometer langen »Adlerweg« im Nationalpark Berchtesgaden die Fütterung von Jungtieren beobachten.

Die Hauptroute ist der »rote Weg«, der alle Alpenstraßen auf 163 Etappen verbindet; der »grüne Weg« ist der kürzeste, er kommt an Eiger, Mönch und Jungfrau vorbei. Da alle Wege im mittleren Schwierigkeitsbereich liegen, Gletscherüberquerungen und Kletterpassagen weitgehend vermeiden, kann die Via alpina von jedem erfahrenen Bergwanderer begangen werden. Angesprochen werden sollen alle, »die gern eine Woche oder einige Tage eine alpine Region über Grenzen hinaus entdecken möchten«.

In Oberstdorf endete am Eröffnungstag auch eine fünftägige Teildurchquerung der bayerischen Berge mit dem Alpenverein. An der Wieskirche gab Bundesumweltminister Jürgen Trittin das Startsignal und wanderte selbst mit bis nach Trauchgau. Unterwegs erläuterten zwei Fachleute, wie Naturschutz und Landschaftspflege im alpinen Gelände umgesetzt werden. Auch die weiteren vier Etappen sind mit Themen besetzt, die der (immer noch nicht von allen beteiligten Ländern ratifizierten) Alpenkonvention entnommen werden: Tourismus, Energie und Verkehr, Bergwald, Bevölkerung und Kultur.

Die Edelweißwächter

Um den Schutz der Alpen kümmern sich längst dermaßen viele Fachleute, Politiker, Publizisten, Institutionen und Verbände, dass der Unkundige und selbst der ökologisch Interessierte das große Gebirge vor lauter Bergfreunden kaum noch sieht. Schier lawinenartig werden die Alpen überrollt von Abkommen, Absichtserklärungen, Gesetzen, Plänen, Gutachten, Büchern, Biotopkartierungen und anderen Maßnahmen regionaler, nationaler und vereinzelt auch globaler Reichweite. Weniger bekannt ist, dass viele dieser Initiativen letztlich auf einen eher im Stillen wirkenden Verein zurückzuführen sind

»Verein zum Schutz der Bergwelt« nennt sich dieser Nukleus aller Naturschützer heute. Man feiert einen doppelten Geburtstag – der übrigens auch gut in das von der UNESCO ausgerufene »Internationale Jahr der Artenvielfalt« passt. Anlass also genug, die 1.400 Mitglieder am 21. Juni 2010 ins Münchner Haus des Alpinismus zu rufen. Begrüßt werden sie dort nicht nur von ihrem eigenen Ersten Vorsitzenden, dem Münchner Forstwissenschaftler Professor Michael Suda, sondern – was für die Spannweite spricht – auch von den Präsidenten des Deutschen Alpenvereins, der CIPRA (Internationale Alpenschutzkommission) und des Deutschen Naturschutzrings.

Weitblickende Leute, darunter kräuterkundige Apotheker und Ärzte, hatten vor 110 Jahren, am 28. Juli 1900, in Straßburg einen »Verein zum Schutze und der Pflege der Alpenpflanzen« gegründet – als ersten internationalen Naturschutzverband. Den Anstoß gab der Deutsche und Österreichische Alpenverein, der sich laut Statut damals noch vordringlich der »Erschließung«, also eher dem Nutzen als dem Schutz der Alpen widmete. Inzwischen geht es nicht mehr nur um die Pflanzen und die (in den 1930er-Jahren mit aufgenommenen) Tiere und auch nicht allein um die Alpen,

Vor beeinträchtigenden und zerstörenden Eingriffen will der Verein zum Schutz der Bergwelt die Natur schützen. Erhalten und fördern will er deren Schönheit, Vielfalt, Eigenart und Ursprünglichkeit, wozu nicht zuletzt die Fließgewässer und neuerdings auch das »alpine Kulturerbe« gehören. Seit Kurzem kooperiert der Verein auch mit dem Landesverband für Höhlen- und Karstforschung. Denn dieses unterirdische »Ödland« – immerhin der wichtigste Trinkwasserspeicher der Ostalpen – ist ebenfalls ins Blickfeld von wirtschaftlichen Interessen, Forstwirtschaft, Landwirtschaft und Seilbahnbetreibern geraten.

Mit seinen zahlreichen Untersuchungen und Warnungen glaubt der Verein in aller Bescheidenheit, »bei den Verantwortlichen ein klein wenig Überzeugungsarbeit geleistet zu haben«. So veröffentlichte er in einem Jahrbuch für einen Beobachtungszeitraum zwischen 1993 und 2004 aus laufenden Untersuchungen von Skigebieten in den Alpen gründliche Analysen der »Umweltgefahren durch Massenskilauf«; aber auch einige »Wiedergutmachungsversuche« wurden anerkannt.

Am Anfang allerdings war es wirklich nur, wie der Gründername sagt, um Pflanzen und Tiere gegangen. Zum Beispiel um die Läusekräuter oder die letzten Lämmergeier, vor allem aber immer wieder um das Edelweiß. Als Symbolblume des alpinen Artenschutzes ziert es jetzt das Wappen des Vereins ebenso wie das des Alpenvereins und der dem Roten Kreuz zugeordneten Bergwacht. Noch 1953 fragte man besorgt: »Stirbt das Edelweiß aus?« Der weiße Filzstern steht heute unter strengem Schutz; an der Allgäuer Höfats, wo er besonders häufig vorkommt, wurde er lange Zeit sogar von Bergwachtposten geschützt.

Auf der Alm, da gibt's freilich noch immer viele Sünden. In einem umfangreichen Buch mit eingelegter CD, das zur Jahrestagung vorgestellt wurde, hat der Diplom-Biologe Alfred Ringler den »größten biogenetischen Rückzugsraum« wissenschaftlich unter die Lupe genommen und daraus Folgerungen für eine zukunftsorientierte Berglandwirtschaft abgeleitet. Nach seiner Beobachtung würden 450 bis 650 Pflanzenarten und eine viel größere Zahl an Tierarten endgültig von der Erde verschwinden, falls die alpinen Lebensräume, und das sind im Wesentlichen die Almen, verloren gingen.

Maßgeblich beteiligt waren die Edelweißschützer (die Hälfte sind Akademiker) schon seit 1935 an staatlichen Naturschutzgesetzen sowie an der Festsetzung der großen alpinen Naturschutzgebiete Bayerns und Tirols (Karwendel, Ammergebirge, Kaisergebirge) und am einzigen bayerischen Alpennationalpark. 1910 als »Pflanzenschonbezirk« begründet, war dies die Keimzelle des 1921 festgesetzten »Naturschutzgebietes Königssee«, aus dem wiederum 1978 der »Nationalpark Berchtesgaden« hervorging.

Aus Anlass von dessen hundertjährigem Jubiläum unternimmt der Verein nun eine Exkursion an den Königssee. 1916 hatte er es gerade noch verhindern können, dass aus lauter Kriegsbegeisterung ein riesiger assyrischer Löwe in eine Steilwand des Königssees gemeißelt wurde, und 1968 lief er erfolgreich Sturm gegen die geplante »Watzmann-Bahn«. Im selben Jahr veröffentlichte Helmut Karl, bedrängt durch die vielen Seilbahnprojekte, im Jahrbuch des Vereins die – 1972 verwirklichte – Idee von einem in drei Zonen aufgeteilten »Alpenplan«.

Auch bemühten sich die Bergweltschützer intensiv um die Verwirklichung des von der EU europaweit angestrebten Schutzgebietsnetzes »Natura 2000«. Es bedurfte allerdings vieler Jahre und schließlich gar der Androhung von Zwangsgeldern durch Brüssel, bis Deutschland im Februar 2006 endlich 4.622 FFH-Gebiete (Flora- und Fauna-Habitate) gemeldet hatte; das sind 15,3 Prozent seiner Landfläche und 41 Prozent seiner Meeresfläche. In Bayern entfällt der größte Flächenanteil (21.364 Hektar) auf den Nationalpark Berchtesgaden, dicht gefolgt von den Allgäuer Hochalpen und dem Karwendel.

Aus der Edelweißräuberei vieler Touristen von einst wurde ein Raubbau im Großen: Zersiedelung, Verdrahtung, Verdichtung, Verplanung alpiner Kulturlandschaften. Dies alles geschieht nicht nur für Zwecke des Tourismus. Und längst nicht mehr in den Alpen allein. Nicht allein für die Alpen hat der Verein denn auch fundierte Szenerien über die Folgen des globalen Klimawandels entwickelt. Seine Position ist auch in diesem Punkt klar: »Nicht überall, wo Klimaschutz draufsteht, ist Naturschutz drin.«

»Die komplexen Probleme vieler Bergwelten, resultierend aus historischer Rückständigkeit, Faszination der ›vertikalen, unverfügten Räume‹, hohe Biodiversität, Rückgang der Berglandwirtschaft, touristische Überfrachtung und Banalisierung etc. sind mit ›den Alpen‹ nur zu ihrem ersten Exempel geworden. Die Globalisierung zieht jetzt schon viele Gebirge der Welt in ähnliche Entwicklungen hinein.«

So heißt es 2009 in einer Standortbestimmung des Vereins zum Schutz der Bergwelt. Bei einer Skizzierung der aktuellen Problemfelder stellte er fest, dass die touristische Erschließung mit den Inszenierungen der Landschaften ganz neue Formen annehme und sich allmählich auf die gesamten Mittel- und Hochlagen ausdehne.

Ist der sanfte Tourismus tatsächlich die Rettung? Die neue Sensibilität für Nachhaltigkeit stärke den Ökotourismus und könnte sogar den Strukturwandel in der Landwirtschaft flankieren, stellt der Diplomphysiker Rudi Erlacher vom Verein zum Schutz der Bergwelt im Jahrbuch 2010 als Positivtrend fest. Doch Vorsicht: Wenn die Natur selbst – gemäß dem aktuellen Trend – als »Gegenwelt« inszeniert werde, könnte eine schleichende, flächendeckende »Enttabuisierung« der Bergwelt stattfinden. Und diese würde schließlich auch die letzten »unberührten« Hochlagen für einen harten Tourismus öffnen.

Wachsamkeit ist weiterhin geboten.

Chronologie der Ereignisse

1945 einzelne Sektionen des Alpenvereins schließen sich in Österreich wieder zu einem Dachverband zusammen

1945 in Flims (Graubünden) geht die erste kuppelbare Doppelsesselbahn der Welt in Betrieb; sie wird 40 Jahre lang im Einsatz sein

1946 in Bad Gastein setzt sich die erste festgeklemmte Einsesselbahn in Bewegung

1948 finden in St. Moritz die ersten Winterspiele in den Alpen nach dem Zweiten Weltkrieg statt

1949 in Heidelberg wird der Deutsche Skiverband neu gegründet. 2012 hat der DSV zwanzig Landesverbände mit 700.000 Skisportlern

1950 in Würzburg wird der Deutsche Alpenverein mit zunächst 90.000 Mitgliedern neu gegründet; 2012 hat der DAV fast 900.000 Mitglieder und 332 Hütten; er ist längst die größte Bergsteigervereinigung der Welt

1951 im Januar und Februar verwüsten Lawinenkatastrophen Siedlungen und Wälder auf der Nord- und Südseite der Alpen

1951 der alte Name Österreichischer Alpenverein wird wieder etabliert; 2012 hat der OeAV rund 415.000 Mitglieder und 238 Schutzhütten

1952 am 5. Mai wird in Rottach-Egern von verschiedenen Verbänden und Initiativen die Internationale Alpenschutzkommission CIPRA gegründet; sie will eine nachhaltige Entwicklung alpenweit fördern

1952 in Tignes (Hoch-Savoyen) entsteht auf 2.100 Metern Höhe der größte Energiespeicher Europas und anschließend eine Hochhaus-Stadt für Touristen

1953 zum Graseck in Partenkirchen pendelt die erste führerlose, vollautomatische Gondelbahn der Welt

1955 ein Wiener Ingenieur stellt Pläne für eine Brennertunnelbahn vor, die über das Isartal nach Italien führen soll

1955 am Montblanc erreicht eine Seilbahn den höchsten Punkt der Alpen (3.842 Meter)

1956 auf dem Zugspitzplatt führt die höchste deutsche Bergbahn zum 2.874 Meter hohen Schneefernerkopf; weitere bayerische Gipfelregionen werden Großbaustellen

1959 eine internationale Fachtagung in Bozen befasst sich mit dem Bau einer Autobahn über den Brenner, auch eine Schnellstraße München–Venedig wird geplant

1963 ereignet sich ein Bergsturz in den Stausee von Vajont im Piavetal; der Flutwelle fallen über 2.000 Menschen zum Opfer, der Ort Langarone wird fast vollständig zerstört

1963 wird die Europabrücke eröffnet; sie ist zum Zeitpunkt ihrer Fertigstellung die höchste Brücke Europas

1964 am Eibsee wird erstmals in Deutschland eine Maschine zur Erzeugung von Kunstschnee aufgestellt

1965 im Mai werden auf dem Zugspitzplatt zehn Menschen durch eine Lawine getötet

1965 in Inzell wird ein deutsches Eissportzentrum eröffnet

1966 die Inntalautobahn Rosenheim-Kufstein wird dem Verkehr übergeben

1966 in Sölden wird die höchste Seilbahn Österreichs eingeweiht (3.040 Meter)

1966 das neue Skigebiet »Meran 2000« wird durch eine Seilbahn erschlossen

1968 Vorschläge zur Erschließung von Watzmann und Alpspitze mittels Bergbahnen stoßen auf Widerstand

1968 in Frankreich wird die modernste alpine Touristenstadt Flaine feierlich eröffnet; erbaut wurde sie nach Plänen des Bauhaus-Architekten Marcel Breuer, weswegen sie heute unter Denkmalschutz steht

1969 Berchtesgaden und Garmisch-Partenkirchen erklären, sich für die Olympischen Winterspiele 1976 bewerben zu wollen

1969 im Oberengadin wird der Engadin-Skimarathon erstmals veranstaltet; mit heute bis zu 13.000 Teilnehmern gehört das Spektakel für Skilangläufer zu den größten Sportveranstaltungen in den Alpen

1969 Kaprun und Zell am See bilden eine »Europa-Sportregion«

1969 in Chamonix wird ein »Musée Alpin« eröffnet

1969 von Düsseldorf und Hannover aus starten erste Jet-Flüge in die Alpen

1969 Bayerns Innen- und Landwirtschaftsministerium veröffentlichen eine Denkschrift »Schutz dem Bergland«

1970 deutsche und österreichische Naturschützer verständigen sich auf einen grenzüberschreitenden Alpen-Nationalpark südlich des Königssees

1971 in Frankreichs Seealpen eröffnet das erste Hotel des Retortendorfes »Isola 2000«

1971 in Einsiedeln (Zentralschweiz) schwebt die größte Gondelbahn Europas gen Himmel, sie fasst 125 Personen

1972 am 12. Oktober wird in Mösern (Tirol) die »Arbeitsgemeinschaft Alpenländer« (Arge Alp) konstituiert; ihr gehören heute neun Länder, Provinzen und Regionen mit 16 Millionen Einwohnern an

1973 die Brennerautobahn ist nunmehr auf der 85 Kilometer langen Gesamtstrecke befahrbar

1974 auf den Gletscher von Kaprun fährt die erste Stollenstandseilbahn der Welt

1974 erste Teilstrecke der leistungsfähigsten Seilbahn Österreichs im Stubaital eröffnet

1975 das mittlere Stubaital wird von einer Lawinenkatastrophe heimgesucht, 1978 und 1987 folgen weitere Schnee- und Murenabgänge

1975 die Scheitelstrecke einer Tauernautobahn (52 Kilometer) wird mit zwei Tunnels und 74 Brücken eröffnet

1975 das Alpenvereinsmuseum wird in Innsbruck wiedereröffnet, großenteils mit Beständen aus dem zerstörten Museum in München

1975 die 13,4 Kilometer lange Straße von Sölden bis zum Fuß des Rettenbachferners mit Direktanschluss an mehrere Gletscherlifte wird freigegeben

1976 in den Venetischen Alpen wird die Retortenstation Piancavallo eröffnet, mit 1.000 Betten sowie zwölf Bahnen und Liften

1977 die Felbertauern-Hochalpenstraße, die Nord- und Osttirol verbindet, wird dem Verkehr übergeben

1977 auf Gletschern der Alpen gibt es jetzt ein Dutzend touristisch entwickelte Sommerskigebiete

1978 fast die Hälfte der 27 Großkabinen-, 22 Kleinkabinen- und 84 Sesselbahnen in den bayerischen Alpen melden rote Zahlen

1978 Österreich und die Schweiz werden über das 2.738 Meter hohe Viderjoch durch eine Skischaukel verbunden, die zum zollfreien Shopping einlädt

1978 verordnet der Freistaat Bayern den Nationalpark Berchtesgaden; 2010 wird er zum Biosphärenreservat Berchtesgadener Land erweitert

1979 wissenschaftliche Untersuchungen in Tirol und Bayern weisen bedrohliche ökologische Folgen des massierten Skibetriebs nach

1979 im Zillertal werden zwei neue Großskigebiete erschlossen; das »aktivste Tal der Welt« zählt jetzt 37.000 Gästebetten und 4,5 Millionen Übernachtungen pro Jahr

1979 der Deutsche Skiverband registriert im Alpenraum 30 Skigroßräume mit jeweils mehr als 50 »mechanischen Aufstiegshilfen«

1980 auf der Zugspitze weiht die Post eine riesige Richtfunkstation und Kardinal Ratzinger Deutschlands höchste Kirche ein, Deutschlands größter Skizirkus hat jetzt auf dem Platt elf Anlagen

1980 Zermatt eröffnet die höchste Seilbahn der Welt, pro Gondel gelangen 100 Personen zum Kleinmatterhorn (3.820 Meter), dem größten Ganzjahresskigebiet der Alpen

1980 nach zehnjähriger Bauzeit wird der Gotthard-Straßentunnel eröffnet; mit 16,9 Kilometer ist er der längste Straßentunnel in den Alpen; in Österreich hält der Tunnel durch den Arlberg mit fast 14 Kilometer den Landesrekord

1981 trotz der Bedenken der Alpenvereine werden die Gletscher des bisher abgeschiedenen Kaunertals für den Sommerskilauf durch drei Lifte und eine Panoramastraße erschlossen

1981 wird der erste Nationalpark Österreich eingerichtet; der Nationalpark Hohe Tauern ist durch eine der meist befahrenen Übergänge der Alpen, die Großglockner-Hochalpenstraße, erschlossen

1982 die Schutzgemeinschaft Alpen, eine Vereinigung von Bürgerinitiativen, verleiht erstmals ihren Wanderpreis »Rostige Blechdose« an die Verantwortlichen für die Erschließung des Pitztals

1982 im Inner-Ötztal, auf dem Tiefenbachferner, wird das fünfte Gletscherskigebiet Tirols eröffnet

1983 dem Olympischen Komitee werden fünf mögliche Wettkampfstätten in Bayern für die Winterspiele von 1992 angeboten

1986 an der Nordkette von Innsbruck wird ein Klettersteig eröffnet, auf dem sieben Gipfel erreichbar sind

1986 bei der IOC-Abstimmung in Lausanne unterliegt Berchtesgaden als Bewerber für die Olympischen Winterspiele 1992

1987 die erste Acht-Personen-Gondel startet in Saalbach

1987 in Obergurgl wird erstmals ein Förderband als Einsteighilfe eingesetzt

1988 die 173 Seilbahnen und rund 1.600 Schlepplifte der Bundesrepublik verzeichnen nach mehreren warmen Wintern hohe Verluste und fordern Staatshilfe

1988 im Pitztal wird die höchste Bergbahn der Ostalpen freigegeben, die Betreiber erfinden für ihren Gletscher den Werbeslogan »Freundlicher Riese«

1991 in Salzburg wird am 7. November die Alpenkonvention von mehreren Umweltministern unterzeichnet, die erst 1995 in Kraft tritt

1992 in Kempten wird ein Alpenmuseum als Zweigmuseum des Bayerischen Nationalmuseums eröffnet

1993 auf der Zugspitze wird eine neue Gipfelstation mit Konferenzzentrum eingeweiht

1993 der Bund Naturschutz in Bayern ruft zum Boykott künstlich beschneiter Pisten auf, im Landtag werden die Schneekanonen von der SPD attackiert

1995 im Land Salzburg läuft ein Moratorium aus, das den Neubau von Bergbahnen grundsätzlich verhindert hatte

1995 in Sölden beginnt eine ständige Diskussionsrunde »Zukunft Wintersport«, aus der auch die Idee vom »multioptionalen Berg« hervorgeht

1995 wird Ischgl endgültig zum Mekka des modernen Alpentourismus; vor 20.000 Zuschauern findet das erste Top of the Mountain Concert statt

1996 der Deutsche Alpenverein eröffnet auf der Münchner Praterinsel, seinem bisherigen Hauptsitz, ein Alpines Museum

1997 Gründung des von der CIPRA initiierten »Netzwerks Alpen«, dem heute 316 Gemeinden zwischen Slowenien und Frankreich angehören

1998 die Ausstellung »Schöne neue Alpen«, von der Gesellschaft für Ökologische Formung im Münchner Stadtmuseum veranstaltet, dokumentiert eine Fülle von Fehlentwicklungen und Gefahren

1999 in Galtür/Tirol fordern schwere Lawinenabgänge 31 Menschenleben; der Ort war mehrere Tage von der Außenwelt abgeschnitten

1999 im Mont-Blanc-Tunnel sterben bei einem Brand 39 Menschen; ein Jahr später kommen bei einem Brand im Tunnel der Gletscherbahn Kaprun 2 ebenfalls 39 Menschen ums Leben

2000 seit Dezember fährt die modernste Einseilumlaufbahn Deutschlands vom Parkplatz Seegatterl zur Winklmoosalm

2000 in Tirol sind nunmehr 369 Seilschwebebahnen und Sessellifte, 765 Schlepplifte, und sieben Standseilbahnen in Betrieb; in allen großen Skigebieten hat der Fun- und Event-Tourismus begonnen

2000 wird die Via Alpina, ein grenzüberschreitender Wanderweg von Triest nach Monaco, ins Leben gerufen

2001 wird Berchtesgaden als erste deutsche Stadt mit dem Titel Alpenstadt des Jahres ausgezeichnet; honoriert wird hierbei ein besonderes Engagement bei der Umsetzung der Alpenkonvention; erstmalig wurde der Titel 1997 an die Stadt Villach verliehen

2002 wird von den Vereinten Nationen das Internationale Jahr der Berge ausgerufen

2003 der Schlepplift Gandegg in der Nähe von Zermatt ist mit einer Länge von 3.899 Metern der längste Schlepplift der Welt

2007 geht der Lötschberg-Basistunnel (Länge: 36,6 Kilometer) zwischen den Kantonen Bern und Wallis in Betrieb; bis zur Fertigstellung des Brenner- und des Gotthard-Basistunnels ist er der längste Tunnel der Alpen

2009 werden Teile der Südtiroler Dolomiten mit dem Titel UNESCO-Weltnaturerbe bedacht; bereits 2001 wurde der Region Jungfrau-Aletsch diese Auszeichnung zuteil

2012 im April kritisieren Umweltverbände das Projekt der Tiroler Wasserkraft AG, alle vier ökologisch intakten Wildbäche des Kaunertals umzuleiten und das Patzertal hinter einer 120 Meter hohen Staumauer zu »ertränken«; ein 70 Kilometer langes Tunnelsystem soll dazu in den Naturpark Ötztal vorgetrieben werden

2012 am 1. Mai wird bei Ampass das erste Baulos der Hauptbauphase des Brenner-Basistunnels (BBT) feierlich eröffnet, wobei der frühere BBT-Geschäftsführer Hans Lindenberger auf den »langen und oft harten Weg« von 13 Jahren zurückblickt

2012 am 24. Mai gibt das Schweizer Sportparlament grünes Licht für die Kandidatur von St. Moritz und Davos für die Olympischen Winterspiele 2012; am 30. Mai geht die Alpine Ski-WM an St. Moritz

2012 am 13. Juni wurde das Zugspitzplatz mit einer 500 Quadratmeter großen Plane zugedeckt – zum Schutz des Gletschers vor Sonne und Regen

Christine Koller

Liebe auf Distanz

... Liebt einander,
aber macht die Liebe nicht zur Fessel:
Lasst sie eher ein wogendes Meer zwischen den Ufern
eurer Seelen sein.
Füllt einander den Becher, aber trinkt nicht aus einem Becher.
Gebt einander von eurem Brot, aber esst nicht vom selben
Laib.
Singt und tanzt zusammen und seid fröhlich,
aber lasst jeden von euch allein sein.
So wie die Saiten einer Laute allein sind
und doch von derselben Musik erzittern.
Gebt eure Herzen, aber nicht in des anderen Obhut.
Denn nur die Hand des Lebens kann eure Herzen umfassen.
Und steht zusammen, doch nicht zu nah:
Denn die Säulen des Tempels stehen für sich,
und die Eiche und die Zypresse wachsen nicht im Schatten
der anderen.

aus „Der Prophet“ von Khalil Gibran

Christine Koller

Liebe auf Distanz

Fernbeziehungen – und wie man sie meistert

mvg Verlag

Bibliografische Information Der Deutschen Bibliothek
Die Deutsche Bibliothek verzeichnet diese Publikation in der Deutschen Nationalbibliografie; detaillierte bibliografische Daten sind im Internet über http://dnb.ddb.de abrufbar.

http://www.mvg-verlag.de

Umschlaggestaltung: Vierthaler & Braun Grafikdesign, München
Redaktion: Dunja Götz-Ehlert, Sittenbach
Satz: mi, M. Zech
Druck: Himmer, Augsburg
Bindearbeiten: Thomas, Augsburg
Printed in Germany 73470/020401
ISBN 3-478-73470-3

Inhalt

Einführung

Trotz Liebesglück bleibt eine ewig bange Frage

Wenn das Bett neben einem an Wochentagen Nacht für Nacht leer bleibt, obwohl man liiert ist, handelt es sich um einen ziemlich klaren Fall. Um eine Fernbeziehung. Fast jeder kennt dieses Paarmodell, hat es – wenn auch nur für kurze Zeit – selbst gelebt und weiß um seine süßen wie schaurigen Momente: Die prickelnden Wiedersehensfreuden, die intensive Zweisamkeit, die zärtlichen Telefonate, aber auch die Einsamkeitsschübe, Eifersuchtsattacken oder den nagenden Zweifel: Klappt es oder klappt es nicht? Dennoch findet das Modell immer mehr Anhänger. So ist heute bereits jedes vierte bis fünfte Paar um die 30 Jahre in eine solche Beziehung verstrickt, die so alt ist wie das Zusammenleben.

Zum Broterwerb und um neue Märkte und Territorien zu erschließen, verließen einst Seemänner, Handelsreisende, Regenten oder Diplomaten regelmäßig Frau und Familie. Als prominentester deutscher Pionier gilt wohl Dichterfürst Johann Wolfgang von Goethe. Ihn schickte der Herzog oft auf Reisen oder an die Front und trennte ihn monatelang von seiner Lebensgefährtin Christiane Vulpius.

Durch die Emanzipation der Frau, die ihr Heil nicht mehr in den drei traditionellen Ks – nämlich Kirche, Kinder, Kochen – sah, bekam die Liebe auf Distanz schließlich ein neues Antriebsmoment. Waren diese Paarungen meist durch den Arbeitgeber des Mannes fremdbestimmt, möchten die immer besser ausgebildeten Frauen nicht mehr zurückstecken und auch Karriere machen. Die „Ich-bestimmte Lebenskonstruktion“ mit ihren Eckpfeilern Selbst-Verwirklichung und Selbst-Findung wird, wie Trendpapst und Hamburg-London-Pendler Matthias Horx definiert, zum Kernwert der modernen Welt. Das bestätigen auch die Parolen der neueren Eso-Psychologie, die mit „Sei du selbst!“, „Lebe deine Bedürfnisse!“, „Lebe deinen Traum!“ persönliches Wachstum propagieren und zu einer Art positivem Egoismus aufrufen, um Erfüllung und individuelles Lebensglück zu finden.

Diese neue Freiheit des Seins und Strebens revolutioniert aus sicht der Soziologen auch das Beziehungsideal. Statt als Fusionspaar zu einem „Wir“ zu verschmelzen, verfolgt das moderne Assoziationspaar gemeinsame Ziele und lebt trotz dieses „Wirs“ auch – jeder für sich – sein „Ich“.

Die Fernbeziehung wird damit zur logischen Konsequenz. Sie räumt beiden Partnern kreativen Freiraum ein, der es ihnen ermöglicht, ungebremst hochgesteckte Karriereziele zu verfolgen und Selbsterfahrungsallüren auszukosten. Rückenwind erhält das Zeitgeistphänomen durch einen veränderten, immer internationaler werdenden Arbeitsmarkt sowie durch technische und logistische Neuerungen: Während die Liberalisierung des Telefonmarkts fernmündliches Liebesgeflüster sowie E-Mail- oder Webcam-Unterhaltung durch schlankere Telefonrechnungen erleichtert, wirken Carpools, Bahncards oder die neuen Billigflüge der Low-Budget-Airlines beflügelnd, da sie selbst Liebesnester in London, Paris und New York erschwinglich machen. Die Welt wird zum Dorf, zur Fernbeziehung ist es nur ein Katzensprung – so scheint es.

Doch trotz der großen Mobilität im Miteinander stellt sich allen Beteiligten immer wieder die gleiche bange Frage:

Klappt es oder klappt es nicht? Dieses kleine Kopfgewitter steht nicht permanent im Raum. Nein. Es taucht gelegentlich in schwachen Momenten auf. Häufig angestoßen durch wohlmeinende Freunde, Eltern oder Bekannte: „Auf Dauer geht das nicht gut", „Pure Zeitverschwendung", „Dieser Stress, das führt doch zu nichts", lautet das Credo ihrer Unkenrufe. Ist das wirklich so? Hat auf Dauer nur eine Nahbeziehung Bestand, die die Hürde der Distanz nicht besitzt?

Auch ich ringe gelegentlich mit jener Frage. Eine Beziehungskrise führte dazu, dass ich nicht nur in München lebe. Jeden zweiten Donnerstag oder Freitag im Monat steige ich in eine Maschine von Air Berlin, Germania Express oder Hapag Lloyd und fliege zu meinem Lebensgefährten nach Mallorca. Fünf Jahre hatten wir zusammen in Schwabing gelebt, bevor er Deutschland den Rücken kehrte, um auf der Sonneninsel eine kreative Pause zu machen. Ich war alles andere als begeistert von dieser Idee. Doch diesmal – nachdem ich Auswanderungsideen Richtung Italien, Australien oder an den Ammersee erfolgreich abgeschmettert hatte – gelang es mir nicht, die Notbremse zu ziehen. Mein Partner war fest entschlossen, und wollte ich an der Beziehung festhalten, musste ich mit. Schnell war im Künstlerstädtchen Deia eine Finca gefunden, die fortan unser Heim sein sollte. Doch bereits bei der ersten Begehung bekam ich kalte Füße und mietete mir, zurück in München, sofort ein kleines Apartment.

Ich konnte und wollte mich in der Ferne nicht verkriechen, zudem arbeitete ich in München erfolgreich als Journalistin. Der Job machte mir Spaß und auf Mallorca schaltet man unbewusst immer ein paar Gänge zurück. Also begannen wir zu pendeln. Die erste Zeit war aufregend: Es galt Flüge, S-Bahn, Taxi, die Kommunikation und das Büro zu organisieren und viel Neues zu entdecken. Doch schließlich hatten wir die Insel, verwunschene Buchten und sämtliche Panoramawege erkundet, urige Tapas-Restaurants und Straßenfeste in Palma besucht. Ich konnte im Winter auf Spanisch radebrechend Öl bestellen und hatte irgendwann auch das Problem mit Sonnenbrille, Wimperntusche, Deo oder anderen Sachen im Griff, die anfangs immer dort weilten, wo ich mich gerade nicht befand.

Und mit dem „Alltag", der sich schließlich auch in der zweiten Heimat einspielte, drängte sich eine ständig wiederkehrende Frage in den Vordergrund: Klappt das oder klappt es nicht? Das führte dazu, dass ich versuchte, Antworten zu finden. Ich interviewte Psychologen, Soziologen, Arbeitsexperten, Verhaltensforscher und Betroffene, um zu erfahren: Gibt es eine Pendel-Liebe forever? Bleibt der Kinderwunsch bei diesem Lebensmodell auf der Strecke? Wie meistert man Probleme und Zerrissenheitsgefühle? Ist eine Fernbeziehung für jeden geeignet? Oder gibt es so etwas wie eine Fernbeziehungs-Persönlichkeit? Daneben wollte ich von Ex-Fernliebenden und Psychologen wissen, was zum Bruch führte, um Lösungen und Selbsthilfetipps abzuleiten. Fazit: Wer ein paar „Don'ts" beachtet, schafft einen soliden Grundstock für diese Zweier-Kiste, die für viele nur ein Übergangsmodell darstellt. Doch wer mit Bewusstsein, Toleranz und der Bereitschaft offen und ehrlich zu kommunizieren an die Sache herangeht, schafft auch den Dauerbrenner!

Letzteres kann ich nur bestätigen, selbst wenn meine Bilanz von fünf Jahren Pendeln nicht nur aus Zuckerguss besteht: Wie in jeder Beziehung quälten auch mich heftige Eifersuchtsgedanken. Daneben galt es zwei Haushalte zu organisieren, allein mit Wasserrohrproblemen fertig zu werden, einsame Stunden zu füllen, wütende Lebensziel-Debatten zu führen, Unsicherheitsfrust und meine persönliche Finanz-Panik im Krisenjahr 2001 zu ertragen. Andererseits gibt mir diese Beziehung die Möglichkeit, in München und Spanien zu leben, das Wochenende als Highlight zu sehen und meine Abende unter der Woche mit Schreiben zu verbringen, zu lesen, Freunde zu treffen und intensiv Sport zu treiben. Ich habe viele neue Erkenntnisse gewonnen und setze mich mit meinem Partner und mir intensiver auseinander. Wir gehen bewusster, vielleicht auch erwachsener miteinander um. Und immer wieder wundere ich mich, wie leicht es doch ist, einen solchen Spagat zwischen zwei Ländern und zwei Menschen hinzubekommen. Ob wir irgendwann wieder täglich Tisch und Bett miteinander teilen, wer weiß? Im Moment ist Pendeln angesagt – eine spannende wie bereichernde Erfahrung zugleich!

1. Kapitel:

Beziehungstrend „Getrennt zusammenleben"

Begriffsspielereien rund um die Fernbeziehung

Wie schwammig das Wort Fernbeziehung ist, konnte Dirk Schröder feststellen, als er vor wenigen Jahren zu einer gleichnamigen Ausstellung aufrief. Mit Gedichten, Videoinstallationen, Bühnenbildern, Fotos und Erzählungen gaben junge Künstler auf dessen Online-Plattform www.textgalerie.de ihre Interpretationen zum Besten. „Allerdings gingen nur 50 Prozent auf ihre persönliche Beziehung ein. Die anderen thematisierten unter dem Begriff sprachliche Barrieren, räumliche Distanz, ihre Entfremdung gegenüber ihrer Umwelt oder die Entfernung zu Gott", blickt Schröder zurück.

Versucht man das Wort auf die Beziehung zwischen zwei Menschen einzugrenzen, die zwar zusammen, aber dennoch getrennt sind, war wohl der Begriff *Living apart together (LAT)*, der erste, der dem neuen Paar-Individualismus einen Namen gab. Der Filmemacher Pim de la Parra prägte ihn, als er zusammen mit Charles Gormey das Drehbuch zu dem 1973 erschienenen niederländischen Kinofilm „Frank & Eva – Living

Apart Together“ schrieb. Die niederländische Wissenschaftlerin Cees J. Starver führte das Wortspiel dann in den 80er Jahren in die wissenschaftliche Diskussion ein. 1989 machte der Familiensoziologe Rüdiger Peuckert im Anschluss an amerikanische Forschungen den Begriff *Commuter-Ehe* (Commuter aus dem Englischen übersetzt: Pendeln) in Deutschland bekannt. Peuckert verstand darunter eine „Ehe- bzw. Familienform, bei der die Ehepartner in zwei räumlich getrennten Haushalten leben und beabsichtigen, die Ehebeziehungen aufrechtzuerhalten“. Die Trennung erfolgt, da beide Partner stark karriereorientiert sind – ähnlich *Dual-Career-Couples* (Doppel-Karriere-Paare) – und nicht am gleichen Ort einen ihrer Ausbildung angemessenen Job finden können. Breiter legte die Journalistin Dorothea Schmitz-Köster 1990 den Begriff an, als sie in ihrem gleichnamigen, mittlerweile vergriffenen Buch erstmals von „Liebe auf Distanz“ sprach. Darunter fielen alle verheirateten und nicht verheirateten Paare, „die in einer festen Partnerschaft leben, aber aus unterschiedlichen Gründen keinen gemeinsamen Alltag haben. Soziologisch ausgedrückt: keine alltägliche Wohn- und Wirtschaftsgemeinschaft praktizieren“. Diese Wortneuschöpfung ist damit ein breiter Trichter für eine Vielzahl von neudeutschen Begriffsspielereien in Sachen Fernliebe: Long-Distance-Beziehung, Pendel-Liebe, Spagatfamilie, Teilzeit-Ehe, Wochenendbeziehung etc.

Was genau eine **Fernbeziehung** kennzeichnet, damit hat sich der Soziologe Norbert Schneider auseinander gesetzt. Als Professor an der Universität Mainz und Leiter der Studie „Berufsmobilität und Lebensform“, bei der 1000 mobile Berufstätige und deren Partner (zwischen 20 und 59 Jahren) befragt wurden, unterscheidet er unter diesem Oberbegriff zwei, genau genommen drei Varianten der Fernbeziehung:

Erstens die so genannte *LAT-Beziehung*, die beide Partner freiwillig wählen, weil sie in Sachen Autonomie, Distanz und

Selbstständigkeit ihrer Idealvorstellung von Partnerschaft entspricht. Im extremsten Fall lebt das Paar in zwei Haushalten in unmittelbarer Nachbarschaft, etwa im selben Haus, aber in unterschiedlichen Apartments – ähnlich dem Intellektuellen-Paar Simone de Beauvoir und Jean-Paul Sartre. Dieses Modell leben 29 Prozent aller Fernliebenden.

Weitere 58 Prozent führen eine weitere Form der Fernbeziehung, die so genannte *Long-Distance-Beziehung*. Sie entsteht in der Regel unfreiwillig aus beruflichen Umständen heraus und kann Liebende zum Teil auf unterschiedliche Kontinente verschlagen. Wie weit die Entfernung zwischen den einzelnen Partnern ausfallen kann und wie oft sie sich sehen müssen, darüber sagt das „fern“ – nach Definition von Schneider – nichts aus. Es bezieht sich lediglich auf die Tatsache, dass beide zwei voneinander getrennte Haushalte führen.

Und schließlich gibt es noch mit 13 Prozent die Fernliebenden, die eine Long-Distance-Beziehung zu *Liebespendlern* gemacht hat, die sich aber im Laufe der Zeit mit der Tatsache angefreundet haben und so auch weiterhin leben wollen.

Neben diesen drei Typen von Fernbeziehungen bestimmt Schneider in seiner Studie vier weitere Mobilitätsformen im partnerschaftlichen Miteinander:

- *Die Fernpendler:* Sie nehmen lange Anfahrtswege zur Arbeit in Kauf, um den gemeinsamen Wohnort des Paares oder der Familie aufrechtzuerhalten. Das Pendeln erfolgt in der Regel täglich mit mindestens einer Stunde Fahrzeit für die einfache Wegstrecke.
- *Die Wochenendpendler oder so genannten Shuttles:* Bei ihnen gründet einer der beiden Partner einen Zweithaushalt am Arbeitsort. An den Wochenenden oder in anderen zeitlichen Rhythmen teilen sie sich den gemeinsamen „Haupthaushalt“.

- *Die Variomobilen:* Bei dieser Paarform ist mindestens einer der beiden Partner an wechselnden Orten beruflich tätig und in dieser Zeit in Hotels, Gemeinschaftsunterkünften etc. untergebracht. Davon betroffen sind bestimmte Berufsgruppen wie Piloten, Stewardessen, Schauspieler, Vertriebsleute oder Manager.
- *Die Umzugsmobilen:* Das sind Paare bzw. Familien, die sich aufgrund beruflicher Mobilitätserfordernisse in den letzten fünf Jahren zu einer Verlagerung ihres gemeinsamen Haushalts entschieden und einen Fernumzug hinter sich haben.

Unter dem Strich könnte man also sagen: Fernbeziehungen führen Paare, die, in regelmäßigen Abständen räumlich getrennt, im Geiste vereint leben und lieben und zwei voneinander getrennte Haushalte besitzen. Am Rande zählen dazu wohl auch die Variomobilen, die in Hotels, Gemeinschaftsunterkünften oder Wohnwägen für eine gewisse Zeit einen provisorischen „Zweit-Haushalt“ aufschlagen. Denn wenngleich ihre Motive etwas anders gelagert sind als bei klassischen Fernbeziehungen, gilt es, ähnliche Probleme zu meistern. Vor allem je länger und je regelmäßiger ihre Aufenthalte fern von zu Hause sind.

Prominente Liebespendler

Die magische Anziehung von Mann und Frau über Ländergrenzen, Reiche und ganze Kontinente hinweg, ist kein Phänomen der Neuzeit. Doch verlangte das Liebesmodell seinen Pionieren eine hoch dotierte Position und Privilegien ab, sich diesen Luxus leisten zu können. Dadurch ergibt es sich, dass einige von ihnen auch eine gewisse geschichtliche Relevanz und Prominenz besitzen.

Als *die* Anführer des Reigens prominenter Liebespaare zählen wohl *Kleopatra* und der römische Kaiser *Marcus Antonius*. Ihn lernte die 28-jährige Königin von Ägypten im Jahre 41 v. Chr. im kilikischen Tarsos (heute Türkei) näher kennen, wo sie mit Antonius über den bevorstehenden Feldzug gegen die Parther verhandelte. Von da an trafen sich die beiden – getrennt von Feldzügen und Antonius' Verpflichtungen – in Alexandria oder im syrischen Antiochia. Drei Kinder entstammten der machthungrigen Verbindung, die von Rom misstrauisch beäugt wurde und nach elf Jahren mit dem Tod des Kaisers endete.

Ein ähnlich populärer Liebespendler ist Dichterfürst *Johann Wolfgang von Goethe*. Über 18 Jahre lang führten er und Christiane Vulpius eine wilde Ehe, in der beide oft mehrere Monate lang getrennt voneinander lebten. Schuld daran war Goethes Anstellung bei Herzog Karl August als preußischer General. Und auch als der 47-Jährige sich nach seiner Heirat mit Vulpius 1806 stärker auf die wissenschaftlichen und künstlerischen Anstalten des Herzogtums konzentrierte, war er meist drei bis sechs Monate im Jahr auf Reisen in Jena, Karlsbad, Dresden oder Teplitz.

Als Zugvogel wider Willen kann man den tollkühnen Fliegeroffizier *Charles A. Lindbergh* wirklich nicht bezeichnen, der kürzlich mit seinem Liebesleben für gewaltigen Medienwirbel sorgte. Als nämlich seine Münchner Nachkommen dessen Vaterschaft bekannt gaben und zusammen mit 120 Briefen den Beweis für eine jahrelange Liebe über den großen Ozean antraten, die erst der Tod des legendären Fliegers 1974 entzweite.

Der Tod schied 1904 auch den russischen Dichter *Anton Tschechow* von seiner Distanz-Liebe, der Schauspielerin *Olga Knipper*. Fünf Jahre währte ihr Glück, das beide in einem Briefwechsel verewigt haben.

Auch vom intellektuellen Vorzeigepaar *Simone de Beauvoir* und *Jean-Paul Sartre* gibt es Dokumente ihrer Commuter-Liebe: „Ich verbrachte Tage und Wochen von Sartre getrennt, und am Sonntag in Tours hatten wir Hemmungen, am helllichten Tag in ein Hotelzimmer zu gehen ... Ich entdeckte, dass die Sehnsucht nicht nur ein seelisches Leid, sondern ein körperlicher Schmerz sein kann ...“, schreibt die Beauvoir beispielsweise in ihrem Buch „In den besten Jahren“. Nach diesem Intermezzo in Tours, wo Sartre 1929/30 seinen Militärdienst leistete, trennte die beiden ihre Lehrtätigkeit in unterschiedlichen Städten – Marseille, Le Havre, Rouen. Als Sartre 1937 schließlich seiner Geliebten nach Paris folgte, lebten sie zwar im gleichen Hotel, nur mit dem Unterschied, dass die Beauvoir ein Zimmer eine Etage höher bewohnte. So konnte jeder sein „eigenes Ich“ entdecken und seiner „individuellen Freiheit“ frönen; insbesondere Sartre, der von seiner polygamen Natur überzeugt war und auf Zufallslieben nicht verzichten wollte.

Zwar nicht im gleichen Hotel, jedoch in der gleichen Stadt in unterschiedlichen Apartments wohnten der Schauspieler *Axel Milberg* und seine Lebensgefährtin *Judith Betzler*. Die Geburt des gemeinsamen Kindes einte die beiden: Milberg zog in Betzlers Wohnung im Münchner Stadtteil Lehel; auf seine alte Bleibe in Schwabing hat der Mime allerdings nicht ganz verzichtet – sie ist bis auf weiteres untervermietet.

Nicht nur die geistige Freiheit, die Schauspieler gerne leben, sondern auch ihr Beruf und das nötige Kleingeld macht sie bzw. die Show-Biz-Branche zu einer wahren Fundgrube prominenter Pendler. So fliegt *Heike Makatsch* aus dem gemeinsamen Londoner Liebesnest nach Deutschland zum Drehen ein, *Til Schweiger* von Malibu und *Johnny Depp* von seinem Bauernhof in der Provence nach Hollywood, in die Karibik oder wo sonst sich der Drehort gerade befindet. Die Liste der Schauspieler ließe sich um sämtliche Glamour-Paare fortsetzen, wenn sie nicht versuchen, gemeinsam zu drehen wie *Melanie Griffith* und *Antonio Banderas* oder *Michael Douglas* und *Catherine Zeta-Jones*. Ähnlich mobil müssen Spitzensportler sein. Sie tingeln nicht nur für Wettkämpfe rund um den Erdball, sondern heuern schnell mal bei einem neuen Verein an. Bestes Beispiel: Starkicker *David Beckham*, dessen Ehefrau und Ex-Spice-Girl *Victoria* laut Aussagen der Yellow-Press über den Umzug nach Madrid gar nicht „amused" war und mit einer Fernbeziehung liebäugelte. Auch *Boris Becker* und seine neue Flamme, die Tänzerin *Caroline Rocher*, pendeln der Liebe wegen zwischen New York, der Schweiz und den Tennisplätzen dieser Welt hin und her. Fashion-Shows und Traumkulissen fürs Foto-Shooting in Miami, der Karibik oder auf Fuerteventura trennen liierte Models von ihrem Herzblatt – etwa die deutsche Beauty *Heidi Klum* und den italienischen Rennstall-Besitzer *Flavio Briatore*.

Dass dem Liebestaumel auf Distanz allerdings Grenzen gesetzt sind, mussten *Sandra Bullock* und Schauspielkollege und Ex-Lover *Ryan Goslings* feststellen: Zwischen beiden standen nicht nur 17 Lebensjahre, sondern auch 2000 Kilometer. So weit war es nämlich von Bullocks abgelegener Ranch in Texas zu seinem Loft in Los Angeles. Die räumliche Entfernung führte auch für *Cosma Shiva Hagen* oder *Juliane Werding* zum Aus für die Beziehung. Und um es erst gar nicht so weit kommen zu lassen, reisen TV-Moderatorin *Sandra Maischberger* und ihr Lebensgefährte *Jan Kerhart* seit kurzem nicht mehr „der Arbeit und einander nach", sondern bezogen in Berlin eine gemeinsame Wohnung.

Anders ergeht es Bundespolitikern und ihren Partnern. Seit dem Umzug der Regierung von Bonn nach Berlin entzweit die neue Hauptstadt viele von ihnen zumindest für eine gewisse Zeit; prominentestes Beispiel Kanzler *Gerhard Schröder*. Umzugsmobilität müssen auch Manager wie *Wolfgang Reitz-*

le beweisen, der mit seiner Frau *Nina Ruge* drei Jahre lang zwischen London und München pendelte. Seit er 2002 zur Linde AG in Wiesbaden wechselte, ist die räumliche Distanz nicht mehr ganz so groß – vor allem, wenn Ruge beim ZDF in Mainz vor der Kamera steht.

Auch im Tierreich ein bekanntes Phänomen?

Ähnlich wie der Mensch pendeln auch Tiere. Bis zu 6000 Arten von Zugvögeln, Fischen, Robben oder Fledermäusen legen auf der Suche nach Brutplätzen, der wärmenden Sonne oder Nahrung zum Teil Tausende von Kilometern zurück. Da stellt sich doch die Frage, ob nicht auch im Tierreich der eine oder andere Liebespendler verborgen ist. Weil Tiere jedoch Liebe nicht kennen und bei der Partnersuche lediglich Instinkten folgen, lässt sich unter ihnen dieses Paarmodell nur schwerlich ausmachen.

Leoparden etwa leben in Revieren, die sich auf 30 bis 1200 Quadratkilometern erstrecken. Mit Urin und Kratzspuren an Bäumen markieren sie diese Reviere, die allenfalls mit denen einzelner Weibchen überlappen. Hat die Raubkatze zur Paarungszeit ein Weibchen erobert, lebt sie kurzzeitig mit der Partnerin zusammen und hilft bei der Nahrungsbeschaffung und der Aufzucht der Jungen.

Auch eine Vielzahl von Vögeln bildet während dieser Zeit ein Team, das – unterbrochen von „Beutezügen“ – getrennt zusammenlebt. Unter ihnen zum Beispiel der *Pinguin*, der zudem zwischen zwei Welten pendelt – nämlich Wasser und Erde. Während der zirka 13 Wochen dauernden Brutpflege trennt sich das Paar in regelmäßigen Abständen von ein bis sechs Tagen, um die Küken mit Nahrung zu versorgen. Nach der Aufzucht der Jungen geht jeder seiner Wege, und ob sie sich im nächsten Jahr noch mal begegnen, ist mehr als fraglich.

Beim *Weißstorch* ist das relativ häufig der Fall. Nachdem beide Partner getrennt von einander im sonnigen Afrika überwintern, treffen sie sich im darauffolgenden Frühjahr am Brutplatz wieder. Dort brüten sie abwechselnd das Gelege aus und teilen sich anschließend die Aufgabe, den Nachwuchs mit Würmern, Fröschen, Mäusen oder Eidechsen zu versorgen. Nach neun Wochen ist auch das tollpatschigste Küken flügge und so kann Familie Adebar im August nach einander wieder gen Süden aufbrechen.

Dass manche Tiere (im Unterschied zu den Dauervermählten wie Biber, Gibbon-Affe und einigen Vogelarten) nur zur Aufzucht der Jungen eine Art Fernbeziehung eingehen bzw. dieses wie im Fall der Weißstörche zufällig erfolgt, liegt nach Ansicht von Professor Josef Reichholf, Leiter des Zoologischen Instituts in München, zum einen daran, dass zum Beispiel Vögel in der Nicht-Paarungszeit geschlechtsneutral sind, geschrumpfte Hoden und Eierstöcke besitzen. Zum anderen gibt es keine Möglichkeit zur Kommunikation über weite Distanzen hinweg.

Anders scheint dies bei *Walen* der Fall zu sein. So haben Wissenschaftler entdeckt, dass Wale über mehrere Kilometer unter Wasser hinweg kommunizieren können. Die Laute, die sie von sich geben, sind lang und weisen wiederkehrende Muster auf, die zu melodisch und komplex sind, um sie als Vokalisationen abzutun, meinen die Forscher. Interessant ist auch, dass ihr Inhalt von Jahr zu Jahr wechselt und dass sich die Sprache einzelner Populationen von anderen unterscheidet. Außerdem wurde beobachtet, dass Walbullen die Weibchen auch außerhalb der Paarungszeit begleiten, jedoch meist nicht länger als einen Tag.

Neuer Individualismus – oder einfach Egoismus?

Wirft man einen Blick auf die Liste der Gründe, die zu einer Fernbeziehung führen, hört sich das meist sehr ehrgeizig und ich-bezogen an. Ganz oben stehen nämlich persönliche Freiheit, Karrierechancen und bessere Verdienstmöglichkeiten. In der Tat haben mehr als 80 Prozent aller Distanz-Liebenden eine gehobene Schulbildung, und während bei Berufspendlern der Männeranteil überwiegt, führen bei klassischen Fernbeziehungen mit zwei voneinander getrennten Haushalten Frauen mit 58 Prozent die Riege der Mobilen an. Und diese gut ausgebildeten Frauen sind nicht mehr – wie noch in den 50er Jahren – bereit, dem Mann bei einem Berufswechsel hinterherzuziehen. Sie wollen verständlicherweise auch ihre Chancen nutzen und Karriere machen.

Generell – so eine im Auftrag von Immobilien Scout 24 unter Personalberatern und Headhuntern durchgeführte Emnid-Studie – wechselt ein Berufsanfänger heute im Schnitt sechsmal, in manchen Branchen sogar achtmal den Job: Denn *Mobilität*, die mit einer beschleunigten Industrialisierung einsetzte (um 1900 war bereits jeder vierte Beschäftigte unter den Bergleuten im Saargebiet Wochenendpendler), steht als Synonym für geistige Beweglichkeit, Engagement, Dynamik und Einsatzbereitschaft – also für Erfolg. Daneben verlangt die Arbeitsmarktsituation Beschäftigten immer mehr Flexibilität ab. So löste beispielsweise der Fall der Mauer 1989 eine Schwemme an Liebespendlern zwischen den alten und neuen Bundesländern in Deutschland aus, gefolgt von einer neuen Hauptstadt, die für Beamte, Politiker und Mitarbeiter internationaler Organisationen und Firmen einen Umzug von Bonn nach Berlin bedeutete. Die EU-Erweiterung und die zunehmende Globalisierung lassen die Welt stärker zusammenrücken und bescheren gerade Arbeitnehmern großer Konzerne durch Expansion und die Fusionen der jüngsten Tage ein Filialnetz, das rund um den Globus bedient werden möchte – nicht selten sind Long-Distance-Beziehungen die Folge. Diesen Trend bestätigt das Ergebnis einer Studie der Unternehmensberatung PricewaterhouseCoopers aus dem Jahr 2002: 69 Prozent der dort befragten europäischen Unternehmen stimmten zu, dass ihr Bedarf an beruflich mobilen Arbeitskräften in den kommenden fünf Jahren „stark" (22 Prozent) bzw. „etwas" (47 Prozent) steigen wird. Außerdem sorgt die weit verbreitete Arbeitslosigkeit für eine weitere Schwemme an Pendlern, denn wenn sie nach langem Suchen endlich eine Stelle ergattern, befindet sich diese vielfach nicht an ihrem Wohnort.

Neben all diesen Veränderungen auf dem Arbeitsmarkt hat sich in den Augen des Mainzer Soziologieprofessors Norbert Schneider auch das *Partnerschaftsideal* gewandelt – nämlich vom Fusionspaar hin zum Assoziationspaar. „Das heißt, zwei Ichs verschmelzen nicht mehr ausschließlich zum Wir. Nein. Durch die neue Bedeutung der Autonomie, der Selbstständigkeit jedes Einzelnen, der nach mehr Wahlmöglichkeiten sucht, nimmt das Ideal der Assoziation immer stärker zu. Dabei tun sich zwei Ichs zusammen, um gemeinsame Ziele zu verfolgen, leben aber trotz dieses Wir, jeder für sich auch sein Ich", erklärt Schneider. Dadurch können sich Kreativität und Persönlichkeit (erst mit 50 Jahren verfestigt sich das Ich-Profil) optimal entfalten, was in den Augen von Psychologen nur möglich ist durch genügend Allein- bzw. Eigenzeit.

Das beflügelt natürlich die neue Partnerschaftsform der Fernbeziehung, die eine eigenständige Qualität und einen eigenständigen Charakter besitzt. Hat die Generation unserer Eltern sich kennen gelernt, verlobt und geheiratet und kam Anfang der 70er Jahre die wilde Ehe in Mode, gibt es heute eine weitere Option: ein Paar zu sein, ohne zusammenzuwohnen.

Der neue Charakter dieses Liebesmodells ist geprägt von Individualismus, Selbstständigkeit, gemeinsamen wie singulären Aktivitäten. Alltagsprobleme wie „Wer bringt den Müll raus, wäscht, kauft ein oder bügelt?“ stellen sich nicht. Stattdessen wird zusammen überlegt, wie man die gemeinsame Zeit möglichst schön gestaltet. Also sind Distanzliebende keine egoistischen Gefühlskrüppel, sondern selbstbestimmte Glücksritter, die ihren Bedürfnissen gemäß leben und lieben. In diesem Zusammenhang von einem *neuen Egoismus* zu sprechen hält Soziologe Schneider für unangebracht, denn egoistische Menschen gab es seiner Meinung auch in der Vergangenheit. „Außerdem“, weiß der Wissenschaftler, „liegt die Zahl der 20- bis 55-Jährigen, die keine Partnerschaft anstreben, gerade mal bei drei bis vier Prozent. Das heißt, alle anderen wollen eine Beziehung, was immer ein Stück weit Anpassung und Aufgabe der persönlichen Selbstbestimmung verlangt.“

Andererseits entstehen Fernbeziehungen ja nicht nach dem Motto: „Italien ist nett, tolle Mode, Eiscreme, Sonne – da suche ich mir jetzt eine süße Pendelliebe“, sondern man wird mit einer solchen Situation spontan konfrontiert: sei es, indem der Partner oder man selbst ein tolles Jobangebot erhält bzw. einen Amors Pfeil im Urlaub oder bei einem Abendessen mit Freunden unvermittelt trifft …

Allerdings verringert sich mit zunehmendem Alter die Bereitschaft zum Hin- und Hertingeln insbesondere bei Fernbeziehungslovern, während sie bei Berufspendlern eher zunimmt. Der Grund: Klassische Fernbeziehungen mit zwei voneinander getrennten Haushalten treten häufig am Beginn einer Partnerschaft und vor der intensiven Familienphase auf. Und da wir nach Ansicht des Hamburger Trendforschers Peter Wippermann immer weniger erwachsen werden, dafür länger unsere Individualisierung leben möchten, tritt die Familienphase immer später ein. „Insgesamt nimmt die Attraktivität von Autonomie und Unabhängigkeit für Frauen um die 35 Jahre, die nun nach mehr Sicherheit und Geborgenheit suchen, deutlich ab", weiß Schneider,. Das bestätigt beispielsweise auch die 33-jährige TV-Journalistin Tanja S.: „Nach vier Jahren Pendeln habe ich persönlich und beruflich einen Status erreicht, wo ich gefestigt genug bin, auch mal Kompromisse einzugehen", resümiert die Berlinerin, die sich demnächst an das Kinderthema heranwagen möchte. Klappt es, ist sie bereit, alles aufzugeben und zu ihrem Mann ins Silicon Valley zu ziehen.

Freiheitsliebende Männer dagegen, denen biologisches Uhrgeticke fremd ist, können sich zum Teil erst mit Eintritt in den Ruhestand vorstellen, ihr Zugvogel-Dasein an den Nagel hängen. Dazu Koch und Liebespendler Klaus Göggerle: „Vielleicht zieht man im Alter, wenn man sich zur Ruhe setzt, doch zusammen, weil man es gemütlicher haben will und nicht mehr so viel rausmöchte", sinniert der 54-Jährige, der im Moment in seiner Fernbeziehung zur Altenpflegerin Uli nichts vermisst. Außer, dass er nicht so „bemuttert wird" und seine Wäsche selbst waschen muss. Und das ist einer der Gründe, warum Frauen, die schlechte Erfahrungen in puncto Zusammenwohnen gemacht haben, neue Bekanntschaften gerne an die lange Leine nehmen. So besteht zum Beispiel ein Drittel aller Alleinerziehenden auf getrennten Haushalten – Tendenz steigend. „Ich möchte einen Mann nicht mehr so nahe an mich heranlassen", sagt etwa die Heidelberger Steuerfachgehilfin Susanne W., die ihr Leben mit Sohn Julian gut im Griff hat und nicht mehr bereit ist, für eine weitere Person zu waschen, zu putzen und den Haushalt zu schmeißen: „Denn wer weiß, wie lange das gut geht. Ich bin schon mal gescheitert und wer gibt mir die Sicherheit, dass es diesmal funktioniert?", resümiert die 35-Jährige, die zudem die Freiheit schätzt, die ihr eine Fernbeziehung einräumt.

Flexible Arbeitswelten – Utopie oder Wirklichkeit?

Nach Expertenschätzungen pendelt jeder sechste Berufstätige. Wer nicht als Freiberufler seine Brötchen verdient und seine Arbeitszeit freizügiger einteilen kann, kommt durch starre Bürozeiten ziemlich unter Druck. Daher wünscht sich jeder zweite Liebes-Mobile Unterstützung, um die Belastung des Pendelns abzufangen. Noch gibt es anscheinend viel zu wenig Firmen mit flexiblen Arbeitszeiten, trotzdem in einer aktuellen Umfrage des Europressedienstes unter 2100 Unternehmen und Kommunalverwaltungen 85 Prozent angaben, solche Erleichterungen anzubieten. Die Münchener Arbeitszeitberaterin Angela Fauth-Herkner steht solchen Zahlen kritisch gegenüber: „Flexible Arbeitszeitmodelle existieren häufig nur auf dem Papier“, so ihre Einschätzung, „oder sind in der Praxis nicht wirtschaftlich eingesetzt, weil es an einem Planungs- und Steuerungsinstrument fehlt, das die Wünsche aller Angestellten unter einen Hut bringt.“ Fauth-Herkner ist eine der Vorreiterinnen auf dem Gebiet und hat bereits 1978 beim Münchner Einzelhändler Beck flexible Arbeitszeiten eingeführt. Wobei Unternehmen klare Vorteile von derartigem Engagement haben, wie eine Befragung ihres Beratungsbüros unter 800 deutschen Firmen ermittelte: „Die Mitarbeiter sind hochmotiviert, zufriedener mit ihrem Job und erledigen ihre Arbeit effizienter“, fasst Fauth-Herkner den Nutzen zusammen, den auch folgende Grafik des Europressedienstes herausstellt.

Diese Auswirkungen lassen sich durch aktive Familienpolitik feststellen:

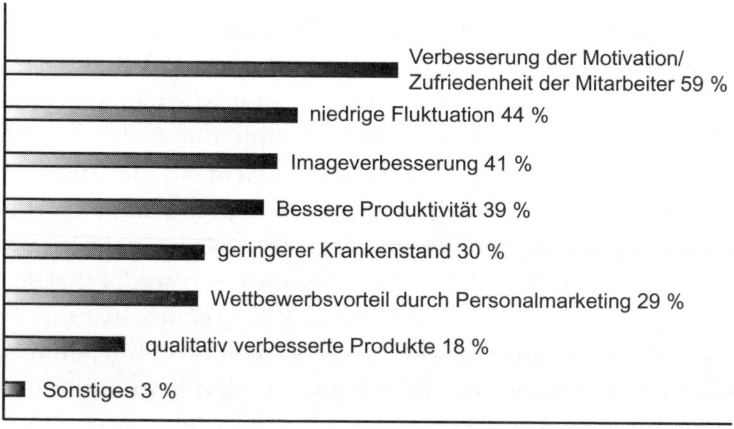

Quelle: Europressedienst 2002

Insgesamt sind in den vergangenen Jahren viele neue Arbeitszeitmodelle entstanden, etwa Teilzeit, Halbtageszeit, Job-Sharing, Sabbaticals oder die Vier-Tage-Woche. Unter Pendlern sind folgende Varianten am beliebtesten: Arbeitszeitkonten, Vier-Tage-Woche oder drei Tage im Betrieb, zwei Tage zu Hause am Bildschirm. Wie eine Studie der Bonner Empirica Gesellschaft für Kommunikations- und Telekommunikationsforschung ermittelte, hat sich in den vergangenen drei Jahren die Zahl der Telearbeiter in Deutschland verdreifacht, die heute bei sechs Millionen E-Workern liegt. Allerdings ist der Anstieg nicht als Siegeszug des Homeoffice zu werten, sondern auf die vielen Jobnomaden zurückzuführen, die mit Laptop, Palm & Co. von unterwegs oder abends und am Wochenende von zu Hause aus arbeiten.

Ein guter Prozentsatz dürfte dabei auf das Konto der Fernliebenden gehen, die in fast allen Branchen zu Hause sind. Vorwiegend jedoch bei Consulting-Unternehmen, in der Politik, der darstellenden Kunst, bei weltweit operierenden Konzernen, Versicherungen oder Banken. So hat die HypoVereinsbank beispielsweise seit Herbst 1998 eine eigene Abteilung mit dem Namen *Work-Life-Balance* eingerichtet. Eckpfeiler der familienfreundlichen Personalpolitik, die auch mobilen Liebenden zugute kommt, sind Angebote an Telearbeit, die Vermittlung von Kinderbetreuung oder „FiT-Flexibel im Team“. Das FiT-Bürozeitmodell verzichtet auf eine Kernzeit, stattdessen sprechen sich die Mitarbeiter eines Team ab und passen ihre Anwesenheit an Auftragssituation und Kundenbedürfnisse an. Wenn ein Berater beispielsweise die gewünschte Eigenheimfinanzierung am Abend mit dem Kunden durchspricht, kann er sich dafür einen anderen Tag freinehmen. Schnell kommen so 80 bis 120 Plusstunden zusammen, die zum Beispiel als verlängertes Wochenende genutzt werden können.

Da Fernbeziehungen in den Augen von Personal- und Management-Professor Michael Domsch „in starkem Maße zunehmen“, sind Firmen in Zukunft stärker gefordert, lebensphasenorientierte Personalpolitik zu betreiben. „Nur so können sie Top-Leute an sich binden. Denn hinter einem erfolgreichen Mann steckt meist eine ebenso qualifizierte Frau, die nicht bereit ist, wegen eines Berufs- und Ortswechsels des Mannes die eigene Karriere aufzugeben“, erklärt Domsch. Außerdem lässt eine stärkere Orientierung der Firmen hin auf die Bedürfnisse ihrer Mitarbeiter die Krankheitsrate im Unternehmen sinken – egal, ob stressbedingt oder vorgetäuscht. Der Einzelne ist motivierter, meint der Hamburger Wissenschaftler, der sich seit fünf Jahren für eine bessere Vereinbarkeit von Beruf und Privatleben einsetzt.

1997 initiierte Domsch etwa das europäische Netzwerk „Familie und Arbeit“, das jetzt „Balance“ heißt und sich für Total E-Quality engagiert. Diese vom Familien- und Forschungsministerium unterstützte Initiative zeichnet Betriebe aus, die heute schon sensibler mit dem Vereinbarkeits-Thema umgehen. Über 60 Unternehmen hat der Frankfurter Verein bislang zertifiziert von Aventis über IBM bis hin zu Procter & Gamble und Wüstenrot. Eine genaue Liste aller prämierten Unternehmen finden Interessierte im Internet unter www.total-e-quality.de. Einige Konzerne wie Deutsche Lufthansa, Commerzbank oder Siemens tauchen auch in dem 80 Mitglieder umfassenden Verzeichnis des Audits Beruf und Familie auf. Anders als Total E-Quality besucht die im Auftrag der gemeinnützigen Hertie-Stiftung entwickelte Initiative Firmen und gibt Handlungsempfehlungen. Denn wenn Unternehmen mit neuen Großraumbüros, Rollcontainer-Schreibtischen und Desksharing-Maßnahmen mehr Flexibilität von ihren Mitarbeitern erwarten, müssen sie im Sinne der Effizienz auch selbst Zugeständnisse machen. So sind nach einer Befragung der Personalberatung Heidrick & Struggles von 500 Managern 73,9 Prozent bereit, für den Karrieresprung umzuziehen. Allerdings kann sich nur ein Drittel vorstellen, für den Traumjob in Berlin, München oder im Ausland lediglich eine Wochenendehe zu führen. Und laut einer Untersuchung des Hamburger Freizeitforschungsinstituts BAT zur Arbeitswelt 2010 wollen High Potentials in Zukunft nicht leben, um zu arbeiten, sondern arbeiten, um zu leben. „Vom kürzeren Arbeitstag bis zur Vier-Tage-Woche wollen vor allem drei Bevölkerungsgruppen Gebrauch machen: die Großstädter, die Hochgebildeten und die Besserverdienenden“, fasst Horst Opaschowski, Leiter des Instituts, das Untersuchungsergebnis seiner Studie zusammen. Kinder würden diesen Vorsatz begrüßen. So ermittelte das New Yorker Family and Work Institute, das 1000 Sprösslinge zwischen 8 und 18 Jahren eine Wunschliste über das Arbeitsleben ihrer Eltern anlegen ließ, dass die Kleinen nicht mehr Zeit mit den Eltern (nur 10 Prozent) verbringen wollen, sondern sich weniger gestresste und müde Eltern in der Freizeit wünschen (34 Prozent).

Reiz und Schattenseiten des Pendelns: Ein paar Fakten

Eine Fernbeziehung ist nicht immer einfach: „Gerade in Momenten, in denen man jemanden zum Anlehnen bräuchte, etwa bei Problemen mit Familie oder Freunden, ist niemand da“, gesteht Olav Hoffmann aus Brühl bei Köln. Aus diesem Grund hat der 20-jährige Zivildienstleistende, der in Kürze eine Ausbildung als Rettungsassistent beginnt, ein Forum im Internet programmiert. Unter www.fern-beziehung.de können sich Interessierte und Leidensgenossen online zu der delikaten Zweier-Kiste Tipps geben und austauschen.

Vorwiegend junge Frauen zwischen 18 und 36 Jahren nutzen den virtuellen Kummerkasten, um sich ihr Sehnen und Hadern von der Seele zu schreiben. Tatsächlich empfinden 60 Prozent der Distanz-Liebespaare ihre Situation als negativ, während sich 40 Prozent damit arrangiert haben bzw. sie als ideales Lebensmodell schätzen. In der Regel ist es allerdings ein Mix aus Vor- und Nachteilen, von dem die im Anschluss an dieses Kapitel interviewten 45 Pendler und Ehemaligen (im Alter von 15 bis 81 Jahren) berichten und den sie unterschiedlich gewichten bzw. erleben. Zum Teil weichen die Einschätzungen eines Paares so krass voneinander ab, dass man glaubt, Männer kämen vom Mars, Frauen von der Venus.

Einzeln betrachtet werden in Sachen „Getrennt zusammenleben“ folgende **Vorteile** benannt:

Die eigene Unabhängigkeit ebenso wie mehr Freiheit fürs Ich und die positiven Folgen für die Persönlichkeitsentwicklung. Ein weiterer Pluspunkt ist die Erweiterung des eigenen Horizonts durch das Kennenlernen neuer attraktiver Orte, Menschen und Mentalitäten. Mobile Liebende schätzen an dem Paarmodell die ungebremsten Karrierechancen für beide, die Möglichkeit der totalen Konzentration auf den Job, ihre Zeitsouveränität sprich ihren eigenen Rhythmus leben zu können und dass der Freundes- und Bekanntenkreis erhalten bleibt. Die gemeinsam verbrachte Zeit wird intensiver, bewusster und konfliktfreier erlebt. Außerdem bringt die Distanz-Liebe neue Impulse fürs Miteinander, gibt Partnern Wochenende für Wochenende mehr Sicherheit und schweißt viele noch stärker zusammen: „Gewohnheit bedeutet hier nichts, zu einander zu stehen alles", betont Top-Managerin Eva B., die seit fünf Jahren mit ihrem Freund zwischen Düsseldorf und Straßburg hin und her pendelt und kürzlich geheiratet hat.

Bei den **Nachteilen** bzw. den Problemen und Ängsten nervt die Zeitknappheit am Wochenende, die zu überfrachteten Stresstagen führt, bei denen der Partner sowie der Freundes- und Bekanntenkreis häufig dennoch zu kurz kommen. Hohe Kosten durch das Hin- und Hertingeln, fehlende Unterstützung im Alltag, Einsamkeit und das Problem, nirgends richtig zu Hause zu sein, wirken sich zusätzlich belastend aus. Eifersucht und Seitensprunggefahr werden sehr häufig als negativ empfunden ebenso wie zu wenig Sex und Zärtlichkeiten plus fehlende Nestwärme und Nähe durch einen gemeinsamen Alltag. Die Leere nach den gemeinsam verbrachten Stunden sowie eine vermeintliche Unvereinbarkeit von Kind und Pendeln sind neben einer fehlenden gemeinsamen Perspektive weitere neuralgische Punkte dieser Part-Time-Liebe: „Obwohl ich glücklich bin, bekomme ich manchmal arge Zweifel, ob diese Beziehung das Richtige ist, weil ich doch viel alleine und einsam bin, Kinder kein Thema sind etc. Dann packt mich die Angst und ich frage mich, wie das wohl in fünf oder zehn Jahren sein wird, wenn sich bis dahin nicht wirklich etwas in unserer Beziehung verändert (und das wird es wahrscheinlich nicht, denn Gabi will ja Schauspielerin bleiben und Schauspieler leben nun mal so)“, gesteht Jörg F. seine Ängste.

2. Kapitel:

Was macht dieses Paarmodell so reizvoll?

Die Chance, sich selbst zu entdecken, sich an eine Beziehung heranzutasten, sich voll und ganz auf den Job konzentrieren zu können, seinen Horizont zu erweitern, neue Eindrücke zu sammeln sowie neue Mentalitäten und Sprachen kennen zu lernen und dabei eine „intensivere Zweisamkeit“, „totale Freiheit“ und „immer etwas Urlaub“ erleben zu können, diese Vorzüge sehen die im Anschluss interviewten Paare und Partner. Wie alle anderen Liebenden, haben auch sie mit Problemen/Ängsten zu kämpfen und verraten, wie sie damit umgehen und was sie über ihre Liebe ohne Grenzen denken. Sie geben Tipps und machen Mut, indem sie zeigen, dass diese unkonventionelle Beziehungsform durchaus enorme Tragkraft und Bestand hat.

„Solo und doch liiert – ein beruhigender Rückhalt"

Fotografin Anne R. (41) pendelte zirka dreieinhalb Jahre lang zwischen München und den diversen US-amerikanischen Wohnorten ihres 34-jährigen Mannes und Softwareprogrammierers (New York; Tulsa, Oklahoma; Atlanta; Charlotte, North Carolina), bis sie mit ihm in Charlotte zusammenzog. Es war nicht ihre erste Fernbeziehung. Sie tingelte der Liebe wegen 1985 bis 1986 zwischen München und Berlin hin und her und 1991 bis 1992 zwischen Heidelberg und Berlin.

Wie fanden Sie die Tatsache, dass Sie eine Fernbeziehung führten?
A.R.: Prima.

Welche Vorteile ergaben sich für Sie daraus?
A.R.: Selbstbestimmtheit. Ich war solo und gleichzeitig in einer Beziehung (das war irgendwie beruhigend). Beruflich musste ich keine Kompromisse eingehen. Ich war allein erziehend, in jeder Hinsicht unabhängig und trotzdem verheiratet. Ich fand diese Zeit spitze.

Gab es dennoch auch Probleme, wie erlebte das Ihr Partner und wie gingen Sie damit um?
A.R.: Mein Mann war hin und wieder eifersüchtig auf mein Leben in Deutschland, meine Freundschaften mit anderen, ihm unbekannten Männern. Ich selbst war nie wirklich eifersüchtig. Ich vertraue. Ich habe die Beziehung auf Distanz definitiv genossen. Wir sind sehr verschieden und reiben uns im Alltag oft an diesen Differenzen auf. Wenn wir getrennt sind (ich bin jeden Sommer für etwa acht bis zehn Wochen in München), gibt es keine Konflikte, unsere Kommunikation funktioniert besser, wir lachen mehr. Ich halte mich nicht für sonderlich kompatibel und würde eine Beziehung auf Distanz bzw. mit zeitlich begrenzten Begegnungen jederzeit dem oft anstrengenden Alltag vorziehen.

Welche Tipps können Sie anderen geben, die ebenfalls eine Fernbeziehung führen bzw. diese gerade beginnen?
A.R.: Keine Ahnung. Jeder ist anders. Grundsätzlich sind Offenheit, Respekt und ein ähnlich ausgeprägter Individualismus wichtig.

Was sind absolute „Don'ts“ für eine solche Paarbeziehung?
A.R.: Fremdgehen.

Vermissten Sie etwas in der Beziehung, und wenn ja, was?
A.R.: Die physische Nähe des anderen. Sex.

Sind Kinder in einer Fernbeziehung realisierbar?
A.R.: Im Prinzip ist das schon möglich. Kinder finden es natürlich besser, wenn beide Elternteile permanent präsent sind. Allerdings sind sie auch erstaunlich flexibel und passen sich meist schnell neuen Situationen an. Wenn der Vater da ist, dann ist er da, und wenn nicht, dann halt nicht. Das schien mir nie ein Problem zu sein. Allerdings sind wir diejenigen, die kommen und gehen, abreisen und nach Hause zurückkehren – das macht die Sache für die Kinder einfacher. Es gab dann jeweils andere Bezugspersonen, wie die Großeltern, Freunde von mir etc., die interessant waren und so den Vater gut ersetzen konnten.

Ist eine Fernbeziehung auf Dauer möglich bzw. warum haben Sie das Pendeln aufgegeben?
A.R.: Als ich im achten Monat mit dem zweiten Kind schwanger war, bin ich zähneknirschend in die USA gezogen. Warum? Wegen der Kinder – die haben schließlich ein Recht auf ihren Vater.

Denken Sie, dass es eine Fernbeziehungspersönlichkeit gibt?
A.R.: Oh ja. Ich würde mich sofort dazurechnen. Ich schätze meine Unabhängigkeit. Im Zusammenleben ist man pausenlos gezwungen, Konzessionen zu machen. Das ist nicht meine Stärke.

Fazit Anne R.: Sehnt sich nach einer Liebe auf Distanz zurück, die sie, mit dem zweiten Kind schwanger, aufgab und zu ihrem Mann in die USA zog. Denn eine Fernbeziehung lässt ihr die Unabhängigkeit, die sie schätzt, und verlangt ihr nicht ständig Konzessionen im täglichen Miteinander ab.

„Spannend: Frankreich und Deutschland zugleich"

Eva B.*(37) arbeitet als Managerin eines internationalen Konzerns in Straßburg, ihr Partner Hans R.* (45) ist Architekt in Düsseldorf. Beide pendeln seit fünf Jahren – erst zwischen Frankfurt und Düsseldorf, jetzt zwischen Straßburg und Düsseldorf. Eva B. hatte immer schon Fernbeziehungen, so tingelte sie der Liebe wegen zwischen Aachen und Bonn hin und her, zwischen Kairo und Frankfurt und zwischen Berlin und Bonn. Die Beziehungen dauerten zirka fünf bis sechs Jahre und scheiterten an der Entfremdung oder einer neuen Liebe.

Wie finden Sie die Tatsache, dass Sie eine Fernbeziehung führen?
E.B.: Nervig, aber durch die verschiedenen Standorte gleichzeitig auch spannend.

Welche Vorteile ergeben sich für Sie daraus?
E.B.: Jobmäßig ist zur Zeit keine entsprechende Stelle mit dem internationalen Scope, den ich habe, absehbar. Wir mögen bei-

de die französische Lebensart und genießen daher unsere Zeit im Elsass. Für mich persönlich ist und bleibt die Erfahrung, im internationalen Umfeld zu arbeiten, wesentlich. Für unsere Beziehung ist die Distanz zwar eine Belastung, sie führt aber nicht zu einer Entfremdung. Wir sind uns einig – im wahrsten Sinne des Wortes – und haben deshalb im Sommer auch geheiratet. Es ist ein Committment. A und O sind Vertrauen, Zuverlässigkeit und emotionale Stabilität. Weil ich eine geübte „Fernbeziehung-Führerin" bin, kann ich den qualitativen Unterschied – Tragfähigkeit und Belastbarkeit unserer Beziehung/ jungen Ehe – ganz gut und relativ sicher beurteilen.

Welche persönlichen Probleme/Ängste tauchen möglicherweise dadurch in der Beziehung auf?
E.B.: Sicher gibt es eine emotionale Zerrissenheit – jeder Abschied ist schwer, jeder Sonntagnachmittag irgendwie auch belastend und einen Kinderwunsch zu realisieren ist auch nicht ohne weiteres möglich, da „Sex nach Fahrplan" belastend ist.

Wie erlebt das Ihr Partner?
E.B.: Ähnlich.

Wie gehen Sie damit um bzw. wie lösen Sie diese Probleme?
E.B.: Für uns sind die Wochenenden heilig. Wir legen unsere Termine so, dass wir uns auf jeden Fall sehen.

Welche Auswirkungen hat Ihre Fernbeziehung auf Ihr Umfeld?
E.B.: Wenn Kinder kommen sollten, würden wir wohl umdisponieren. Was den Rest angeht, legen wir unsere Wochenenden möglichst so, dass wir anstehende Einladungen oder Ähnliches auch wahrnehmen können. Wichtig: Immer flexibel bleiben.

Welche Tipps können Sie anderen geben, die ebenfalls eine Fernbeziehung führen bzw. diese gerade beginnen?
E.B.: Ohne starkes Vertrauen und ein unbedingtes Commitment geht das nicht. Ein emotional instabiler Partner kann eine solche Beziehung nicht führen.

Was sind absolute „Don'ts" für eine solche Paarbeziehung?
E.B.: Mangelnde Erreichbarkeit, kein Telefon, mangelnde Gesprächsbereitschaft, Introvertiertheit, mangelnde Flexibilität, „Trautes Heim, Glück allein"-Einstellung.

Vermissen Sie etwas in dieser Beziehung, und wenn ja, was?
E.B.: Vermissen kann man wohl das Gefühl von „zu Hause" – irgendwann hat man das Gefühl, dass „zu Hause" im Koffer ist. Besonders belastend wird das, wenn man auch in der Woche beruflich noch viel reisen muss.

Möchten Sie an Ihrer derzeitigen Situation etwas ändern?
E.B.: Mittelfristig wird sich sicher etwas ändern müssen – weil die Reiserei auch eine starke physische Belastung ist, die man nicht mehr ohne weiteres wegsteckt. Zusammenzuleben würde sicher die Qualität der Beziehung erhöhen und uns beiden auch mehr Zeit und Muße lassen, die jeweiligen Neigungen, Interessen und Hobbys stärker auszuleben. Das könnte unter Umständen auch die erforderlichen Rückschritte in der beruflichen Entwicklung kompensieren: Es geht hier nicht um Karriere der Karriere willen, sondern um ein erfülltes Leben – und dahin führen sicher viele Wege.

Sind Kinder in einer Fernbeziehung realisierbar?
E.B.: Das werden wir sehen, bisher habe ich hier keine Erfahrungen einzubringen. Ich denke allerdings, dass es schwierig ist. Wenn, dann geht es eher in Frankreich, da hier die Rund-um-Betreuung von Kindern üblich und durchaus möglich ist.

Ist für Sie die Fernbeziehung ein Lebensmodell für immer oder nur vorübergehend?
E.B.: Eine Grenze ist erreicht, wenn die Beziehung leidet und droht, Schaden zu nehmen. Dann sind die Koffer in die eine bzw. andere Richtung schnell gepackt und die Zelte abgebrochen. Die Beziehung hat Priorität – da sind wir uns einig.

Denken Sie, dass es eine Fernbeziehungspersönlichkeit gibt?
E.B.: Sicher hat man eine bestimmte Neigung zur freien, flexiblen und unabhängigen Lebensgestaltung und einen Anspruch an die Qualität seiner eigenen Tätigkeit, dem man einiges unterzuordnen bereit ist. Aber genauso besteht eine Sehnsucht nach Geborgenheit und Zweisamkeit, beides widerspricht sich offenbar – auch bei räumlicher Distanz – nicht. Kurz: „Liebespendler“ sind nicht bindungsunfähig. Eher im Gegenteil. Gewohnheit bedeutet hier nichts, zueinander zu stehen alles ...

Fazit Eva B.*: Eine Fernliebe ermöglicht es, Top-Jobangebote annehmen zu können. Und da Eva die französische Lebensart liebt, genießen sie und ihr Partner es, sich abwechselnd in Frankreich und in Deutschland zu sehen, wo auch viele ihrer Freunde leben.
* Name von der Autorin geändert

„Die Distanz blendet meine Angst vor Nähe aus“

Studentin Manuela B. (28) und Musikredakteur Erik S. (33) pendeln seit über zwei Jahren der Liebe wegen zwischen Mannheim und Köln hin und her. Über einen gemeinsamen Freund lernten sich die beiden in Mannheim kennen, wo Erik sich an den Wochenenden um seine Mutter kümmerte, die eine Hüftoperation hinter sich hatte.

Wie finden Sie die Tatsache, dass Sie eine Fernbeziehung führen?
M.B.: Entspannend, ich war zuvor nie in der Lage, eine längere Beziehung zu führen. Ich nehme an, dass die Distanz meine Angst vor zu viel Nähe ausgeblendet hat. Allerdings sehen wir uns auch häufig: Freitagabend kommt Erik nach Mannheim und Montagmorgen fährt er zurück nach Köln. Einmal im Monat besuche ich ihn. Dann meist für mehrere Tage. Also sehen wir uns an wenigen Tagen intensiver als andere Paare, die in einer Stadt wohnen.

Welche Vorteile ergeben sich für Sie daraus?
M.B.: Früher konnte ich Köln nicht ausstehen, aber durch meine häufigen Besuche lernte ich die Stadt kennen und schätzen. Ein weiterer Vorteil ist, dass man sich gegenseitig nicht so schnell auf den Geist geht und die Sehnsucht nach dem anderen äußerst förderlich für die Liebe ist. Interessant ist auch die Tatsache, dass man zwar einen Partner hat, aber unter der Woche ein Single-Leben führen kann und keine Rücksicht auf den anderen nehmen muss.

Welche persönlichen Probleme/Ängste tauchen möglicherweise dadurch in der Beziehung auf?
M.B.: Zu wenig Sex. Wir sind am Wochenende immer unterwegs und deshalb meist zu müde für Sex. Eifersucht ist in unserer Beziehung kein Thema. Im Gegenteil. Wir scherzen sogar oft darüber. Mein Freund hat in Köln nämlich eine „Zweitfreundin“, die Petra, die natürlich nicht wirklich existiert. So kommt zum Beispiel oft der Spruch, wenn ich zurück nach Mannheim fahre, dass er nun das Bett für „Petra“ neu beziehen muss.

Wie erlebt das Ihr Partner?
M.B.: Ich denke ähnlich. Wobei ich der Meinung bin, dass die Fernbeziehung ihm zu viel Stress bereitet. Sprich, er holt am Wochenende selten den Schlaf nach, der ihm unter der Woche durch seinen Job, für den er häufig nachts unterwegs ist, genommen wird. Außerdem schafft er es nicht mehr so häufig, Sport zu machen, wie ihm lieb ist.

Wie gehen Sie damit um bzw. lösen diese Probleme?
M.B.: Erik hat in mein Fitnessstudio gewechselt, jetzt können wir gemeinsam trainieren – wegen des Filialnetzes in Mannheim wie in Köln. Bezüglich des Schlafmangels versuche ich ihn immer zum Ausschlafen zu zwingen.

Welche Auswirkungen hat Ihre Fernbeziehung auf Ihr Umfeld?
M.B.: Eigentlich keine!

Welche Tipps können Sie anderen geben, die eine Fernbeziehung führen bzw. diese gerade beginnen?
M.B.: Ohne absolutes Vertrauen ist so eine Beziehung nicht zu führen. Beide Partner sollten äußerst verständnisvoll sein, das heißt, wenn der eine unter Stress steht und aus diesem Grund schlecht gelaunt ist, sollte nicht alles persönlich genommen und das Ganze zu einem Drama ausgeweitet werden. Zwischenmenschliche Probleme sollten allerdings schnellstens geklärt werden. Da persönliche Gespräche nicht in dem Ausmaß möglich sind wie in einer „normalen“ Beziehung, müssen Probleme notfalls auch am Telefon ausgesprochen werden. Und da gilt: *Niemals* aus Wut mitten im Gespräch auflegen.

Was sind absolute „Don'ts" für eine solche Paarbeziehung?
M.B.: Dem anderen Vorschriften zu machen, wie er sein Leben in der anderen Stadt zu führen hat. Unstimmigkeiten unausgesprochen ad acta legen. Eifersucht und Misstrauen!

Vermissen Sie etwas in dieser Beziehung, und wenn ja, was?
M.B.: Eigentlich nichts.

Möchten Sie an Ihrer derzeitigen Situation etwas ändern?
M.B.: Ich ziehe nach Köln, denn langfristig gesehen ist eine nähere Beziehung angenehmer und stressfreier. Allerdings nicht zu meinem Freund, sondern erst einmal in eine WG, da bei ihm durch das Zusammenziehen nach einer Fernliebe schon zwei Partnerschaften gescheitert sind.

Sind Kinder in einer Fernbeziehung realisierbar?
M.B.: Ich denke schon. Allerdings glaube ich, dass es unausweichlich ist, dass einer der beiden ein häusliches Dasein führt. Der nicht bei dem Kind lebende Partner müsste sich auf jeden Fall die Zeit nehmen, regelmäßig seinen Nachwuchs zu besuchen und den anderen in Erziehungsfragen zu unterstützen und zu entlasten. Die Wohnung, in dem der Partner mit dem Kind lebt, sollte die gemeinsame Wohnung sein.

Ist für Sie die Fernbeziehung ein Lebensmodell für immer oder nur vorübergehend? Gibt es eine Grenze bei Ihnen?
M.B.: Siehe meine Antwort auf die Frage „Möchten Sie an Ihrer derzeitigen Situation etwas ändern?".

Denken Sie, dass es eine Fernbeziehungspersönlichkeit gibt?
M.B.: Auf jeden Fall. Das ist eine Person, die unkompliziert ist und genug Vertrauen in sich und andere Menschen besitzt. Die viel Zeit für sich selbst und keine ständige Zweisamkeit

braucht. Außerdem gerne reist und Neuem gegenüber aufgeschlossen ist. Unzufriedene, eifersüchtige sowie streitsüchtige Menschen und Personen, die sich über eine Beziehung definieren, ständig die Nähe des anderen benötigen und Trennungen nur schwer verkraften, eignen sich nicht für eine solche Beziehung.

Fazit Manuela B.: Hat Köln näher kennen und schätzen gelernt, außerdem findet sie, dass die Sehnsucht nach dem anderen die Liebe beflügelt, und genießt es, trotz Beziehung unter der Woche ein Single-Leben zu führen. Das hat ihr auch geholfen, ihre Angst vor Nähe zu überwinden.

„Man sitzt nicht aufeinander“

PR-Beraterin Melanie Alwang (25) lebt in Altenstadt bei Weiden und führt seit Oktober 2002 eine Fernbeziehung. Herzblatt ist Jürgen Kuppelwieser (33), Kraftfahrer für ein Unternehmen im bayerischen Olching. Da beide abwechselnd pendeln, verbringt das Paar jedes Wochenende miteinander, bis einer von beiden Montagmorgen ins Auto steigt und zu seiner 220 Kilometer entfernten Arbeitsstelle fährt.

Wie finden Sie die Tatsache, dass Sie eine Fernbeziehung führen?
M.A.: Manchmal nervt es, wenn einem der andere besonders fehlt, andererseits hat eine Fernbeziehung auch viele Vorteile.

J.K.: Ich empfinde es nicht als Fernbeziehung, da wir uns von Donnerstag bis Montag sehen.

Welche Vorteile gibt es?
M.A.: Ich kann meine Zeit unter der Woche frei einteilen, Freundinnen treffen, abends lange arbeiten. Man sitzt nicht

immer aufeinander und freut sich schon am Montag auf den Donnerstag.

J.K.: Weniger Beziehungsstress, Zeit mit Freunden unter der Woche.

Welche persönlichen Probleme/Ängste tauchen möglicherweise dadurch in der Beziehung auf?
M.A.: Entfremdung auf keinen Fall. Ab und an etwas Einsamkeit, wenn ich in die leere Wohnung zurückkomme oder etwas erlebt habe (positiv/negativ) und den anderen dann gerne bei mir hätte.

J.K.: Es gibt so gut wie keine Ängste, da ich meiner Partnerin immer vertrauen kann. Finanziell haben wir das Ganze gut aufgeteilt, doch ärgern einen hohe Benzinkosten schon manchmal.

Wie erlebt das Ihr Partner?
M.A.: Ihm geht's ähnlich, während der Arbeit ist er abgelenkt und kommt nicht dazu, mich zu vermissen, aber abends ist er einsam.

J.K.: Manchmal gibt es Eifersucht von ihrer Seite aus.

Wie gehen Sie damit um bzw. wie lösen Sie diese Probleme?
M.A.: Viel reden, dem anderen zeigen, wie wichtig er einem ist. Zum Beispiel, indem ich ihm am Montagmorgen eine Karte schreibe und ihm sage, wie lieb ich ihn habe.

J.K.: Wenn Ängste auftauchen, dann sprechen wir darüber.

Welche Auswirkungen hat Ihre Fernbeziehung auf Ihr Umfeld?

M.A.: Freunde/Familie können recht anstrengend sein, weil jeder was ausmachen will und unsere Wochenenden dadurch recht „voll" sind.

J.K.: Unsere Freunde und Familien kommen ganz gut damit klar.

Wie lösen Sie das?
M.A.: Wir versuchen, Kompromisse zu finden und jedem ein Stück weit entgegenzukommen.

Welche Tipps können Sie anderen geben, die ebenfalls eine Fernbeziehung führen bzw. diese gerade beginnen?
M.A.: Es hilft, bestimmte Rituale zu pflegen zum Beispiel Guten-Morgen-SMS, tägliche Telefonate, ich ziehe mich schön an, wenn er abends kommt, und Sonntagabend gehört nur uns alleine. Dem anderen auch am Wochenende Zeit für sich geben und nicht nur als Paar auftreten. Sich nicht entmutigen lassen, viel miteinander reden, auch über Zweifel und Probleme und versuchen, diese auszuräumen. Den anderen mit kleinen Liebesbotschaften unter der Woche überraschen. Fön, Kontaktlinsenflüssigkeit und Kosmetika an beiden Standorten deponieren, das spart Ärger und überflüssiges Schleppen.

J.K.: Versuchen, den Kontakt unter der Woche aufrechtzuerhalten mit E-Mails, SMS oder Telefonaten, kleine Überraschungen am Wochenende; feste Rituale pflegen, sich am Wochenende Zeit füreinander nehmen und es nicht nur mit Terminen voll packen.

Was sind absolute „Don'ts" für eine solche Paarbeziehung?
M.A.: Streit aus dem Weg zu gehen, nur damit man sich das Wochenende nicht „versaut": Zu einer Beziehung gehört auch Streit. Doch weil die Zeit so kostbar ist, gelingt es in einer Wo-

chenendbeziehung, Konflikte erstaunlicherweise viel schneller beizulegen.

J.K.: Vertrauensmissbrauch.

Vermissen Sie etwas in dieser Beziehung?
M.A.: Es ist nicht schlecht, wie es ist. Denn ich glaube, wenn man sich täglich sieht und mehr Zeit miteinander zur Verfügung hat, dass man diese nicht so intensiv nutzt, wie wir das tun. Allerdings ist es nicht immer toll, abends alleine einzuschlafen; wenn es einem zum Beispiel gesundheitlich schlecht geht, dann wünscht man sich den anderen doch an seine Seite.

J.K.: Man muss lernen, damit umzugehen, dass der Partner nicht jeden Tag da ist, alleine einzuschlafen etc.

Möchten Sie an Ihrer derzeitigen Situation etwas ändern?
M.A.: Wir haben sie vor kurzem verändert: Mein Partner ist zu mir gezogen, so dass nur noch einer von uns – in diesem Fall Jürgen – pendeln muss und wir ein richtiges „Zuhause“ haben.

J.K.: Sicher wäre es schöner, jeden Tag miteinander zu verbringen. Aber es tut auch gut, sich nicht immer zu sehen, dann freut man sich umso mehr auf den anderen.

Sind Kinder in einer Fernbeziehung realisierbar?
M.A.: Kinder sind sicherlich realisierbar, auch nächstes Jahr in Planung. Wie wir das dann unter einen Hut bekommen, werden wir sehen. Wir sind da optimistisch. Zumal meine Mutter und meine beiden Großmütter in Altenstadt leben ...

J.K.: Doch, das geht. Man muss auch dann viel miteinander sprechen und eventuell überlegen, die Fernbeziehung auf eine

„richtige" Beziehung umzustellen, damit die Kinder nicht leiden.

Ist für Sie die Fernbeziehung ein Lebensmodell für immer oder nur vorübergehend? Gibt es eine Grenze bei Ihnen?
M.A.: Ein ganzes Leben lang ist es höchstwahrscheinlich nicht realisierbar, für mich jedenfalls nicht; aber man muss sehen, wie lange es machbar ist, und wenn es nicht mehr geht, muss man andere Lösungsmöglichkeiten finden.

J.K.: Sicherlich geht es nicht ein Leben lang so weiter, gerade wenn Kinder da sind; aber momentan ist die Arbeitsplatzsituation so, dass wir dieses Modell leben müssen – ich hoffe, es ändert sich mal wieder.

Denken Sie, dass es eine Fernbeziehungspersönlichkeit gibt?
M.A.: Nein, ich glaube nicht, dass es solche Persönlichkeiten gibt.

J.K.: Nein, das denke ich nicht.

Fazit Melanie Alwang/Jürgen Kuppelwieser: Unter der Woche kann sich jeder seine Zeit frei einteilen, Freunde treffen und die Freiberuflerin kann abends lange arbeiten. Sie findet es gut, dass man nicht immer aufeinander sitzt und sich schon am Montag auf den Donnerstag freuen kann. Weil sie und ihr Freund überlegen, im nächsten Jahr ein Kind zu bekommen, pendelt seit kurzem nur noch er. Dass dieses Lebensmodell auch mit Nachwuchs funktioniert, sehen beide optimistisch.

„Ich kann machen, was ich will"

Dina Demmer (81) lebt seit vier Jahren mit Helmut (80) eine Pendel-Liebe. Eine Stunde 20 Minuten fährt die ehemalige Versandbuchhalterin mit dem Bus zu ihrem Liebsten, der ebenfalls in Bremen lebt. Jede Woche Freitag bis Sonntag besucht sie ihre einstige Jugendliebe, mittwochs kommt er in ihrer Wohnung vorbei.

Wie finden Sie die Tatsache, dass Sie eine Fernbeziehung führen?
D.D.: Sehr gut. Denn ich liebe meine Freiheit und möchte sie auch behalten.

Welche Vorteile ergeben sich für Sie daraus?
D.D.: Ich kann machen, was ich will, und muss zum Beispiel nicht sagen: „Ich bin um drei Uhr wieder zurück." Ich gehe gern einmal die Woche in die Stadt zum Einkaufen, das ist mit ihm schwierig, weil er gehbehindert ist. Außerdem habe ich Zeit, meine vier Freundinnen zu treffen. Die waren für mich da, als ich nach dem Tod meines Mannes alleine war, und die möchte ich nicht hängen lassen, jetzt wo ich wieder einen Partner habe.

Welche persönlichen Probleme/Ängste tauchen möglicherweise dadurch in der Beziehung auf?
D.D.: Bei mir keine.

Wie erlebt das Ihr Partner?
D.D.: Er hat Angst, dass ich jemanden kennen lerne *(lacht)* – in meinem Alter. Denn er ist nicht mehr so gut auf den Beinen.

Wie gehen Sie damit um bzw. wie lösen Sie dieses Problem?
D.D.: Ich versuche ihm diese Ängste zu nehmen, indem ich ihm sage, dass es anderen, die beispielsweise bettlägerig sind, viel schlechter geht. Und wenn er meint, dass ich hier bleiben

soll, sag ich nur, dass er aufhören soll zu drängeln. Er weiß, dass ich das nicht mag.

Welche Auswirkungen hat Ihre Fernbeziehung auf Ihr Umfeld?
D.D.: Keine. Wir haben beide keine finanziellen Probleme und sind gut abgesichert.

Welche Tipps können Sie anderen geben, die ebenfalls eine Fernbeziehung führen bzw. diese gerade beginnen?
D.D.: Man muss Vertrauen haben und einander klarmachen, dass man es ehrlich meint.

Was sind absolute „Don'ts“ für eine solche Paarbeziehung?
D.D.: Nicht darüber zu reden, wenn man anderer Meinung ist. Und: Sich zu selten zu sehen, denn dann entfremdet man sich.

Vermissen Sie etwas in dieser Beziehung, und wenn ja, was?
D.D.: Nein.

Möchten Sie an Ihrer derzeitigen Situation etwas ändern?
D.D.: Nein.

Sind Kinder in einer Fernbeziehung realisierbar?
D.D.: Brigitte, meine Tochter, hatte nichts dagegen und freut sich darüber. Seine Kinder sind auch froh, dass er jemanden hat, der sich um ihn kümmert. Doch haben sie Angst, dass wir doch mal heiraten, und fürchten um ihr Erbe. Aber ich möchte das nicht.

Ist für Sie die Fernbeziehung ein Lebensmodell für immer oder nur vorübergehend? Gibt es eine Grenze bei Ihnen?

D.D.: Nö, das machen wir, bis wir tot sind; damit muss man in unserem Alter immer rechnen. Nehmen wir an, dass er noch ein bisschen Zeit hat und ich auch, dann auf Dauer.

Denken Sie, dass es eine Fernbeziehungspersönlichkeit gibt?
D.D.: Eine Fernbeziehung ist, denke ich, für jeden möglich. Vor allem für freiheitsliebende Personen.

Fazit Dina Demmer: Sie könnte sich kein besseres Lebensmodell für sich vorstellen. Denn eine Fernbeziehung lässt ihr die Freiheit, die sie liebt und braucht: Sie kann einkaufen gehen oder ihre vier Freundinnen treffen, ohne zu sagen „Ich bin um drei Uhr zurück“...

„Der Sex bleibt prickelnd“

Die Münchner Buch- und Drehbuchautorin Greta V.* (45) und der Berliner Unternehmer Peter (51) pendeln seit fast zwei Jahren der Liebe wegen. Vor zirka drei Jahren haben sich beide bei einem Urlaub in Kambodscha mit ihren damaligen Partnern kennen gelernt. Kurz nach dem Urlaub ging Gretas schon seit längerem kriselnde Ehe nach 12 Jahren in die Brüche. Mit Telefonaten half ihr Peter über die Trennung hinweg und besuchte sie zwei Monate später in München. Kurz darauf flog sie zu ihm nach Berlin. Da sie aber noch nicht bereit für eine neue Lovestory war, brach sie den Kontakt ab. Als sie Monate später beruflich in Berlin zu tun hatte, meldete sie sich wieder bei ihm und seit diesem Zeitpunkt sind beide ein Paar. „Anfänglich wollten wir beide nur eine Affäre, aber jetzt haben wir doch eine Beziehung, die vielleicht intensiver ist, als wenn wir in einer Stadt leben würden“, zieht Greta Bilanz, die schon einmal, vor 14 Jahren für ein halbes Jahr der Liebe wegen pendelte. Nachdem sie allerdings probeweise für drei Monate zu ihrem damaligen Partner zog, merkte sie schnell: Das ist der falsche Mann, auch wenn das hawaiianische Maui noch so schön war!

Wie finden Sie die Tatsache, dass Sie eine Fernbeziehung führen?
G.V.: Sehr gut. Da wir beide selbstständig sind, haben wir nicht die übliche Problematik, sich nur am Wochenende sehen zu können. Wir können spontan entscheiden: Ich nehme dann meinen Computer mit nach Berlin, um dort zu schreiben und kann bleiben, solange ich will. Auch Peter hat Lust und die berufliche Freiheit, auch mal eine Woche in München zu verbringen.

Welche Vorteile ergeben sich daraus für Sie?
G.V.: Ich kann mein Leben in München, in meiner eigenen Wohnung behalten. Ich muss nicht darüber diskutieren, ob, mit wem und wann ich lieber alleine meine Freunde treffe. Wir spüren, dass wir uns vermissen. Das zeigt, wie viel uns der andere bedeutet. Ich liebe seine Anrufe morgens, mittags und nachts, die passieren, nicht weil sie Pflicht, sondern sein Wunsch sind. Man schätzt es mehr, wenn der andere da ist und wir bemühen uns sehr, die Zeit miteinander wunderschön zu gestalten. Man fühlt sich deutlicher wahrgenommen. Sex bleibt prickelnd. Man erlebt die Stadt des Partners und entwickelt einen besonderen Bezug dazu; je öfter man da war, umso mehr fühlt man sich dort ebenfalls zu Hause.

Welche Nachteile entstehen dadurch und wie empfindet das Ihr Partner bzw. wie lösen Sie diese?
G.V.: Die Umstellung von Zweisamkeit auf Alleinsein. In der Regel brauche ich ein, zwei Tage, um mich wieder entspannt mit mir selbst zu fühlen. Da ich gerne alleine lebe und selbst in

meiner Ehe viele Jahre lang meine eigene Wohnung behalten hatte, komme ich damit gut zurecht. Da wir viele Stunden täglich telefonieren, wissen wir wahrscheinlich detaillierter über die kleinsten Belange des Tages Bescheid als Paare, die sogar in der gleichen Wohnung leben. Peter und ich reden sicher intensiver miteinander, als ich das in der gemeinsamen Wohnung mit meinem Ex-Mann erlebt hatte. Glücklicherweise sind wir in der finanziellen Situation, uns die Flüge leisten zu können. Ein Kind möchte ich nicht mehr und Sex kann man auch am Telefon haben. Der angenehme Nebeneffekt: Wir freuen uns noch tausendmal mehr, wenn wir uns das nächste Mal wieder live erleben.

Welche Tipps können Sie anderen geben, die ebenfalls eine Fernbeziehung führen bzw. diese gerade beginnen?
G.V.: Man sollte keine Angst haben. Einfach die Beziehung leben, solange sie gut tut. Man sollte sich Zeit geben, die Dinge sich entwickeln lassen. Nichts forcieren. Möglichst wenig planen, sondern Raum für Spontaneität lassen. Nichts ist abtörnender, als wenn man Flüge ein halbes Jahr im Voraus buchen würde. Da habe ich natürlich gut reden, denn wir sind ja beruflich frei und daher besonders flexibel. Viel telefonieren, auch wenn es die Telekom freut! Sich für den anderen freuen, wenn er einen schönen Tag/Abend auch ohne einen hatte.

Was sind absolute „Don'ts" für eine solche Paarbeziehung?
G.V.: Eifersucht, Klammern, Liebesbeteuerungen, Kontrolle, Misstrauen.

Möchten Sie an Ihrer derzeitigen Situation etwas ändern?
G.V.: Nein. Ich möchte meine Wohnung hier behalten. Ich möchte weder mit Peter noch mit einem anderen Mann in einer Wohnung leben. Vielleicht werde ich etwas häufiger mit

meinem Computer nach Berlin fliegen? Es kommt, wie es kommt.

Sind Kinder in einer Fernbeziehung realisierbar?
G.V.: Das war und ist kein Thema für mich. Keine Ahnung.

Ist für Sie die Fernbeziehung ein Lebensmodell für immer? Gibt es eine Grenze bei Ihnen?
G.V.: Es gibt für mich keine Lebensmodelle. Es gibt nur das, was ich gerade leben will.

Denken Sie, dass es eine Fernbeziehungspersönlichkeit gibt?
G.V.: Sicher sind das Menschen, die zu viel Nähe nicht immer ertragen können, viel Freiraum und nicht die ständige Nähe und damit auch die Kontrolle über den anderen brauchen, um sich in der Beziehung aufgehoben zu fühlen. Andererseits sind Menschen, die von der kleinen heilen Familie träumen, mit einer Fernbeziehung sicher schlecht beraten.

Fazit Greta V.*: Man kann zwischen dem ureigensten Bedürfnis nach Nähe und Distanz wählen, erlebt die gemeinsame Zeit intensiver, Sex bleibt prickelnd und in der Stadt des Partners fühlt man sich bei jedem Besuch mehr zu Hause.
* Name von der Autorin geändert

„Frei und doch zu Hause"

Die Berliner Schauspielerin Gabriele G. (35) pendelt seit viereinhalb Jahren zu ihrem Freund, dem Maler Jörg F. (39), in die Weststeiermark. Abhängig von ihrem Engagement und wie weit das Theater entfernt ist, besucht sie Jörg jedes Wochenende, über Monate hinweg nur mal schnell für einen Tag, für eine Woche oder einen ganzen Monat. „Mein eigenes Zuhause ist meine orangefarbene Reisetasche“, erzählt die Schauspielerin, „und wo ich damit ankomme, ist mein Zuhause. Mein Freund ist, im Gegensatz zu mir, sehr sesshaft und kontinuierlich. Wenn ich bei ihm eintreffe, ist es für mich ganz selbstverständlich, dort zu sein. Ich fühle mich nicht als Gast, obwohl der gesamte Haushalt ihm gehört – bis auf eine Schublade in seinem Schrank, in der ein paar meiner Sachen sind. Für mich ist es schön, nach stundenlanger Fahrt anzukommen und liebevoll erwartet zu werden: Es sind Blumen da, ein schön gedeckter Tisch, überall kleine Aufmerksamkeiten. Und dann spüre ich, dass ich irgendwie da ‚lebe', auch wenn ich gar nicht da bin“, sagt Gabriele. Vor Jörg hatte sie „eigentlich keine echten Beziehungen“, weil sie durch ihren Job immer unterwegs war. Einen Freund hatte sie in Berlin, der über vier Jahre auf sie gewartet hatte, doch fühlte sie sich durch dessen Eifersucht in ihrer schauspielerischen Kreativität eingeschränkt.

Wie finden Sie die Tatsache, dass Sie eine Fernbeziehung führen?

G.G.: Sehr gut. Ich fühle mich nicht eingesperrt und kann meine Wege so gehen, wie ich will. Ich will hauptsächlich als Schauspielerin leben, dadurch wird mein Weg bestimmt. Ich suche mir interessante, professionelle Theater aus und frage nicht, wo ihre geografische Lage ist. Im Moment habe ich ein Engagement bei einem Theater in der Schweiz, mit dem ich international gastieren werde, und das über mehrere Jahre. Dieses Theater ist mein Ziel, jahrelang habe ich mir das gewünscht und erträumt.

J.F.: Da ich mich als Maler sehr zurückziehen muss, um in meine Arbeit zu finden, bin ich nicht unzufrieden mit der Situation. Allerdings bin ich natürlich schon einsam, wenn wir uns lange Zeit nicht sehen. So einsam, dass es manchmal wehtut.

Welche Vorteile ergeben sich für Sie daraus?
G.G.: Ich fühle mich frei, kann meine beruflichen Ziele verfolgen und werde nicht in meiner Kreativität behindert. Andererseits ist es schön für mich, bei meinem Freund anzukommen und dadurch eine Art Zuhause zu haben. Das gibt mir Ruhe und Wärme in meinem sonst sehr unruhigen und rastlosen Leben. Auch für ihn finde ich es gut, dass er seiner Arbeit als Maler nachgehen kann. Ich weiß, dass ich sehr intensiv und dominant bin und meinen Mitmenschen viel abverlange (in Gesprächen, im Zusammensein etc.). Ich bin jemand, der auf Dauer sicher nicht zum Aushalten ist, und kann eheähnliche Verhältnisse nicht ausstehen: Wo es nur noch ein „Wir“ und kein „Ich“ mehr gibt. Wo die Individualität des Einzelnen faktisch aufgelöst ist. Außerdem finde ich es wichtig, dass jeder einen Lebensplan oder ein Ziel hat, das er verfolgt – auch mein Partner. Ich selbst habe ihn schon oft ermuntert, für Malstudien oder um Erfahrungen zu sammeln, ins Ausland zu gehen, weil ich es für wichtig erachte, dass Künstler fremde Welten erkunden, um daraus für ihre künstlerische Arbeit zu schöpfen. Ich habe großen Respekt vor Künstlern, die ihren Weg gehen, und finde es schlimm zu sehen, wie zum Beispiel Schauspielerinnen ihren Beruf wegen Familienleben aufgeben und dann Umschulungen zur Bürokauffrau oder sonst was Schreckliches machen.

J.F.: Dadurch, dass Gabi an vielen Orten dieser Welt zu Hause ist, ist das für mich natürlich eine große Bereicherung, wenn ich sie besuche bzw. was sie aus dieser Welt immer zu mir bringt. Die Geschichten und Themen, mit denen sie sich beschäftigt, fließen dann in meine Malerei ein, das ist sehr spannend.

Welche persönlichen Probleme/Ängste tauchen möglicherweise dadurch in der Beziehung auf?

G.G.: Ich bin mir völlig bewusst, dass mein Freund dieses Warten und Alleinsein vielleicht irgendwann nicht mehr aushält, er eines Tages sagt, dass er eine Familie, Kinder haben möchte. Ich weiß nicht, ob das passieren wird, aber ich habe inzwischen gelernt, damit zu leben und das auch zu akzeptieren. Und Liebe, Wärme, Familie – das suche ich eigentlich im Ensemble. Folglich bin ich nicht so sehr auf meinen Freund fixiert, wobei es schon schön ist, jemanden zu haben und zu berichten, wie es war und was mich beschäftigt. Manchmal ist dieses Hin- und Herfahren, wenn es sehr viele Fahrten in kurzer Zeit sind, auch eine Strapaze und dann denke ich, wie es wäre, wenn ich „ganz normal“ wäre und nicht dieses Unterwegssein in mir hätte. Dann denke ich, dass es vielleicht auch seinen Reiz hätte, als Verkäuferin in einem x-beliebigen Laden der Welt zu arbeiten, wo es ein Haus gäbe, Freunde ... Aber ich bin Schauspielerin und diesem Beruf verpflichtet, der seine großen schönen Seiten hat, auch wenn er viel Verzicht mit sich bringt – zumindest, wenn man so lebt, wie ich es tue.

J.F.: Obwohl ich glücklich bin, bekomme ich doch manchmal arge Zweifel, ob diese Beziehung das Richtige ist, weil ich doch viel alleine und einsam bin, Kinder kein Thema sind etc. Dann packt mich die Angst und ich frage mich, wie das wohl in fünf oder zehn Jahren sein wird, wenn sich bis dahin nicht wirklich etwas in unserer Beziehung verändert (und das wird es wahrscheinlich nicht, denn Gabi will ja Schauspielerin bleiben und Schauspieler leben nun mal so). Das ist so eine Angst, die hin und wieder auftaucht.

Wie erlebt das Ihr Partner?

G.G.: Mein Freund ist damit manchmal überfordert, wenn ich seine Welt demoliere, in die ich nur kurz eintauche und meine Spuren hinterlasse. Andererseits bekommt er dadurch neue Anregungen, neue Ansichten und vielleicht auch ein bisschen mehr Mut, keine Angst vor der Zukunft, vor dem Unbekannten zu haben. Unser Zusammensein ist geprägt von Willkommen und Abschied. Aber das macht es auch schön. Wir freuen uns beim Wiedersehen, es ist traurig beim Abschied und schön ist die Erinnerung an die gemeinsam erlebte Zeit.

J.F.: Ich glaube, dass Gabi mit der Situation nicht unzufrieden ist. Bei mir findet sie immer ein Zuhause.

Wie gehen Sie damit um bzw. wie lösen Sie dieses Problem?
G.G.: Ich habe meinem Freund von Anfang an zu verstehen gegeben, dass ich immer wiederkommen werde. Er konnte es sich zuerst nicht vorstellen. Aber dann hat er gesehen, wie mobil ich bin und dass ich es schaffe, so vieles unter einen Hut zu bringen.

J.F.: Eifersucht gibt es jetzt nicht mehr (von meiner Seite aus/ Gabi ist schon eifersüchtig). Es hat sich ein hoher Grad an Vertrauen entwickelt, wenn dieser nicht vorhanden wäre, würde ich es nicht schaffen. Ich habe einfach großes Vertrauen zu Gabi. Vielleicht verdränge ich auch viel, aber ich will einfach nicht die ganze Zeit denken müssen: „Was könnte sein?“ oder „Was wird werden?“.

Welche Auswirkungen hat Ihre Fernbeziehung auf Ihr Umfeld?
G.G.: Dadurch, dass ich meine freie Zeit möglichst dafür nutze, um nach Österreich zu meinem Freund zu fahren, habe ich kaum noch eine Chance, andere Freunde zu sehen, wir kommunizieren vielfach nur noch über E-Mail.

J.F.: Einige gemeinsame Freunde haben wir, das ist auch sehr wichtig. Einen Teil meiner Freundschaften pflege ich ganz alleine.

Wie halten Sie dennoch Kontakt?
G.G.: Einmal im Jahr treffe ich meine engeren Freunde. Es gibt nur noch ein bis zwei andere wichtige Personen, die ich öfter sehe. Aber da ich sehr gute Beziehungen in meiner Theaterkompagnie besitze, habe ich kein Defizit.

Welche Tipps können Sie anderen geben, die ebenfalls eine Fernbeziehung führen bzw. diese gerade beginnen?
G.G.: Wichtig ist die Frage: Warum ist das eine Fernbeziehung? Hat man sich das ausgesucht oder zwingen einen andere Umstände dazu? Wenn zum Beispiel eine Frau, Mutter von einem 14-jährigen Sohn und Ehefrau, so wie ich sie kennen gelernt habe, von Berlin nach München geht, um dort als Postzustellerin zu arbeiten, wenig Geld dafür bekommt, im Postlerheim wohnt und von dem wenigen Geld auch noch die Fahrerei zwischen München und Berlin finanzieren muss, und das alles nur, weil sie als Langzeitarbeitslose in Berlin keinen Job gefunden hat. Dann finde ich das furchtbar. Dann haben die äußeren Umstände sie dazu gezwungen. Wenn aber eine ganze Lebensphilosophie dahinter steckt, dann finde ich es eine große Chance. Selbstständig zu sein und trotzdem nicht auf Liebe und auf Geborgenheit verzichten zu müssen. Tipps weiß ich nicht: Vielleicht ist es eine gute Übung, um Vertrauen zu lernen.

J.F.: Man muss einander vertrauen, das ist das Wichtigste. Und: Konflikten sollte man nicht aus dem Weg gehen, auch wenn man nur kurze Zeit zusammen ist. Denn sonst stauen sie sich auf und kommen später heraus.

Was sind absolute „Don'ts" für eine solche Paarbeziehung?
G.G.: Hin und wieder ist es notwendig zu hinterfragen, ob man diese Beziehung wichtig findet und ob das Ganze nicht nur eingefahrene Routine ist. Also, auch immer wieder die Sa-

che in Frage stellen. Das sollte man nicht vergessen (genauso wie in einer eheähnlichen Beziehung).

J.F.: Aus der Ferne sollte man nicht versuchen, den Partner zu erziehen, denn man muss sein Leben ja selbst meistern; Ratschläge und Hilfe zu geben ist natürlich sehr wichtig, aber sich ins Leben des anderen einzumischen, das ist zu viel.

Vermissen Sie etwas in dieser Beziehung, und wenn ja, was?
G.G.: Nein, ich vermisse nichts. Ich freue mich, einen Menschen zu kennen, der mich liebt und mir viel gibt. Auch wenn es nichts zum „Aufbauen“ gibt. Vielleicht Ideale, ja, aber keine Häuser ...

J.F.: Es gibt Momente, in denen ich einsam bin. Kuscheln am Abend, das fehlt mir, und schöne Dinge genießen wie Ausstellungen, Theaterbesuche usw., das ist zu zweit auch einfach schöner.

Möchten Sie an Ihrer derzeitigen Situation etwas ändern?
G.G.: Nein, ich möchte nichts ändern. Das Einzige ist, dass ich versuchen möchte, wieder mehr Zeit zu haben, um mich auf das Leben meines Freundes mehr einzulassen. Also mehr für seine Welt, die Malerei da zu sein. Das hat in den letzten zwei Jahren weniger Raum einnehmen können, da ich nach längeren Abständen nur für kurze Zeit da war.

J.F.: Ich weiß nicht genau, was ich ändern möchte. Ein Problem ist allerdings noch: Ich bin immer da, Gabi kommt immer zu mir, das ist vielleicht ein wenig einseitig, aber so ist es. Am schwersten dabei sind die Abschiede, ich bin dann immer zerstört und brauche oft zwei bis drei Tage, um mich wieder zu finden.

Sind Kinder in einer Fernbeziehung realisierbar?
G.G.: Kinder wollte ich nie haben – unabhängig davon, ob es eine Fernbeziehung oder eine andere Beziehung gibt. Ich wollte nie Mutter sein.

J.F.: Ich glaube, in unserer Beziehung lässt es sich nicht unter einen Hut bringen, da Gabi – auch wenn ich gerne ein Familienleben aufbauen würde – keine Kinder möchte (persönlich und auch arbeitstechnisch nicht), es sei denn, ich würde die ganze Verantwortung eines Kindes auf mich nehmen. Aber ein allein erziehender Vater möchte ich auch nicht sein.

Ist für Sie die Fernbeziehung ein Lebensmodell für immer oder nur vorübergehend? Gibt es eine Grenze bei Ihnen?
G.G.: Ich weiß nicht, ob es jemals anders sein wird, ob meine Nicht-Sesshaftigkeit sich einmal ändern wird. Sollte ich irgendwann diese Flamme, die mich antreibt, die mir Kraft gibt, nicht mehr spüren, dann würde ich das akzeptieren und nicht mehr spielen. Dann würde ich vielleicht Blumen pflanzen oder Marmelade einkochen oder irgendetwas anderes machen, das mir Spaß macht. Mein Leben ist an kein Prinzip gebunden. Ich folge nur meiner inneren Stimme.

J.F.: An ein Lebensmodell kann ich jetzt nicht denken. Wir sind zusammen und wir leben im Jetzt. Ich liebe sie – und es ist eine Möglichkeit des Zusammenseins. Allerdings war ich vor zwei Jahren krank und mir lange unsicher, ob das nicht eine Folge unserer Fernbeziehung ist; bis heute weiß ich das nicht genau. Wenn man jedoch Schmerzen bekommt, depressiv und krank wird, muss man darauf reagieren, dann ist man nicht dafür geschaffen. Im Jetzt geht es gut und ich wünsche mir, dass es noch lange so bleibt.

Denken Sie, dass es eine Fernbeziehungspersönlichkeit gibt?
G.G.: Ja, das denke ich schon. Das sind Menschen, die sich im Grunde nicht wirklich binden lassen wollen. Die das Gefühl der Entscheidungsfreiheit und Ungebundenheit brauchen und eine gewisse Großzügigkeit im Denken, im Bewusstsein besitzen. Einbauküche, Kleinwagen, Club-Urlaub an der Riviera – das beinhaltet für manche Menschen eine Art von Sicherheit und Gleichmäßigkeit, für sie wäre es eine Qual, eine Fernbeziehung zu führen. Ständig würden ihre Wünsche und Träume mit Füßen getreten und wahrscheinlich würde so eine Beziehung nicht lange halten. Aber wer offen für andere Leute ist und für sich selbst, offen für die eigene innere Sehnsucht, der muss frei sein.

J.F.: Menschen, die geografisch sehr beweglich sind, sind vermutlich besser geeignet als Sesshafte. Wenn beide sesshaft sind, nur räumlich weit voneinander entfernt, das kann ich nicht beurteilen. Einige meiner Bekannten meinen, so eine Beziehung wünschten sie sich auch. Denen ist es einfach zu viel, immer mit einem Partner zusammen zu sein.

Fazit Gabriele G./Jörg F.: Während Jörg die Impulse genießt, die Gabriele durch ihre Arbeit einbringt, genießt sie es, in dieser Fernbeziehung frei zu sein, ihre Träume leben zu können und trotzdem ein Zuhause zu haben – jemanden, der sie umsorgt, auf sie eingeht, sie liebt.

„Mehr Eigenständigkeit und die Chance zur Ich-Findung"

Conny Modauer (47) leitet ein Medienbüro und managt ihren Partner, den Moderator und Journalisten Jan Hofer. Berufsbedingt ist ihr Partner über 150 Tage im Jahr in ganz Deutschland unterwegs. Aus diesem Grund treffen sich die beiden seit

Beginn ihrer Beziehung im Mai 1999 an den verschiedensten Orten in Deutschland und versuchen die Stunden, die ihnen in Hamburg bleiben, „so intensiv als nur möglich zu leben". In ihrem Haus in Hamburg wohnen sie als Patchwork-Familie. Dazu gehört Connys Tochter (15), Jans Sohn (19) und ein Hund. Für Conny ist es die erste Fernbeziehung, Jan kennt durch seinen Beruf keine anderen Beziehungen.

Wie finden Sie die Tatsache, dass Sie eine Fernbeziehung führen?
C.M.: Zu 50 Prozent Spitze und zu 50 Prozent schrecklich.

Welche Vorteile ergeben sich daraus?
C.M.: Der Vorteil ist, dass ich beruflich freie Hand habe und machen und entscheiden kann, wie und was ich will – nur auf die Kinder muss ich Rücksicht nehmen. Meine Eigenständigkeit hat sich enorm entwickelt, was zur Folge hat, dass ich mich heute noch weniger unterordnen kann als früher. Das führt zu einigen Kämpfen in der Beziehung. Außerdem lernt man durch die häufigen Kurzreisen neue Menschen kennen und tauscht sich über alle möglichen Themen von Küche über die Kultur der jeweiligen Stadt bis hin zu High-Tech und Zwischenmenschlichem aus. Diese Horizonterweiterung halte ich für sehr gut. Der Sex ist genial, da keine Gewöhnung und Langeweile auftreten können.

Welche Probleme/Ängste tauchen möglicherweise dadurch in der Beziehung auf?
C.M.: Meine Eifersucht hat sich verstärkt und es dauerte lange, bis ich/wir damit klarkamen. Einsamkeit ist zu einem festen Bestandteil meines Lebens geworden, und wenn wir längere Zeit getrennt leben, müssen wir uns erst wieder aneinander gewöhnen. Da jeder seine kleinen Entscheidungen alleine tref-

fen muss, ist es absolut wichtig, dass man zumindest telefonisch in intensivem Kontakt bleibt – sonst verpasst man das gemeinsame Leben ganz. Man muss sehr aufpassen, dass man sich nicht entfremdet, dies hat aber den Vorteil, dass man intensiver miteinander spricht.

Wie erlebt das Ihr Partner?
C.M.: Ich glaube, er könnte keine „Buchhalterbeziehung", keine Beziehung im klassischen Sinn, führen; außerdem gibt es viel mehr zu erzählen, wenn einer eine Reise tut.

Wie gehen Sie damit um bzw. lösen diese Probleme?
C.M.: Reden, reden, reden. Und dann ist da noch der Wille von beiden, diese Beziehung nicht aufzugeben.

Welche Auswirkungen hat Ihre Fernbeziehung auf Ihr Umfeld?
C.M.: Da wir beide nicht auf Freundschaften stehen, bei denen man sich permanent sieht, funktioniert das sehr gut. Es ist meine Aufgabe, diesen Bereich zu koordinieren.

Welche Tipps können Sie anderen geben, die ebenfalls eine Fernbeziehung führen bzw. diese gerade beginnen?
C.M.: Gar keine. Die Lösung muss – wie bei jeder Beziehung – das Paar alleine herausfinden. Vielleicht sollte man sich allerdings bewusst machen, dass man den großen Vorteil hat, zu sich selbst finden zu können, und nicht Gefahr läuft, sich zu stark über den Partner zu definieren.

Was sind absolute „Don'ts" für eine solche Beziehung?
C.M.: Fremdgehen, Lügen, Nachlässigkeit gegenüber dem Partner.

Vermissen Sie etwas in dieser Beziehung, und wenn ja, was?
C.M.: Ihn bei mir zu haben, wenn es mir besonders gut bzw. schlecht geht, denn dann ist er mit Sicherheit unterwegs.

Möchten Sie an Ihrer derzeitigen Situation etwas ändern?
C.M.: Da fällt mir nichts ein.

Sind Kinder in einer Fernbeziehung realisierbar?
C.M.: Kinder brauchen Mama und Papa und einer fehlt immer. Ich finde es für Kinder in anderen Beziehungen besser.

Ist für Sie die Fernbeziehung ein Lebensmodell für immer oder nur vorübergehend? Gibt es eine Grenze bei Ihnen?
C.M.: Wenn ich alt bin, würde ich ungern alleine auf der Parkbank sitzen.

Denken Sie, dass es eine Fernbeziehungspersönlichkeit gibt?
C.M.: Ja, Menschen die gut alleine klarkommen, viel Toleranz und Liebe für den Partner empfinden. Menschen, die eigene Fehler/Marotten eingestehen können und sich entschuldigen, wenn nötig. Gar nicht zum Pendeln eignen sich ängstliche Menschen, die eine starke Schulter brauchen, einen festgelegten Lebensrhythmus – zum Beispiel Kinder und Menschen, die schlecht allein sein können.

Fazit Conny Modauer: Eine Fernbeziehung ist Spitze und schrecklich zugleich. Doch besitzt sie den großen Vorteil, zu sich selbst finden zu können und nicht Gefahr zu laufen, sich zu stark über den Partner zu definieren. Der Sex ist genial, da keine Gewöhnung und Langeweile auftreten.

„Nicht auch noch für den Partner verantwortlich sein“

Steuerfachgehilfin Susanne W.* (35) und allein erziehende Mutter eines 9-jährigen Sohnes pendelte ein Jahr lang von Heidelberg zu ihrem Geliebten Gerd (33) nach Ludwigshafen, dem sie auf einer Sommerparty ihrer Schwester begegnete. Mittlerweile hat sie in Werner (41) eine neue Liebe gefunden, bei dem sie, trotzdem beide in der gleichen Stadt leben, auf zwei getrennten Haushalten besteht; da die Liebe noch jung ist, denkt sie, dass es bei diesem Interview gehaltvoller ist, zurück zu Gerd zu blicken.

Wie fanden Sie die Tatsache, dass Sie eine Fernbeziehung führten?
S.W.: Eigentlich recht angenehm, ich hatte das Gefühl, nicht so sehr eingeengt zu werden, genug Freiraum für mich zu haben.

Welche konkreten Vorteile ergaben sich für Sie daraus?
S.W.: Es ist immer ein bisschen wie Urlaub, wenn man über das Wochenende wegfährt, und ich brauchte mir keine Gedanken zu machen, was ich unternehmen sollte, wenn mein Sohn Julian bei seinem Vater war. Ich war aufgrund der Wochenendsituation nie abgespannt von der Arbeit, konnte mich auf die Beziehung freuen und konzentrieren. Dadurch, dass die Zeit knapp war, haben wir die kurze Zeit intensiver genutzt. Es gab keine Reibungspunkte in Erziehungsfragen, ich hatte die Abende unter der Woche für mich, der Beziehungsalltag entfiel, weil jeder für seine Erledigungen selbst zuständig war.

Welche persönlichen Probleme/Ängste tauchten dadurch in der Beziehung auf?

S.W.: Das Bedürfnis den Partner gleich oder noch am Abend zu treffen, konnte nie erfüllt werden, das hat mir manchmal gefehlt, so haben wir sehr viel telefoniert. Am Anfang kannte ich seine Bekannten nicht und wusste auch nie so genau, was er macht. Aber das ging ihm auch so, das Vertrauen war allerdings sehr groß, es gab überhaupt keine Eifersuchtsszenen. Er war sehr spendabel, also gab es auch keine finanziellen Einbußen, eher im Gegenteil. Ich habe die Beziehung total getrennt von meinem Leben mit Julian geführt, da ich erst einmal sehen wollte, ob wir überhaupt eine Basis finden. Vorher wollte ich mein Kind nicht mit einem Mann konfrontieren und eine Beziehung aufbauen, die vielleicht kurze Zeit später beendet ist.

Wie erlebte das Ihr Partner?
S.W.: Er hatte in der Zeit kein Problem damit, auf Dauer hätte sich allerdings etwas verändern müssen: Er wollte, dass wir nach Ludwigshafen ziehen, das wollte ich auf keinen Fall.

Wie gingen Sie damit um bzw. wie lösten Sie das?
S.W.: Erst einmal so weitermachen ... dann hatten wir längere Urlaube geplant.

Welche Auswirkungen hatte Ihre Fernbeziehung auf Ihr Umfeld?
S.W.: Es gab eher mit meinem Freundeskreis Probleme, da ich sowieso nur an den Wochenenden Zeit hatte und die waren oft schon von ihm verplant bzw. ich war gar nicht in Heidelberg.

Wie lösten Sie dieses Problem?
S.W.: Ich habe ab und zu einen Abend von den Wochenenden eingefordert. Das hat die Beziehung belastet. Für mich war es aber wichtig und gut und ich wollte ihn nicht überall mit hinnehmen müssen.

Welche Tipps können Sie anderen geben, die ebenfalls eine Fernbeziehung führen bzw. diese gerade beginnen?
S.W.: Die Zeit intensiv genießen, sich klar darüber werden, ob man eine räumliche Veränderung in Kauf nehmen würde. Ganz klar sagen, was man möchte und was nicht, und sich auch ruhig freie Abende für sich selber einfordern, aber das ist wohl nicht nur bei Wochenendbeziehungen so.

Was sind absolute „Don'ts" für eine solche Paarbeziehung?
S.W.: Totale Ausfragerei. In der gemeinsamen Zeit alles zusammen machen zu müssen.

Vermissten Sie etwas in dieser Beziehung, und wenn ja, was?
S.W.: Das Gefühl, in den Arm genommen zu werden und auch mit dem anderen lachen zu können, wenn man es gerne hätte, nicht alles auf die Wochenenden verschieben zu müssen.

Warum haben Sie das Pendeln aufgegeben?
S.W.: Die Beziehung zerbrach während des ersten gemeinsamen Urlaubs. Das war für mich eine Katastrophe, denn Gerd vergaß, für unseren Ägypten-Tripp den Reisepass einzustecken, und machte mich dafür verantwortlich. Im Urlaub dann – den das Reisebüro kulanterweise umbuchte – fühlte ich mich ständig für das Programm vor Ort verantwortlich und konnte kein einziges Mal etwas alleine unternehmen. Sogar als ich Joggen ging, hat er sich aufgeregt, wie ich nur eine Stunde weggehen kann. Dieses Klammern hatte ich an den Wochenenden nie zu spüren bekommen, weil er da seinen Freundeskreis hatte.

Sind Kinder in einer Fernbeziehung realisierbar?
S.W.: Ein Kind in einer Fernbeziehung kann ich mir nicht vorstellen. Ich denke, dass das einmalige Miterleben, das Heran-

wachsen, die schlaflosen Nächte, die grenzenlosen Freudenmomente für beide Partner wichtig sind und natürlich auch für das Kind. Es ist für alle wichtig eine intensive Beziehung aufzubauen und ich weiß nicht, ob das möglich wäre. In der Regel bleibt dann doch alles an der Frau hängen und die ist bestimmt überfordert, wenn keine andere Hilfe zur Verfügung steht.

Ist für Sie die Fernbeziehung ein Lebensmodell für immer oder nur vorübergehend? Gibt es eine Grenze bei Ihnen?
S.W.: Getrennte Wohnungen finde ich kein Problem auf Dauer, weil dadurch jeder seinen Freiraum hat und man sich nicht auch noch für den Partner verantwortlich fühlt. Eine Fernbeziehung auf Dauer – ich weiß nicht. Ich denke irgendwann kommt der Punkt, an dem man sich auch räumlich näher sein will, vielleicht wird die Fahrerei zum Problem, das Organisieren mit Freunden.

Denken Sie, dass es eine Fernbeziehungspersönlichkeit gibt?
S.W.: Im Grunde war ich immer besser gelaunt, aber vielleicht werden Probleme auch eher verdrängt, um die kurze Zeit des Zusammenseins damit nicht zu belasten. Erschreckend war dann der Urlaub, wo ich ihn richtig bzw. von einer ganz anderen Seite kennen gelernt habe, mit der ich nicht klarkam. Ich denke, eine Fernbeziehung ist nichts für Menschen, die nicht alleine sein können, sondern den Partner immer in der Nähe haben müssen.

Fazit Susanne W.*: Eine Distanz-Liebe ist immer ein bisschen wie Urlaub, man ist am Wochenende entspannt und nutzt die knappe gemeinsame Zeit intensiver. Es gab für Susanne überhaupt keine Reibungspunkte in Erziehungsfragen und der Beziehungsalltag entfiel, weil jeder für seine Erledigungen selbst

zuständig war. Daher sind zwei getrennte Haushalte das optimale Beziehungsmodell für sie.
* Name von der Autorin geändert

„Ich bin total frei"

Klaus Göggerle (54) ist seit acht Jahren mit der Altenpflegerin Uli (48) liiert. Zwei bis dreimal in der Saison besucht sie den gebürtigen Schwaben auf Mallorca, wo er in einem Top-Restaurant als Koch arbeitet. Wenn das Terrassenrestaurant im Winter zwei Monate geschlossen ist, leben beide zusammen in ihrer Wohnung in Recklinghausen. Auch während seiner Lehrzeit hatte Klaus bereits Fernbeziehungen, als er zwei Jahre auf dem Kreuzfahrtschiff „TS Bremen" in Südamerika unterwegs war oder auf der „Prinz Hamlet" in Skandinavien.

Wie finden Sie die Tatsache, dass Sie eine Fernbeziehung führen?
K.G.: Notwendig, weil mir die Gegend, in der Uli wohnt, nicht so gut gefällt, auch die Mentalität liegt mir nicht so sehr.

Welche Vorteile ergeben sich für Sie daraus?
K.G.: Ich bin total frei und kann mich bewegen, wie ich will. Davon profitiert natürlich auch die Arbeit, das Geschäft. So kann ich um Mitternacht noch 30 Gäste annehmen, weil niemand zu Hause auf mich wartet.

Welche persönlichen Probleme/Ängste tauchen möglicherweise dadurch in der Beziehung auf?
K.G.: Ich werde nicht so bemuttert, muss meine Wäsche selbst waschen und bekomme nicht so viel Amore, muss mich einschränken, was sich allerdings ausgleicht, wenn wir zusammen sind.

Wie erlebt das Ihre Partnerin?
K.G.: Uli hatte sich erst daran gewöhnen müssen, das zu akzeptieren. Aber vielleicht lebt man ja im Alter dauerhaft zusammen, das weiß ich noch nicht.

Welche Auswirkungen hat Ihre Fernbeziehung auf Ihr Umfeld?
K.G.: Keine, ich habe keine guten Erfahrungen mit so genannten „Freunden" gemacht. Die waren zum Feiern gut, aber wenn's brennt, war keiner da. Ich habe das Personal und die Einheimischen und kann gut alleine und glücklich sein.

Welche Tipps können Sie anderen geben, die ebenfalls eine Fernbeziehung führen bzw. diese gerade beginnen?
K.G.: Es ist wichtig, dem anderen zu vertrauen und sich zu fragen, warum man unterwegs ist. Jeder profitiert davon, nicht festgenagelt zu sein, und lässt los.

Was sind absolute „Don'ts" für eine solche Paarbeziehung?
K.G.: Bei wechselnden Partnern und zu Hause glücklich sein zu wollen. Ich könnte das gar nicht, ich habe einen Charakter und ein Gewissen. Wenn man das macht, ist auch die Energie weg, man freut sich nicht mehr auf den anderen und der spürt das auch.

Vermissen Sie etwas in dieser Beziehung, und wenn ja, was?
K.G.: Nein, nichts.

Möchten Sie an Ihrer derzeitigen Situation etwas ändern?
K.G.: Nein, es würde sich eher verschlechtern, wenn du Riegel vorgeschoben bekommst und ständig Fragen ausgesetzt bist. Daher telefonieren wir auch nur dreimal die Woche.

Sind Kinder in einer Fernbeziehung realisierbar?
K.G.: Das wird sicherlich schwierig, denn ein Kind will beide Eltern haben, jeden Tag der Woche.

Ist für Sie die Fernbeziehung ein Lebensmodell für immer oder nur vorübergehend? Gibt es eine Grenze bei Ihnen?
K.G.: Das weiß ich nicht. Vielleicht zieht man im Alter, wenn man sich zur Ruhe setzt, doch zusammen, weil man es dann gemütlicher haben und nicht mehr so viel rauswill. Doch im Moment macht jeder seine Arbeit, die sehr viel Zeit in Anspruch nimmt, eine 80-Stunden-Woche ist nichts Ungewöhnliches...

Denken Sie, dass es eine Fernbeziehungspersönlichkeit gibt?
K.G.: Wer Heimweh hat und seinen Standpunkt nicht ändern will, für den ist das nichts. Aber Einzelgänger, so wie ich, haben da kein Problem. Ich konnte mich schon immer zum „Käfer" setzen, eine Flasche Wein bestellen und ein Menü essen.

Fazit Klaus Göggerle: Eine Fernbeziehung ist gut fürs Geschäft, sie schränkt einen nicht ein, und für Einzelgänger wie ihn mit starkem Freiheitsdrang ideal. Da ihm die Mentalität der Leute und die Gegend, in der seine Freundin lebt, nicht liegen, findet er es sogar notwendig, der Liebe wegen zu pendeln.

„Die Nachteile lassen sich managen"

Managerin Petra U.* (46) führt, seit sie ihren Mann 1982 an der Universität kennen gelernt hat, eine Wochenendbeziehung. Anfangs pendelten beide zwischen Augsburg und Ravensburg, lebten drei Jahre fest in Frankfurt zusammen, dann ging es zwischen Paris und München hin und her und nun seit vier Jahren zwischen Stuttgart und Düsseldorf.

Wie finden Sie die Tatsache, dass Sie eine Fernbeziehung führen?
P.U.: Nicht unbedingt erstrebenswert. Wir versuchen das Beste daraus zu machen.

Welche Vorteile ergeben sich für Sie daraus?
P.U.: Sagen wir eher so, die Nachteile lassen sich managen, da man während der Woche beruflich sehr eingebunden ist und lange Arbeitszeiten hat, käme Privates sowieso immer zu kurz!

Welche persönlichen Probleme/Ängste tauchen möglicherweise dadurch in der Beziehung auf?
P.U.: Nach so vielen Jahren ist Eifersucht und Fremdgehen eigentlich kein Thema mehr, ebenso wie Zerrissenheit und Entfremdung. Der Kinderwunsch war da, aber es hat nicht geklappt – mit Kindern wäre dies sicherlich nicht so einfach machbar!

Wie erlebt das Ihr Partner?
P.U.: Ähnlich.

Welche Auswirkungen hat Ihre Fernbeziehung auf Ihr Umfeld?
P.U.: Auf Freunde und Familie insofern, dass sie durch die Pendelei zu kurz kommen. Da wir beide weder Familie noch Freunde in den Städten haben, in denen wir arbeiten, ist das zwangsläufig so.

Wie lösen Sie das?
P.U.: In dem wir ab und zu ein Wochenende voneinander „freinehmen“ und jeder alleine seine Freunde besucht. Familienbesuche versuchen wir gemeinsam hinzukriegen, aber natürlich auch nur zwei-, dreimal pro Jahr, sonst wird das Gan-

ze einfach zu viel. Neben den sehr anstrengenden Jobs braucht man am Wochenende auch einfach den gewohnten Rhythmus.

Welche Tipps können Sie anderen geben, die ebenfalls eine Fernbeziehung führen bzw. diese gerade beginnen?
P.U.: Keine – das muss jeder individuell nach Lebens- und Berufssituation selbst entscheiden.

Was sind absolute „Don'ts“ für eine solche Paarbeziehung?
P.U.: Große Aktivitäten am Wochenende, die nicht auf den Partner konzentriert sind. Also, ein absolutes „Must“ ist, sich freizuhalten, um sich auf den Partner einzustellen; bis auf die oben zitierten „Ausnahmefälle“, die man dann aber auch rechtzeitig ankündigt. Am Wochenende hat absolute Priorität, was der Partner möchte!

Vermissen Sie etwas in dieser Beziehung, und wenn ja, was?
P.U.: Ja, die Alltagsvertraulichkeiten – nach den Urlauben fällt es schon schwer, wieder sein eigenes Leben alleine zu leben.

Möchten Sie an Ihrer derzeitigen Situation etwas ändern?
P.U.: Oh ja, die langen Zugfahrten nerven nach einer Weile entsetzlich und es wäre ein großer Fortschritt, wenn statt 400 nur 200 Kilometer am Wochenende zu bewältigen wären!

Sind Kinder in einer Fernbeziehung realisierbar?
P.U.: Ich denke nicht. Bei Kindern muss man viel Energie in die Organisation der Familie stecken, wenn beide berufstätig sind. Bei Kindern hätte es eine klare Entscheidung gegeben, wer erst einmal auf die Karriere verzichtet und eine „Pause“ einlegt. Zumindest für eine Weile! Eine Wochenendbeziehung wäre dann kein Thema.

Ist für Sie die Fernbeziehung ein Lebensmodell für immer oder nur vorübergehend? Gibt es eine Grenze bei Ihnen?
P.U.: Dies ist immer eine Frage der Prioritäten. Wenn man gemeinsam entschieden hat, dass jeder in seinem Berufsleben alle Chancen nutzt, um weiterzukommen, man sich diesbezüglich auch gegenseitig respektiert und unterstützt, ist das nun mal mit einem gewissen Preis zu bezahlen. Eine Grenze wäre sicherlich, wenn auf Dauer ein Pendeln zwischen Ausland und Deutschland anstehen würde. Dies ist sicherlich nur im limitierten Zeitrahmen möglich.

Denken Sie, dass es eine Fernbeziehungspersönlichkeit gibt?
P.U.: Weiß ich nicht. Wir sind durch unsere Jobkarrieren sehr schnell (schon zu Beginn unserer Ehe) mit der Tatsache konfrontiert gewesen, dass man Flexibilität zeigen muss, um nach oben zu kommen, und dies bedeutet eben häufigen Umzug und Städtewechsel. Wenn man dann in unterschiedlichen Branchen arbeitet, ist es eher unwahrscheinlich, dass man am selben Ort eine gleichwertige Position findet.

Fazit Petra U.*: Pendeln ist der Preis, den man für eine Karriere im gehobenen Management zahlen muss. Doch da sie und ihr Mann unter der Woche beruflich sehr angespannt sind und abends sehr lange arbeiten, würde Privates sowieso auf der Strecke bleiben, meint die Top-Managerin, die es klasse fände, statt der 400 Kilometer am Wochenende nur 200 Kilometer zu ihrem Schatz zurücklegen zu müssen.
* Name von der Autorin geändert

„Mit Kind: zwiegespaltene Freiheit"

Die Producerin Melanie B. (31) und der Steward Christoph G. (36) sind mit zwei Jahren Unterbrechung ein Pendel-Paar. Zu

Beginn ihrer Liebe 1992 tingelten sie acht Monate lang zwischen Hamburg und München hin und her, dann ging es drei Monate nach New York, wo Melanie die Film-Akademie besuchte, und ein Jahr lang nach Köln. Im zweiten Jahr in Köln trennten sich die beiden, da Christoph nicht noch von seiner Base in München nach Köln pendeln wollte, „obwohl es gleichgültig war, wo er zu Boden geht“, meint Melanie. Jetzt mit dem zweiten Kind schwanger, leben beide in München, während Christoph zwei bis fünf Tage pro Woche auf Langstreckenflügen nach Asien, den Arabischen Emiraten und den USA unterwegs ist.

Wie finden Sie die Tatsache, dass Sie eine Fernbeziehung führen?
M.B.: Einerseits recht gut, da wir beide Menschen sind, die ihre Freiheit genießen und brauchen. Andererseits ist es nicht einfach, als Mutter von demnächst zwei Kindern so viel alleine zu sein und auf die unterstützende Hilfe des Partners verzichten bzw. gut organisiert sein zu müssen.

C.G.: Positiv wie negativ: Einerseits hat man seine Ruhe. Andererseits – wenn es einem schlecht geht zum Beispiel bei Stress im Job – wäre es schön, wenn jemand da wäre.

Welche Vorteile ergeben sich für Sie daraus?
M.B.: Freiheiten. Allerdings mit Kind hat sich das gewandelt. Die Freiheit ist zwiespältig geworden, wo bin ich noch frei und unabhängig? Früher konnte ich mich in meiner Arbeit ausleben und musste niemandem Rechenschaft darüber ablegen, warum ich so viel im Büro war bzw. wann ich zurückkam. Außerdem war mir die Zeit mit meinen Freunden immer wichtig und oft ist es in klassischen Beziehungen so, dass Freunde hintenangestellt werden. In einer Fernbeziehung ist das nicht

nötig, da nutzt man die Zeit mit dem Partner intensiv ebenso wie die mit seinen Freunden.

C.G.: Die Spannung bliebt in der Beziehung erhalten, es wird nie langweilig. Was den Job anbelangt, kann man sich total auf die Arbeit konzentrieren und hat den Kopf frei.

Welche persönlichen Probleme/Ängste tauchen möglicherweise dadurch in der Beziehung auf?

M.B.: Schwierig ist mit Sicherheit die Einsamkeit gerade mit Kind und wenn mein Mann am Wochenende und an Feiertagen fliegt, wo die meisten Menschen mit ihrem Partner zusammen sind. Eifersucht hatte ich früher, als wir beide gleich unabhängig waren, nicht gespürt. Im Moment, da ich durch das Kind/die Kinder eingeschränkt bin, beschleicht mich der Gedanke dann doch.

C.G.: Wenn man zurückkommt, ist ständig Erwartungsdruck da, dass man sich um den Haushalt oder das Kind kümmert, dass man sofort mit zupackt. Und wenn man das nicht gleich erkennt, gibt es schnell Vorwürfe.

Wie erlebt das Ihr Partner?

M.B.: Da er den Part hat, immer wegfliegen zu können, hält sich die Einsamkeit bei ihm in Grenzen. Wobei ich auch denke, dass man sich in einer fremden Stadt doch ab und zu alleine fühlt, allerdings lenken einen die neuen Eindrücke von der Sehnsucht ab. Außerdem sagt Christoph in letzter Zeit auch, dass er sich freut wiederzukommen, früher freute er sich, wenn er seine Tasche packen konnte.

C.G.: Meine Frau ist schnell genervt, weil ich die Situation nicht so schnell erkenne bzw. auch zu faul bin. Außerdem denkt man als Außenstehender, im Job ist immer alles easy.

Aber auch da gibt es mal Stress und da brauche ich Zeit, um abschalten zu können.

Wie gehen Sie damit um bzw. wie lösen Sie diese Probleme?
M.B.: Wir reden viel und offen über meine Schwierigkeiten mit seinem Job und versuchen jeden Tag aufs Neue damit klarzukommen.

C.G.: Das Problem löst sich erst, wenn ich's gesagt bekomme. Das würde ich gerne abschaffen, indem ich einfach ohne Aufforderung mit zupacke.

Welche Auswirkungen hat Ihre Fernbeziehung auf Ihr Umfeld?
M.B.: Spontaneität für Verabredungen bleibt auf der Strecke, weil wir immer nur einen Monat im Voraus planen können und es oft vorkommt, dass mein Mann zu Familienfesten oder Feiertagen nicht da ist und ich alleine zu einer Einladung gehen muss.

C.G.: Ich muss viel im Voraus planen, da ist man nicht mehr so flexibel, und wenn ich nach Hause komme, verbringe ich die Zeit gerne mit meiner Familie. Darunter leiden die Freundschaften.

Wie lösen Sie das?
M.B.: Da gibt es keine Lösung, damit muss man sich abfinden.

C.G.. Indem ich dienstags meinen festen Männerabend habe. Natürlich gestehe ich so einen freien Tag auch meiner Partnerin zu.

Welche Tipps können Sie anderen geben, die ebenfalls eine Fernbeziehung führen bzw. diese gerade beginnen?

M.B.: Ehrlich mit seinen Gefühlen umgehen und klar sagen, was einen stört und keine Probleme aufstauen lassen. Denn so etwas macht auf Dauer unglücklich und greift die Liebesbasis an. Denn unterschwellig merkt man, dass da etwas im Argen ist, und muss mit dieser Unsicherheit auseinander gehen. Ganz wichtig: Nicht im Streit trennen, sondern Konflikte lösen, sonst ist das Gift.

C.G.: Dem anderen Freiraum zu Hause, während der gemeinsamen Zeit lassen, keine festen Regeln aufstellen wie jeden Montag Wohnung putzen, weil das unter Druck setzt. Viel reden, Anteil am Leben des anderen nehmen.

Was sind absolute „Don'ts" für eine solche Paarbeziehung?
M.B.: Unehrlichkeit, Verschlossenheit, fehlendes Vertrauen.

C.G.: Zu viel fordern, überfordern.

Vermissen Sie etwas in dieser Beziehung, und wenn ja, was?
M.B.: Dass beide das Gleiche in die Beziehung einbringen, dass trotz der Fernbeziehung jeder seinen Teil dazu beiträgt, dass die Beziehung funktioniert. Dass beide Teile an dieser Beziehung arbeiten, aber das wird besser, weil ich offener darüber rede, meine Wünsche äußere und viele Dinge einfach nicht mehr so hinnehme.

C.G.: Nein, ich bin glücklich so.

Möchten Sie an Ihrer derzeitigen Situation etwas ändern?
M.B.: Sich Freiräume schaffen, zum Beispiel einen festen Tag, an dem man gemeinsam essen geht, Sport treibt oder zusammen reist bzw. ein Wochenende ohne Kind verbringt.

C.G.: Dass ich mehr von mir aus mithelfe, das ist ein entscheidender Punkt bei mir.

Sind Kinder in einer Fernbeziehung realisierbar?
M.B.: Ja, absolut, wobei es für einen der Partner eine unangenehme Aufgabe ist, da er alles alleine managen und die Verantwortung tragen muss. Es hilft, wenn es jemanden gibt, der einem das Kind ab und zu abnimmt. In Zukunft denke ich daran, entweder für beide Kinder ein Au Pair zu engagieren oder meine Tochter in die Krippe zu geben, falls ich einen Platz bekomme.

C.G.: Ja, indem man sich in der Zeit, in der man da ist, intensiv mit den Kindern beschäftigt. Ich bin kein Wochenend-Papa, der von acht Uhr morgens bis acht Uhr abends arbeitet und seine Kinder nur am Wochenende sieht. Da ich auch tagsüber für sie Zeit habe, nehme ich mehr Anteil an der Erziehung als ein klassischer Wochenend-Dad.

Ist für Sie die Fernbeziehung ein Lebensmodell für immer oder nur vorübergehend? Gibt es eine Grenze bei Ihnen?
M.B.: Aufgrund des Berufes meines Mannes ist es ein Lebensmodell, allerdings laufen die Pläne dahin, dass er seine Teilzeit weiter ausbauen will. Die derzeit zwei Monate Freizeit am Stück möchte er auf drei bis vier Monate ausweiten, um mich bei meinen Zukunftsplänen, in einem Jahr ein Café zu eröffnen, tatkräftig unterstützen zu können.

C.G.: Die Grenze ist, wenn man zu lange, etwa ein halbes Jahr lang weg ist, dann funktioniert das nicht mehr. Auf Dauer – warum nicht? Bis zur Rente kann ich mir das schon vorstellen.

Denken Sie, dass es eine Fernbeziehungspersönlichkeit gibt?
M.B.: Ja, die gibt es, das sind Menschen, die ihre Unabhängigkeit brauchen, die mit sich alleine sein können und sich nicht über ihre Paarbeziehung definieren. Für mich zum Bei-

spiel wäre es nicht vorstellbar, wenn mein Partner jeden Tag zu Hause wäre.

C.G.: Ja, zum Beispiel eine Person, die sehr freiheitsliebend ist, ihren Freiraum braucht und sich schnell eingeengt fühlt. Nicht geeignet zum Pendeln sind Menschen, die kein ausgeprägtes Selbstbewusstsein haben und geführt werden müssen, die ständig ihren Partner um sich brauchen und an Verlustängsten leiden.

Fazit Melanie B./Christoph G.: Sie genießt die Freiheit, die ihr eine Fernbeziehung lässt, doch mit dem zweiten Kind schwanger, sieht sie das Ganze im Moment zwiegespalten, da die alleinige Verantwortung für den Nachwuchs auf ihr lastet. Christoph vermisst nichts in ihrer beider Beziehung. Nur den Druck, wenn er am Wochenende zurückkommt, im Haushalt helfen zu müssen, den würde er gerne mindern.

„Es gibt viele interessante Begleiterscheinungen"

Petra Knecht (49) leitet eine Kommunikationsberatung in Stuttgart und pendelte 20 Monate lang zu ihrem Freund Christian Hesse (34), als der Banker einen Job im malaysischen Kuala Lumpur angeboten bekam. Sie kannten sich erst wenige Monate, als ihre junge Liebe sie zum Hin- und Herfliegen zwang. Allerdings hält Frau Knecht diese Zeit für ein „wichtiges Bindeglied unserer Beziehung".

Wie fanden Sie die Tatsache, dass Sie eine Fernbeziehung führten?

P.K.: Es war zwar nicht einfach, hatte aber auch viele interessante Begleiterscheinungen. Zum Beispiel, dass ich Malaysia recht gut kennen gelernt habe. Insgesamt war ich über drei

Monate dort. Ich hatte das Glück, noch viel Urlaub übrig zu haben und auch Überstunden nehmen zu können. Und: Mein Freund Christian kam ja auch häufiger nach Stuttgart, doch sahen wir uns manchmal bis zu acht oder zehn Wochen lang gar nicht.

C. H.: Die Fernbeziehung gab mir den nötigen Freiraum, um am – in Asien doch andersartigen – Geschäftsleben teilzunehmen.

Welche Vorteile ergaben sich für Sie daraus?
P.K.: Beruflich hat sich für mich der häufige Auslandsaufenthalt nicht negativ ausgewirkt, jedoch auch keine neuen Perspektiven eröffnet. Allerdings sehe ich diese Zeit als sehr wichtig an – zum besseren Verständnis der asiatischen Mentalität. Wir waren inzwischen erneut zweimal vor Ort und fliegen am 29.12. wieder hin – auf einen verlängerten Zwischenstopp auf dem Flug nach Neuseeland.

C.H.: siehe oben

Welche persönlichen Probleme/Ängste tauchten dadurch in der Beziehung auf?
P.K.: Ängste bestanden eigentlich nicht. Ab und zu kam es aber schon vor, dass es durch die Distanz schwierig war, dem anderen seine Gefühle zu vermitteln.

C.H.: Worte können eben manchmal eher zu Missverständnissen führen.

Wie erlebte das Ihr Partner?
P.K.: Er war wie ein Fels in der Brandung und verstand es, mir Ruhe und Sicherheit zu geben.

Welche Auswirkungen hatte Ihre Fernbeziehung auf Ihr Umfeld?
P.K.: Unsere Freunde nahmen die „exotische Beziehung“ sehr positiv auf. Wir erfuhren eigentlich nur Unterstützung und Verständnis.

Welche Tipps können Sie anderen geben, die eine Fernbeziehung führen bzw. diese gerade beginnen?
P.K.: Eine Fernbeziehung überlebt, wenn die Beziehung so tief ist, dass sie Distanzen überwindet. Jeder der beiden Partner sollte bereit sein, Kompromisse einzugehen und so offen wie möglich auftauchende Probleme anzusprechen. Gegenseitiges Vertrauen ist die Basis!

C.H.: Die Entscheidung für eine Fernbeziehung muss auf einer gemeinsamen Basis stehen und sollte dann nicht ständig in Frage gestellt werden.

Was sind absolute „Don'ts“ für eine solche Paarbeziehung?
P.K.: Krankhafte Eifersucht und der damit verbundene Versuch, den anderen aus der Ferne kontrollieren zu wollen.

C.H.: Ständige Diskussionen über die Entscheidung einer Fernbeziehung.

Vermissten Sie etwas in dieser Beziehung, und wenn ja, was?
P.K.: Vermisst haben wir die Nähe und die Möglichkeit, öfter und länger miteinander zu telefonieren. Das Telefonieren nach Malaysia war Ende der 90er Jahre noch recht teuer. So sprachen wir selten miteinander, und wenn, dann nur sehr kurz und unter Anspannung. Stattdessen schrieben wir uns viel, zumeist handschriftlich per Fax. E-Mail war uns damals noch zu unpersönlich.

Sind Kinder in einer Fernbeziehung realisierbar?
P.K.: Wir haben keine Kinder, sehen aber bei Freunden, wie viel sie in der Partnerschaft zurückstecken müssen – und das schon ohne Fernbeziehung …

Warum haben Sie das Pendeln aufgegeben bzw. dachten darüber nach, wieder an einem Ort gemeinsam zu leben?
P.K.: Nach 15 Monaten wussten wir, dass einer von uns beiden den Job aufgeben muss, um das Pendeln zu beenden. Da klar war, dass Christian nicht in Asien bleiben möchte, sondern sich anschließend weiter qualifizieren wollte, entschied er sich, wieder zurück nach Stuttgart zu kommen.

Ist für Sie die Fernbeziehung ein Lebensmodell für immer oder nur vorübergehend möglich?
P.K.: Für mich ist eine Fernbeziehung etwas für eine gewisse Zeit, um herauszufinden, ob der Platz, an dem der Partner arbeitet, nicht vielleicht auch als Wohnort in Frage kommt. Länger getrennt sein wollen wir jedenfalls nicht mehr.

Denken Sie, dass es eine Fernbeziehungspersönlichkeit gibt?
P.K.: Je selbstbewusster die Frau ist, umso mehr kann sie sich in der Zwischenzeit auch weiterentwickeln. Frauen, die sich über ihre Männer definieren, haben deshalb sicherlich mehr Probleme mit einer Fernbeziehung.

C.H.: Man muss die Bereitschaft mitbringen, eigene Wege zu gehen.

Fazit Petra Knecht/Christian Hesse: Ihm gab die Beziehung den nötigen beruflichen Freiraum, sich auf das etwas anders geartete asiatische Geschäftsleben einzustellen. Sie hat ein besseres Verständnis für die asiatische Mentalität entwickelt.

„Man hört dem Partner bewusster zu"

Pressereferentin Claudia K. (34) pendelt seit 13 Jahren (mit einigen Unterbrechungen) von Hamburg zu ihrem Freund Fabrizio (38) nach Florenz. 1989 lernte sie den Ingenieur durch eine gemeinsame Freundin kennen. In der Zwischenzeit, in der beide getrennt waren, führte Claudia erneut eine Fernbeziehung mit einem Hamburger, der nach eineinhalb Jahren Beziehung für einige Zeit nach Budapest ging. Nach einem Jahr standen beide „wegen der Entfernung bzw. wie wir mit der Fernbeziehung umgegangen sind" vor dem Aus.

Wie finden Sie die Tatsache, dass Sie eine Fernbeziehung führen?
C.K.: Das habe ich mir (zumindest nicht bewusst) ausgesucht. Mal gut und mal weniger gut.

Welche Vorteile ergeben sich für Sie daraus?
C.K.: Man freut sich jedes Mal wieder, wenn man sich trifft. Das Wiedersehen ist immer aufregend. In meiner Freizeitplanung bin ich völlig frei. Außerdem finde ich, dass man dem Partner bewusster zuhört und dass die Fernbeziehung sehr zusammenschweißt. Man würde die ganzen Umstände nicht auf sich nehmen, wenn man den Partner nicht wirklich liebt.

Welche persönlichen Probleme/Ängste tauchen möglicherweise dadurch in der Beziehung auf?
C.K.: Wie haben keine bzw. nicht mehr oder weniger Angst vor dem Fremdgehen des anderen als andere Paare auch; außerdem bedarf es keiner großen Entfernung, um den Partner zu betrügen. Das Gefühl der Entfremdung kennen wir nicht. Sicherlich brauchen wir manchmal einige Momente, ehe wir uns wieder aufeinander eingestellt haben, aber die gibt es wirklich nur kurz.

Klar ist unser Sexualleben auf einen knappen Zeitraum begrenzt, es kommt uns aber nicht so vor, als lebten wir nach einem Fahrplan. Wir erleben Sex nach 13 Jahren unter Umständen intensiver als Paare, die keine Fernbeziehung führen. Wobei das weder für die eine noch die andere Situation eine Beurteilung darstellt.

Wie erlebt das Ihr Partner?
C.K.: Ähnlich, wobei der Kinderwunsch für ihn manchmal ein Problem darstellt. Eigentlich wollen wir keine Kinder, aber manchmal verspürt er doch das Bedürfnis, dass aus uns eine kleine Familie wird; doch wegen der räumlichen Distanz kommt das für ihn nicht in Frage.

Wie gehen Sie damit um bzw. wie lösen Sie diese Probleme?
C.K.: Wir sprechen sehr viel miteinander, tauschen uns aus, sind sehr offen und ehrlich. Streitigkeiten am Telefon finde ich fürchterlich, sie bleiben aber leider nicht aus.

Welche Auswirkungen hat Ihre Fernbeziehung auf Ihr Umfeld?
C.K.: Einige Freunde haben lange nicht geglaubt, dass unsere Beziehung funktioniert („Der geht doch eh fremd“, “Warte nur ab, bis einer von euch Gefühle für eine andere Person entwickelt“, „Wie soll es weitergehen?“ etc.). Inzwischen sind aber selbst (fast) alle harten Kritiker überzeugt, dass diese Art der Beziehung für uns der richtige Weg ist.

Welche Tipps können Sie anderen geben, die ebenfalls eine Fernbeziehung führen bzw. diese gerade beginnen?
C.K.: Da gibt es leider kein Patentrezept. Jeder muss für sich entscheiden, ob er so eine Art der Beziehung führen kann und will. Wir standen nicht wirklich vor der Wahl. Wir haben uns

ineinander verliebt, haben uns eine Zeit lang dagegen gewehrt, da wir auch nicht geglaubt haben, dass eine Fernbeziehung zwischen uns funktionieren kann ...

Was sind absolute „Don'ts" für eine solche Paarbeziehung?
C.K.: Der Versuch, Eifersucht zu erzeugen oder etwas zu erzwingen. Die Konfrontation mit Dingen, die der Partner im Moment nicht einschätzen oder ändern kann.

Vermissen Sie etwas in dieser Beziehung, und wenn ja, was?
C.K.: Klar, den Alltag, das Nebeneinander-Einschlafen und dass man nicht beim Partner sein kann, wenn er einen braucht und umgekehrt.

Möchten Sie an Ihrer derzeitigen Situation etwas ändern?
C.K.: Nein, wir werden so weitermachen. Wir hätten wohl nach so vielen Jahren Probleme, ein gemeinsames Leben in einer Stadt zu gestalten.

Sind Kinder in einer Fernbeziehung realisierbar?
C.K.: Für uns nicht, ich hätte keine Lust, quasi allein erziehend zu sein.

Ist für Sie die Fernbeziehung ein Lebensmodell für immer oder nur vorübergehend? Gibt es eine Grenze bei Ihnen?
C.K.: Eine Grenze gibt es sicherlich, wir wissen aber noch nicht, wo die ist bzw. können sie nicht definieren.

Denken Sie, dass es eine Fernbeziehungspersönlichkeit gibt?
C.K.: Generell nein, allerdings eignen sich sicherlich keine „Kletten" für so eine Art der Beziehung oder Personen, die sich sehr über ihren Partner definieren.

Fazit Claudia K.: Nach 13 Jahren Pendeln kann sie sich kaum vorstellen, in einer Stadt zusammen mit ihrem Partner zu leben. Sie schätzt die bewusstere Auseinandersetzung mit dem Partner, die Wiedersehensfreude und dass sie in ihrer Freizeitgestaltung frei ist. Allerdings wünscht sie sich gelegentlich doch etwas mehr Nähe in der Partnerschaft.

„Eine intensivere Zweisamkeit"

Carolin S. (19) strebt nächstes Jahr eine Ausbildung als Krankenschwester an und pendelt seit vier Monaten von ihrer WG in Berlin zu der ihres Freundes Georg (22) nach Bayreuth. Als sie den Elektriker beim Tanzen kennen lernte, hatte sie die Bekanntschaft erst nicht ernst genommen, weil sie wusste, dass sie nach Berlin gehen würde, doch dann kam es anders. Es ist Carolins zweite Fernbeziehung, die letzte vor zwei Jahren zwischen Berlin und Bayreuth dauerte sechs Monate und scheiterte an der Entfernung.

Wie finden Sie die Tatsache, dass Sie eine Fernbeziehung führen?
C.S.: Ich wollte nach der ersten Fernbeziehung keine mehr, aber das kann man eben nicht immer planen und ich bin ja auch glücklich.

Welche Vorteile ergeben sich für Sie daraus?
C.S.: Vorteilhaft ist sicherlich, dass man eine größere Unabhängigkeit und Freiheit vom Partner hat. Man geht sich nicht so schnell auf die Nerven. Außerdem weiß man die Zeit zu zweit mehr zu schätzen und erlebt sie intensiver als Paare, die zusammenleben.

Welche persönlichen Probleme/Ängste tauchen möglicherweise dadurch in der Beziehung auf?
C.S.: Natürlich gibt es eine gewisse Zerrissenheit. Ich wohne und lebe in Berlin, aber meine Gedanken sind natürlich oft bei ihm. Einsamkeit erlebe ich natürlich auch manchmal und dass man schöne Veranstaltungen, Erlebnisse nicht teilen kann.

Wie erlebt das Ihr Partner?
C.S.: Ich habe Georg noch nie direkt darauf angesprochen. Ich denke, es ergeht ihm ähnlich.

Wie gehen Sie damit um bzw. wie lösen Sie diese Probleme?
C.S.: Die Themen ansprechen, die einen gerade beschäftigen. Also ruhig auch sagen, dass man sich einsam fühlt, und nicht denken, dass man den Partner schonen sollte, da die Beziehung auf Entfernung sowieso schon schwierig ist.

Welche Tipps können Sie anderen geben, die ebenfalls eine Fernbeziehung führen bzw. diese gerade beginnen?
C.S.: Sich trotz der Entfernung klar machen, dass man zusammengehört, da Liebe ja auch ein Stück weit verbindet.

Was sind absolute „Don'ts" für eine solche Paarbeziehung?
C.S.: Fremdgehen natürlich (wie in jeder anderen Beziehung auch), Unzuverlässigkeit.

Vermissen Sie etwas in dieser Beziehung, und wenn ja, was?
C.S.: Die Freiheit, meinen Freund dann zu sehen, wenn ich es möchte, und nicht nur dann, wenn die Zeit es erlaubt.

Möchten Sie an Ihrer derzeitigen Situation etwas ändern?
C.S.: Sicherlich wäre es schön, wenn wir zusammenwohnen würden oder es zumindest einfacher wäre, die Fahrtkosten zu finanzieren.

Sind Kinder in einer Fernbeziehung realisierbar?
C.S.: Ich denke nicht. Eine Familie gehört meiner Meinung nach zusammen, vorausgesetzt natürlich, man versteht sich.

Ist für Sie die Fernbeziehung ein Lebensmodell für immer oder nur vorübergehend? Gibt es eine Grenze bei Ihnen?
C.S.: Ich denke, ich würde eine Fernbeziehung (kommt natürlich immer auf die Entfernung an) nur bestimmte Zeit durchhalten. Ich würde versuchen, wenn irgendwie möglich, mit meinem Partner zusammenzuziehen, weil ich der Meinung bin, dass zwei Menschen, die sich lieben, auch zusammenleben sollten.

Denken Sie, dass es eine Fernbeziehungspersönlichkeit gibt?
C.S.: Nein, ich denke nicht, dass es eine Fernbeziehungspersönlichkeit gibt. Allerdings erfordert es etwas mehr Willen und Vertrauen, eine Fernbeziehung einzugehen.

Fazit Carolin S.: Man weiß die gemeinsame Zeit mehr zu schätzen und lebt sie intensiver als Paare, die zusammen unter einem Dach wohnen. Allerdings glaubt sie, dass zwei Menschen, die sich lieben, à la longue zusammenleben sollten.

„Gut für die eigene Entwicklung“

Programmierer Thomas Pfeiffer (27) lebte, als er in Regensburg studierte, drei Jahre lang in einer Fernbeziehung mit seiner damaligen Freundin, der Fremdsprachenstudentin Simona. Während dieser Zeit trafen sich die beiden an den Wochenenden jeweils in der WG des einen oder anderen bzw. verbrachten in den Semesterferien mehrere Wochen am Stück zum „Probewohnen“ in München oder Regensburg.

Wie fanden Sie die Tatsache, dass Sie eine Fernbeziehung führten?
T.P.: Wir fanden das beide gut. So hatten wir unter der Woche Zeit, unseren eigenen Geschäften nachzugehen. Ich engagierte mich zum Beispiel in der Studentenvertretung und arbeitete neben meinem Pädagogikstudium als Computerprogrammierer.

Welche Vorteile ergaben sich für Sie daraus?
T.P.: Für die eigene Entwicklung war so etwas gut, vor allem in meinem Alter damals. Dadurch war ich gezwungen, auch meinen eigenen Weg zu gehen und nicht zu sehr in der Beziehung aufzugehen und meinen Freundeskreis zu vernachlässigen. Außerdem lernte ich München kennen.

Welche persönlichen Probleme/Ängste tauchten dadurch in der Beziehung auf?
T.P.: Fremdgehen und Eifersucht war in dieser Beziehung nie ein Problem. Wir telefonierten jeden Tag etwa eine Stunde und sahen uns jedes Wochenende. Fremdgehen tut man ja nicht nach Gelegenheit, sondern immer zuerst im Kopf, wenn etwas in der Beziehung nicht passt. Einziger, wenn auch kleiner Stress war die Organisation, wer wann wen besucht.

Wie erlebte das Ihre Partnerin?
T.P.: Genauso.

Wie gingen Sie damit um bzw. wie lösten Sie dieses Problem?
T.P.: Indem wir uns absprachen, denn finanzielle Einbußen stellte eine Zugfahrt von Regensburg ins 120 Kilometer entfernte München nicht dar.

Welche Auswirkungen hatte Ihre Fernbeziehung auf Ihr Umfeld?
T.P.: Die Frage „Bist du am Wochenende da?" war fast schon obligatorisch. Aber nie hatte ich das Gefühl, dass Freunde es ablehnten, dass ich zu meiner Freundin fuhr.

Welche Tipps können Sie anderen geben, die eine Fernbeziehung führen bzw. diese gerade beginnen?
T.P.: Ich denke, wenn eine Beziehung eine solche Trennung in einem überschaubaren Zeitraum nicht aushält, dann ist nicht die räumliche Trennung der Grund für den Zusammenbruch, sondern die Tatsache, dass die Beziehung nicht auf einer soliden, gemeinsamen Basis stand.

Was sind absolute „Don'ts" für eine solche Paarbeziehung?
T.P.: Dazu fällt mir nichts ein, was nicht auch für eine Nahbeziehung gilt.

Vermissten Sie etwas in dieser Beziehung, und wenn ja, was?
T.P.: Nein, nichts.

Hätte Ihre Beziehung funktioniert, wenn Sie zusammengelebt hätten?
T.P.: Wir hätten uns auch getrennt, wenn wir zusammengelebt hätten, weil unsere Lebensentwürfe nicht zusammengepasst haben.

Sind Kinder in einer Fernbeziehung realisierbar?
T.P.: Ich glaube nicht, dass das gut gelingen kann, da der eine Elternteil immer wie eine Tante oder ein Onkel gesehen wird und die Mutter- bzw. Vaterrolle nicht voll eingenommen werden kann. Was allerdings nicht heißen soll, dass es grundsätzlich nicht funktioniert. Doch sind die Chancen geringer.

Kann eine Fernbeziehung auf Dauer funktionieren?
T.P.: Das hängt natürlich davon ab, was man als „gute" oder „wünschenswerte" Beziehung definiert. Ich persönlich glaube nicht daran, dass mir eine Fernbeziehung auf Dauer, das heißt über mehrere Jahre hinweg, das geben könnte, was ich von einer Beziehung erwarte. Nämlich Nähe, abends heimzukommen und zusammen zu sein sowie spontan Zeit miteinander verbringen zu können.

Denken Sie, dass es eine Fernbeziehungspersönlichkeit gibt?
T.P.: Fürs Pendeln eignen sich wohl eher die freiheitsliebenden Personen, vielleicht solche, die tief in ihrem Herzen (noch bzw. zurzeit) keine Beziehung suchen, wohl auch eher junge als alte, das liegt wohl in der Natur der Sache.

Fazit Thomas Pfeiffer: Eine Fernbeziehung ist für die eigene Entwicklung gut. Auf Dauer ist das Ganze für ihn nicht denkbar, da er sich in einer Partnerschaft nach Nähe, Zusammensein und der Möglichkeit, spontan Zeit miteinander zu verbringen, sehnt.

„Das Pendeln hat unsere Beziehung gefestigt"

Nadja Malak (36) arbeitet als Fundraiserin bei einer Non-Profit-Organisation in Bonn. Während ihres Aufbaustudium „Entwicklungspolitik" pendelte sie zwei Jahre lang zwischen Bremen und Bonn, wo ihr Freund und heutiger Mann, IT-Consultant Markus Steiner (37), lebt.

Wie fanden Sie die Tatsache, dass Sie eine Fernbeziehung führten?

N.M.: Es war in Ordnung, ich wusste, dass es für einen begrenzten Zeitraum war. In den Semesterferien war ich in Bonn und an den Wochenenden haben wir uns oft gegenseitig besucht. Nicht immer, weil ich häufig am Wochenende Workshops hatte. Hinzu kam, dass ich im Rahmen dieses Studiums vier Monate lang ein Auslandspraktikum in Ägypten gemacht habe; zu dieser Zeit hat mich Markus für vier Wochen vor Ort besucht.

M.S.: Furchtbar!

Welche Vorteile ergaben sich für Sie daraus?

N.M.: Für mich war das Aufbaustudium wichtig und ausschlaggebend für meine berufliche Zukunft. Die Zeit war eine weitere Herausforderung für die langjährige Beziehung und hat unsere Beziehung sehr gefestigt. Es war klar, wenn wir diese Zeit – neben mehreren Auslandsaufenthalten in Ägypten und Syrien – auch noch überstehen, dass wir vieles mehr in unserem gemeinsamen Leben schaffen.

M.S.: Keine.

Welche persönlichen Probleme/Ängste tauchten dadurch in der Beziehung auf?

N.M.: Ich hatte in dieser Zeit ein Problem damit, dass ich eigentlich keine eigene Wohnung hatte, nur das kleine WG-Zimmer, wo ich mich aber nie wirklich eingenistet hatte, weil es ja nur für eine kurze Zeit war. Auch habe ich mich nie richtig auf die neue Stadt eingelassen, da ich an den Wochenenden oft in Bonn bei meinem Freund war. Die Abhängigkeit von der Wohnung meines Partners hat mir ebenfalls Probleme bereitet. Aber da musste ich durch. Ein zusätzliches eigenes Zimmer in Bonn hätte ich mir nicht leisten können.

M.S.: Hauptsächlich Einsamkeit, minimale finanzielle Einbußen, teilweise auch Eifersucht.

Wie erlebte das Ihr Partner?
N.M.: Mein Partner hatte als derjenige, der sein stabiles Umfeld hatte, schon Angst vor Einsamkeit und auch davor, dass ich mich in einen anderen Mann verlieben könnte.

M.S.: Ähnlich, aber nicht so extrem, da sie durch die neue Umgebung, die neue Aufgabe, das neue soziale Umfeld etc. stärker abgelenkt wurde als ich, der ich mich in der gewohnten Umgebung plötzlich ohne sie wiederfand.

Wie gingen Sie damit um bzw. wie lösten Sie diese Probleme?
N.M.: Ich konnte eigentlich nur immer wieder versuchen, seine Eifersucht zu entkräften. Da aber ein großes Grundvertrauen existierte, konnten wir beide mit der Situation sehr gut umgehen.

M.S.: Lieben, hoffen, die Zähne zusammenbeißen, viel telefonieren, sehr häufige gegenseitige Besuche und mit der Zeit nahm auch die Dauer ihrer Aufenthalte in Bonn kontinuierlich zu.

Welche Auswirkungen hatte Ihre Fernbeziehung auf Ihr Umfeld?
N.M.: Keine.

M.S.: Keine, außer dass ich mir noch sicherer wurde, genau diese Frau heiraten zu wollen, und sie am Ende dieser „Pendlerjahre" auch geheiratet habe.

Welche Tipps können Sie anderen geben, die eine Fernbeziehung führen bzw. diese gerade beginnen?

N.M.: Das ist schwierig. Es ist immer sehr abhängig von der Situation, der Zeit, den restlichen Lebensumständen. Ich denke, wichtig ist bestimmt immer, Offenheit und Kommunikation. Vielleicht muss man in dieser Zeit noch besser hinhören und noch klarer seine Liebe zum Ausdruck bringen. Den Partner über die eigenen Ängste und Gefühlslagen aufklären. Sich unbedingt Zeit für Gespräche nehmen, wenn man sich mal sieht und nicht nur mit Events von der Beziehungsarbeit ablenken.

M.S.: An die Liebe glauben, tapfer bleiben und hoffen.

Was sind absolute „Don'ts" für eine solche Paarbeziehung?
N.M.: Sich gegenseitig nicht ernst zu nehmen, die Ängste des Partners herunterzuspielen. Mit den Gefühlen des anderen zu spielen, den Partner über die eigenen Gefühle im Ungewissen zu lassen.

M.S.: Keine anderen als in einer „normal" geführten Beziehung auch, allerdings werden alle Auseinandersetzungen wesentlich emotionaler und heftiger geführt, was ein deutlich gesteigertes Maß an Toleranz und Willen zur Konfliktbewältigung erfordert. Auch ist es ganz schlecht, in Selbstmitleid zu verfallen, Selbstdisziplin ist sehr wichtig. Ein absolutes „Don't" ist, den Partner mit einem ungelösten Konflikt wegfahren zu lassen.

Vermissten Sie etwas in dieser Fernbeziehung, und wenn ja, was?
N.M.: Vermisst habe ich in erster Linie die Möglichkeit, meinem Partner meine Sorgen/Probleme unmittelbar mitteilen zu können. Auch wenn es nur Kleinigkeiten waren. Aber über die Entfernung erschienen mir die Problemchen nicht wichtig genug, um sie zum Beispiel am Telefon zu besprechen.

M.S.: Nähe – körperlich und emotional.

Warum haben Sie das Pendeln aufgegeben?
N.M.: Ich hatte mein Aufbaustudium abgeschlossen. Meine Beziehung hätte aber auf Dauer als Fernbeziehung keinen Bestand gehabt, weil mein Partner keine Fernbeziehung führen möchte.

M.S.: Das Studium war zu Ende.

Sind Kinder in einer Fernbeziehung realisierbar?
N.M.: Ja, eine Fernbeziehung mit Kindern ist realisierbar. Für Kinder gilt aber ganz besonders, dass sie einen hohen Grad an Stabilität und Kontinuität benötigen. Wenn der gewährleistet ist, indem zum Beispiel einer der Partner immer greifbar ist, dann müsste so eine Fernbeziehung auch mit Kindern funktionieren. Wichtig ist hier, dass sich das pendelnde Elternteil Zeit für die Kinder nimmt, per Telefon, E-Mail und ganz besonders persönlich, wenn sie sich sehen. In schwierigen Situationen muss der pendelnde Partner auch mal zusätzlich freinehmen und für die Kinder da sein, um Konflikte zu lösen. Die Kinder müssen wissen, dass beide Eltern für sie da sind und sie bedingungslos lieben.

M.S.: Für mich persönlich nicht, denn ich hätte keine Lust meine Frau und die Kinder nur am Wochenende zu sehen.

Kann eine Fernbeziehung auf Dauer funktionieren?
N.M.: Ich glaube, es kann funktionieren, wenn mehrere Stabilitätsfaktoren vorliegen. Einer der beiden Partner muss in einer Fernbeziehung der Sicherheitsfaktor sein. Also sollte selbst nicht auch pendeln, müsste im Gleichgewicht sein mit dem, was er tut. Beide müssen an beiden Orten ein gefestigtes soziales Netz (Freunde, Bekannte, Familie) haben. Es muss min-

destens ein gemeinsames Zuhause existieren, das von beiden eingerichtet ist, für das sich beide verantwortlich fühlen. Die Partner müssen sich darüber im Klaren sein und das auch zum Ausdruck bringen, dass sie sich lieben und zusammenbleiben wollen.

M.S.: Auf Dauer nein, für einen absehbaren Zeitraum ja. Die fehlende emotionale und körperliche Nähe wird jede/r irgendwann versuchen zu kompensieren. Während diese Schwächung der emotionalen Fokussierung auf den Partner irgendwann in jeder Beziehung vorkommt und überstanden wird, so hat dies bei Entfernungsbeziehungen meist wesentlich gravierende Auswirkungen. Für einen überschaubaren Zeitraum kann der Wille diese Tendenzen beherrschen, aber ich glaube nicht, dass es dauerhaft funktionieren würde.

Denken Sie, dass es eine Fernbeziehungspersönlichkeit gibt?
N.M.: Ich glaube, Menschen, die selbst sehr viel Aufmerksamkeit von ihrem Partner und anderen brauchen, eignen sich nicht für eine Fernbeziehung. Auch Menschen mit einem Hang zur Melancholie und zur übertriebenen Eifersucht sind nicht die geborenen Fernbeziehungspersönlichkeiten. Grundsätzlich denke ich aber, dass das A und O einer Fernbeziehung Vertrauen und Liebe sind.

M.S.: Niemand eignet sich wirklich zum Pendeln, denn der Mensch ist eigentlich sehr sesshaft und sozial – eben ein Herdentier und darüber hinaus zumeist monogam. Wenn es überhaupt Fernbeziehungspersönlichkeiten gibt, so müssen dies Menschen sein, die keinen sonderlichen Wert auf soziale Kontakte und längerfristige Beziehungen zu derselben Person legen. Aber aus meinem persönlichen Umfeld kenne ich keinen Fall, in dem selbst der/die hartnäckigste PendlerIn nicht irgendwann des Pendelns überdrüssig geworden wäre, da auch durch den bestbezahlten und interessantesten Job das Defizit der sozialen und emotionalen Kontakte auf Dauer nicht kompensiert werden kann.

Fazit Nadja Malak/Markus Steiner: Für Nadja war das Aufbaustudium in Bremen ein wichtiges Sprungbrett für ihre spätere Karriere und die Zeit des Pendelns eine Herausforderung für die langjährige Beziehung, die sich weiter festigte. Für Markus war die Zeit furchtbar, die er nur mit lieben, hoffen, Zähne zusammenbeißen, viel telefonieren und häufigen Besuchen überstand.

3. Kapitel:

Die Schattenseiten der Liebe auf Distanz

„Ein Telefonat ersetzt keine Umarmung“, „Postkoitale Tristesse“, „Alltag und Nestwärme fehlten“, „Eine Liebe ohne Morgen“ oder das Problem der Einsamkeit, das Fremdgehen und die Idealisierung des Partners ... Nicht für alle Fern-Liebenden funktioniert das Paarmodell gleichermaßen. Was zum Scheitern bzw. zur Verlagerung ihrer Beziehung führte, welche Tipps sie geben können und was sie heute über Liebe ohne Grenzen denken, bringen die im Anschluss interviewten Pendler und Ex-Pendler zum Ausdruck.

„Eine Liebe ohne Morgen“

Josef Mittlmeier (43), Dozent an der Universität Regensburg und der Akademie für bildende Künste, München; geschieden, ein Kind. Josef hatte mehrere Fernbeziehungen, zwischen den Jahren 1983 bis 1992 pendelte er von Regensburg nach München, von München nach Weiden und von Regensburg nach Bayreuth. Die längste Beziehung dieser Art dauerte zweieinhalb Jahre und alle scheiterten an dem Versuch, ein gemeinsames Heim aufzubauen.

Wie fanden Sie die Tatsache, dass Sie eine Fernbeziehung führten?
J.M.: Einerseits gut, weil ich viel Zeit für eigene Ziele und Freunde hatte. Andererseits anstrengend, weil immer irgendwie Unsicherheit und Entfremdung präsent waren. Wir lebten uns wochenweise auseinander und ersetzten die fehlende Bezugsperson durch andere.

Welche Vorteile ergaben sich für Sie daraus?
J.M.: Beweglichkeit, keine Rücksichten bei Terminplanungen, viele Kontakte, auch zu anderen potenziellen Partnerinnen.

Welche Probleme/Ängste tauchten dadurch in der Beziehung auf?
J.M.: Grundsätzliche Fragezeichen über den Fortbestand und das Bewusstsein, dass Wochenenden auf der Autobahn nicht meinen Zukunftsvisionen entsprachen. Pläne zu machen war irgendwie tabu, man lebte eben eine Wochenendbeziehung mit dem Beigeschmack eines geborgten Glücks auf Zeit, einer Liebe ohne Morgen. Verlust- und Bindungsängste wechselten sich stets ab.

Wie erlebte das Ihre Partnerin?
J.M.: Ich denke, genauso.

Wie gingen Sie damit um bzw. wie versuchten Sie diese Probleme zu lösen?
J.M.: Zum Schluss versuchten wir, darüber zu reden.

Welche Auswirkungen hatte Ihre Fernbeziehung auf Ihr Umfeld?
J.M.: Mein Umfeld blieb stabil. Ich konnte mich darauf zurückfallen lassen, als Schluss war. Finanziell war das kein

Problem, da ich sehr sparsam bin, das habe ich gar nicht gemerkt.

Welche Tipps können Sie anderen geben, die ebenfalls eine Fernbeziehung führen bzw. diese gerade beginnen?
J.M.: Zeit verstreichen lassen, die Frage im Auge haben und das Risiko, näher zusammenzurücken, auf sich nehmen. Das spart Zeit. Gleichzeitig muss man begreifen, dass der Wechsel von Geliebtem/Geliebter zum Partner/Mitbewohner ein sehr kritischer Moment ist. Das Zusammenlegen beider Haushalte löst manche wieder auf. Die Rolle Geliebter/Geliebte ist ein zerbrechliches Provisorium, da leidenschaftlich, dynamisch, unsicher, extrem ... Das ist in der Fernbeziehung länger durchzuhalten, da die Trennung festgeschrieben ist. Bei Nahewohnenden muss man die Distanz erzeugen, bei Fernbeziehungen besteht sie von selbst. Beginnen sollte man Fernbeziehungen immer, wenn es der andere wert ist, denn das Auge bleibt ja offen ...!

Was sind absolute „Don’ts“ in einer solchen Partnerschaft?
J.M.: Wenn sich die Bedürfnislage ändert, auf der die Partnerschaft fußt, wird alles zum „Don’t“. Das heißt, wenn sie bei ihm materielle Sicherheit sucht, er bei ihr Abwechslung und er wegen der wirtschaftlichen Flaute seine Firma bedroht sieht und zurückschrauben und kämpfen muss. Dann ist die Beziehung bedroht, es entsteht eine Lücke, in der möglicherweise ein anderer, eine andere Platz findet.

Haben Sie etwas in der Beziehung vermisst, und wenn ja, was?
J.M.: Die emotionale Nähe, den Austausch auch über Probleme. Männer sind außerdem ein schwaches Konstrukt, das existenzielle Einsamkeit schlechter aushält. Ist das geliebte

Weib nicht in der Nähe, neigen sie zu absurden Ersatzhandlungen.

Sind Kinder in einer Fernbeziehung realisierbar?
J.M.: Ich denke, das geht nicht, vor allem wenn man als abwesender Teil Interesse an den Kindern und ihrer Entwicklung hat. Es sei denn, man ist ganz froh darüber, die plärrende Meute nur ab und zu und in den Ferien zu sehen. Und derjenige, der die Kinder aufzieht, hat die gleiche Belastung wie ein Alleinerziehender bzw. eine Alleinerziehende.

Ist eine Fernbeziehung auf Dauer möglich?
J.M.: Auf Dauer ist sie dann möglich, wenn beide Parteien mit gemeinsamen Zielen abgeschlossen haben. Jeder macht sein Ding für sich, man trifft sich ab und an für partnerschaftliche Momente (vgl. Tiger und andere Wildlebende). Zivilisation entsteht dadurch nicht, aber ein den Großstadtnomaden entsprechendes Dasein allemal. Geborgenheit entsteht auch nicht, für Kinder muss es wohl die Hölle sein.

Welche Gründe führten dazu, dass Sie mit Ihrer Partnerin nicht zusammengezogen sind, oder anders: Warum ist die Fernbeziehung nicht durch eine Vertiefung der gemeinsamen Absichten aufgelöst worden?
J.M.: Bei der Frage: „Machen wir jetzt ernst?" war unser beider Pulver wohl schon verschossen und die Anwesenheit des anderen Gewöhnung. Es spielten wohl auch erhebliche Bindungsängste mit herein, so dass die an sich fragile Sache zerbrach. Ich denke, dass meine Partnerin Angst bekam, als ich eine Wohnung anmietete, die für uns beide gereicht hätte ... (außerdem gab es „den Klavierlehrer", der war noch „neu" und konnte die Geliebtenrolle übernehmen). Ein Orts- und

Umfeldwechsel wäre aufgrund der beruflichen Situation ebenso erschwert gewesen.

Denken Sie, dass es eine Fernbeziehungspersönlichkeit gibt?
J.M.: Ja, mit Sicherheit: Sie ist bindungsscheu und nennt es „freiheitsliebend". Im Grunde von hohem Anspruch (dem sie aber nicht ganz traut, weil er so hoch ist), ein Einzelgänger, der sich nicht gerne in die Karten gucken lässt, aus Angst vor Verletzung. Man muss sich seiner sehr sicher sein, um die Nähe eines anderen zu ertragen. Der Fernbeziehungsmensch ist das nach meiner Beobachtung nicht. In der Fernbeziehung ist Nähe nur kurz und deshalb leichter zu ertragen. Außerdem müssen Fernbeziehungen nicht so 100-prozentig passen, denn für ein paar Stunden erträgt man zur Not auch seinen Feind (siehe Arbeitsplatz).

Fazit Josef Mittlmeier: Fernbeziehungen sind zerbrechliche Konstrukte mit dem Beigeschmack eines geborgten Glücks auf Zeit. Verlust- und Bindungsängste wechselten sich stets ab.

„Die Angst: Was wird werden?"

Axel Müller (43) lebt mit Frau Kerstin (38), die als Reinigungskraft arbeitet, im sächsischen Kodersdorf. Durch die Jobflaute im Osten wurde er arbeitslos, schulte zum Netzadministrator um und pendelt seit drei Jahren ins 565 Kilometer entfernte München, wo er bei einer Zeitarbeitsfirma Arbeit fand. Dort wohnt er zur Untermiete bei einer ehemaligen Arbeitskollegin, die alleine lebt und ein Zimmer frei hatte. „Die Wohnsituation ist sehr gut, da ich mich wie zu Hause fühlen kann. Mit der Vermieterin ist es ein Verhältnis wie zu einer Ersatzmutter", sagt Axel, der seine Frau und die beiden Töchter nur alle zwei Wochen für drei Tage sieht. Diese Wochenendbeziehung ist nicht Axels erste. Während seiner Tätigkeit als Tiefbau-Monteur (an wechselnden Baustellen der damaligen Reichsbahn) hatte er seine Frau bereits unter Pendel-Bedingungen kennen gelernt, „so dass wir wussten, wie wir mit der Situation umgehen müssen".

Wie finden Sie die Tatsache, dass Sie eine Fernbeziehung führen?
A.M.: Nicht besonders, aber es ist nicht anders möglich, da man sich den tatsächlichen Gegebenheiten anpassen und dort arbeiten muss, wo es Arbeit gibt. Ein Leben in Arbeitslosigkeit und ständig zu Hause, kann ich mir nicht vorstellen. Das würde die Beziehung nur unnötig belasten.

Welche Vorteile ergeben sich für Sie daraus?
A.M.: Durch die Fernbeziehung ergeben sich tatsächlich auch ein paar Vorzüge: Ich habe mehr Zeit für mich, zum Beispiel um mehr Sport zu treiben (dadurch habe ich es geschafft, meinen leicht erhöhten Bluthochdruck wieder auf den Normalstand zu bringen). Außerdem kann ich konzentrierter lernen, um dies eventuell für eine weitere Karrierechance zu nutzen. Für die Beziehung an sich gibt es keine Vorteile.

Welche persönlichen Probleme/Ängste tauchen möglicherweise dadurch in der Beziehung auf?
A.M.: Ängste wegen eines Seitensprungs sind nicht vorhanden. Meine Frau geht manchmal aus und ich auch, aber da wir uns aufeinander verlassen können, haben wir beide damit keine Probleme. Wir erzählen uns dann auch am Telefon von unseren Treffen. Natürlich ist die Gefahr einer Entfremdung vorhanden, da das Leben in einer Großstadt doch anders ist als in einem kleinen Dorf wie Kodersdorf. Ich fühle mich in einer

Großstadt eigentlich ganz wohl, weil sich hier viel mehr Möglichkeiten für Abwechslungen ergeben.

Wie erlebt das Ihre Partnerin?
Meine Frau fühlt sich in Großstädten nicht so wohl (sie ist in einem Dorf aufgewachsen). Wenn ich eventuell einen festen Job hier bekommen sollte (zurzeit ja nur Zeitarbeit) und wir zusammen eine Wohnung in München beziehen, habe ich die Befürchtung, dass sich meine Frau nicht wohl fühlt und die Beziehung dann doch kriselt.

Wie gehen Sie das Problem der Entfremdung bzw. einer gemeinsamen Zukunft an?
A.M.: Wir telefonieren öfter in der Woche, so dass man immer weiß, was los ist und sich dementsprechend austauscht. Und wir philosophieren sehr oft über unser weiteres Leben, wie und wo es mit der Arbeit weitergeht, und bereiten uns dadurch auf eventuelle Veränderungen seelisch und moralisch vor. So sind wir dann hoffentlich darauf eingestellt und vorbereitet. Wir nehmen praktisch die Ängste vorweg und machen das Beste daraus.

Welche Auswirkungen hat Ihre Fernbeziehung außerdem?
A.M.: Kinderwünsche sind nicht mehr vorhanden, da man einfach in der jetzigen politischen Situation nicht mehr weiß, was werden wird, und an die spätere Rente muss man auch langsam denken. Finanziell kommt man einigermaßen über die Runden, so fallen im Monat im Schnitt 200 bis 250 Euro Sprit- und Reparaturkosten fürs Auto an. Unter dem Strich kommt zwar nicht viel mehr raus, aber auf jeden Fall ist es besser, als arbeitslos zu sein.

Wie lösen Sie das Problem, dass sie Freunde nur noch sporadisch sehen?
A.M.: Auch mit ihnen wird mal telefoniert bzw. wir verabreden uns zu einem gemeinsamen Abend (meistens mit Familie).

Welche Tipps können Sie anderen geben, die ebenfalls eine Fernbeziehung führen bzw. diese gerade beginnen?
A.M.: Eine Fernbeziehung sollte nur zur Überbrückung von Arbeitslosigkeit und beruflichen Veränderungen dienen. Man sollte möglichst (so wie ich es auch praktiziere) Bewerbungen für den Bereich seines Heimatortes versenden. Oft ist auch ein Erfahrungsaustausch sehr nützlich (so wie er beispielsweise durch das Arbeitsamt Freising/Bautzen organisiert wird).

Vermissen Sie etwas in dieser Beziehung, und wenn ja, was?
A.M.: Es fehlt einfach die Gemütlichkeit, so wie ich sie zu Hause habe. Die Kuscheleinheiten fehlen einem doch irgendwie – auch die Kinder und natürlich mein Enkel. Andererseits macht es viel Freude, wenn man nach Hause kommt, die Kinder einem entgegenrennen und die Mutter oder auch die Oma erst einmal „abgeschrieben“ sind.

Möchten Sie an Ihrer derzeitigen Situation etwas ändern?
A.M.: Ja, an der jetzigen Situation möchten wir auf jeden Fall etwas ändern. Spätestens wenn die Tochter 2004 von der Schule abgeht und ihre Lehre macht (voraussichtlich im Schwarzwald), werden wir aus unserer jetzigen Wohnung ausziehen und gemeinsam einen neuen Anfang suchen. Wie wir das gestalten werden, kann man noch nicht mit Bestimmtheit sagen. Das kommt ganz darauf an, wo wir arbeiten. Auf jeden Fall wird es keine so riesige Entfernung mehr sein wie jetzt. Man möchte schon, dass man sich öfter sieht, aber die Ent-

fernung und die damit verbundenen Kosten lassen das einfach nicht zu. Die Sprit- und Reparaturkosten sind einfach zu hoch, als dass man es sich leisten könnte, jede Woche zu fahren. Und die Politik tut ihr Übriges dazu, wenn auch noch Kilometerpauschalen etc. gekürzt werden.

Sind Kinder in einer Fernbeziehung realisierbar?
A.M.: Natürlich ist es nicht leicht für alle, aber in Anbetracht des Alters der Kinder (20 und 16 Jahre) ist es bei uns nicht mehr ganz so schwierig. Es ist nur schade, wenn man den Enkel (2 ½ Jahre) nur alle 14 Tage sieht.

Ist für Sie die Fernbeziehung ein Lebensmodell für immer oder nur vorübergehend? Gibt es eine Grenze bei Ihnen?
A.M.: Ein Lebensmodell sollte eine Fernbeziehung niemals sein. Aus meiner damaligen Situation, eine Arbeit zu finden, blieb mir nichts anders übrig. Wie ich schon sagte, ist es einfach eine Einstellungsfrage – natürlich beiderseits –, aus den vorhandenen Möglichkeiten eben das Beste zu machen.

Denken Sie, dass es eine Fernbeziehungspersönlichkeit gibt?
A.M.: Eigentlich kann ich mir das nicht vorstellen. Vielleicht bei Ehepaaren, die eine Weile zusammengelebt haben und sich nicht mehr so richtig verstehen. Dadurch gewinnt man vielleicht einen gewissen Abstand, der die Liebe zueinander wieder auffrischt.

Fazit Axel Müller: Obwohl er ein eingefleischter Distanz-Liebender ist, vermisst er die Familie, die Gemütlichkeit und Kuscheleinheiten und wünscht sich, bald weniger Kilometer zurücklegen zu müssen. Allerdings hat er Angst vor dem Schritt, möglicherweise in einer Großstadt mit seiner Frau zusammenzuziehen, weil sie sich in Metropolen nicht wohl fühlt.

„Alltag und Nestwärme fehlten"

Martin Buttenmüller (38), Diplom-Volkswirt und Verlagskaufmann, lebt seit vier Jahren gemeinsam mit seiner Freundin Sabine (37) in München. Bevor er sesshaft wurde, pendelte er zweimal der Liebe wegen. Einmal vier Monate lang, weil sein Herzblatt (23) im 400 Kilometer entfernten Gießen wohnte. Ein andermal zwei Jahre lang, als der damals 33-Jährige eine Stelle in Frankfurt antrat und am Wochenende zu seiner damals 30-jährigen Freundin nach Freiburg fuhr. „Da sie nur eine 1-Zimmer-Wohnung hatte, gingen wir uns meist nach ein paar Stunden schon auf den Geist", blickt Martin zurück. Die Beziehung scheiterte, weil es keine Möglichkeit gab, „sich zusammenzuraufen. Jedes Wochenende war ein Neuanfang, immer wieder bei Null."

Wie fanden Sie die Tatsache, dass Sie eine Fernbeziehung führten?
M.B.: Es war nett. Doch aus heutiger Sicht muss ich sagen, dass ich es nicht mehr wollen würde: Es fehlt einfach der Alltag und das Gefühl, etwas Gemeinsames aufzubauen (wahrscheinlich der Nesttrieb).

Welche Vorteile ergaben sich für Sie daraus?
M.B.: Vorteile eigentlich keine, außer dass man natürlich seine Freiheiten hatte: Ich ging mit anderen Mädels aus, konnte meinen Tagesablauf individuell – auf meinen eigenen Rhythmus zugeschnitten – bestimmen.

Welche persönlichen Probleme/Ängste tauchten in der Beziehung dadurch auf?
M.B.: Logistische Probleme, Anspruchshaltungen (wer fährt wie oft?), sexuelle Probleme (bis man „warm" geworden ist,

trennt man sich schon wieder), Vernachlässigung anderer Freunde, keine Möglichkeit, Konflikte im Alltag zu lösen.

Wie erlebte das Ihre Partnerin?
M.B.: Belastend, ihr hat das Ziel gefehlt: Wann werden wir zusammenwohnen? Wo werden wir wohnen? Findet man an dem Ort auch Jobs?

Wie gingen Sie damit um bzw. wie versuchten Sie, das zu lösen?
M.B.: Krisen gipfelten in Plänen, einen gemeinsamen Lebensmittelpunkt in Mainz zu etablieren. Doch dazu kam es nicht mehr.

Welche Auswirkungen hatte Ihre Fernbeziehung auf Ihr Umfeld?
M.B.: Vernachlässigung, Verlust von Freunden. Dafür gibt es bei einem begrenzten Zeitbudget keine Lösung, zumal ich ja noch mitten in der Berufsfindung (erste Stelle) war, was eben einfach stressig ist.

Welche Tipps können Sie anderen geben, die ebenfalls eine Fernbeziehung führen bzw. diese gerade beginnen?
M.B.: Regelmäßig telefonieren, viel von sich erzählen, den anderen teilhaben lassen. Immer wieder Anstrengungen unternehmen, Zeit miteinander zu verbringen (Urlaube, verlängerte Wochenenden, auch mal nur für einen Tag zum anderen fahren, auch wenn es an sich Unsinn ist).

Was sind absolute „Don’ts“ für eine solche Paarbeziehung?
M.B.: Eifersucht ist tödlich, denn es gibt eine Menge Gelegenheiten, fremdzugehen. Wenn das Vertrauen nicht da ist, kippt die Beziehung ganz schnell.

Vermissten Sie etwas in dieser Beziehung, und wenn ja, was?
M.B.: Ein gemeinsames Ziel, den Alltag; vielleicht hätte ich einfach öfter – auch mal nur für einen Abend – ins Auto steigen sollen, damit man sich sieht.

Sind Kinder in einer Fernbeziehung realisierbar?
M.B.: Da ich keine Kinder habe, habe ich dazu eine eher akademische Meinung, aber aus meinen Beobachtungen von Familien schließe ich, dass das eine riskante Planung wäre. Nur wenn Kind und Mutter gesundheitlich stabil sind und entweder eine Oma oder genug Geld für eine Kinderbetreuerin da ist, ginge das. Häufig aber gibt es einen Haufen Probleme, zum Teil schon während der Schwangerschaft und auch später. Der/die teilweise Alleinerziehende muss dann die doppelte Last tragen. Als potenzieller Vater kann ich nur sagen, dass mir das auch sehr Leid täte, mein Kind nicht aufwachsen zu sehen, sondern immer der komische Onkel zu sein, der manchmal zu Besuch kommt. Man denke nur: Der erste Tag im Kindergarten, der erste Schultag, das Kind ist krank, hat Angst etc. – und man ist nicht da.

Ist eine Fernbeziehung auf Dauer möglich?
M.B.: Heute hätte ich keine Lust mehr dazu, außer mit einer klaren Perspektive zum Beispiel einem einjährigen Auslandsaufenthalt oder Ähnlichem.

Denken Sie, dass es eine Fernbeziehungspersönlichkeit gibt?
M.B.: Hier muss man zwischen zwei Typen trennen, die eine Fernbeziehung aushalten: die, die sehr aneinander hängen, viel Energie in eine Beziehung stecken, immer wieder zueinander streben und ein gemeinsames Leben suchen, und die tatsächlichen Fernbeziehungsmenschen, die Scheinbeziehungen führen: Der langjährige Freund oder die Freundin in Aus-

tralien dienen meist dazu, die eigene Unfähigkeit, eine engere Beziehung aufzubauen, sich selbst und anderen gegenüber zu vertuschen. Ist ja oft ein Statusproblem, keinen Freund/keine Freundin zu haben.

Fazit Martin Buttenmüller: Logistische Probleme, Anspruchshaltungen (wer fährt wie oft?), Vernachlässigung anderer Freunde, keine Möglichkeit, Konflikte im Alltag zu lösen, und dass man bis man „warm“ geworden ist, schon wieder geht, verleideten ihm die Pendel-Liebe.

„Problem: Idealisierung der Partnerschaft"

Die Drehbuch- und Buchautorin Andrea Sixt (45) führte zwei Fernbeziehungen. Sie pendelte als 23-Jährige von München zu ihrem Freund, einem 29-jährigen Geschäftsmann nach Monaco (fünf Jahre lang), bzw. mit 33 zu ihrem 35-jährigen Liebhaber nach London (zwei Jahre lang). Die erste Long-Distance-Beziehung scheiterte nach einem Jahr Zusammenleben, die zweite, als es darum ging, Verantwortung zu übernehmen. Heute lebt Andrea glücklich mit Freund Cord (39) in München.

Wie fanden Sie die Tatsache, dass Sie eine Fernbeziehung führten?
A.S.: Eine Zeit lang war es okay, dann wurde es zunehmend unbefriedigend.

Welche Vorteile ergaben sich für Sie daraus?
A.S.: Viele Reisen: Ich lernte die Umgebung, in der mein jeweiliger Partner lebte, intensiver kennen – so, wie man das als Tourist nie schafft. In meinem Fall waren das Frankreich, Monaco, Nord- und Mittelitalien, die Schweiz, New York,

London und Südengland. Außerdem perfektionierte ich zwei Fremdsprachen, konnte mich auf einen neuen Beruf konzentrieren, vielen Hobbys nachgehen, machte jede Menge berufliche und private Kontakte und ging aus, ohne Rechenschaft ablegen zu müssen.

Welche persönlichen Probleme/Ängste tauchten dadurch in den Beziehungen auf?
A.S.: Die ständige Umstellung von absoluter Nähe zu großer Distanz, der zunehmende Wunsch nach Nähe und die Idealisierung des Partners und der Beziehung.

Wie erlebten das Ihre Partner?
A.S.: Der erste genauso, der zweite hatte Bindungsangst und deshalb war und ist eine Fernbeziehung für ihn die beste Lösung.

Wie gingen Sie damit um bzw. wie versuchten Sie, den Problemen beizukommen?
A.S.: Im ersten Fall zogen wir zusammen. Im zweiten war die Situation unlösbar: Der Wunsch zusammenzuziehen war von meiner Seite da, aber nicht von der meines Partners.

Wie lösten Sie das?
A.S.: Wir trennten uns.

Welche Tipps können Sie anderen geben, die ebenfalls in eine Fernbeziehung führen bzw. diese gerade beginnen?
A.S.: Den Partner genau ansehen. Nicht der idealisierenden Romantik des begrenzten Zusammenseins verfallen. Vertrauen und Toleranz sind die Voraussetzung.

Was sind absolute „Don'ts“ für eine solche Paarbeziehung?
A.S.: Lügen oder Eifersucht und Hinterherspionieren aus mangelndem Vertrauen, das macht beide verrückt. Außerdem ist eine zu weite Entfernung etwa Deutschland/Australien Gift für die Beziehung.

Sind Kinder in einer Fernbeziehung realisierbar?
A.S.: Kinder in einer Fernbeziehung finde ich schwierig. Einer der Partner kommt immer zu kurz, da der eine quasi ein Single-Leben führt, der andere ein Familienleben. Daran glaube ich langfristig nicht.

Ist eine Fernbeziehung auf Dauer möglich?
A.S.: Vielleicht. Es kommt ganz auf den Anspruch an. Für mich gilt: Je intensiver das Auseinandersetzen mit dem Partner, desto besser ist die Qualität der Beziehung.

Denken Sie, dass es eine Fernbeziehungspersönlichkeit gibt?
A.S.: Es gibt sicher mehrere Fernbeziehungspersönlichkeiten: Die absoluten Romantiker, die ihre Beziehung wie eine Urlaubsromanze leben und somit die Spannung aufrechterhalten. Die karriereorientierten Einzelgänger, die an dem Ort leben, an dem sie ihren Job optimal ausführen können. Und die freiheitsliebenden Individualisten, die sich durch Nähe eines Partners gleich eingeschränkt fühlen.

Fazit Andrea Sixt: Fernbeziehungen sind mit der Zeit unbefriedigend. Das Problem: die ständige Umstellung von absoluter Nähe zu großer Distanz und die Idealisierung des Partners. Wichtig sind ihrer Meinung nach Vertrauen, Toleranz und statt Idealisierung die intensive Auseinandersetzung mit dem Partner.

„Postkoitale Tristesse"

Bernd Ewert (55), Reisejournalist und Galerist, pendelte zwei Jahre lang von Palma de Mallorca nach Düsseldorf, um seinen 18 Jahre jüngeren Freund Andreas zu treffen. Heute lebt Bernd nach vier gemeinsamen Jahren auf Mallorca wieder als Single, da Andreas mit der Mentalität der Spanier/Mallorquiner nicht zurechtkam und schließlich – auch aus Jobgründen – wieder nach Deutschland zog.

Wie fanden Sie die Tatsache, dass Sie eine Fernbeziehung führten?
B.E.: Im ersten Jahr sehr abwechslungsreich. Danach haben wir überlegt, wo der gemeinsame Lebensmittelpunkt liegen sollte. Das permanente An- und Abdocken und die Vielfliegerei waren mir auf die Dauer zu anstrengend.

Welche Vorteile ergaben sich für Sie daraus?
B.E.: Beruflich keine. Dadurch, dass mein Partner 18 Jahre jünger war als ich, lernte ich auch seinen jüngeren Freundeskreis kennen. Das war zuweilen lustig und interessant zu erleben. Für die Beziehung war es, dadurch, dass man sich nur alle 14 Tage sah, immer aufregend. Man war sehr euphorisch, sich wieder zu sehen, freute sich aufeinander vor allem in sexueller und erotischer Hinsicht. Bei der Abreise machte sich dann eine Art postkoitale Tristesse breit.

Welche persönlichen Probleme/Ängste tauchten dadurch in der Beziehung auf?
B.E.: Ängste sind während der zweijährigen Pendelzeit nicht aufgekommen. Fremdgehen war nie ein Thema für mich und meinen Partner.

Welche Auswirkungen hatte Ihre Fernbeziehung auf Ihr Umfeld?
B.E.: Eine positive, der Freundeskreis erweiterte sich.

Welche Tipps können Sie anderen geben, die eine Fernbeziehung führen bzw. diese gerade beginnen?
B.E.: Sie brauchen eine starke Liebe und viel Vertrauen.

Was sind absolute „Don'ts“ für eine solche Paarbeziehung?
B.E.: Vertrauensbruch. Fremdgehen.

Kann eine Fernbeziehung auf Dauer funktionieren?
B.E.: Das funktioniert für mich nur über einen Zeitraum von vielleicht zwei bis drei Jahren. Irgendwann kommt der Moment, da möchte man den Partner mehr in seiner Nähe haben und mehr Ruhe in die Beziehung einkehren lassen. Mich hat es nach zwei Jahren nach einer Lösung gedrängt. Es folgte dann ein gemeinsames Zuhause.

Vermissten Sie etwas in dieser Beziehung, und wenn ja, was?
B.E.: Die permanente Nähe fehlte mir nach einem Jahr. Der Austausch mit dem Partner im ganz normalen Alltag und das Teilhaben an seinem Leben.

Hätte Ihre Beziehung funktioniert, wenn Sie zusammengelebt hätten? Bzw. warum haben Sie das Pendeln aufgegeben?
B.E.: Nach zwei Jahren musste ein gemeinsames Zuhause gefunden werden, da eine starke Pendelmüdigkeit eintrat.

Sind Kinder in einer Fernbeziehung realisierbar?
B.E.: Das stelle ich mir sehr schwierig vor. Weil die Verantwortung für die Erziehung etc. bei einem Partner hängen bleibt.

Allerdings auch hier glaube ich, dass es eine Zeit lang funktionieren kann.

Denken Sie, dass es eine Fernbeziehungspersönlichkeit gibt?
B.E.: Ich glaube, dass es keine Fernbeziehungspersönlichkeiten gibt. Jedoch nicht geeignet sind Menschen, die nicht gerne reisen, häuslich sind, Cocooning lieben und wenig Neugier verspüren. Ich glaube, dass man ein sehr flexibler, offener Mensch sein muss, um regelmäßig der Liebe wegen zu pendeln.

Fazit Bernd Ewert: Nach einem Jahr ständigen An- und Abdockens fehlten ihm die Nähe und der gemeinsame Alltag. Die Lösung: Zusammenziehen. Doch da sein Freund nicht mit der Mentalität der Spanier zurechtkam, ging er – auch jobbedingt – zurück nach Deutschland.

„Psycho-Druck vom Chef"

Bettina Rackow-Freitag (33) arbeitet als Journalistin und pendelte mit Lutz Rackow (36), Marketingdirektor in der Telekommunikations-Branche, eineinhalb Jahre lang zwischen Hamburg und München. Sie haben sich zufällig auf einer Presseveranstaltung in München kennen gelernt: „Ich habe ihn im Foyer erspäht, fand ihn klasse, habe mich im Kino neben ihn gesetzt und bin mit ihm ins Gespräch gekommen. Als wir aus dem Kino rauskamen, wussten wir, dass wir uns wiedersehen. Nachdem klar wurde, dass der eine in Hamburg wohnt, der andere in München, war der erste Schreck bei Lutz sehr groß. Aber ab dann spielte es keine Rolle mehr. Einzig: Bei unserem ersten gemeinsamen Wochenende in Hamburg, ein paar Tage später, haben wir uns sehr stark und schnell abgecheckt. Es war so, als ob wir sehen wollten, ob die Lebensziele und Perspektiven ähnlich sind, dass sich der Beginn einer Beziehung auf diese Entfernung wirklich lohnt – und ob das Kribbeln dafür stark genug ist.“

Bettina hatte, bis sie Lutz kennen lernte, ausschließlich Fernbeziehungen: 1990 ein halbes Jahr lang zwischen Bielefeld und Zürich, Trennungsgrund: unüberbrückbare Entfernung. 1993 bis 1996 zwischen Bamberg und Altötting, Trennungsgrund: der Mann wollte heiraten, da flüchtete sie, weil sie sich nicht vorstellen konnte, in Altötting zu leben. 1996 bis 1998 zwischen Bamberg und München zweimal für zirka ein halbes Jahr, Trennungsgrund: der übliche Beziehungsmüll. 1999 zwischen New York und Bamberg für ein halbes Jahr (vorher ein halbes Jahr lang in Bamberg zusammen); die Beziehung endete, weil man sich auseinander gelebt hatte. Lutz dagegen hatte vorher noch keine Fernbeziehung gehabt.

Wie fanden Sie die Tatsache, dass Sie eine Fernbeziehung führten?

B.R.-F.: Meine früheren Fernbeziehungen empfand ich als angenehm, geradezu aufregend. Ich bin gern und oft gefahren, so hatte ich die Freiheit, wann ich kommen und gehen konnte. Es war wie ein Pendeln zwischen zwei Leben, was ich sehr genossen habe. Mit Lutz war es anfangs auch so. Doch mit der Zeit wuchs der Wunsch, gemeinsam ein Leben aufzubauen. Das geht nicht über eine große Entfernung.

L.R.: Man konnte sich immer wahnsinnig auf das Wochenende freuen. Die Woche war Alltag und die Zeit für das Wochenende wurde regelrecht freigeschaufelt.

Welche Vorteile ergaben sich für Sie daraus?

B.R.-F.: Es war schön, Freitagabend den Arbeitsalltag in Hamburg zurückzulassen, um dann in den „Wochenendurlaub“ zu fliegen. Wir sind häufig in die Berge gefahren, haben uns zusammen erholt. Das war einfach herrlich, ich kam mit guter

Laune nach Hamburg zurück. Die Wochenenden waren dadurch auch viel intensiver, man hat mehr reingepackt.

L.R.: Beruflich habe ich unter der Woche mehr gemacht, vorher hatte es sich auch auf das Wochenende ausgedehnt. Danach war das nicht mehr so. Es war auch schön, Hamburg kennen zu lernen, ich war niemals vorher da gewesen. Ich habe durch Bettina die Stadt kennen gelernt und bin so aus München rausgekommen.

Welche persönlichen Probleme/Ängste tauchten dadurch in der Beziehung auf?

B.R.-F.: Finanziell war es eine enorme Belastung. Es gab auch Diskussionen, wie man es sinnvoll auf beide Partner verteilt, sonst hätte ich ständig draufgezahlt. Dafür hat Lutz am Wochenende fast alles gezahlt. Es gab viel Ärger im Job, denn der feste Flugtermin am Freitagabend wurde von meinem Chef mehrmals ignoriert. Aufgaben mussten noch schnell erledigt werden, dadurch verpasste ich häufig meine Flüge, musste zusätzlich Geld für den Nachtzug zahlen und kam völlig übermüdet in München an. Nahm ich Termine in München wahr, hieß es in der Arbeit gleich: „Du willst ja nur deinen Freund besuchen." Das artete zum Ende hin teilweise in Mobbing aus. Als eine Entscheidung gefällt werden musste, wie es weitergeht, war ich schon sehr zerrissen, da mir bewusst war, dass ich zwischen Job und Familie/Beziehung wählen musste. Das war schwer und schwerwiegend! Es gab auch Diskussionen zwischen uns. Doch letztlich musste ich hopp oder topp sagen.

L.R.: Ich hatte Angst, dass es meiner Freundin zu anstrengend wird, auf Dauer zu fahren und zu pendeln. Und ich hatte Angst, dass der Rhythmus des Wiedersehens sich verändert, wir uns weniger sehen und womöglich trennen. Freunde habe ich eher unter der Woche gesehen, sie bewunderten unsere Einstellung und Ausdauer.

Welche Tipps können Sie anderen geben, die eine Fernbeziehung führen bzw. diese gerade beginnen?
B.R.-F. und L.R.:

1. Sich sehen, sooft es Portemonnaie und Zeit zulassen! Auch wenn es anstrengend ist, aber gemeinsame Dinge zu erleben, schweißt einfach am besten zusammen.
2. Viel mailen und telefonieren, das überbrückt Entfernungsängste.
3. Wenn der eine oder andere damit nicht klarkommt, offen diskutieren, wie die Beziehung sich in der Zukunft gestalten soll. Dann ehrlich zu sich selbst sein, ob man wirklich sein Leben lang pendeln möchte oder nicht.
4. Man sollte ein Ende der Fernbeziehung zumindest im Blickfeld haben, egal ob es in ein, zwei oder sieben Jahren ist (es sei denn, man legt darauf keinen Wert). Sich also gemeinsam eine Perspektive aufbauen.

Was sind absolute „Don'ts“ für eine solche Paarbeziehung?
B.R.-F. und L.R.:

1. Dumme Spielchen wie sich aus Trotz nicht zu melden, dem anderen aus der Ferne Angst einjagen wie „Heute bin ich meiner Traumfrau begegnet“.
2. Den anderen unter Druck setzen wie „Wenn du nicht zu mir ziehst, dann suche ich mir jemand anderen“.
3. Übertriebene Eifersucht: Ist so schon ein „Don't“, aber bei Entfernung noch tödlicher.
4. Am Ende eines Wochenendes sich im Streit trennen.
5. Am gemeinsamen Wochenende trotzdem getrennte Wege gehen und die Zeit nicht zusammen nutzen und den Partner nicht integrieren. Es wäre unfair gegenüber demjenigen, der pendelt!

Vermissten Sie etwas in dieser Beziehung, und wenn ja, was?
B.R.-F. und L.R.:
Man blendet den Alltag während einer Fernbeziehung aus. Der fehlte aber auch. Das gemeinsame Aufwachen, das gemeinsame Frühstücken und Einschlafen. Das Spontane, das Küssen und Schmusen zwischendurch fällt weg.

Warum haben Sie das Pendeln aufgegeben?
B.R.-F.: Das letzte halbe Jahr wurde die Pendelei – wir haben uns fast jedes Wochenende gesehen – dann zu einer wahren Belastung. Ich habe mich schließlich entschlossen, nach München zu ziehen – mit allen Konsequenzen. Ich habe gekündigt – eigentlich ein Wahnsinn in der heutigen Zeit. Aber irgendwann ist ein mutiger Schritt erforderlich. Es war eine Entscheidung zwischen Privatleben und eventueller Familie auf der einen Seite und der Karriere auf der anderen Seite.

Sind Kinder in einer Fernbeziehung realisierbar?
B.R.-F.: Eine sehr schwierige Frage! Wir haben keine Kinder, können uns das also schwer vorstellen. Wir kennen auch keine Paare, bei denen dieser Fall vorliegt. Aus dem Bauch heraus würden wir „Nein“ sagen. Für die Kinder ist es schwer, zudem nur ein Partner die ganze Erziehungslast trägt.

L.R.: Ich will doch meine Kinder sehen, wenn ich welche hätte – und das nicht nur am Wochenende! Es besteht schließlich eine gegenseitige Beziehung. Ich verpasse doch das Wichtigste ...

Kann eine Fernbeziehung auf Dauer funktionieren?
B.R.-F. und L.R.:
Ja, eine Fernbeziehung kann funktionieren, wenn beide es wollen und sie mit all ihren Vor- und Nachteilen als Lebensmodell betrachten. Es kann funktionieren, wenn beide sehr stark auf

ihren Freiraum bedacht sind. Wenn einer nicht mitspielt, sind Probleme unausweichlich. Die Lebensziele sollten gleich sein. Sobald eine Familie geplant ist, wird es schwieriger.

Denken Sie, dass es eine Fernbeziehungspersönlichkeit gibt?
B.R.-F.: Ja, ich bin überzeugt davon, dass es einen Fernbeziehungstypen gibt. Wer Freiheit liebt, fühlt sich womöglich in einer engen Beziehung eingesperrt, da ist die Liebe auf Entfernung möglich. Und in Zeiten der modernen Kommunikation ist das kein Problem.

L.R.: Ich bin generell viel unterwegs, von daher macht mir eine Fernbeziehung zwar nicht viel aus, aber ich würde mich nicht als Fernbeziehungstypen bezeichnen. Es wäre nie mein Lebensmodell. Aber ich denke, es gibt Leute, die zwar eine Partnerschaft haben wollen, aber nicht zu eng. Ich glaube, für bodenständige Menschen, die wenig reisen und mehr auf ihre nächste Umgebung bedacht sind, ist eine Fernbeziehung gar nichts! Das würde sie krank machen. Man braucht Flexibilität und Reiselust sowie körperliche und geistige Unabhängigkeit, damit man nicht die ständige Nähe des Partners braucht.

Fazit Bettina und Lutz Rackow: Als der Psychodruck im Job zu groß wurde, musste Bettina eine Entscheidung treffen: Karriere oder Liebe? Sie entschied sich für Lutz, der heute ihr Ehemann ist, und zog nach München. Jetzt braucht Lutz keine Angst mehr zu haben, dass sich der Rhythmus verändert und die Beziehung zum Auslaufmodell wird.

„Nur zu Gast in Stuttgart"

Marcel Baars (41), Chef einer Werbeagentur, pendelt seit vier Jahren jeden Freitagabend von Ulm nach Stuttgart und Montag früh zurück. Er lernte seine Frau Simone (35) vor vier Jahren kennen. Damals war er bereits selbstständig und sie hatte als Produktionerin einen guten Job in Bad Cannstatt. Meistens ist Herr Baars es, der mit dem Auto nach Stuttgart pendelt und sich dort oft nur als „Gast“ fühlt.

Wie finden Sie die Tatsache, dass Sie eine Fernbeziehung führen?
M.B.: Generell nicht gut. Wir suchten immer wieder zwischen Ulm und Stuttgart eine Wohnung. Haben jedoch nie etwas Passendes gefunden.

Welche Vorteile ergeben sich für Sie daraus?
M.B.: Unter der Woche kann sich jeder auf seine Arbeit und seine Hobbys (Wellenreiten, Wing Tsun, Hund Artur etc.) konzentrieren. Es gibt keinen Druck – etwa pünktlich zum Essen zu kommen oder andere Verpflichtungen.

Welche persönlichen Probleme/Ängste tauchen dadurch in der Beziehung auf?
M.B.: Bei mir keine, weil ich aus jeder Situation immer das Beste mache.

Wie erlebt das Ihre Partnerin?
M.B.: Nach einer gewissen Zeit in einer Fernbeziehung fehlt die gemeinsame Perspektive.

Wie gehen Sie damit um bzw. wie lösen Sie das?
M.B.: Wir versuchen, jedes Wochenende so gut wie möglich gemeinsam zu genießen und immer alles anzusprechen, was uns bedrückt.

Welche Auswirkungen hat Ihre Fernbeziehung auf Ihr Umfeld?

M.B.: Kinderwunsch: Kein Thema, bis wir zusammengezogen sind. Doppelte Haushaltsführung, Fahrtkosten: Es entstanden unnötige, doppelte Kosten.

Wie lösen Sie diese?
M.B.: Ziel: Wann können wir wo zusammenziehen. Dann sehen wir weiter.

Welche Tipps können Sie anderen geben, die ebenfalls eine Fernbeziehung führen bzw. diese gerade beginnen?
M.B.: Jeder sollte für sich überlegen, was er möchte (privat und beruflich). Dies dem Partner mitteilen und dann gemeinsam Wege oder Kompromisse suchen und hinter diesen auch stehen. Nach einem halben Jahr oder einem Jahr Veränderung sollte man diese Situation wieder neu betrachten.

Was sind absolute „Don'ts“ für eine solche Paarbeziehung?
M.B.: Nicht offen zu sein. Denn Vertrauen ist gerade für eine Fernbeziehung extrem wichtig.

Sind Kinder in einer Fernbeziehung realisierbar?
M.B.: Generell ist alles möglich. Doch ich möchte das nicht.

Möchten Sie an Ihrer derzeitigen Situation etwas ändern?
M.B.: Ja. Ich gebe meine Selbstständigkeit auf und ziehe zu meiner Frau nach Stuttgart. In den letzten Wochen stand unsere Ehe auf der Kippe. Es gab nur Hopp oder Topp. Wir haben uns für unsere Ehe entschieden.

Ist für Sie die Fernbeziehung ein Lebensmodell für immer oder nur vorübergehend?
M.B.: Nur auf bestimmte Dauer. Solange es beide Partner mitmachen.

Denken Sie, dass es eine Fernbeziehungspersönlichkeit gibt?
M.B.: Jeder eignet sich dazu, wenn er es möchte.

Fazit Marcel Baars: Seiner Ehe zuliebe und weil auf Dauer die Perspektive fehlte, gab er das Pendeln und seine Agentur auf und zog nach vier Jahren Distanz-Liebe zu seiner Frau nach Stuttgart.

„Drama Abschiedsschmerz"

Über eine gemeinsame Freundin lernten sich die PR- und Lebensberaterin Sabine Neuhaus (34) und Marketing-Manager Axel Birk (36) kennen. Sie verliebten sich und pendelten über ein Jahr lang am Wochenende von Hamburg bzw. München nach Frankfurt, bis sie in München eine gemeinsame Wohnung bezogen und vor kurzem heirateten. Folglich heißt Sabine nun Birk.

Wie fanden Sie die Tatsache, dass Sie eine Fernbeziehung führten?
S.B.: Am Anfang recht gut, um immer wieder genau zu fühlen, ob ich diese Beziehung will. So konnte sie sich Stück für Stück aufbauen mit Zeiten der Reflexion dazwischen. Doch nach zirka einem halben Jahr stand für uns fest, dass wir auf Dauer keine Fernbeziehung haben wollten. Wir sehnten uns nach mehr – mehr Nähe, mehr Alltag – und hatten auch die Telefonate satt, die einerseits zu einer Verpflichtung wurden, andererseits ein innerer Drang waren, den anderen zumindest zu hören.

A.B.: Sabine und ich haben uns zu einer Zeit kennen gelernt, in der wir mit unserem Single-Leben zufrieden und glücklich waren. So war die anfängliche Fernbeziehung eine willkommene Möglichkeit, einerseits das eigene Leben wie gewohnt weiterzuführen, andererseits den Partner langsam kennen zu lernen. Insgesamt habe ich die Fernbeziehung über das eine Jahr als recht positiv empfunden, auch wenn ich zum Ende eine neue Perspektive brauchte (andererseits hätte es mit Perspektive auch noch ein wenig länger gepasst).

Welche Vorteile ergaben sich für Sie daraus?
S.B.: Die Möglichkeit der Reflexion in der Kennenlern-Phase und das Urlaubsgefühl, das ich hatte, wenn ich Axel besuchte. Es war schön, dass er das Wochenende komplett gestaltete und ich mich als Gast verwöhnen lassen konnte. Wenn er zu Besuch kam, war es umgekehrt. Wir sind abwechselnd gependelt und empfinden die Zeit heute als sehr reichhaltig – nur der Sonntag war immer vom bevorstehenden Abschied getrübt. Beruflich hatte das Ganze wenig Auswirkungen, wir können uns mit- und ohneeinander gut entwickeln. Denn wir geben einander Raum dafür.

A.B.: Für mich war das Jahr eine Möglichkeit, langsam in die neue Beziehung „hineinzuwachsen“, das war sehr positiv. Mit jedem Wochenende konnte man sich ein bisschen näher kennen lernen und ich konnte spüren, dass es mir gut geht mit Sabine, jedes Wochenende aufs Neue, und das gab mir die Sicherheit zu wissen, dass ich diese Beziehung auch wirklich will.

Welche persönlichen Probleme/Ängste tauchten dadurch in der Beziehung auf?
S.B.: Von persönlichen Problemen kann direkt nicht die Rede sein. Gut, ich hatte starke Gefühle der Sehnsucht, die aber auch etwas Schönes hatten, weil ich sicher war, dass wir uns wiedersahen, und Axel mich nie im Unklaren über seinen Wunsch des Fortbestands der Beziehung gelassen hatte.

A.B.: Ich muss sagen, das war bei uns eigentlich recht entspannt. Ich denke, dass die Wochenenden eine gute Basis waren, um entsprechendes Vertrauen aufzubauen. Auch wenn natürlich immer so eine Restunsicherheit bleibt, wenn man sich nicht täglich sieht. Finanzielle Einbußen gab es natürlich schon. Schließlich hat jeder von uns die Bahn im Monat mit 200 Euro gesponsert. Ansonsten fehlte am Wochenende sicher ein bisschen die Zeit für sich alleine, die man normalerweise hat, wenn man zusammenlebt (sei es auch nur in einer Stadt).

Wie erlebte das Ihr Partner?

S.B.: Für ihn waren die Wochenenden in Hamburg und München auch immer ein Kurzurlaub. Jedoch war der Abschied am Sonntagabend für ihn weniger dramatisch, er freute sich eher aufs nächste Wiedersehen.

A.B.: Ähnlich – allerdings hatte Sabine mehr Schwierigkeiten, jedes Wochenende Abschied zu nehmen. Mich hat es auch genervt, aber sie hatte damit mehr zu „kämpfen".

Wie lösten Sie das?

S.B.: Wir lösten dieses Abschiedsschmerz-Thema mit kurzen, schnellen Abschieden. Ich fuhr am Anfang immer noch mit zum Bahnhof, um zu winken. Das Abschiedszeremoniell war sehr lange. Der Satz „Es ist alles gesagt" stammt von mir aus dieser Zeit, da ich die Wiederholungen der Abschiedsworte und die guten Wünsche von uns beiden nur schwer ertragen konnte. Schließlich verabschiedeten wir uns nur noch kurz und knapp an der Tür und das war auch okay so.

A.B.: Sobald es einigermaßen klar war, dass das was wirklich Ernstes ist, haben wir angefangen, uns Gedanken über eine Perspektive zu machen, wann wir wo mal zusammenziehen könnten. Außerdem haben wir versucht, auch mal längere Zeiten am Stück miteinander zu verbringen, indem wir Urlaube um Feier- und Brückentage gelegt haben oder Sabine Homeoffice-Tage bei mir in Frankfurt gemacht hat.

Welche Auswirkungen hatte Ihre Fernbeziehung auf Ihr Umfeld?
S.B.: Meine beste Freundin in Hamburg war zu dieser Zeit auch – beruflich bedingt – von ihrem Ehemann getrennt, so dass klar war: am Wochenende ist „Partner-Zeit“, unter der Woche ist „Freundinnen-Zeit“. Das klappte auch mit anderen Freunden recht gut. Was die Familie betraf, hatte sich durch die Fernbeziehung ebenfalls nicht viel verändert. Die einzige Umstellung für meine Schwester und mich war, dass wir an den Wochenenden weniger unternahmen; Geschwister-Zeit war dann kürzer, aber auch okay.

A.B.: Auf Freundschaften hatte es bei mir wenig Einfluss, weil ich selbst erst seit einem Jahr in Frankfurt war und dort kaum Leute kannte. Trotzdem haben wir auch am Wochenende Freundschaften gepflegt, indem wir uns bei den Freunden in anderen Städten getroffen haben oder in Frankfurt/Hamburg etwas mit Freunden, die dort leben, unternommen haben. Meine Familie lebt in Berlin, daher blieb das Verhältnis zu ihr von der Fernbeziehung ohnehin unberührt. Aber ich bin sowieso nicht so ein Familienmensch.

Wie lösten Sie das?
S.B.: Die Absprachen und Zeit-Arrangements haben auch in dieser Zeit ganz gut geklappt. Es war allerdings viel mehr Organisation, mehr Absprachen, die durch das Zusammenziehen weniger geworden sind, so dass man sich auf die schönen Dinge konzentrieren kann.

Welche Tipps können Sie anderen geben, die ebenfalls eine Fernbeziehung führen bzw. diese gerade beginnen?
S.B.: Vertrauen ist das A und O! Vertrauen schaffende Maßnahmen sind:

a) Feste Absprachen und nicht zu viele Partner-Verpflichtungen. Klarheit darüber, wann und wo man sich wieder sieht. Und Vorsicht vor zu vielen Zeit-Verpflichtungen. In der gemeinsamen Zeit sollte man sich nicht nur aufeinander konzentrieren und nicht zu hohe Erwartungen haben, was in dieser Zeit alles passieren muss. Auch da muss es Freiräume geben (er möchte seine Zeitung lesen, sie alleine ins Bad gehen ...), sonst kann man sich nicht zusammen erholen und entspannen. In Sachen Sex erwartet man in der gemeinsamen Zeit oft mehr, als sich natürlich ergeben würde. Jeder muss sich schließlich erst wieder an den anderen gewöhnen und das Spiel zwischen Abstand und Nähe ist bei Fernbeziehungen besonders beansprucht, denn die gemeinsame Zeit findet meist nicht spontan, sondern geplant statt und wer sagt denn, dass man dann gerade Lust auf Nähe hat? Also, viel Toleranz und Rücksichtnahme auf die momentane Verfassung sind nötig.

b) Gutes Zeitmanagement, offene Terminabsprachen, etwa „Da kann ich leider nicht für dich da sein, weil ich eine Freundin treffe“ oder „Nächste Woche auf dem Seminar hat mein Handy wahrscheinlich keinen Empfang ...“ etc. Man muss nicht permanent erreichbar sein oder für den anderen in der gemeinsamen Zeit da sein, man muss es sich nur gegenseitig wissen lassen. Sicher fließt mehr Zeit in Absprachen und Planung, als wenn man zusammenwohnt. Übrigens: Die schnelle, unkomplizierte E-Mail-Kommunikation hilft hier sehr.

c) Seine eigenen Bedürfnisse kennen und benennen: Offen miteinander sprechen, was wer für ein glückliches Leben braucht, und nicht den Zeitplan nur nach der Fernbeziehung richten. Das jeweilige Wiedersehen ist immer freiwillig und sollte nicht einfach zur Routine werden – auch wenn eine gewisse Routine bei gegenseitiger Klarheit der Wünsche auch etwas Vereinfachendes haben kann.

d) Teilnahme und Teilhabenlassen an dem Leben in Abwesenheit. Das schafft Nähe und reduziert die Beziehung nicht auf die Wochenenderlebnisse, macht sie also reicher und lebendiger. Vor allem keine Heimlichtuereien und Spielchen.

A.B.: Um sich wirklich kennen zu lernen, sollte man sich so oft wie möglich sehen, viel Zeit miteinander verbringen und reden!!! Freundschaften sollten nicht komplett vergessen werden, wenn möglich sollte man darauf achten, dass man sie in gesundem Ausmaß in die gemeinsamen Aktivitäten integriert (zum Beispiel zu Feiern geht oder auch mal einladen), auch wenn die gemeinsame Zeit dann knapper wird. Man sollte sich vom Wochenende nicht zu viel erwarten. Es kann sich nicht alles erfüllen und man kann in dieser Zeit auch nicht alles aus der Woche nachholen. Unter der Woche bzw. wenn man sich nicht sieht, viel telefonieren und den anderen so an seinem Leben teilhaben lassen (ohne dass das Telefonieren zu einer Pflicht wird).

Was sind absolute „Don'ts“ für eine solche Paarbeziehung?
S.B.: Siehe Gegenteil der vorhergehenden Antwort.

A.B.: Nicht erzählen, was einen beschäftigt. Extrem lange Abstände zwischen den einzelnen Wiedersehen. Sich keine Zeit für sich als Paar nehmen – es wäre fatal, wenn die gemeinsame Zeit ständig mit anderen Leuten und Aktivitäten verplant wäre.

Vermissten Sie etwas in dieser Beziehung, und wenn ja, was?
S.B.: Vermisst habe ich spontane Entscheidungen, die Gespräche über Alltägliches, die körperliche Nähe – Zärtlichkeiten

und Umarmungen – und den gemeinsamen Alltag sowie das Organisieren des gemeinsamen Lebens.

A.B.: Ja, ich habe es vermisst, den Alltag, die kleinen Dinge in der Woche mit Sabine zu teilen und spontaner leben zu können.

Sind Kinder in einer Fernbeziehung realisierbar?

S.B.: Warum sollte das nicht funktionieren? Auch in einer Fernbeziehung kann man Rahmenbedingungen schaffen, damit das Kind mit beiden Elternteilen aufwächst, die Eltern zusammen und getrennt erlebt, wie in einem ganz „normalen" Familienalltag auch. Aufwändiger ist sicher die Organisation dahinter und die Frage, wo das Kind seinen Hauptbezugsort haben soll: Wo es andere Kinder kennen lernt und wie man die Verbindungen/Kinderfreundschaften aufrechterhalten kann, ohne dass das Kind ständig aus seinem sozialen Umfeld herausgerissen wird und auf Erlebnisse verzichten muss, die andere Gleichaltrige haben? Wahrscheinlich wird es darauf hinauslaufen, dass der Hauptbezugsort des Kindes auch der gemeinsame Ort für die Pendelnden wird, das heißt der Abwesende zur Familie reist und sich damit auch die Struktur der Fernbeziehung erneuert.

A.B.: Schwer zu sagen, da sich uns dieses Problem nicht gestellt hat.

Kann eine Fernbeziehung auf Dauer funktionieren?

S.B.: Ja, es gibt einfach unterschiedliche Lebensmodelle. Gesellschaftlich ist die Fernbeziehung wie viele andere Lebensmodelle nicht gerade Usus und wird manchmal stark verurteilt. Doch meines Erachtens kann und soll jeder so leben, wie er es für sich einrichtet und gut findet. Es gibt keine Regeln oder ein „Es funktioniert nur so". Es kommt auf die Bedürfnisse und die Situation des Einzelnen an. Jeder strebt nach

Glück und findet seine eigene Form des Glücks und der Lebensgestaltung.

A.B.: Es kommt wahrscheinlich darauf an, was man erwartet. Wenn es eine lebendige, vitale Beziehung sein soll, in der man wirklich das Leben teilt, kann ich mir das nur vorstellen, wenn man sich entweder sehr häufig sieht (mehr als nur am Wochenende) oder wenn man wirklich zusammenlebt.

Denken Sie, dass es eine Fernbeziehungspersönlichkeit gibt?
S.B.: Alles, was man hierzu sagen kann, ist, dass es verschiedene Bedürfnisse gibt, die unterschiedlich ausgelebt werden – manchmal sind es auch nur bestimmte Lebensabschnitte, in denen bestimmte Bedürfnisse vorherrschen. Manchmal löst genau eine Person bestimmte Bedürfnisse aus, mit der nur ein bestimmtes Lebensmodell möglich ist. Ich würde nicht behaupten, dass zum Beispiel ein Mensch, der viel Zeit für sich braucht, eine Fernbeziehungspersönlichkeit ist. Jeder kann sich seine Strukturen so schaffen, dass er seine Bedürfnisse leben kann – an einem Ort mit seinem Partner oder an getrennten Orten. Auch Menschen, die die Abwechslung lieben und gerne mobil sind, können dieses Bedürfnis auch an einem Ort ausleben. Ich finde, man sollte keine Schubladen schaffen und sagen, der, der so ist, muss eine Fernbeziehung haben, der, der anders tickt, zusammen mit seinem Partner an einem Ort leben. Die einzige Aussage, die man vielleicht treffen kann, ist, dass Menschen, die eine Fernbeziehung haben, vertrauen können und nicht von Trennungsängsten gepeinigt sein sollten.

A.B.: Das ist auch schwer zu sagen: Ich glaube, potenziell besser für eine Fernbeziehung geeignet sind solche Personen, die mit sich selbst zufrieden sind und sich alleine nicht langweilen, die eine gewisse Unordnung in ihrem Leben, ständiges Unterwegssein in Kauf nehmen können. Überhaupt nicht fürs Pendeln geeignet sind Menschen, die nicht gerne unterwegs und extrem eifersüchtig sind – das war bei uns zum Glück kein Problem!

Fazit Sabine Birk/Axel Birk: Eine Fernbeziehung ist ein gutes Barometer für die Echtheit der Gefühle und lässt Raum zum Nachdenken, doch auf Dauer sind Nähe und Alltag wichtiger als permanenter Liebestaumel.

„Niemand da zum Anlehnen"

Der Zivildienstleistende Olav Hoffmann (20) aus Brühl bei Köln und Jessika Müller (20), die im 300 Kilometer entfernten Uslar eine Ausbildung als Ergotherapeutin macht, sind seit zwei Jahren ein Paar. Beim Chat im Internet sind sie aufeinander aufmerksam geworden und versuchen sich seither alle zwei, drei Wochen zu sehen; an den Wochenenden, im Urlaub, beim Abbau von Überstunden oder an Feiertagen auch länger.

Wie finden Sie die Tatsache, dass Sie eine Fernbeziehung führen?
O.H.: Ich würde gerne eine normale Beziehung führen. Obwohl ich auch Vorteile in einer Fernbeziehung sehe, allerdings nicht auf Dauer.

J.M.: Es ist schwer, aber man gewöhnt sich ein wenig dran und für unsere Liebe nehme ich die Entfernung in Kauf.

Welche Vorteile ergeben sich für Sie daraus?
O.H.: Ich sehe große Vorteile darin, dass man merkt, wie viel man sich bedeutet. Außerdem ist es eine Herausforderung an einen selber sowie an die Beziehung. Das erfolgreiche Führen einer Fernbeziehung sehe ich als Bestätigung dafür, dass man

auch bei einem gemeinsamen Leben Hürden meistern und sich nicht so schnell trennen wird.

J.M.: Ich habe genug Zeit, mich auf meine Lehre zu konzentrieren.

Welche persönlichen Probleme/Ängste tauchen möglicherweise dadurch in der Beziehung auf?
O.H.: Bei mir ist es hauptsächlich die Angst vor dem Fremdgehen bzw. einem neuen Partner. Das Problem, das ich allerdings am schlimmsten finde, ist, dass man in Situationen, in denen man gerne nicht alleine wäre, nicht beim Partner sein kann. Zum Beispiel bei Stress, bei Problemen mit der Familie/Freunden oder einfach in Momenten, in denen man jemanden zum Anlehnen bräuchte, um sich geborgen zu fühlen.

J.M.: Es ist meine erste Beziehung, deswegen kann ich sie nicht mit einer normalen vergleichen. Aber Einsamkeit und das Wissen, sich nicht immer sehen zu können, spielen eine große Rolle.

Wie erlebt das Ihr Partner?
O.H.: Ähnlich.

J.M.: Ich denke, ihm geht es da nicht viel anders.

Wie gehen Sie damit um bzw. wie lösen Sie diese Probleme?
O.H.: Wir reden offen darüber. Außerdem vertrauen wir uns und wissen, was wir aneinander haben.

J.M.: Durch Gespräche, wir gehen offen mit Problemen um.

Welche Auswirkungen hat Ihre Fernbeziehung auf Ihr Umfeld?
O.H.: Eigentlich nur geringe.

J.M.: Mein Umfeld akzeptiert es, der Kinderwunsch ist nicht aktuell und finanziell unterstützen mich meine Eltern.

Welche Tipps können Sie anderen geben, die ebenfalls eine Fernbeziehung führen bzw. diese gerade beginnen?
O.H.: Dass man auf jeden Fall die Zeit, in der man sich sieht, im Voraus plant und täglich Kontakt hält, möglichst auch per Telefon. Des Weiteren ist 100-prozentiges Vertrauen notwendig.

J.M.: Regelmäßiger Kontakt und planen, wann man sich das nächste Mal sieht, das hilft ungemein.

Was sind absolute „Don'ts" für eine solche Paarbeziehung?
O.H.: Dem Partner gegenüber nicht absolut offen zu sein. Denn in einer Fernbeziehung ist der Partner nicht bei einem und kann nicht merken, was los ist, so dass sich wesentlich schneller Geheimnisse aufbauen.

J.M.: Unehrlichkeit.

Vermissen Sie etwas in dieser Beziehung, und wenn ja, was?
O.H.: Meine Freundin in Situationen, in denen man einfach nicht gern alleine ist.

J.M.: Die Möglichkeit, immer zu meinem Freund fahren zu können, wenn ich das Bedürfnis danach habe.

Möchten Sie an Ihrer derzeitigen Situation etwas ändern?
O.H.: Häufigere Treffen würden die Beziehung mit Sicherheit erträglicher machen.

J.M.: Ich möchte nicht auf ewig so leben, aber momentan bin ich den Umständen entsprechend zufrieden.

Sind Kinder in einer Fernbeziehung realisierbar?
O.H.: Ich kann mir nur schwer vorstellen, Kinder und eine Fernbeziehung unter einen Hut zu bekommen. Sollte dies aus beruflichen Gründen notwendig sein, ist es mit Sicherheit für eine gewisse Zeit zu meistern, jedoch langfristig gesehen für mich nicht vorstellbar und für die Kinder bestimmt sehr schwer.

J.M.: Das kann ich nicht beurteilen, aber ich stelle es mir sehr schwer vor.

Ist für Sie die Fernbeziehung ein Lebensmodell für immer oder nur vorübergehend? Gibt es eine Grenze bei Ihnen?
O.H.: Für mich auf jeden Fall nur auf bestimmte Zeit. Die Grenze liegt so nahe wie möglich.

J.M.: Auf ewig kann ich es mir nicht vorstellen, sobald es geht, ziehen wir zusammen.

Denken Sie, dass es eine Fernbeziehungspersönlichkeit gibt?
O.H.: Eine allgemeine Persönlichkeit gibt es nicht, schon aus dem Grunde nicht, da viele ja unverhofft, durch berufliche Veränderungen in eine solche Situation geraten. Ich denke, jemand der sehr eifersüchtig ist oder seinem Partner nicht blind Vertrauen kann, ist ungeeignet.

J.M.: Ich denke nicht, dass es einen bestimmten Fernbeziehungstyp gibt.

Fazit Olav Hoffmann/Jessika Müller: Die Pendel-Liebe ist eine Übergangslösung, da das Alleinsein stört und spontane Treffen nicht möglich sind. Die Lösung: So schnell es geht, zusammenziehen.

„Zwei parallele, voneinander getrennte Welten"

Vertriebskauffrau Sandra P. (34) fliegt seit zwei Jahren in die ecuadorianische Hauptstadt Quito, um dort ihren Freund (29) zweimal im Jahr zu treffen. Im Juni 2001 lernte sie den Anwalt auf einer ihrer Südamerikareisen kennen. Er ist nicht ihre erste Pendelliebe: 1988, „zu Zeiten als es noch keine E-Mails gab und die Kommunikation über Briefe lief, die zwei Wochen unterwegs waren", pflegte Sandra eineinhalb Jahre lang eine Liebe mit einem 22-jährigen Amerikaner aus Minneapolis, die schließlich an der Distanz scheiterte.

Wie finden Sie die Tatsache, dass Sie eine Fernbeziehung führen?

S.P.: Es gab eine Zeit, in der ich es gut fand, aber mittlerweile hasse ich es. Vielleicht ist es etwas anderes, wenn es sich um eine Entfernung innerhalb Deutschlands handelt oder so nahe, dass man sich öfter sehen kann. Ich finde, es ist eine der schwersten Aufgaben und Herausforderungen, eine Beziehung auf Distanz am Leben zu erhalten. Der Partner ist nicht wirklich da, wenn man ihn oder seine Nähe braucht. Die ganze Kommunikation findet nur über Reden und Schreiben statt. Einfach nur zusammen zu sein und nichts zu reden, die Anwesenheit des Partners zu genießen und zu spüren, das ist nicht möglich.

Welche Vorteile ergeben sich für Sie daraus?

S.P.: Ich konnte meine Individualität wahren: Man konzentriert sich nicht so vollkommen und 100-prozentig auf den Partner. Ich will damit sagen, dass man weiterhin Zeit hat, Hobbys und Freundschaften zu pflegen, die man eventuell nicht mit dem Partner teilt. Vielfach ist es doch so, dass ein

Paar nur noch als Paar auftritt, alles zusammen unternimmt, die Zweisamkeit lebt und auch von der Umwelt nicht mehr als zwei unterschiedliche Individuen wahrgenommen wird. Dies ist zwangsläufig nicht der Fall, wenn der Partner nicht da ist. So kann man sich weiterentwickeln, sowohl persönlich als auch beruflich.

Welche persönlichen Probleme/Ängste tauchen dadurch in der Beziehung auf? Wie erlebt das Ihr Partner und wie gehen Sie damit um, bzw. wie lösen Sie diese Probleme?
S.P.: Vertauen ist die Basis jeder Beziehung, noch vielmehr einer auf Distanz. Wir haben die Absprache, dass wir uns nicht erzählen, wenn wir uns mit anderen Frauen oder Männern treffen, um nicht unnötig Eifersucht zu schüren. Erst wenn es für den einen oder andern zu einer ernsteren Sache werden könnte, machen wir es zum Thema und klären die Situation. Mit der Einsamkeit umzugehen ist am schwierigsten, weil es dafür nicht wirklich eine Lösung gibt. Klar können wir uns dann schreiben oder telefonieren. Aber eine Umarmung ersetzt das nicht. Die Problematik in meinem Fall ist, dass ich mich fühle, als würde ich zwei Leben leben. Das eine hier in Deutschland, ohne meinen Partner, das andere in Ecuador mit ihm. Zwei parallele Leben, die sich irgendwie nicht vereinen lassen. Finanzielle Gründe, vor allem auch bei ihm, machen es schwierig, uns öfter zu sehen. Die jeweils schlechten Aussichten für jeden, im Land des anderen Fuß zu fassen und auch beruflich dabei zu bleiben, machen es schwierig, hier eine gemeinsame Lebensbasis zu finden, die trotz starker Gefühle langfristig wichtig ist.

Welche Auswirkungen hat Ihre Fernbeziehung auf Ihr Umfeld?

S.P.: Freunde wurden wichtiger. In der Situation der Fernbeziehung spüre ich das Alleinsein mehr und bemühe mich entsprechend stärker darum, Freundschaften aufzubauen und Dinge mit anderen zu unternehmen.

Welche Tipps können Sie anderen geben, die ebenfalls eine Fernbeziehung führen bzw. diese gerade beginnen?
S.P.: Sie sollten sich gut überlegen, was auf sie zukommt. Sich nicht durch die Verliebtheit der ersten Zeit blenden lassen, sondern auch überlegen, ob die Beziehung auf lange Sicht wirklich eine Zukunft hat. Wenn es sich um einen Partner aus einem anderen Kulturkreis handelt, kommen zu den „normalen" Problemen in einer Beziehung Sprache und Mentalitätsunterschiede. Mindestens einer kommuniziert nicht in seiner Muttersprache, worauf der andere große Rücksicht nehmen muss. Da die Kommunikation nur verbal stattfindet, sind Missverständnisse sozusagen vorprogrammiert. Ein großes Maß an Toleranz, Verständnis und gefühlvoller, intelligenter Kommunikation ist erforderlich.

Was sind absolute „Don'ts" für eine solche Paarbeziehung?
S.P.: Die gegebenenfalls andere Mentalität und Kultur des anderen zu ignorieren oder zu unterschätzen und zu denken, das kriegt man schon irgendwie geregelt, wenn der Rest stimmt.

Vermissen Sie etwas in dieser Beziehung, und wenn ja, was?
S.P.: Ja, die körperliche Nähe, das Zusammensein ohne verbal kommunizieren zu müssen, zusammen die Dinge des alltäglichen Lebens bestreiten und teilen zu können.

Möchten Sie an Ihrer derzeitigen Situation etwas ändern?
S.P.: Wir haben die derzeitige Situation in der Weise geändert, dass wir beschlossen haben, eine Pause einzulegen. Wir müs-

sen uns getrennt voneinander klar werden, ob wir unsere beiden Welten zusammenbringen wollen und wenn ja, wie.

Sind Kinder in einer Fernbeziehung realisierbar?
S.P.: Nein, die Verantwortung würde überwiegend bei dem Partner liegen, der die Kinder hat, und diese können eine echte Beziehung zum anderen Partner auch nur bedingt aufbauen.

Ist für Sie die Fernbeziehung ein Lebensmodell für immer oder nur vorübergehend? Gibt es eine Grenze bei Ihnen?
S.P.: Wie oben geschildert, ist eine Fernbeziehung nicht das Lebensmodell, das ich anstrebe. Mir ist es wichtig, meinen Partner bei mir zu haben.

Denken Sie, dass es eine Fernbeziehungspersönlichkeit gibt?
S.P.: Ich weiß es nicht wirklich. Ich kann mir vorstellen, das sind Menschen, denen die enge Beziehung zu ihrem Partner nicht das Wichtigste im Leben ist. Oder Menschen, die in ihrem Job so eine Erfüllung finden, dass ihre Zeit für eine Partnerschaft eingeschränkt ist. Die Frage ist nur, ob sie dann auch den richtigen Partner dazu finden?

Fazit Sandra P.: Ein Telefonat ersetzt keine Umarmung, sagt Sandra und findet, dass sie und ihr ecuadorianischer Freund in zwei parallelen Welten nebeneinanderher leben. Eine Pause soll helfen, sich über einen (gemeinsamen) Weg klar zu werden.

„Ein Verlust an Lebensqualität"

Monica (48) und Detlef Stübbe (50) sind seit 29 Jahren verheiratet. Sie haben zwei erwachsene Kinder und sind insgesamt siebenmal umgezogen (die Kinder haben sechsmal die Schule gewechselt). Seit Detlef als Mobilfunkspezialist viel Zeit in Skandinavien verbringt, begann er 1996 zu pendeln. Erst zwischen Lübeck und Oslo, dann zog die Familie für zwei Jahre nach Norwegen, er pendelte berufsbedingt wieder. Heute leben sie auf Mallorca, wobei Detlef als CEO einer internationalen Mobiltelefongesellschaft mindestens zwei Tage pro Woche in Madrid, Amsterdam, Stockholm, Oslo, Kopenhagen oder Helsinki unterwegs ist.

Wie finden Sie die Tatsache, dass Sie eine Fernbeziehung führen?
M.S.: Schrecklich. Gerade in der ersten Zeit habe ich meinen Mann sehr vermisst, ich war mit den Kindern alleine und überall sah ich nur Pärchen. Allerdings habe ich mich im Laufe der Zeit daran gewöhnt. Ich konnte mein Leben führen und das auch genießen.

D.S.: Negativ, weil man acht bis zehn Stunden am Wochenende durch das Pendeln verliert. Man macht zu Hause auf Wochenende und muss mental noch Jobangelegenheiten aus der Woche verarbeiten. Die unterschiedlichen Rhythmen beider Leben am Wochenende zu harmonisieren ist auch nicht immer einfach.

Welche Vorteile ergeben sich für Sie daraus?
M.S.: Die Beziehung bleibt interessant und hat dadurch auch eine längere Beständigkeit, während ich die Möglichkeit hatte, fremde Länder, neue Leute und eine neue Sprache kennen zu lernen. Das ist eine Bereicherung, man wird offener.

D.S.: Ich weiß nicht, ob ich dem Ganzen so viele Vorzüge abgewinnen kann: Man freut sich aufeinander und hat natürlich die berufliche Freiheit, seine Zeit frei, ohne familiäre Verpflichtungen einteilen zu können. Rückblickend muss ich sagen: Man lernt Prioritäten zu setzen.

Welche persönlichen Probleme/Ängste tauchen dadurch in der Beziehung auf?
M.S.: Die Entfremdung ist ein großes Problem.

D.S.: Man wird draußen gehalten, ist nicht immer Teil der Familie, das tritt bei Bemerkungen wie „Das machen wir jetzt anders" zu Tage. Den Zeitaufwand (zu 95 Prozent pendle ich) finde ich weniger belastend, problematisch ist nur, wenn man im Stau steht, Termine für morgens angesetzt hat und die Maschine verpasst oder der Flieger Verspätung hat. Oftmals habe ich mich auch einsam gefühlt, weil ich nicht viel auf eigene Faust unternehme, dadurch isoliert man sich.

Wie gehen Sie damit um bzw. wie lösen Sie diese Probleme?
M.S.: Ich habe viel mit dem Kopf geregelt, mir schöne, gemeinsame Erlebnisse der Vergangenheit in Erinnerung gerufen, aber auch das, was wir bei unserer Flucht aus dem Osten durchgemacht haben, das verbindet. Außerdem kommt uns, der Familie, auch die geschäftliche Karriere meines Mannes zu Gute. Doch ist und war es immer schwierig, sich nicht anlehnen zu können, Dinge ständig alleine entscheiden zu müssen und Streit unter den Tisch zu kehren.

D.S.: Wenn ich mich allein fühlte, habe ich mir immer gedacht: Gut, das Wochenende kommt, wir werden die Situation lösen, mehr zusammen sein, vor allem wenn das Projekt läuft, werde ich die Familie nachholen – ich denke da praktisch. Andererseits stellt sich auch eine gewisse Ohnmacht ein, wenn man sieht, dass man Dinge nicht schneller lösen kann. Dann muss man das einfach in Kauf nehmen und abwarten können, wenn man Karriere machen will. Wichtig ist, dass eine Perspektive da ist.

Welche Auswirkungen hat Ihre Fernbeziehung auf Ihr Umfeld?

M.S.: Keine negativen. Im Gegenteil. Ich habe viele Leute kennen gelernt. Wenn Detlef da gewesen wäre, wäre ich sicher viel weniger weggegangen. Die Kinder und ich hatten zum Teil dieselben Freunde.

D.S.: Ich habe nicht viel verloren, ich hatte nie sehr enge Freunde aus der Vergangenheit, ich habe mich sehr auf die Familie konzentriert. Und die Leute, die man beruflich kennen lernt, sind ein wild zusammengewürfelter Haufen, da bleibt man meist mehr an der Oberfläche.

Welche Tipps können Sie anderen geben, die ebenfalls eine Fernbeziehung führen bzw. diese gerade beginnen?

M.S.: Wenn jemand es toll findet, dann okay. Wenn nicht: Setzt euch ein Limit, zum Beispiel: Ein Jahr lang machen wir das, dann treffen wir eine Entscheidung und lösen das Ganze durch einen Jobwechsel. Wenn es sich nicht ändern lässt, nehmt es an und macht das Beste daraus, denn es lassen sich dem Ganzen auch positive Seiten abgewinnen, beispielsweise dass man neue Menschen kennen lernt und sich beruflich neue Optionen ergeben.

D.S.: Wer eine Fernbeziehung eingeht oder führen muss, sollte versuchen, so viel Zeit und so intensiv wie möglich gemeinsam zu verbringen. Denn das Risiko bei einem gemeinsamen Zusammenziehen liegt darin, dass man nur die guten Seiten kennen lernt, nicht aber die des täglichen Lebens.

Was sind absolute „Don'ts" für eine solche Paarbeziehung?

M.S.: Den Partner unter Druck zu setzen, um die Pendelsituation zu beenden. Erst im Nachhinein habe ich erkannt, dass das keine Lösung ist. Besser ist, loszulassen, die Dinge regeln sich dann von alleine. Ein absolutes Tabu ist außerdem das Fremdgehen.

D.S.: Man hat eine gewisse Verpflichtung, wenn man so eine Beziehung eingeht, und sollte auf keinen Fall die Einstellung vertreten: Mal gucken, ob da nicht noch was Besseres kommt. Vertrauen ist sehr wichtig, und wenn man das einmal aufs Spiel setzt, kann man das Ganze gleich abhaken.

Vermissen Sie etwas in dieser Beziehung, und wenn ja, was?
M.S.: Die Zweisamkeit mit dem Partner mit all seinen Eigenarten, einen schönen Abend zu zweit, mit ihm über die Probleme mit den Kindern zu reden etc.

D.S.: Dass ich meine Familie nicht jeden Abend erreichen konnte. Ich habe viel gearbeitet und wenig für mich selbst getan, etwa Sport oder sonst eine körperliche Betätigung.

Möchten Sie an Ihrer derzeitigen Situation etwas ändern?
M.S.: Ja, wir zogen nach Mallorca, da es schon immer ein Traum von uns war, im Süden zu leben. Eigentlich wollten wir hier auch ein gemeinsames Business aufbauen. Doch wie es so oft im Leben ist, kamen die Dinge anders als geplant und so arbeitet mein Mann wieder international und nicht auf der Insel. So wie es aussieht, werden wir sehr wahrscheinlich noch in einigen Ländern wohnen, bis wir unseren „Wohnsitz“ gefunden haben. Ich versuche diese Situation mit dem Kopf zu regeln, Aufgaben innerhalb des Projekts meines Mannes zu übernehmen, zu schreiben und zweimal im Jahr eine Vernissage zu verwirklichen. So ziehen wir beide zusammen umher und arbeiten an einem gemeinsamen Ziel – damit kann ich gut leben.

D.S.: Es ist der Preis für den Erfolg, die Karriere, ich sehe im Moment keine andere Lösung.

Sind Kinder in einer Fernbeziehung realisierbar?

M.S.: Das geht. Ich hatte das Glück, dass ich nicht arbeiten musste und mich auf die Erziehung meiner beiden Kinder konzentrieren konnte. Wir haben versucht, Highlights zu schaffen, indem ich mit den Kindern zum Beispiel zu einem Konzert nach Skandinavien geflogen bin. Bei Treffen mit dem Vater haben sie interessante Menschen kennen gelernt und konnten Englisch sprechen. Obwohl ich mir gelegentlich auch gewünscht hätte, wieder zu arbeiten, und fand, dass ich zu kurz kam, dachte ich mir, irgendwann ist die Zeit auch vorbei, genieß es! Außerdem habe ich ein sehr freundschaftliches, offenes Verhältnis zu meinen Kindern, da war es nicht schwer, Einfluss zu nehmen, und wir haben viel zusammen unternommen. Wir sind Inliner gefahren, ins Kino gegangen oder ins Fitnessstudio.

D.S.: Wenn man eine Fernbeziehung aufnimmt und über Kinder nachdenkt, gibt es immer einen Konflikt.

M.S.: Aber generell würde ich nicht Nein zu Kindern und Fernbeziehung sagen, allerdings ist das Pendeln in den ersten Jahren nicht so toll für das Kind. Kinderpsychologen sagen, dass es in den ersten Jahren gerade den Kontakt sowohl zu Mutter als auch Vater braucht.

Ist für Sie die Fernbeziehung ein Lebensmodell für immer? Gibt es eine Grenze bei Ihnen?

M.S.: Für mich nicht, aber das hängt vom Menschen ab. Ich habe mit Frauen gesprochen, die mit Seemännern verheiratet sind und ihr Leben, so wie es ist, lieben. Ja, sich fast darauf freuen, dass er wieder weg ist.

D.S.: Nach einer bestimmten Zeit sollte man meiner Meinung nach eine Entscheidung treffen, weil es doch immer ein Kommen und Gehen ist, Unruhe mit sich bringt, Belastungen und

Einschränkungen in der Planung. Es geht viel Lebensqualität verloren.

Denken Sie, dass es eine Fernbeziehungspersönlichkeit gibt?
M.S.: Sicher gibt es Menschen, die sich nicht eignen – ich gehöre dazu. Aber man ist manchen Situationen manchmal machtlos ausgeliefert, da bleibt einem nichts anders übrig, als sie zu akzeptieren und sie anzunehmen.

D.S.: Bodenständige Leute, die sich ein Leben mit Veränderung nicht vorstellen können oder über Generationen hinweg an ein und demselben Ort leben, da weiß ich nicht, ob die eine Fernbeziehung eingehen können. Man muss dazu schon eine gewisse Offenheit mitbringen.

Fazit Monica/Detlef Stübbe: Entfremdung und ein Verlust an Lebensqualität sind spürbar. Das ständige Pendeln ist für Detlef zwar primär nicht belastend, allerdings, wenn er die Maschine verpasst oder zu spät kommt, bringen ihn Terminverschiebungen unter Druck. Außerdem fühlte er sich, als die Kinder noch zu Hause lebten, manchmal außen vor – doch wenn er Erfolg haben, Karriere machen möchte, muss er pendeln. Damit hat Monica sich vorerst abgefunden, die der Situation mittlerweile auch positive Seiten abgewinnen kann.

„Eifersucht und Verlustängste sind ein Dauerbrenner“

Die kaufmännische Angestellte Bettina Plank (36) pendelt seit zwei Jahren zu ihrem türkischen Freund Ali Iyiyol (29). Als sie nach ihrer Scheidung Urlaub in der Türkei machte, lernte sie Ali kennen, dessen Wohnung direkt neben ihrem Hotel lag. Sooft sie kann, fliegt sie zu ihm, dreimal hat er sie bereits für je drei Monate in Deutschland besucht.

Wie finden Sie die Tatsache, dass Sie eine Fernbeziehung führen?
B.P.: Nicht besonders gut, da mein Freund nie da ist, wenn ich ihn brauche, mir seine Nähe wünsche.

Welche Vorteile ergeben sich für Sie daraus?
B.P.: Eigentlich sehe ich nicht allzu viele Vorteile, jedenfalls nicht für mich. Sicher freut man sich ganz anders auf den Partner, als wenn man täglich zusammenleben würde.

Welche persönlichen Probleme/Ängste tauchen dadurch in der Beziehung auf?
B.P.: Die Themen Eifersucht, Verlustängste, Fremdgehen, Einsamkeit etc. sind natürlich in einer Fernbeziehung richtige Dauerbrenner. Ich glaube, das Einzige, was hilft, ist wirklich nur, wenn man offen über diese Dinge redet. Viele Gespräche sind notwendig. Finanziell sehe ich keine Nachteile, da ich sowieso Urlaub machen würde.

Wie erlebt das Ihr Partner?
B.P.: Genauso.

Wie gehen Sie damit um bzw. wie lösen Sie diese Probleme?
B.P.: Reden, klären und offen sagen, was man vom anderen erwartet.

Welche Auswirkungen hat Ihre Fernbeziehung auf Ihr Umfeld?
B.P.: Da gibt es verschiedene Ansichten. Einige Freunde sehen es positiv, andere lehnen es total ab. Das beeinflusst mich aber nicht, solange ich mir meiner Gefühle sicher bin und mich in dieser Beziehung wohl fühle.

Welche Tipps können Sie anderen geben, die ebenfalls eine Fernbeziehung führen bzw. diese gerade beginnen?
B.P.: Man kann da nur von eigenen Erfahrungen berichten. Zuerst sollte man sich über die Vorstellungen einer Fernbeziehung einig sein. Beide müssen das Gleiche von einer Fernbeziehung wollen. Wenn einer von beiden andere Erwartungen hat, wird es schwierig. Dann muss man es ausprobieren und prüfen, ob es einem liegt und man mit einer solchen Beziehung leben will und kann.

Was sind absolute „Don'ts“ für eine solche Paarbeziehung?
B.P.: Lügen, Vertrauensmissbrauch, dem Partner falsche Hoffnungen zu machen.

Vermissen Sie etwas in dieser Beziehung, und wenn ja, was?
B.P.: Oh ja, meinen Partner natürlich. Den hätte ich natürlich lieber in meiner Nähe.

Möchten Sie an Ihrer derzeitigen Situation etwas ändern?
B.P.: Ja, ich möchte auf Dauer keine Fernbeziehung.

Sind Kinder in einer Fernbeziehung realisierbar?
B.P.: Kinder sollten meiner Meinung nach ein gemeinsames Zuhause haben.

Ist für Sie die Fernbeziehung ein Lebensmodell für immer oder nur vorübergehend? Gibt es eine Grenze bei Ihnen?
B.P.: Auf keinen Fall für immer. Wir sind uns da einig. Die Schwierigkeit ist nur die Frage des zukünftigen Standorts. Wir arbeiten uns langsam an die Entscheidung heran. Ja, es gibt eine Grenze. Wenn wir keine Lösung für ein gemeinsames Leben finden würden, würde ich die Beziehung beenden, denn auf Dauer könnte ich nicht in einer Fernbeziehung leben.

Denken Sie, dass es eine Fernbeziehungspersönlichkeit gibt?
B.P.: Vielleicht Menschen, die zu viel Nähe nicht möchten und denen eine Fernbeziehung reicht. Menschen, die nicht vertrauen können, sollten keine Fernbeziehung führen – oder eben eine offene Beziehung.

Fazit Bettina Plank: Eifersucht, Verlustängste, Fremdgehen, Einsamkeit etc. sind Dauerbrenner in ihrer Fernbeziehung, die sie und ihr Partner auf keinen Fall als Evergreen ansehen. Daher diskutieren sie, wo der gemeinsame Mittelpunkt in Zukunft sein wird; finden sie keinen Konsens würde Bettina die Beziehung beenden.

„Knackpunkt: Spontane Freizeitgestaltung"

Als IT-Consultant pendelte Stephanie vier Jahre lang zwischen Frankfurt und dem britischen Ipswich zu ihrem Partner Paul bzw. zwischen Frankfurt und München und London und Ipswich. Seit einem Jahr haben die beiden eine gemeinsame Bleibe im nordöstlich von London gelegenen Colchester, wo Stephanie gerade umschult.

Wie fanden Sie die Tatsache, dass Sie eine Fernbeziehung führten?
S.S.: Eine Fernbeziehung hat Vor- und Nachteile. Wir beide konnten den Job ausüben, der uns Spaß machte, unsere Zeit unter der Woche frei einteilen, Hobbys nachgehen, Freunde treffen und am Wochenende hatten wir viel Zeit füreinander. Andererseits war die Woche sehr voll gestopft mit Aktivitäten, insbesondere mit typischen Wochenendarbeiten wie Putzen oder Waschen, um sich so das Wochenende für den Partner freizuhalten. Und die Beziehung hat sich nur auf die Wochenenden konzentriert, so dass wir uns gegenseitig nicht in Alltagssituationen erlebt haben.

Welche persönlichen Probleme/Ängste tauchten dadurch in der Beziehung auf?
S.S.: Einsamkeit, die Frustration, Probleme nicht direkt lösen zu können, da wir unter der Woche nur per Telefon und E-Mail kommuniziert haben.

Wie erlebte das Ihr Partner?
S.S.: Für meinen Partner war besonders die Reiserei ein Stressfaktor: Werde ich pünktlich sein/wird das Flugzeug fliegen? Auch die Gesundheit war ein Faktor, denn wenn derjenige von uns krank war, der fliegen sollte, konnten wir nicht schnell genug umplanen, so dass der andere hätte kommen können.

Wie gingen Sie damit um bzw. wie lösten Sie diese Probleme?
S.S.: Wir haben telefonieren neu gelernt – und vieles direkt am Telefon geklärt, von dem man spontan sagen würde, das ist nur etwas für ein Vier-Augen-Gespräch. Aber manches duldet einfach keinen Aufschub und mit aufgestauten Problemen würde man sich auch noch die Wochenenden verderben ...

Welche Auswirkungen hatte Ihre Fernbeziehung auf Ihr Umfeld?
S.S.: Keine gravierenden, denn glücklicherweise waren wir beide in der Lage, uns regelmäßig Flüge leisten zu können. Und wie gesagt, zum Teil blieb mehr Zeit für Freunde und Familie als jetzt (wo wir zusammenwohnen).

Welche Tipps können Sie anderen geben, die eine Fernbeziehung führen bzw. diese gerade beginnen?
S.S.:
1. Die Fahrerei sollte 50:50 aufgeteilt sein, so dass nicht ein Partner jedes Wochenende reisen muss – für den Fall, dass beide ein eigenes Zuhause haben. Sonst sollte 50:50 viel-

leicht so realisiert werden, dass der pendelnde Partner weniger Hausarbeit macht.

2. Die Partner sollten die Zeit zwischen der gemeinsamen Zeit wirklich für sich nutzen, ohne sich „schuldig“ zu fühlen, es genießen, Zeit für sich zu haben.
3. Das Telefon ist ein Hauptkommunikationsmittel in einer Fernbeziehung, es sollte auch für eventuell unangenehme Gespräche genutzt werden. Außerdem ist es wichtig, dass beide am Telefon viel von sich und über Gefühle reden. Das muss man unter Umständen erst lernen.

Was sind absolute „Don'ts“ für eine solche Paarbeziehung?
S.S.: Misstrauen, insbesondere während der „getrennten Zeit“ und das Nicht-Akzeptieren, dass der Partner unter der Woche auch Spaß ohne den anderen haben kann.

Vermissten Sie etwas in dieser Beziehung, und wenn ja, was?
S.S.: Den Alltag gemeinsam zu erleben. Die Freunde des Partners kennen zu lernen – auch mal spontan und nicht nur mit langfristig geplanten Treffen. Spontanere Freizeitgestaltung.

Hätte Ihre Beziehung funktioniert, wenn Sie zusammengelebt hätten? Bzw. warum haben Sie das Pendeln aufgegeben?
S.S.: Weil wir jetzt zusammenwohnen.

Sind Kinder in einer Fernbeziehung realisierbar?
S.S.: Noch habe ich keine eigene Erfahrung, aber spontan würde ich sagen, dass eine Familie einen gemeinsamen Wohnort haben sollte, an dem beide Elternteile permanent anwesend sind. Denn beide Elternteile haben eine gleichwertige Verantwortung für die Kinder, sie sollten regelmäßigen Anteil an der Erziehung haben und die Kinder kontinuierlich groß werden sehen.

Kann eine Fernbeziehung auf Dauer funktionieren?
S.S.: Nein, denn zu einer Beziehung fürs Leben gehört, dass man den Partner in allen Lebenslagen kennt und erlebt. Bei einer Fernbeziehung kann es schnell passieren, dass man viele Hochs und Tiefs gar nicht erlebt, da sie unter der Woche stattfinden. Zwar kann man sich am Telefon davon erzählen, aber auf Dauer kann ein Telefongespräch die persönliche Erfahrung nicht ersetzen und eine Umarmung durchs Telefon funktioniert auch nicht.

Denken Sie, dass es eine Fernbeziehungspersönlichkeit gibt?
S.S.: Ich denke, für eine Fernbeziehung sollte man grundsätzlich flexibel sein und sich schnell auf neue Umgebungen einstellen können. Sonst fällt einem das Reisen, das mit der Pendelei verbunden ist, noch schwerer.

Fazit Stephanie S.: Ihr fehlte der gemeinsame Alltag, die Freunde des Partners kennen zu lernen und eine spontanere Freizeitgestaltung. Also sind sie und ihr Partner vor einem Jahr im nordöstlich von London gelegenen Colchester zusammengezogen.

„Das ‚Phantom' Michael"

Tanja S. (33) arbeitet als TV-Journalistin in Berlin. Ihr Mann Michael (31) ist Informatiker und seit drei Jahren als Entwickler im Silicon Valley tätig. Viermal im Jahr besucht sie ihn jeweils zwei Wochen, während er etwa zweimal pro Jahr nach München fliegt, wo seine Familie und Studienfreunde leben. Bei einem gemeinsamen Studienaufenthalt in Santa Barbara/Kalifornien lernten sich die beiden kennen und pendeln, seit Tanja im September 1999 zurück nach Deutschland ging. Es ist nicht die erste Halb-Single-Halb-Paar-Liebe für die TV-

Journalistin, sondern die dritte von insgesamt vier Partnerschaften. Die erste begann direkt nach dem Abi von Nürnberg nach Göttingen und dauerte nur sechs Monate, da beide zu jung und noch nicht reif für eine dauerhafte Beziehung waren. Die zweite ging gut drei Jahre lang zunächst zwischen Frankfurt und Hannover hin und her, dann zwischen Göttingen und Hannover. Sie scheiterte unter anderem daran, dass ihr damaliger Freund sich noch nicht festlegen wollte und er durch die Distanz sein eigenes Leben besser ohne Kompromisse durchziehen konnte.

Wie finden Sie die Tatsache, dass Sie eine Fernbeziehung führen?
T.S.: Dass ich jetzt in einer Fernbeziehung lebe, finde ich unbefriedigend.

Welche Vorteile ergeben sich dennoch für Sie daraus?
T.S.: Nichtsdestotrotz hatte diese Art der Beziehung eine Weile auch ihre Vorteile. Ich bin nach dem Studienjahr wie geplant zurück nach Deutschland gegangen, weil ich meinen Traum, ein Volontariat zu machen, verwirklichen wollte. In der Zeit bin ich beruflich viel umgezogen (Köln, Brüssel, Berlin, New York) – eine Distanzbeziehung wäre es also auch gewesen, wenn Michael in Deutschland gelebt hätte. Anschließend habe ich einen Vertrag in Berlin angenommen, das konnte ich frei nach meinem Gusto entscheiden, da der Ort in Deutschland ja egal war. Auch wenn Michael sehr weit weg war, war er lange der einzige ruhende Pol in meinem Leben. Michael und ich haben uns beide als Studenten kennen gelernt. Fast zeitgleich wechselten wir ins Arbeitsleben. Vielleicht hat uns die Distanzbeziehung Raum gegeben, diese Veränderung nach eigenen Bedürfnissen zu gestalten und Spannungen dabei nicht an der Beziehung abzuarbeiten. Ich

bin außerdem ein Mensch, der länger in seinem Leben gebraucht hat, den Mut zu sammeln, sich auch mal festzulegen. Das war mir aber bei Michael gerade durch die Erfahrung der Fernbeziehung möglich. Ich brauchte ja nie das Gefühl zu haben, dass Michael mich in meiner persönlichen Entwicklung behindert. Jetzt hingegen habe ich persönlich und beruflich einen Status erreicht, wo ich gefestigt genug bin, auch mal Kompromisse einzugehen. Und jetzt habe ich mich festgelegt, Michael und ich haben vor einem Jahr geheiratet.

Welche persönlichen Probleme/Ängste treten dadurch in der Beziehung auf?
T.S.: Das Problem ist der Spagat zwischen Paarleben und faktischem Singledasein. Meine Freunde und Kollegen kennen Michael nur als „Phantom". Obwohl ich kein Single bin, gehe ich immer als solcher aus. Viele meiner Freunde sind Pärchen, ich bin dann immer die Dritte oder die Fünfte. Natürlich bin ich auch oft allein. Wenn Michael und ich uns sehen, müssen wir uns immer wieder neu aneinander gewöhnen. Ganz schwierig wird das, wenn der Abstand länger als sechs Wochen ist. Umgekehrt bin ich nach der Trennung erst mal traurig. Allerdings ist beides in letzter Zeit besser geworden. Einerseits haben wir offenbar gutes Training, andererseits ist mein „Einzelleben" mittlerweile so stabil, dass ich die Umgewöhnung in die eine oder andere Richtung besser verarbeiten kann. Außerdem achten wir in letzter Zeit sehr darauf, dass die Abstände nicht zu lang werden. Und während des Ausnahmezustandes, wenn wir uns sehen, gehen wir mit unserer kostbaren Zeit bewusst um und unternehmen viel. Ich hoffe, dass wir uns davon etwas erhalten, wenn wir mal zusammenleben – zurzeit romantisiere ich diesen Gedanken jedenfalls etwas. Schwierig ist auch die Zukunftsplanung: Ich wünsche mir eine Familie und bin zeitlich auch wegen meines Alters nicht mehr sehr flexibel. Auf

die Distanz ist eine Familie aber nur schwer zu gründen. Das schränkt natürlich auch meine berufliche Planung ein. Ich gucke momentan nicht danach, wo ich mich beruflich am besten verwirklichen könnte, sondern verschiebe das auf die Zeit, wenn wir zusammenleben.

Wie versuchen Sie diese Probleme zu lösen?
T.S.: Seit Jahren überlegen wir, wie wir zueinander kommen können. Irgendwann habe ich das Angebot gemacht, Wohnort und Job aufzugeben, da ich unter der Distanz stärker leide. Michael meinte zwar, ich soll meine berufliche Verwirklichung nicht außer Acht lassen. Die macht mir aber nicht so richtig Spaß ohne ein ausgewogenes Privatleben. Außerdem hatte ich noch mal Lust auf das Ausland und hatte das Gefühl, dass sich für mich eher wieder ein neuer, guter Job findet als für ihn. Und so ist es auch: Jetzt hat sich ein guter Deal ermöglicht: Ich werde nach Washington gehen und dort als Journalistin arbeiten, allerdings nur Teilzeit. Die Hälfte des Monats werde ich jeweils zu Michael reisen. Meinen Fixpunkt Berlin gebe ich damit auf – und ich werde weiter pendeln. Doch da wir uns darauf geeinigt haben, das Kinderthema in nicht allzu langer Zeit anzupacken, werde ich, wenn es klappt, wohl alles aufgeben und zu ihm ziehen. Letztlich kann man eben nicht alles haben. Perfekte Beziehung, perfekten Job etc. Für mich ist klar, dass, obwohl ich meinen Beruf liebe, mir in meinem Leben private Stabilität und Glück immer wichtiger sind.

Welche Tipps können Sie anderen geben, die ebenfalls eine Fernbeziehung führen bzw. diese gerade beginnen?
T.S.: Puuh, ganz schön schwierig. Bedingung sind Verlässlichkeit und Vertrauen, logisch. Die Abstände zwischen den Wiedersehen sollten nicht zu lang sein. Am eigenen Wohnort sollte man sich auf jeden Fall auch ein eigenes Leben aufbauen und

die Zeit nicht zur Wartezeit bis zum nächsten Wiedersehen degradieren. Dazu gehört auch, dass man mal ein Wochenende allein ist.

Was sind absolute „Don'ts" für eine solche Paarbeziehung?
T.S.: Siehe oben. Das eigene Leben auf keinen Fall aus dem Blick verlieren und um den anderen kreisen. Komischerweise kann ausgerechnet eine Fernbeziehung dazu verleiten.

Vermissen Sie etwas in dieser Beziehung, und wenn ja, was?
T.S.: Ja, ich vermisse die Kontinuität: gemeinsam zu kochen, die gemeinsame Entwicklung, gemeinsame Freunde und all das, was ich unter dem Punkt „persönliche Probleme" erläutert habe.

Möchten Sie an Ihrer derzeitigen Situation etwas ändern?
T.S.: Ab kommendem Jahr werden wir uns häufiger sehen. Das ist toll, darauf freue ich mich tierisch. Allerdings ist die Situation völlig neu, weil ich weiter pendeln werde und weder am einen noch am anderen Ort ein eigenes soziales Umfeld besitze. Noch größere Lust hätte ich, diese Aufgabe mit Michael gemeinsam an einem für uns beide ganz neuen Ort zu meistern. Das haben wir auch vor, etwa in gut einem Jahr wollen wir dann zusammenziehen.

Sind Kinder in einer Fernbeziehung realisierbar?
T.S.: Für mich ist das nicht vorstellbar. Wenn Kinder älter sind, mag das sein, da habe ich aber keine Erfahrung. Ich möchte Kinder ja erst mal bekommen und die möchte ich in keinem Fall alleine großziehen.

Ist für Sie die Fernbeziehung ein Lebensmodell für immer oder nur vorübergehend?

T.S.: Für mich ist die Distanzbeziehung überhaupt kein Modell für die Ewigkeit. Dreh- und Angelpunkt ist zum einen die Kinderfrage. Außerdem bin ich in einem Alter, an dem ich stabiler leben möchte, und dazu gehört für mich ein Partner, mit dem ich mir an Ort und Stelle einen Freundeskreis aufbaue und mit dem ich meinen Alltag teile.

Denken Sie, dass es eine Fernbeziehungspersönlichkeit gibt?
T.S.: Ich war vielleicht eine Zeit lang eine, weil ich selbst viel Raum für mich brauchte. Bei mir war das eine Frage der persönlichen Entwicklung, inzwischen hat es sich geändert. Aber wenn beide die berufliche Entfaltung in den Vordergrund stellen, werden sie wohl zwangsläufig irgendwann einmal in einer Distanzbeziehung landen, das aber vielleicht auch nicht so schlimm finden. Wer sehr häuslich ist und die Paarbeziehung in den Mittelpunkt stellt, für den ist das Modell sicherlich nichts.

Fazit Tanja S.: Eine Liebe auf Distanz ist gut für die eigene Entwicklung und den Job, aber auf Dauer fehlen Kontinuität und gemeinsame Erlebnisse. Außerdem ist die Kinderfrage kein Thema für eine Beziehung zwischen zwei Kontinenten/Städten.

„Problem: Fremdgehen und Einsamkeit"

Luft- und Raumfahrttechniker Dr. Osvaldo Peinado (37) lebte drei Jahre lang in einer Fernbeziehung mit der Gynäkologin Alicia (30), die ihn zwischen München und Mendoza (Argentinien) hin- und herpendeln ließ. Kennen gelernt hatten sich die beiden auf einer Urlaubsreise im mexikanischen Cancun.

Wie fanden Sie die Tatsache, dass Sie eine Fernbeziehung führten?
O.P.: Es war schwierig, aber ich hatte immer die Hoffnung, dass die Beziehung normal, zu einer Nahbeziehung würde.

Welche Vorteile ergaben sich für Sie daraus?
O.P.: Viel Freiheit, viel Zeit für den Beruf, die Freizeit und die Beziehung. Man spricht viel mehr (per Internet) und man genießt die gemeinsame Zeit zusammen stärker.

Welche persönlichen Ängste/Probleme tauchten dadurch in der Beziehung auf?
O.P.: Eifersucht, man muss versuchen nicht daran zu denken, was sie wohl gerade tut, mit wem wohl sie ausgeht, sonst macht man sich verrückt. Einsamkeit bekommt man besonders auf Partys oder am Wochenende zu spüren, was zum Fremdgehen verleitet. Finanziell ist es natürlich eine Katastrophe, extrem hohe Telefonrechnungen, teure Flüge über 1250 Euro vier- bis fünfmal pro Jahr und Geschenke. Und häufig schafft man es nicht, gegen die eigene Zerrissenheit anzukämpfen.

Wie erlebte das Ihre Partnerin?
O.P.: Sie war am Anfang sehr eifersüchtig, bis sie merkte, dass es nichts brachte. Außerdem hatte sie ebenfalls mit der Einsamkeit und Zerrissenheit zu kämpfen.

Wie versuchten Sie das zu lösen?
O.P.: Mit viel Geduld und viel Reden.

Welche Auswirkungen hatte die Beziehung auf Ihr Umfeld?
O.P.: Die Freunde hier haben immer gesagt, es sei sinnlos, ich sollte mir jemand anderen vor Ort suchen und nicht in einen

Traum investieren. Für meine Familie war es ideal, weil sie unbedingt wollte, dass ich zurückkomme, und meine Freundin war die beste Ausrede.

Wie versuchten Sie das zu lösen?
O.P.: Einfach fliegen und so lange wie möglich zusammen zu sein, aber auf Dauer ging es nicht.

Welche Tipps können Sie anderen geben, die ebenfalls eine Fernbeziehung führen bzw. diese gerade beginnen?
O.P.: Überlegen Sie sich, wie gut die Chancen sind, schnell zusammenzukommen, bzw. wie viel Zeit Sie gerne mit Ihrem Partner verbringen möchten.

Was sind absolute „Don'ts" für eine solche Paarbeziehung?
O.P.: Ständig fremdzugehen, Eifersucht und wenig Geduld.

Vermissten Sie etwas in dieser Beziehung, und wenn ja, was?
O.P.: Ich denke ja, aber nicht immer. Denn wenn man weniger Zeit hat, versucht man sie intensiver zu genießen und nicht zu streiten. Wenn man zusammenlebt, ist das eine andere Geschichte und es kann sein, dass der Alltag diese ideale Beziehung kaputtmacht. Ich habe die Fernbeziehung aufgegeben, weil ich keine gemeinsame Zukunft gesehen habe (sie wollte definitiv nicht nach Deutschland kommen) und keine Lust mehr hatte, meine Partnerin nur ab und zu zu sehen.

Sind Kinder in einer Fernbeziehung realisierbar?
O.P.: Lieber nicht. Kinder brauchen beide Eltern und das Paar braucht sich, besonders, wenn die Kinder klein sind.

Kann eine Fernbeziehung auf Dauer funktionieren?
O.P.: Ich denke, sie funktioniert nur kurze Zeit. Die meisten Fernliebenden, die ich kenne, sind nach wenigen Jahren gescheitert oder zusammengezogen.

Denken Sie, dass es eine Fernbeziehungspersönlichkeit gibt?
O.P.: Sicher gibt es Menschen, die viel Zeit für sich alleine brauchen, und für die ist eine Fernbeziehung die beste Lösung. Ich denke nicht, dass Pendeln ein Problem ist, sondern eher eine gute Sache, wenn man alleine sein will.

Fazit Dr. Osvaldo Peinado: Einsamkeit führt nicht selten zu Seitensprüngen. Außerdem kühlt die Liebe durch die Entfernung ab – vor allem, wenn sich kein gemeinsames Ziel am Horizont, beispielsweise das Zusammenziehen, erkennen lässt.

„Finanzielle Einbußen"

Katja Guttman (35) lebt seit 1996 in New York und pendelte ein Jahr lang nach Frankfurt zu ihrem Freund, einem Software-Consultant (30), den sie bei ihrer Schwester kennen lernte. Alle zwei Monate sahen sich die beiden höchstens zwei, drei Wochen am Stück. Christoph war nicht Katjas erste Distanz-Liebe, bereits während ihres Studiums tingelte sie in Herzensangelegenheiten vier Jahre lang zwischen Regensburg und Bamberg hin und her. Das Aus fand die Liaison, weil es keine Zukunftspläne gab, „darüber ist die Beziehung schließlich irgendwie eingeschlafen".

Wie fanden Sie die Tatsache, dass Sie eine Fernbeziehung führten?
K.G.: Die New York/Frankfurt-Beziehung war ziemlich aufregend, aber auch dramatisch. Es war eine superintensive Zeit,

intensiver als in jeder anderen Beziehung zuvor. Trotzdem hätte spätestens nach einem Jahr eine Entscheidung fallen müssen, dass wir uns eine Stadt zusammen aussuchen oder zumindest einen Kontinent.

Welche Vorteile ergaben sich für Sie daraus?
K.G.: Ich bin freie Journalistin in New York mit vielen Kontakten, lebe seit Jahren hier. Ich hätte nicht so einfach alles aufgeben können/wollen, um nach Deutschland zurückzukehren, weil ich sonst wieder von vorne hätte anfangen müssen. Die aktuelle Situation für freie Journalisten ist außerdem nicht so rosig ... Und er wollte seine gesicherte Position in Frankfurt nicht aufgeben, war sehr karriere- und sicherheitsorientiert. Die Job-Situation in New York für Ausländer ohne Green Card ist ebenfalls schwierig.

Welche persönlichen Probleme/Ängste tauchten dadurch in der Beziehung auf?
K.G.: Das Hin- und Herfliegen war ziemlich teuer, ebenso wie die täglichen Telefonate. Ich bin kein eifersüchtiger Mensch und habe ihm ziemlich vertraut, falls er eifersüchtig war, hat er das nie gezeigt. Mich hat die Beziehung auf seltsame Weise eher sehr stark gemacht, obwohl ich ihn nicht jeden Tag gesehen habe. Schwierig war der Zeitunterschied von sechs Stunden: Wenn der eine mit seinem Tag schon fertig war, hat der andere gerade noch mit dem Alltag gekämpft. Dadurch konnten wir an manchen Tagen nicht so aufeinander eingehen.

Wie erlebte das Ihr Partner?
K.G.: Er saß mehr zu Hause als ich, weil er nicht alleine weggehen wollte ... er kam sich alleine, im Stich gelassen vor.

Wie gingen Sie damit um bzw. wie lösten Sie diese Probleme?
K.G.: Wir haben versucht so viel wie möglich zu telefonieren, früh beim Aufwachen, abends beim Einschlafen. Wir haben uns täglich E-Mails geschrieben, mehrmals am Tag. Das war aber schwierig. Er dachte, ich liebe ihn nicht genug, sonst würde ich auch zu Hause sitzen und trauern oder meine Sachen packen und sofort zu ihm kommen. Obwohl er verstanden hat, dass ich sehr viel mehr aufgeben würde.

Welche Auswirkungen hatte Ihre Fernbeziehung auf Ihr Umfeld?
K.G.: Finanzielle Einbußen (mehr von meiner Seite, weil ich als freie Journalistin Urlaube nicht bezahlt bekomme). Wenn ich dann in Deutschland war, habe ich mehr Zeit mit ihm verbracht als mit meiner Familie oder Freunden (die waren dann sauer). In New York war es okay: Die meisten haben es verstanden, dass ich länger am Telefon hing als üblich. Über Kinder haben wir nie ernsthaft geredet, so weit waren wir noch nicht.

Wie lösten Sie das?
K.G.: Das wurde nicht gelöst, die Beziehung ist zerbrochen, weil wir wohl beide zu dickköpfig waren.

Welche Tipps können Sie anderen geben, die eine Fernbeziehung führen bzw. diese gerade beginnen?
K.G.: Wenn man sich verabschiedet, muss man immer schon wissen, wann man sich wiedersieht, damit man Pläne machen, sich auf den anderen freuen kann.

Was sind absolute „Don'ts" für eine solche Paarbeziehung?
K.G.: Den anderen bloß nicht künstlich eifersüchtig machen. Immer erreichbar sein. Auf jeden Fall einen Plan haben, wann

man sich wiedersieht und einen großen Plan, wann man wieder zusammen an einem Ort ist. Und es ist tödlich, wenn man eine Fernbeziehung beginnt, ohne sich wirklich schon besser zu kennen.

Vermissten Sie etwas in dieser Beziehung, und wenn ja, was?
K.G.: Ja klar, den Alltag, das wäre schön gewesen, wenn wir das mal gehabt hätten. Sich jeden Tag zu sehen und in den Arm genommen zu werden, wenn der Tag mal nicht so toll gelaufen war. Man kriegt die Wünsche und Bedürfnisse des anderen sehr viel besser mit und lernt sich besser kennen.

Hätte Ihre Beziehung funktioniert, wenn Sie zusammengelebt hätten?
K.G.: Ja, ich glaube schon (vielleicht auch eine Illusion). Wir waren beide enttäuscht voneinander. Keiner wollte seine Position aufgeben, es gab Missverständnisse, die sich nicht mehr durch Telefonate bereinigen ließen.

Sind Kinder in einer Fernbeziehung realisierbar?
K.G.: Wenn man Kinder hat, dann sollte man eine Fernbeziehung nur auf sehr begrenzte Zeit führen.

Kann eine Fernbeziehung auf Dauer funktionieren?
K.G.: Nein, das kann nicht funktionieren. Die tägliche Nähe fehlt. Man kann dem anderen keinen Tee kochen, wenn er zum Beispiel krank ist. Man ist nicht da für den anderen, wenn er einen braucht. Oder wenn man sich freut, einen Kater hat oder gar berufliche Probleme.

Denken Sie, dass es eine Fernbeziehungspersönlichkeit gibt?
K.G.: Ja, so etwas gibt es schon, beide müssen das als Chance für ihre Beziehung und auch für ihre Persönlichkeit ansehen

und nicht als eine Bürde. Es gibt Einsamkeiten und die muss man aushalten können. Umso schöner ist es, sich wiederzusehen.

Fazit Katja Guttman: Eine Fernbeziehung ist eine Chance für die Zweisamkeit und die eigene Persönlichkeit, dennoch ist es gerade am Anfang nur eingeschränkt möglich, sich näher kennen zu lernen. Die Zeitverschiebung zwischen New York und Frankfurt sowie die teuren Flüge waren zusätzlich ein Problem für beide, von denen keiner bereit war, für den Partner seine Jobgrundlage/Karriere zu opfern.

„Der Schmerz macht mich innerlich kaputt"

Schülerin Ramona B. (15) fährt seit zwei Jahren vom hessischen Morschen etwa 500 Kilometer zu ihrem Freund Hilko (16), der im niedersächsischen Aurich bei seinen Eltern lebt. Während eines Campingurlaubs in der Lüneburger Heide lernten sich die beiden kennen und aus einer Freundschaft wurde mehr. „Wir pendeln meistens in den Ferien hin und her und nutzen lange Wochenenden oder so. In der Regel sind unsere Eltern dazu bereit, uns zu fahren. Da sich auch unsere Eltern gut verstehen, haben sie schon oft Urlaube miteinander verbracht. Selten fährt Hilko mal mit dem Zug", erklärt Ramona zum Status Quo.

Wie finden Sie die Tatsache, dass Sie eine Fernbeziehung führen?

R.B.: Natürlich ist das Mist. Ich denke, das würde aber jeder tun. Denn man will ja schon „zusammenleben" und eine ganz „normale" Beziehung führen. Trotz alledem finde ich es, so wie es ist, gut und bin stolz auf unsere Beziehung!

Welche Vorteile ergeben sich für Sie daraus?
R.B.: Ich habe vorher nie gedacht, dass ich mal in der Lage sein würde, eine Fernbeziehung zu führen. Aber die Liebe gibt mir so viel Kraft und Mut zum Weiterkämpfen. Auch mein zweites Zuhause und meine zweite Familie geben mir sehr viel, auch wenn viele meiner Freunde denken: Mal den, mal den, Hauptsache ein Junge. Da denke ich schon viel reifer, durch die Beziehung und das, was man durchstehen muss.

Welche persönlichen Probleme/Ängste tauchen dadurch in der Beziehung auf?
R.B.: Manchmal habe ich Angst, dass ich mich innerlich selber „kaputtmache". Dieser Schmerz ist teilweise unerträglich. Wenn es mir echt schlecht geht, zum Beispiel immer nach den Treffen, frage ich mich, was das alles noch bringt. Aber unsere Liebe, die Beziehung schenkt mir Kraft und Mut, um weiterzu„kämpfen". Und schließlich holt einen der Alltag ein und mir bleibt keine Zeit mehr, groß darüber nachzudenken. Insgesamt nimmt dieser Schmerz mit der Zeit aber ab, weil das Ganze immer nach dem gleichen Schema abläuft und es nix bringt, in Selbstmitleid zu baden und keine Lust auf gar nichts zu haben. Bis ich dahin kam, war es jedoch ein langer Weg. Und gerade auf diesem Weg hatte ich Freunde und unsere beiden Familien. Das ist wichtig.

Wie erlebt das Ihr Partner?
R.B.: Mein Freund versucht immer alles positiv zu sehen. Er macht vieles mit sich selbst klar. Das ist von Vorteil, denn so geht es auch mir manchmal besser. Wir vertrauen uns. Daher war Fremdgehen bisher noch kein Thema.

Wie gehen Sie damit um bzw. wie lösen Sie diese Probleme?
R.B.: Indem ich über meine Probleme und Ängste rede.

Welche Auswirkungen hat Ihre Fernbeziehung auf Ihr Umfeld?
R.B.: Gerade am Anfang der Beziehung war es für mein Umfeld ein großes Problem. Meine Freunde und meine Familie standen nicht richtig hinter mir. Sie nahmen es nicht ernst. Das war für mich ziemlich schwierig, weil ich keine Unterstützung hatte. Damals musste ich zusehen, wie ich mit der Entfernung klarkam.

Wie lösen Sie das?
R.B.: Mittlerweise haben es fast alle akzeptiert. Ich habe mit meinen Eltern geredet und ihnen klar gemacht, dass wir zusammengehören und ich nicht mehr ihre kleine Tochter bin. Mit der Familie meines Partners hatten wir keine Probleme.

Welche Tipps können Sie anderen geben, die ebenfalls eine Fernbeziehung führen bzw. diese gerade beginnen?
R.B.: Dem Partner Vertrauen schenken, miteinander reden, füreinander da sein, Rücksicht nehmen, Freiheit lassen, Durchhaltevermögen. Und vor allen Dingen muss einem klar sein, auf was man sich einlässt! Denn es tut weh und kann einen innerlich kaputtmachen.

Was sind absolute „Don'ts“ für eine solche Paarbeziehung?
R.B.: Kein Vertrauen und keine echte Liebe!

Vermissen Sie etwas in dieser Beziehung, und wenn ja, was?
R.B.: Meinen Schatz; manchmal würde es gut tun, wenn mein Partner mehr über seine Gedanken und Gefühle reden und nicht immer alles mit sich selbst klar machen würde. Aber ich denke, dass ist bei vielen so. Ansonsten bin ich glücklich und keine Beziehung ist perfekt!

Möchten Sie an Ihrer derzeitigen Situation etwas ändern?
R.B.: Mehr über Gefühle und Gedanken reden! Ich würde nichts weiter ändern wollen, weil Kleinigkeiten und Fehler dazugehören!

Sind Kinder in einer Fernbeziehung realisierbar?
R.B.: Das kann ich nicht beurteilen, da ich selbst keine Kinder habe. Aber ich denke, das würde auf die Beziehung ankommen.

Ist für Sie die Fernbeziehung ein Lebensmodell für immer oder nur vorübergehend? Gibt es eine Grenze bei Ihnen?
R.B.: Wir werden diese Situation noch etwa ein Jahr lang aushalten müssen. Danach werden wir hoffentlich, wenn ich in einem Jahr meinen Realschulabschluss habe, in Aurich zusammenziehen können. Ich möchte dann die Fachoberschule besuchen, um später Pädagogik zu studieren. Ich denke, ich könnte eine Fernbeziehung nicht für immer aushalten. Denn es ist so schon schwer genug. Und wenn man dann noch nicht mal einen Traum für ein gemeinsames Leben hat, ist es auf jeden Fall noch viel schwieriger. Doch ich beneide die Leute, die das können. Denn dazu gehört eine Menge Mut, Durchhaltevermögen, Wille und Liebe, die schon sehr stark sein muss, wenn man das aushält.

Denken Sie, dass es eine Fernbeziehungspersönlichkeit gibt?
R.B.: Für Fernbeziehungen allgemein eignen sich keine Menschen, die nicht voller Liebe und Vertrauen für den anderen sind.

Fazit Ramona B.: Die Angst, dass sie die Sehnsucht nach ihrem Liebsten innerlich kaputtmacht, ihr Selbstmitleid hat sie mittlerweile im Griff. Gespräche mit Freunden und der Familie helfen ihr dabei, auch wenn der Traum von einem gemeinsamen Leben noch fern ist.

„Wochenendstress pur"

Jörg Wiendieck (35) lebt heute als Projektmanager in München, allerdings pendelte er insgesamt siebeneinhalb Jahre zu seiner heutigen Frau: Erst während der Studienzeit zwischen München und Krumbach, dann als Consultant von München nach Prag, Winterthur oder Hamburg – abhängig davon, wo der Standort des Projekts bzw. des Kunden war.

Wie fanden Sie die Tatsache, dass Sie eine Fernbeziehung führten?

J.W.: Während des Studiums war es nicht schlimm, denn wir waren jünger und unkomplizierter. Außerdem genoss ich das Studentenleben in der Großstadt. Für meine Partnerin war es schwieriger, da sie dadurch nichts Neues erfahren konnte, so wie ich in München. Die zweite Phase als Berater war zunächst ebenfalls spannend, da jeder neue Job eine neue Erfahrung in einem neuen Umfeld bedeutete. Mit der Zeit allerdings empfand ich die dadurch entstandene persönliche Situation als dauerhaft unerträglich. Meine komplette Freizeit (Partnerin, Hobbys, Freunde etc.) fand nur noch an den Wochenenden statt, so dass diese voll von gedrängten Terminen und in keiner Weise entspannend waren. Ich selber war es dann auch, der sich nach der Änderung der Situation sehnte und sie durch einen Arbeitgeberwechsel auch vollzog. Diese Fernbeziehung war für meine Frau leichter zu ertragen als für mich, da sie sich zu der Zeit bereits in München bestens eingerichtet hatte.

Welche Vorteile ergaben sich für Sie daraus?
J.W.: Viele. Das Studium brachte die Eintrittskarte ins Berufsleben, während die Consulting-Erfahrung sich ebenfalls in der beruflichen Entwicklung positiv bemerkbar machte. Darüber hinaus lehrte die Fernbeziehung, den Beruf nicht dauerhaft über private Belange zu stellen.

Welche persönlichen Probleme/Ängste tauchten dadurch in der Beziehung auf?
J.W.: Unter anderem gab ich während des Studiums fast sämtliche Vereinsaktivitäten an den Wochenenden auf (Fußball, Tennis etc.), um mehr Zeit für meine Partnerin zu haben.

Wie erlebte das Ihre Partnerin?
J.W.: Meine Frau war während der ersten Zeit eifersüchtig auf die Möglichkeiten Münchens, aber nie besorgt in punkto Untreue. Ich auch nicht.

Welche Tipps können Sie anderen geben, die eine Fernbeziehung führen bzw. diese gerade beginnen?
J.W.: Miteinander reden. Wie alles im Leben, werden Fernbeziehungen individuell verschieden empfunden, sowohl was die Intensität von Problemen angeht als auch deren konkrete Ausprägungen.

Was sind absolute „Don'ts" für eine solche Paarbeziehung?
J.W.: Fremdgehen.

Vermissten Sie etwas in dieser Beziehung, und wenn ja, was?
J.W.: Die tägliche Nestwärme.

Sind Kinder in einer Fernbeziehung realisierbar?
J.W.: Nein. Erstens kann man (kein Witz, Kollegen nannten mehrfach dieses Problem) die fruchtbaren Tage der Frau kaum

treffen, wenn man sich nur sporadisch und vor allem nach einem nicht beeinflussbaren Rhythmus sieht (zum Beispiel nur am Wochenende). Zweitens bedeuten Kinder nicht nur das Gründen einer Familie, sondern auch das Etablieren eines Familienlebens. Das setzt meines Erachtens einen gelebten gemeinsamen Lebensmittelpunkt voraus.

Kann eine Fernbeziehung auf Dauer funktionieren?
J.W.: Eine Nahbeziehung ist für mich und meine Frau definitiv glücklicher, weil sich unsere Liebe, Zuneigung, also die beziehungsbegründenden Gefühle, am stärksten anfühlen, wenn wir unser Leben teilen. Das Leben zu teilen heißt für uns, den regulären Alltag miteinander zu erleben und die „großen Schritte“ (Wohnung, Umzug, Jobwechsel etc.) miteinander in eine gemeinsame Perspektive zu bringen. Sich gegenseitig darüber „nur“ via Telefon etc. informiert zu halten ist dafür zu wenig. Generell glaube ich, dass eine Fernbeziehung nur dauerhaft glücklich sein kann (dauerhaft bedeutet ja, dass beide damit zufrieden sind), wenn es sich sowieso um individualistische, selbstständige Charaktere handelt. Meine Frau und ich sind kein Paar, das nur aufeinander sitzt, eher im Gegenteil. Jeder hat viele eigene Hobbys. Aber sich nur am Wochenende zu sehen ist auf Dauer zu wenig.

Denken Sie, dass es eine Fernbeziehungspersönlichkeit gibt?
J.W.: Ja, in Form von Charakteren, die sowieso keine engen Partnerschaften vertragen.

Fazit Jörg Wiendieck: Am Anfang war die Fernbeziehung wegen der neuen Erlebnisse spannend, doch mit der Zeit artete sie in Stress aus: Privatleben und Freizeit am Wochenende waren komplett überfrachtet.

4. Kapitel:

Funktioniert eine Fernbeziehung auf Dauer oder heißt der Evergreen „permanente Zweisamkeit"?

Sind Nahliebende wirklich glücklicher?

Während eingeschworene Part-Time-Lover keinen Gedanken daran verschwenden, sinnen weniger autonom denkende Pendler der Vorstellung nach: Wie es wohl wäre, endgültig zusammenzuleben? Fast verklärt ist von Nestwärme, Nähe und einem gemeinsamen Alltag die Rede – eine idealisierte Traumvorstellung oder sind Nahliebende wirklich glücklicher? „Von mehr Nähe wird nicht immer alles gut, es kann auch alles schlechter werden, denn neben dem Bedürfnis nach Nähe besitzt jeder Mensch auch immer ein Grundbedürfnis nach Autonomie und Freiheit", meint die Münchner Psychotherapeutin Dr. Anna Schoch, die die Fernbeziehung für eine gute Schule der Toleranz hält. Und die Berliner Diplompsychologin Berit Brockhausen, die selbst jahrelang der Liebe wegen pendelte, betont: „Es muss jedem klar sein, dass zusammenzuziehen auch bedeutet, die Nachteile der Fernbeziehung gegen die Nachteile des Zusammenziehens einzutauschen." Also gegen die vielen kleinen *Alltagskonflikte* wie die Frage nach der

Wohnungseinrichtung, wer bügelt, warum sie ihren Teebeutel immer in der Spüle deponiert, während er seine Socken im Schlafzimmer verteilt. Außerdem ist es für Paare nicht einfach, eine ausgewogene (selbstbestimmte und nicht mehr durch die Entfernung von außen vorgegebene) *Balance zwischen Nähe und Distanz* zu finden; ein Bedürfnis, das jeder individuell unterschiedlich gewichtet.

„Je klarer beiden Beteiligten ist, dass sie sich mit diesem Schritt neuen Herausforderungen stellen, desto besser", sagt Brockhausen und rät zu Strategien, die die Basis jeder glücklichen Beziehung sind. Nämlich: Beide Partner sollten sich bewusst machen, welche Wünsche und Bedürfnisse in ihnen schlummern und ehrlich darüber sprechen. Sie sollten davon ausgehen, dass der andere diese nicht unbedingt teilt, und versuchen, gemeinsam eine Lösung zu finden, aus der beide als Gewinner hervorgehen. Daneben gilt es, die Vorteile einer Fernbeziehung in den Alltag hinüberzuretten. Etwa romantische Highlights wie sich Zeit füreinander zu nehmen für intensive Gespräche, Sex und Dinge, die beiden Spaß machen, um zu vermeiden, dass sich – und dafür sind Nahbeziehungen leichter anfällig – das Beziehungsgift *Gewohnheit* einschleicht – mit seinen verheerenden Folgen innerer Entfremdung, Dauerzoff und Sprachlosigkeit.

Die Sprachlosigkeit der Paare hielt der 2002 verstorbene Psychoanalytiker und Paar-Guru Michael Lukas Moeller für die „Ursache des weltweiten Beziehungssterbens" und predigte für eine glückliche Beziehung eine offene Kommunikation. Während Experten von 14 Minuten bzw. 10 Minuten sprechen, beziffert der Braunschweiger Psychologieprofessor Kurt Hahlweg die verbale Kommunikationszeit eines verheirateten Paars auf sieben Minuten pro Tag. Das ist erschreckend wenig, ein Klacks jedoch für Distanz-Liebende. Für sie erhält *Kommunikation* einen neuen Stellenwert, sie schafft Nähe und Intimität und ist entscheidend, ihre Liebe während der gegenseitigen Abwesenheit aufrechtzuerhalten. „Durch Befragungen von Hochmobilen haben wir festgestellt, dass sich emotionale Nähe, Intimität und Geborgenheit auch über räumliche Distanz hinweg mit Hilfe moderner Kommunikationsmittel zufrieden stellend gewährleisten lässt", bestätigt Helga Pelizäus-Hoffmeister, Soziologin an der Universität der Bundeswehr München. Und, blickt man in die Praxis, gehen Fernliebende mit Muße an das multimediale Händchenhalten. Sie nehmen sich Zeit und berichten nicht kurz, während sie sich an den Abendbrottisch setzen oder vor den Fernseher fläzen, von ihrem Tag. Nein. Am Telefon – ungestört und ganz auf den anderen konzentriert – erzählen sie sich von witzigen Begebenheiten, ihrem Bürostress oder ihren Sorgen, streiten und lieben sich: „Da wir viele Stunden täglich telefonieren, wissen wir wahrscheinlich detaillierter über die kleinsten Belange des Tages Bescheid als Paare, die sogar in der gleichen Wohnung leben", findet beispielsweise die Münchner Drehbuchautorin Greta V. Und Stephanie S., die vier Jahre lang pendelte und heute mit ihrem Freund glücklich vereint im britischen Colchester lebt, meint: „Wir haben vieles direkt am Telefon geklärt, von dem man spontan sagen würde, das ist nur etwas für ein Vier-Augen-Gespräch. Aber manches duldet einfach keinen Aufschub und mit aufgestauten Problemen würde man sich auch noch die Wochenenden verderben." Außerdem ist es ihrer Meinung nach wichtig, am Telefon viel von sich und über Gefühle zu reden – was man unter Umständen erst lernen muss ...

Warum scheitern Halb-Single-halb-Paar-Lebensformen bzw. was macht sie auf Dauer reizvoll?

Häufig führen bei Fernbeziehungen keine anderen Gründe zum Aus als bei „normalen" Partnerschaften auch. Allerdings gilt es – und das bedingt eine etwas höhere Trennungswahrscheinlichkeit – die Hürde der Distanz zu meistern. Die macht vor allem Paaren zu schaffen, die sozusagen einen Kaltstart vollziehen müssen. Die sich kennen lernen und sofort gezwungen sind, für ihre junge Liebe hin- und herzupendeln, um sich Wochenende für Wochenende, Telefonat für Telefonat näher zu kommen. Eine weitere Bewährungsprobe ist die Entfernung bzw. ein abgelegenes Liebesnest. Ob die Verliebten viele Stunden unterwegs sind, sie 100, 300 oder 6000 Kilometer trennen, macht einen gewaltigen Unterschied aus. Vor allem, was die *Häufigkeit der gemeinsamen Treffen* anbelangt, und das ist einer der kritischsten Punkte für die Stabilität einer Pendel-Liebe. Sieht sich ein Paar in der Regel seltener als jede dritte Woche, schätzen Psychologen die Verbindung als ziemlich instabil ein. Wie intensiv der fernmündliche Kontakt in Zeiten der Abwesenheit per Telefon, E-Mail, Chat oder SMS sein sollte, darüber liegen keine gesicherten Daten vor. Eins jedoch ist klar, je öfter und länger, umso besser. Allerdings zählt auch der Inhalt und wie viel der Einzelne von seinem „Single-Leben" unter der Woche preisgibt: „Teilnahme und Teilhabenlassen schafft Nähe und reduziert die Beziehung nicht auf die Wochenenderlebnisse, sondern macht sie reicher und lebendiger", weiß die Münchner Ex-Pendlerin und Lebensberaterin Sabine Birk.

- **Ehrlichkeit um jeden Preis?** Wie weit die eigene Offenheit allerdings gehen soll, darüber gibt es unterschiedliche Ansichten. Der Münchner Psychotherapeut Wolfgang Schmidbauer beispielsweise ist bei Seitensprüngen eindeutig gegen einen Wahrheitsfanatismus und plädiert, Lügen wie Penizillin bei einer Lungenentzündung zu verwenden: Ausreichend dosiert, um die Zweifel des Partners zu beseitigen. Die Berliner Paar-Expertin Berit Brockhausen ist da vorsichtiger und meint, auch wenn Fremdgeher den Fehltritt erst einmal nicht hinausposaunen, sollten sie sich doch fragen: Was ist mit mir los? Was fehlt mir in dieser Beziehung? Bin ich so ausgehungert, weil wir uns so selten sehen, gibt es da eine Unzufriedenheit oder ist es einfach Gleichgültigkeit? „Das Ergebnis sollte dann zum Anlass genommen werden, etwas in der Partnerschaft zu verändern, auch wenn das bedeutet, Farbe zu bekennen“, so Brockhausen.

- **Eifersucht.** Die Angst, dass der Partner fremdgeht, ist eines der größten Probleme bei Fernbeziehungen, die nahezu jeder zweite als Schreckgespenst fürchtet, was sich am Telefon nicht selten in eifersüchtigen Szenen spiegelt. Interessanterweise betrügen 60 Prozent der Nahliebenden ihren Partner, während sich nur 40 Prozent der Pendler dazu hinreißen lassen, so der Kölner Psychologe Hermann-Josef Berk. Und dabei spielt nicht die räumliche Distanz – nach dem Motto „Gelegenheit macht Liebe“ – die entscheidende Rolle, sondern vielmehr allgemeine Beziehungskiller wie Routine, Entfremdung oder Langeweile. Also: Den Dialog mit dem Partner nicht abreißen lassen und gegen aufkommende Eifersuchtsgefühle das eigene Selbstwertgefühl stärken, denn ein schwaches Ego ist nach Ansicht von Psychologen für diese Attacken verantwortlich.

1. Das *Selbstbewusstsein* stärken, indem man, losgelöst vom Partner, außerhalb der Beziehung Bestätigung und Erfüllung sucht. Zum Beispiel mit Freunden, im

Job, durch ein neues Hobby oder eine neue Einstellung zum Leben: Sich verwöhnen, statt sich mit asiatischen Päckchensuppen, Pizza & Co. zu verköstigen, sich und seine Stärken schätzen lernen, statt sich mit „Ich bin nichts“, „Ich kann nichts“ oder ähnlich destruktiven Glaubenssätzen kleinzumachen.

2. *Hinterfragen,* wo der eigentliche Grund für die heftigen Eifersuchtstiraden liegt (eventuell hängt einem die Verletzung durch einen früheren Partner nach, sind die Eltern fremdgegangen etc.) und dem Partner davon erzählen. So kann er sich besser in die Situation hineinversetzen und helfen, mehr Vertrauen aufzubauen.
3. Das *Kopfdrama* ausschalten. Lassen Sie nicht zu, dass Ihre Fantasie ein Eigenleben entwickelt und Ihnen vorgaukelt, wie Ihr Herzblatt Sie betrügt. Blenden Sie solche Szenen aus und denken Sie stattdessen an gemeinsame Liebes-Highlights, den innigen Kuss beim Abschied, das liebe Wort von eben ... Das ist die Realität!
4. *Nachstellen ist tabu.* Mit anhaltendem Psychoterror raubt man sich jegliche Spontaneität und Freude, man macht alles nur schlimmer und setzt sich, wenn der Partner Wind von der Aktion bekommt, zusätzlich Zorn, Spott und Verständnislosigkeit aus.

- **Solo-Blues.** Doch nicht nur die Angst vor einem Seitensprung belastet Liebespendler, gelegentlich beschleicht sie auch ein Gefühl von Einsamkeit. Das ist ja auch nur allzu verständlich, wenn man abends alleine in seinem Apartment sitzt oder lustlos durch die Fernsehprogramme zappt. Da hilft nur eins: *sich aufzuraffen* und zu überlegen, was sich Sinnvolles mit der geschenkten Zeit für sich selbst anstellen lässt. So sieht die Berliner TV-Journalistin Tanja S. es für wichtig an, sich am Wohnort ein eigenes Leben aufzubauen und die Zeit nicht „zur Wartezeit bis zum nächsten Wiedersehen zu degradieren“. Während die seit fast sieben Jahren pendelnde Yvonne im „Mutmach-Forum“ von www.Forumromanum.de der verzweifelten Sabrina rät, einer Tätigkeit nachzugehen, die sie schon immer mal ausüben wollte ... Die Auswahl hierbei ist groß, so kann man sich in ein neues Themengebiet vertiefen, sich ein Konzert- oder Theaterabo kaufen, eine Fremdsprache erlernen oder ein neues Hobby für sich entdecken. Ideal und preiswert zur Inspiration: Das Kursverzeichnis der Volkshochschule, auch wenn man sich dann doch im Fitnessstudio um die Ecke anmeldet, das ebenfalls das neue Workout Thai Bo anbietet. Ein zusätzlicher positiver Nebeneffekt solcher Unternehmungen ist, dass man neue Leute kennen lernt, mit denen sich einsame Abende ebenfalls gut überbrücken lassen. Und bevor man in besonders schwachen Momenten vor Mitleid fast zerfließt, gibt es auch noch die Möglichkeit, sich einem *Internet-Forum* anzuvertrauen. Etwa unter www.fernbeziehung.de oder www.forumromanum.de/member/forum/forum.cgi?USER=user_40700; auch die Telefonseelsorge leiht einem kostenlos on- wie offline ihr Ohr: www.telefonseelsorge.de bzw. Tel. 0800-1110 111.

Damit es gar nicht so weit kommen muss, hier ein paar *Small-Talk-Tipps*, wie Sie im Fitnessstudio, Konzert oder einem Seminar locker ins Gespräch kommen:

- Bedenken Sie: Auch andere haben Scheu und sind schüchtern, also trauen Sie sich ruhig, den ersten Schritt zu machen.
- Am einfachsten ist es, über das aktuelle Umfeld zu sprechen, den neuen Trainer, die Ouvertüre, das Bühnenbild etc.

  - Ebenfalls ein Aufhänger sind Themen mit Breitenwirkung, die viele interessant finden – etwa Sport, Reisen, Kultur, Nachrichten.
  - Vermeiden Sie es, über Minderheiten, Politik, Krankheiten und ähnlich delikate Themen zu parlieren, da sie schnell zum Fettnäpfchen werden können, und beim Kennenlernen gilt es erst einmal, Gemeinsamkeiten zu finden.
  - Beziehen Sie Ihr Gegenüber ins Gespräch ein, statt immer nur von sich zu erzählen, und fragen Sie rück.
- **Reizthema Organisation/Kosten.** Neigt sich das Single-Leben für einen Großteil der Part-Time-Lover am Donnerstag oder Freitag dem Ende zu, sorgen die verflixten Kilometer vielfach wieder für Ärger: *Wer fährt, wie oft?* Eine scheinbare Banalität, doch trübt die lästige Diskussion über die Modalitäten der Reise bei so manchem Paar die Vorfreude. Am einfachsten: Jeder muss abwechselnd fahren. Verdient einer mehr als der andere, wird ein Fahrgeldkonto eingerichtet, aus dem beide ihre Trips begleichen. Bei Jobpendlern fällt dieser organisatorische Knackpunkt nicht so stark ins Gewicht, weil er Basis ihres Lebensmodells ist – auch wenn sie selbst gerne mal besucht werden. Finanzieller Vorteil: Sie können die *Pendelkilometer* von der Steuer absetzen; bei Flügen zählt der Ticketpreis.

  Für Paare mit *doppelter Haushaltsführung* sind zusätzlich Umzugskosten abzugsfähig, Miete und Nebenkosten für die Zweitwohnung inklusive Maklergebühren, Möbel, Hausrat und ein 15-minütiges Telefongespräch pro Woche. Außerdem gestattet der Fiskus, dass die pendelnden Arbeitnehmer in den ersten drei Monaten auch einen Mehraufwand für Verpflegung – bis zu 24 Euro täglich – von der Steuer abschlagen, und das nach einem Urteil des

Bundesverfassungsgerichts nicht mehr nur auf zwei Jahre befristet (Az. 2 BvG 400/98 und 2 BvR 1735/00). Finanzielle Belastungen lassen sich weiterhin mit Carpools, Mitfahrgelegenheiten oder Billigflügen abfedern (mehr dazu siehe Kapitel „Herausforderung Distanz – so gelingt der Spagat").

- **Gemeinsame Zeit.** Ist die Distanz überwunden und können sich beide endlich in die Arme schließen, sind an die gemeinsame Zeit häufig *zu große Erwartungen* geknüpft. Damit es bei der kleinsten Abweichung nicht zum Krach kommt, sollten Liebespendler die Paarzeit nicht mit Aktivitäten überfrachten und klären, was die Wünsche und Bedürfnisse des Einzelnen sind. Denn Fakt ist: Wer schweigt, geht leer aus, da Glaubenssätze wie „Wir verstehen uns auch ohne Worte" oder „Wenn mein Partner mich liebt, weiß er, was ich mir wünsche" eine Partnerschaft blockieren , statt sie vorwärts zu bringen. „Es ist durchaus normal, dass der eine gerne etwas unternehmen würde, während der andere lieber auf der Couch liegt, denn Menschen sind nun einmal verschieden und haben unterschiedliche Bedürfnisse", erklärt Paartherapeutin Brockhausen. Wichtig ist, in solchen Situationen nach einer gemeinsamen, einer so genannten Win-Win-Lösung zu suchen und nicht anklagend zu sagen: „Du bist ja langweilig, immer möchtest du nur auf dem Sofa rumhängen." Finden beide keinen Konsens – etwa erst noch eine Runde zu kuscheln, dann rauszugehen –, ist es auch in Ordnung, wenn einer alleine loszieht, meint die Berliner Psychologin.
- **Konflikte.** Dass Wochenenden auch mal ins Wasser fallen können und nicht Friede, Freude, Eierkuchen sind, ist nicht ungewöhnlich. Falsch wäre es dann zu denken: „Wir passen halt doch nicht zusammen!" Besser: Mit Ich-Bot-

schaften seine Gefühle und Meinungen zu äußern. Zum Beispiel: „Ich bin enttäuscht, dass wir dieses Wochenende so wenig Zeit füreinander hatten.“ Denn wer seinen Ärger hinunterschluckt, killt auf Dauer die gemeinsame Liebesbasis, weiß die Psychologin. Also raus mit der Sprache und Meinungsverschiedenheiten bzw. *Konflikte konstruktiv* lösen:

- Sachlich, mit Ich-Botschaften erklären, ohne zum anklagenden Kahlschlag auszuholen.
- Ausgeruht und nüchtern, am besten an einem neutralen Ort etwa bei einem Spaziergang oder im Ess-/Wohnzimmer.
- Ohne höhnisches Grinsen, ironische Pointierungen oder Beleidigungen.
- Höflich bleiben, auch wenn es schwer fällt mit „Bitte“ oder Äußerungen wie „Ich verstehe dich ja“.
- Nachhaken statt schmollen. Es kommt immer mal vor, dass man Dinge falsch versteht/verstehen möchte und sich dann schmollend zurückzieht. Besser: Mit einer Frage nachhaken, um die Diskussion in Gang zu halten und schneller eine gemeinsame Lösung zu finden.
- Kompromissbereitschaft signalisieren mit Fragen wie „Wie siehst du das?“ bzw. „Was würdest du denn am liebsten tun?“.
- Sich entschuldigen, wenn sich einer der Partner verletzt fühlt. Männer tun sich damit grundsätzlich schwerer als die gefühlsbetonteren Frauen, so die Erkenntnis der amerikanischen Linguistik-Professorin Deborah Tannen. Doch tut ein „sorry“ Not muss es – um seine Wirkung nicht zu verfehlen – von Herzen kommen! Übrigens: Fehlern und negativen Äußerungen jeglicher Art lassen glückliche Paare fünf positive

bzw. liebevolle Worte folgen, so die Erkenntnis von Paarguru Dr. John Gottman.

- *Streitdauerbrenner.* Manche Themen, vor allem die über eine gemeinsame Perspektive, Kinder etc., lassen sich nicht auf Anhieb klären. Doch gerade bei solchen Streitpunkten ist es notwendig, am Ball zu bleiben, damit daraus keine hochexplosiven Sprengsätze entstehen. Bei dieser Auseinandersetzung sollte man allerdings nicht dem Irrglauben verfallen, der andere sei das Problem, sondern erkennen: Beide haben als Paar ein Problem – aber im Team sind sie stark!
  Außerdem „gelingt es in einer Wochenendbeziehung erstaunlicherweise viel schneller, Konflikte beizulegen", wundert sich Liebespendlerin Melanie Alwang. In der Tat, da sind sich Psychologen einig, entwickeln Pendler eine stärkere Bereitschaft aufeinander zuzugehen und sind harmonieliebender, weil sie das kostbare Gut Nähe nicht unnötig aufs Spiel setzen wollen.

- **Rituale.** Weil auch gemeinsame Gewohnheiten das Zusammengehörigkeitsgefühl stärken, besitzen sie in der sporadischen Zweisamkeit einen hohen Stellenwert. Das können zum Beispiel der letzte Abend sein, der einzig dem Paar bzw. der Familie gewidmet ist, die tägliche Guten-Morgen-SMS oder Anrufe zu einer bestimmten Zeit. Wie ein Schutzschild helfen zudem *Wir-Erlebnisse* in Momenten der Zerrissenheit, Zweifel abzuschirmen. So sagt Monica Stübbe, Ehefrau eines extrem mobilen Managers, dass sie in solchen Situationen viel mit dem Kopf regelt: „Ich rufe mir schöne, gemeinsame Erlebnisse in Erinnerung, aber auch das, was wir bei unserer Flucht aus dem Osten durchgemacht haben, das verbindet ..." Frischverliebte können ihre zarten Bande stärken, indem sie ihren Partner in ihr jeweiliges Single-Leben integrieren, ihn Freunden oder/und der Familie vorstellen oder ihm Punkte in ihrer Umgebung zeigen, die ihnen wichtig sind.

- Eine **gemeinsame Perspektive**. Stärker noch als Rituale und Integration schweißen gemeinsame Ziele zusammen: „Es gibt wenig, was eine Beziehung so bereichern und die Partner (wieder) attraktiv machen kann, wie das Gefühl, gemeinsame Ziele zu haben und diese auch zu erreichen", weiß der Psychotherapeut Dr. Hans Jellouschek. Das bestätigt Kollegin Dr. Anne Schoch und meint, „grundsätzlich ergänzen sich der schizoide, distanzliebende Typus und der depressive Typus, der die Nähe liebt und gerne betüttelt, gut. Doch während der eine in einer Fernbeziehung stärker leidet und die Umstände dafür verantwortlich macht, ist es für den anderen der Idealzustand." Daher sollte man sich nicht durch die Verliebtheit der ersten Zeit blenden lassen, sondern überlegen: Hat die Beziehung auf lange Sicht wirklich eine Zukunft? Darüber hinaus sollten Sie auch immer prüfen: Gibt es eine gemeinsame Mission, wie sieht die aus und wie können beide sie in die Tat umsetzen? Das kann zum Beispiel die Überlegung sein, sich häufiger zu sehen, indem man nur noch vier Tage die Woche arbeitet bzw. mittels Telearbeit Zeit/Arbeit in das „Paarleben" verlagert, aber auch der gemeinsame Standort in zwei Jahren bzw. das Agreement, dass beide mental unbegrenzt getrennt zusammenleben.
- **„Don'ts".** Natürlich sind die Ziele, die beide Partner verfolgen, vielleicht nicht immer die gleichen. Dennoch gilt es, Entscheidungen wie bei einem Tauschhandel gemeinsam zu treffen und nicht den anderen – um der Beziehung willen – unter Druck zu setzen. „In meiner letzten Fernbeziehung hatte ich von meinem Partner zu hören bekommen: ‚Wenn du nach deiner Zeit in New York nicht zu

mir in die Wohnung oder in die gleiche Stadt ziehst, suche ich mir eine andere Frau.' Für mich war das sehr abschreckend. Ich bekam das Gefühl, austauschbar zu sein und fühlte mich in meiner Entscheidungsfreiheit eingeschränkt", erinnert sich Ex-Pendlerin Bettina Rackow-Freitag und meint: „Die Äußerung von meinem damaligen Freund hat so einen Riss hervorgerufen, dass ich mich kurze Zeit später von ihm getrennt habe. Druck ist eben keine Lösung." Weitere „Don'ts", die Fernliebende außerdem vermeiden sollten, weil sie Gift für jede Partnerschaft – vor allem für die auf starkem Vertrauen begründete Distanz-Liebe – sind:

Die 15 größten Sünden in einer Fernbeziehung:

1. Lügen, Unehrlichkeit
2. Fremdgehen
3. Hinterherspionieren, Kontrolle, Misstrauen
4. Eifersucht, Klammern
5. unklare Absprachen
6. zu hohe Erwartungshaltung
7. die gemeinsame Zeit mit Aktivitäten, Freunden, Events etc. überladen, so dass kein Platz mehr für Leerlauf und Mußestunden ist
8. dem Partner Angst einjagen nach dem Motto „Ich bin heute meiner Traumfrau begegnet" oder ihn unter Druck setzen: „Wenn du nicht zu mir ziehst, suche ich mir jemand anderen"
9. sich im Streit trennen
10. Freunde/Familie vernachlässigen
11. feste Anrufzeiten nicht einhalten und sich aus Trotz nicht melden
12. mangelnde Gesprächsbereitschaft und Offenheit, den Partner an seinem Leben nicht teilhaben lassen

13. zu wenig Flexibilität
14. Intoleranz und fehlende Rücksichtnahme bzw. dem Partner schöne Stunden, die er ohne einen erlebt, madig machen
15. nach der gemeinsamen Paarzeit hemmungslos in Selbstmitleid zerfließen

Selbstcheck: Prüfen Sie, ob sich die Qualität Ihrer Fernbeziehung noch verbessern lässt

Sehen Sie sich mindestens jede dritte Woche?	**Ja**	**Nein**
Kommunizieren Sie täglich?		
Lassen Sie den Partner an Ihrem Leben in Abwesenheit teilhaben?		
Fällt auch mal ein liebes Wort?		
Reden Sie nicht nur über Organisatorisches, sondern auch ehrlich über Bedürfnisse, Wünsche, Visionen – eigene wie die des Partners?		
Sprechen Sie Ängste offen an und versuchen Sie, gemeinsam eine Lösung zu finden?		
Ist die gemeinsame Zeit nicht komplett durchorganisiert und lässt jedem noch eigenen Freiraum?		
Versuchen Sie, sich in den anderen hineinzuversetzen?		
Existieren Rituale, die der sporadischen Zweisamkeit ein Stück mehr Kontinuität geben?		
Sagen Sie es, wenn Sie mal enttäuscht über das Wochenende sind (auch das kommt vor und ist normal), oder schlucken Sie Ihren Ärger einfach hinunter?		
Wissen Sie bereits beim Abschiedskuss, wann Sie sich wiedersehen, um Unsicherheit erst gar nicht aufkommen zu lassen?		
Bemühen Sie sich nach dem Abschied nicht in Selbstmitleid zu zerfließen, sondern versuchen sich schnell zu erden, die Leere zu überbrücken, indem Sie Freunde treffen, telefonieren bzw. Dinge machen, die Sie lieben.		

Überlegen Sie sich gelegentlich, wie Sie sich öfter sehen könnten? Und setzen Sie dieses Vorhaben auch in die Tat um?		
Prüfen Sie ab und zu, wie wohl Sie sich in der Beziehung fühlen. Sehen Sie Entwicklungspotenzial, haben Sie Dinge geschaffen, die Ihnen wertvoll sind etc.?		
Kennen Sie Ihr gemeinsames Ziel?		
Auswertung: Jede „Nein"-Antwort sollten Sie überdenken, denn sie zeigt Ihnen: Hier gibt es Handlungsbedarf.		

Herausforderung Distanz – so gelingt der Spagat

Während Goethe seiner Christiane noch zärtliche Liebesbriefe schrieb, die wochenlang mit der Postkutsche unterwegs waren, erleichtern moderne Telekommunikationsmodelle die Kontaktpflege um ein Vielfaches: Sofort ist eine *Telefon*-Verbindung hergestellt, bieten *elektronischer Brief* oder *SMS* die Möglichkeit zum liebevollen Hallo in die Ferne. „Die neuen Kommunikationstechnologien ermöglichen eine vielfältige soziale Beweglichkeit, räumliche Grenzen verlieren an Bedeutung", erklärt die Münchner Soziologin Helga Pelizäus-Hoffmeister. Auftrieb erhält dieser Trend insbesondere durch die Deregulierung des Telefonmarktes. Damit gehört seit Ende der 90er Jahre der Druck der tickenden Zeit- bzw. Gebührenuhr der Vergangenheit an: Kostete die Minute Ferntarif innerhalb Deutschlands vor der Liberalisierung 28 Cent, liegt sie heute bei 2,5 Cent.

- **Preiswert telefonieren.** Mit Billignummern – wie 01081 oder 01015 vor der Vorwahl – lassen sich die Telefonkosten, vor allem ins Ausland, noch mal stark drücken. So schlägt die Telefon-Minute nach Palma de Mallorca zum

Beispiel statt mit 40 Cent nur mehr mit 3,5 Cent zu Buche, für Miami oder Sydney zahlt man statt 1,10 Euro heute nur noch ab 3,4 Cent. Und da immer neue Anbieter und Schnäppchenpreise auf den Markt drängen, sollten Long-Distance-Lover ab und zu einen Blick auf die Internetseite www.billiger-telefonieren.de (Telefon-Hotline: 01805/600280) werfen. Hier erfahren Sie, wer die aktuell günstigste Verbindung für Ihr fernmündliches Liebesgeflüster hat.

- **Aldi-Airlines.** Ähnlich wie durch die Billigleitungen Entfernungen kaum mehr ins Gewicht fallen, beflügeln die neuen Billigfluggesellschaften diese Entwicklung zusätzlich. Das zeigt sich auch am Verkehrsaufkommen an deutschen Flughäfen. Laut Statistischem Bundesamt stiegen Inlandsflüge im Zeitraum Januar bis August 2003 – trotz konjunktureller Flaute – um 7,3 Prozent im Vergleich zum Vorjahr, Flüge ins benachbarte Europa um vier Prozent. Dieser Zuwachs ist in den Augen des Wiesbadener Statistik-Experten Lothar Fiege vor allem den Angeboten der Aldi-Airlines zuzurechnen. Ab unschlagbaren 19 Euro fliegen zum Beispiel Germanwings oder hl-express von Köln/Bonn nach Berlin. Im Vergleich dazu kostet eine Fahrt mit der Bahn zum billigsten Bahncard-50-Tarif 40,20 Euro, während sich der Trip im Auto je nach Spritverbrauch auf etwa 57 Euro beläuft. Folglich vergleicht hl-Express-Geschäftsführer Wolfgang Kurth Billigfliegen mit dem Taxifahren. Was sich allerdings nicht auf die Republik beschränkt, selbst „Europa für 20 Euro“ ist möglich, wie das Nachrichtenmagazin „Focus“ titelte, als es die 14 neuen Low-Budget-Airlines in einem Preisvergleich gegenüberstellte. Eine verrückte Entwicklung! Andererseits können sich auch Jungverliebte mit kleinem Geldbeutel das multinationale Liebesabenteuer leisten – vorausgesetzt, sie ergattern die Schnäppchenangebote auch und leben in der Nähe eines Flughafens. Denn niemand ist bereit, regelmäßig längere Anfahrtswege zum Airport in Kauf zu nehmen.

- **Zeit = Liebe.** Da startet man doch gleich lieber mit dem eigenen PKW, einer Mitfahrgelegenheit oder der Bahn und lernt während der Reise noch Leute kennen. Denn der Faktor Zeit ist beim regelmäßigen Liebes-Hopping ein wesentlicher Punkt. Daher sieht dba-Chef Hans Rudolf Wöhrl seine Airline, die neben der Hapag Lloyd seit kurzem als „Beamtenshuttle" zwischen Köln/Bonn und Berlin unterwegs ist, als Zeit sparende Alternative zum Auto. Das macht sich nicht nur auf innerdeutschen Strecken, sondern vor allem beim Pendeln innerhalb Europas bemerkbar. So braucht man beispielsweise mit dem „Air Berlin City-Shuttle" von München auf die 1300 Kilometer entlegene Baleareninsel Mallorca knapp zwei Stunden und ist inklusive An- und Abfahrtsweg zum Flughafen genauso lange unterwegs wie jemand, der mit dem Auto ins 380 Kilometer entfernte Frankfurt fährt; und das meist zum gleichen Preis. Diesen Bonus nutzen die Aldi-Airlines nicht nur für markige Vergleiche, sondern gezielt auch, um die begehrten „Frequent Flyers" – nämlich Fernliebende – zu umgarnen. Mit einem ausgelassen feiernden Paar und dem Slogan „Liebe kennt keine Distanz, wir machen das bezahlbar" wirbt etwa die dba. Die britische Billigfluggesellschaft Easyjet zeigt auf einer ihrer Anzeigen ein Couple in einer eindeutigen Stellung und appelliert: „Do it... more often!"

Telefon-Guide für Fernliebende:

- Am Telefon nicht nur Planungsdaten durchgehen, sondern den anderen an seinem „Single-Leben" teilhaben lassen. Also auch über Bürostress, witzige Begebenheiten, eigene Ängste etc. reden.
- Probleme auch mal an der Strippe klären, denn Kleinigkeiten muss man nicht bis ins Wochenende tragen. Doch: Hörer nicht im Affekt aufknallen. Sollte es dennoch mal passieren, nachkarten und versuchen, das Ruder wieder rumzureißen. Das gilt auch für Situationen, in denen es in der Leitung plötzlich auffallend still wird. Damit nach dem Auflegen kein komischer Nachgeschmack bleibt, fragen, was los ist, und immer versuchen, das Gespräch im Guten zu beenden.
- Zärtlichkeit, ein liebes Wort – fernmündliches Händchenhalten ist am Anfang nicht einfach, aber wichtig, um sich einander auch in der Ferne nah zu fühlen.
- Am Telefon zu plaudern müssen gerade Telefonmuffel lernen. Als Tipp, damit das Ohr auf Dauer nicht zu qualmen beginnt: Lautsprecher anschalten bzw. Freisprechanlage besorgen.
- Um die Telefonrechnung und damit den Geldbeutel nicht unnötig zu belasten: Ab und zu einen Blick auf das Internet-Portal www.billigertelefonieren.de werfen.
- Wer zweimal täglich zum Hörer greift, bleibt im Gespräch und schafft ein Ritual, das verbindet. Wichtig: Wenn einer der beiden abends nicht zur gewohnten Telefon-Zeit zu Hause ist, vorher Bescheid geben, damit der andere nicht ins Leere läuft bzw. ins Freizeichen telefoniert. Das ist frustrierend, vor allem wenn man eine Veranstaltung früher verlassen hat, um die Liebste/den Liebsten noch vor 24 Uhr zu erreichen.
- Wer sich nach dem Abschied leer und einsam fühlt, dem gelingt mit dem Telefon auch schnell die Integration. Indem er Freunde anruft oder mit dem Partner telefoniert, gleich nachdem dieser angekommen ist.

Hier die wichtigsten Anbieter zum Buchen Ihrer Trips:

Air Berlin	www.airberlin.com	01801/737800
City-Air	www.city-air.de	0700/00749000
Deutsche BA	www.flybda.com	01805/359322
Easyjet/Go	www.easyjet.com www.go-fly.com	0044/1279666388
Germanwings	www.germanwings.com	01805/955855
Germania	www.gexx.de	01805/107207
hl-express	www.hlx.com	01805/093509
LTU	www.ltu.de	0211/9418888
OLT	www.olt.de	0700/55559000
Ryanair	www.ryanair.com	0190/669900
Skyeurope	www.skyeurope.com	069/50985222
Lufthansa	www.lufthansa.com	01803/803803
Bahn AG	www.bahn.de	11861 bzw. kostenlose Fahrplanauskünfte unter 0800/1507090
Mitfahrgelegenheiten	www.mitfahrgelegenheit.de	(deutschlandweite Abfrage möglich)

- **Aufgeräumt pendeln.** Der Flug, das Bahnticket oder die Mitfahrgelegenheit ist gebucht, der Koffer gepackt. Haben Sie auch nichts vergessen? Denn vor allem am Anfang einer Fernbeziehung nervt es, dass wichtige Kosmetikartikel immer dort weilen, wo man sich gerade nicht befindet. Daher empfiehlt Pendlerin Melanie Alwang Neulingen:

Fön, Kontaktlinsenflüssigkeit und Kosmetika an beiden Standorten zu deponieren. Auch Garderobe in der Wohnung des Partners zu besitzen ist von Vorteil – insbesondere für verschiedene Anlässe. So muss man am Ende der Woche nicht immer in Gedanken durchhecheln, welche Events geplant sind und was man einpackt, und man kann auch mal spontan in die Oper gehen, ohne wie Aschenputtel zu Hause hocken zu müssen, nur weil man nichts anzuziehen hat oder einem der Stress zu viel ist, das von der Reise verknautschte Teil aufzubügeln oder schnell shoppen zu gehen. Dabei – das ist ein Tipp vor allem für Frauen – Abendtasche und Feinstrumpfhosen nicht vergessen; von Letzteren lohnt es sich, gleich mehrere Päckchen zu bunkern, denn ein singuläres Exemplar verweigert meist dann seinen Dienst, wenn man es am dringendsten braucht ...

Ob Abendgarderobe, Wanderstiefel oder Fahrradklamotten, wer auch in der „Zweitwohnung" für die wichtigsten Gelegenheiten gerüstet ist, bekommt zusätzlich das Gefühl, zu Hause und nicht bloß – wie in einem Hotelzimmer – vorübergehend ein gern gesehener Gast zu sein. Allerdings gilt: Gerade am Anfang einer jungen Liebe nicht nach dem Hoppla-Jetzt-komm-ich-Prinzip auftreten, sondern sich mit Fingerspitzengefühl an die Invasion des Schlafzimmerschranks herantasten, um niemanden zu überfordern. Und schließlich geht man an einem Wochenende ja auch nicht Reiten, Inlineskaten, Fahrradfahren und in die Oper zugleich.

- **Das Hohelied auf den Trolley.** Wer Basics an beiden Standorten besitzt, reist mit leichtem Gepäck und schleppt sich auf Dauer nicht bucklig. Da man in den seltensten Fällen allerdings nur mit Handtasche reist, weil immer eine Kleinigkeit mitmuss, seien es Arbeitsunterlagen, Bücher, eine Lieblingsspeise oder ein Geschenk, sollte man bei der Auswahl des Gepäckstücks den *Trolley* den unhandlichen Reise- und Schultertaschen vorziehen. Und wer auf die Abmessungsformel 55 x 40 x 20 cm achtet, darf den „Rollenkoffer" im Flugzeug auch als Boardgepäck mitnehmen – vorausgesetzt er ist nicht heillos überladen (maximal acht Kilogramm sind erlaubt, mit Vielflieger-Karten auch mehr). Außerdem bestechen die eckigen Dinger mit Außentaschen. Ein kleines Fach oben verhindert, panisch nach dem Ticket wühlen zu müssen. Mit einem weiteren Fach darunter lassen sich Akten problemlos finden, ohne sein Umfeld über das gesamte Innenleben des Köfferchens in Kenntnis zu setzen. Die Rollen am Trolley besitzen einen weiteren Vorzug, insbesondere wenn die Zeit mal knapp wird und man gezwungen ist, im Laufschritt über den Flughafen oder den Bahnhof zu hasten. Denn dass man zu spät aus dem Büro kommt oder im Stau stecken bleibt, passiert beim regelmäßigen Pendeln immer wieder einmal. Daher raten Zeitexperten, einen Puffer von mindestens 15 Minuten einzubauen; bei Flugreisen gilt dieses Zeitfenster plus eine Stunde bzw. eineinhalb Stunden bei Chartermaschinen.

- **Notfall-Nummern.** Gut ist es auch, die Telefonnummer des Airports, der Fahrplanauskunft bzw. der Mitfahrgelegenheit im Handy gespeichert zu haben. Damit kann man im Notfall anrufen und nachfragen, ob pünktlich gestartet wird, bzw. klären, von welchem Gate/Gleis es losgeht, um so wertvolle Minuten zu sichern oder schon mal nach Alternativen zu suchen. Das beruhigt und hilft, den Adrenalinspiegel zu senken.
- **Handgepäck-Basics.** Neben diesen Notfall-Nummern haben routinierte Liebespendler immer auch einen leichten Wollschal oder ein Nickituch einstecken, um gegen Klima-

anlagen und Halskratzen gefeit zu sein. Ebenso Handcreme, Labello bzw. einen neutralen/aufregenden Lippenstift und Kaugummi oder ähnliches „Atemgold". Flugreisende sollten daran denken, dass Nagelschere, Feile etc. (auch die in der kreditkartengroßen Swisscard) zu den so genannten Gefahrengütern zählen und beim Durchleuchten des Handgepäcks der Security zum Opfer fallen. Und weil man sich Sitznachbarn nicht aussuchen kann, rät Reiseführerautor Macon Leary aus dem Hollywood-Klassiker „The Accidental Tourist" zu einem dicken Buch als Reisebegleiter.

- **Zeit sinnvoll nutzen.** Statt sich allerdings nur hinter einem Buchrücken zu verstecken, ist es sicherlich klüger, Unterlagen zu sichten, über neue Projekte zu brainfloaten oder sich in den neuen Bestseller zu vertiefen, für den man sonst keine Zeit findet. Natürlich kann man sich die Pendel-Stunden und -Minuten auch mit seiner Lieblingsmusik via Walkman vertreiben, Lernkassetten einlegen oder sich ein Audio-Buch vorlesen lassen. Flugreisende erhalten beim Boarden ihrer Maschine (mit Ausnahme von Aldi-Fluglinien wie gexx oder dba) sogar eine Auswahl an kostenlosen Gazetten und Zeitungen – vorausgesetzt, von den zuerst einsteigenden Pendel-Oldies rafft nicht jeder gleich fünf Exemplare an sich. Es ist wirklich erstaunlich, mit welcher Selbstverständlichkeit manche Leute dieses Give-away wörtlich verstehen, fast so, als glaubten sie, dass der gesamte Frachtraum voll sei mit Frei-Exemplaren ...
- **Essen und Trinken.** Die Flasche Mineralwasser kauft man sich am Flughafen oder Bahnhof meist nicht mit dem Hintergedanken, sie auch dort wieder abzugeben. Ärgerlich das Flaschenpfand, das man in den seltensten Fällen zurückholt. Auch regelmäßige Pendler werfen die leere Plastikflasche eher weg, als sie feinsäuberlich zusammengefal-

tet das nächste Mal mit dem Kassenbon vorzulegen. Daher sollten Sie lieber im Supermarkt um die Ecke eine Flasche ohne Pfand kaufen. Und keine Angst, den Tipp mit der Thermoskanne gebe ich Ihnen an dieser Stelle nicht, die kommt für mich, da ich nichts mehr hasse als sperrig und kompliziert zu reisen, nicht in den Trolley. Aber andere denken da vielleicht anders.
Zur Ernährung gilt: Eiweiß aussparen, denn gelegentlich kommt es vor, dass die Hähnchenbrust oder der Obstsalat nicht astrein ist und man dann mindestens einen Tag das Bett hütet. Menschen mit empfindlichem Magen sollten über den Wolken fasten, da das häufigere Einatmen durch den Luftdruck in der Kabine die Verdauung durcheinander bringt.

- **Stress hinter sich lassen.** Für viele Menschen stellt das Pendeln eine Belastung dar, daher bieten die Flughäfen in London, München, Singapur, New York oder Vancouver Massagen und andere Entspannungstreatments an. Und damit der Flug bzw. die Autofahrt, die 27 Prozent der Bundesbürger als anstrengend empfinden, nicht als Stressor ins Liebesnest getragen wird, hier ein paar effiziente Anti-Stress-Übungen.
  1. Der wirksamste Relax-Turbo ist die *richtige Atmung*. Statt flach und angespannt zu atmen, raten Experten zur Bauchatmung. Dazu müssen Sie langsam und tief (die Bauchdecke sollte sich dabei wölben) durch die Nase ein- und durch Mund und Nase ausatmen. Wer das fünf- bis zehnmal wiederholt, versorgt seinen Körper mit einer Extraportion Sauerstoff und wird automatisch gelassener.
  2. Gut sind auch *Muskelentspannungsübungen*: Zuerst Arme und Füße so weit strecken, wie das Platzangebot es zulässt. Dann die Schultern nach oben ziehen,

einige Sekunden halten und wieder fallen lassen. Anschließend das rechte Ohr zur rechten Schulter und dann das linke Ohr zur linken Schulter neigen, ein paar Sekunden verharren und dann wieder in die Normalposition zurückkehren. Schließlich die Stirn kräftig runzeln und die Lippen aufeinander pressen und nach einigen Sekunden lösen.

3. Auch mit *positiven Gedanken* (Erfolge im Job, der nächste Urlaub oder das bevorstehende gemeinsame Wochenende) gelingt es, mentalen Druck abzubauen.
4. Außerdem lässt sich die Wegstrecke mit *relaxender Musik* zum „Runterkommen" nutzen – Mozart zum Beispiel gilt ebenso wie Chill-out-Sampler als Favorit unter den Stress-Killern.
5. Flug- und Bahnreisende können zusätzlich ein entspannendes *Nickerchen* einlegen, denn so haben Schlafforscher herausgefunden: Nach zehn bis 30 Minuten Kurzschlaf ist man sechs Stunden lang fitter, leistungsfähiger und besser gelaunt.
6. Und damit man den Bürostress nicht ins gemeinsame Wochenende trägt, rät IBM-Betriebsarzt Dr. Ludwig Ulrich Bieser, störende Gedanken mental wie eine Sprechblase zu umhüllen und sie wegzupacken.

Checkliste: Entspannt ankommen

- ✓ Zeitpuffer von mindestens 15 Minuten einkalkulieren, für Flugreisende gilt plus eine bzw. eineinhalb Stunden vor Abflug.
- ✓ Telefonnummer des Flughafens, der Fahrplanauskunft der Bahn bzw. der Mitfahrgelegenheit im Handy einprogrammieren, damit Sie im Falle eines Staus, S-Bahn-Ausfalls etc. anrufen können.
- ✓ Ein Gepäckstück mit Rollen ist praktisch, weil man es nicht schleppen muss und es in der Eile unkompliziert hinter einem herläuft, ohne dass Riemen rutschen und lästig nach oben geschoben werden müssen.

- ✓ Mit flachen Schuhen gelingt im Notfall auch ein Sprint, ohne die Haltung zu verlieren. Am besten: Sneakers, die sind obendrein modisch und passen auch zum eleganten Outfit.
- ✓ Mit Schal, Handcreme, Mineralwasser, Labello/Lippenstift und Kaugummi sind Liebespendler bestens gegen Klimaanlagen und für den ersten Willkommenskuss gerüstet.
- ✓ Fön, Kosmetika, Deo, Kontaktlinsenflüssigkeit, Rasierapparat, Pinzette, Pille, Kondome etc. an beiden Standorten deponieren, um nicht unnötig bepackt zu sein.
- ✓ Sportklamotten und Abendgarderobe sowie Feinstrumpfhosen in doppelter Ausführung nach und nach am „Zweitwohnsitz" einrichten. Auch eine kleine Handtasche ist (wohl in erster Linie für Frauen) ratsam, denn der Trolley lässt sich nur schwer über die Schulter hängen und ist vor allem beim Ausgehen zu zweit doch etwas sperrig.
- ✓ Ob Sie ein dickes Buch à la Macon Leary gegen lästige Nachbarn einsetzen oder sich in Akten bzw. dem neuesten Bestseller vertiefen, geistige Nahrung ist in jedem Fall sinnvoll, um die Zeit zu verkürzen; Autofahrer oder Walkman-Liebhaber können auch Lernkassetten, Audio-Bücher oder Relax-CDs einlegen.
- ✓ Tiefe Bauchatmung ist der einfachste und effizienteste Relax-Turbo bei Anspannung.
- ✓ Muskelentspannung hilft, auch im Stau nicht die Nerven zu verlieren und ruhig zu werden, ebenso wie positive Gedanken.
- ✓ Mit einem Kurzschlaf von 20 Minuten kommen Bahn- und Flugreisende erfrischt und besser gelaunt an. Sollte Ihnen dennoch Arbeitsstress durch die Gehirnwindungen geistern, versuchen Sie ihn mental wegzusperren, damit er in der gemeinsamen Zeit nicht unangenehm dazwischenfunkt.

Kind und Pendeln – geht das?

Bei Nomaden wie den Tuareg war Pendeln kein Thema. Oft zogen die Männer mit ihren Karawanen wochenlang durch die Wüste, während sich die Frauen um die Kinder kümmerten.

Unterstützung erhielten sie dabei von anderen Frauen, etwa Großmüttern und Schwägerinnen. Diese Form der Unterstützung entfällt bei den modernen Großstadtnomaden. Beruflich mobile Menschen schieben die Familiengründung häufig auch deshalb auf, weil sie durch die Entfernung zum Partner praktisch allein erziehend wären und diese Aufgabe nicht übernehmen wollen. Während ein Großteil der pendelnden Männer in einer eher traditionell organisierten Partnerschaft lebt, bei der die Frau ihnen zu Hause den Rücken frei hält, scheint Kinderlosigkeit gerade für Frauen der Preis fürs Pendeln zu sein: Jede dritte von ihnen bleibt kinderlos.

Die 25-jährige PR-Beraterin Melanie Alwang widerspricht dieser These und meint: „Kinder sind geplant. Wie wir das mit unsrer Fernbeziehung unter einen Hut bekommen, werden wir sehen – wir sind da aber optimistisch. Zumal meine Mutter und meine beiden Großmütter in Altenstadt leben." Außerdem ist ihr Freund Jürgen vor kurzem zu ihr gezogen und so muss nur noch einer pendeln – in dem Fall er. Auch Top-Managerin Eva B.* hat Kinder als „Fernbeziehlerin" nicht abgehakt. Doch denkt sie, dass das Unterfangen „schwierig ist" und wenn, dann eher in Frankreich funktioniert, „da hier die *Rund-um-Betreuung* von Kindern üblich und durchaus möglich ist", so die Einschätzung der 36-Jährigen. Denn in Deutschland ist der familiengerechte Umbau der Arbeitswelt noch nicht vollzogen „und eine der großen Herausforderungen der kommenden Jahre und Jahrzehnte", heißt es in den einführenden Worten der aktuellen Studie der Gemeinnützigen Hertie-Stiftung. Sie hat die Angebote familienbewusster Personalpolitik von 500 deutschen Unternehmen beleuchtet mit dem Ergebnis: Das Spektrum in der betrieblichen Praxis ist gering, ebenso wie die Bereitschaft der Betriebe, ihr Angebot unter den gegebenen Rahmenbedingungen auszuweiten. „Zu hohe Kosten" lautet nach wie vor das gängige Urteil. Dabei lässt aktive Familienpolitik die Motivation und Leistungsbereitschaft der Mitarbeiter um bis zu 59 Prozent ansteigen, während die Fluktuation mit 44 Prozent abnimmt.

Unternehmen, die das Thema Beruf und Familie anpacken, konzentrieren sich in der Regel auf den Bereich Arbeitszeitflexibilisierung. Für junge Familien – insbesondere Part-Time-Alleinerziehende im Fall von Pendlern – besteht die größte Herausforderung jedoch darin, eine geeignete Kinderbetreuung zu finden. Doch vor allem in diesem Bereich sowie bei der Ferien- oder Notfallbetreuung mangelt es an ausreichender Unterstützung: Nur 35 Prozent der Unternehmen bieten hier Hilfe an. Und der Staat bringt sich bei diesem Thema auch nicht befriedigend ein. So hofft Melanie B. auf einen Krippenplatz und denkt, ihr zweites Kind in die Obhut eines Au-Pair-Mädchens geben zu müssen, wenn sie nächstes Jahr ein Café im Herzen Münchens eröffnen will. Dort plant sie, eine Kinderecke einzurichten, und wenn die Finanzlage es zulässt, soll eine Betreuerin sich um ihre jungen Gäste sowie den eigenen Nachwuchs kümmern. Ihr Mann, Flugbegleiter Christoph G., will sie durch Ausweitung seiner Teilzeit-Stelle vier bis fünf Monate im Jahr tatkräftig unterstützen.

„Natürlich lassen sich auch in einer Fernbeziehung Rahmenbedingungen schaffen, damit das Kind mit beiden Elternteilen aufwächst und die Eltern zusammen und getrennt erlebt, wie in einem ganz ‚normalen' Familienalltag auch", meint die Lebensberaterin Sabine Birk, „Aufwändiger ist sicher die Organisation dahinter und die Frage, wo das Kind seinen *Hauptbezugsort* haben soll: Wo es andere Kinder kennen lernt und wie man die Verbindungen/Kinderfreundschaften aufrechterhalten kann, ohne dass das Kind ständig aus seinem sozialen Umfeld herausgerissen wird und auf Erlebnisse verzichten muss, die andere Gleichaltrige haben? Wahrscheinlich wird es darauf hinauslaufen, dass der Hauptbezugsort des Kindes auch der gemeinsame Ort für die Pendelnden wird, das heißt der Abwesende zur Familie reist und sich damit auch die Struktur der Fernbeziehung erneuert." Dass dieses Modell funktioniert, ist sich die 41-jährige Fotografin Anne R., Mutter von zwei Kindern, sicher und meint: „Kinder sind erstaunlich flexibel und passen sich neuen Situationen meist schnell an. Wenn der Vater da ist, dann ist er da, und wenn nicht, dann halt nicht. Das schien mir nie ein Problem zu sein." Anders als bei Alleinerziehenden, bei denen das Kind permanent ohne Vater aufwächst, findet Psychoanalytiker und Autor des Buches „Der verschwundene Vater" Prof. Horst Petri: „Väter, die berufsbedingt abwesend sind, auch solche, die zeitweise wochen- und monatelang unterwegs sind, werden dennoch als zur Familie zugehörig wahrgenommen. Im Bewusstsein und Erleben der Kinder bleibt die Kontinuität der Beziehung gewahrt." Psychologin Berit Brockhausen betont, dass nicht die Quantität, sondern die Qualität der Zeit entscheidend für ein gutes Kind/Elternverhältnis ist.

Allerdings ist bei Fernbeziehungspaaren, ähnlich wie bei der Entscheidung, an einem Ort zusammenzuziehen, einer stärker gefordert bzw. muss mehr zurückstecken. Denn während bei Nahliebenden der Partner bei der Erziehung noch mithelfen kann, entfällt sein Part im Alltag von Distanz-Liebenden. Doch betont Steward Christoph G.: „Ich bin kein *Wochenend-Papa*, der von acht Uhr morgens bis acht Uhr abends arbeitet und seine Kinder nur am Wochenende sieht. Da ich auch tagsüber für sie Zeit habe, nehme ich mehr Anteil an der Erziehung als ein klassischer Wochenend-Dad." Denn auch wenn 40 Prozent der Männer stärker für ihre Kinder da sein möchten, bleibt dies bei vielen meist Schall und Rauch. Laut Statistik bringen sich lediglich drei Prozent aktiv ein und nutzen beispielsweise die Elternzeit. Und Bärbel Kerber, die zu diesem Thema kürzlich das Buch „Die Babyfalle“ veröffentlichte, meint: „Männer beherrschen es viel besser, sich das Recht herauszunehmen, abends die Beine hochzulegen, obwohl es (Anmerkung der Autorin: neben der Kindererziehung) noch eine Menge zu tun gäbe – wie zum Beispiel den Müll rauszutragen oder den Abwasch zu machen“, so die Wirtschaftswissenschaftlerin gegenüber dem „Handelsblatt“. Also ist die Unterstützung eines Nahbeziehungspartners auch nicht unbedingt gegeben!

Natürlich hätte Monica Stübbe mit ihrem Mann Detlef abends gerne über die Erziehung der Kinder gesprochen. Doch da dieser in Skandinavien seine Karriere vorantrieb, musste sie in Lübeck allein mit ihren beiden Kindern im Teenager-Alter klarkommen. Doch mit einem sehr freundschaftlichen, offenen Verhältnis war es nicht schwer, Einfluss zu nehmen, meint Monica. Problematisch war nur: „Wenn Detlef am Wochenende nach Hause kam, wollte er das Zepter in die Hand nehmen, das empfand ich oft als Störung. Sicher verstand ich, dass er regeln und Einfluss nehmen wollte, allerdings auf eine Situation, die wir toll im Griff hatten. Das ist nicht einfach, und schnell sagt man sich, das sind ja nur zwei Tage, dann ist er wieder weg“, blickt die 48-Jährige zurück. Detlef wiederum fühlte sich gerade bei Sätzen wie „Das machen wir jetzt anders …“ vom Familienverbund ausgeschlossen.

Mit Kindern driften die Lebenswelten beider Partner auseinander: „Nicht nur bei Fernbeziehungen gibt es Probleme bei der Verteilung der Rollen, sondern auch bei herkömmlichen Beziehungen“, meint die Münchner Psychotherapeutin Gisela Bärenreuther-Blaschke. Ihr Rat: Strategien entwickeln, wer welchen Part übernimmt, und *gemeinsame Regelungen* finden. Gibt es einen Bereich, über den getrennte Meinungen herrschen, kann es durchaus mal heißen „Papa denkt da anders“. Allerdings warnt Bärenreuther-Blaschke, dass bei den Kindern nie der Eindruck entstehen sollte, die Mama ist die

Böse, die erzieht, der Papa der Gute. Um das zu vermeiden, versucht sich Melanie B. mit ihrem Mann Christoph in Erziehungsfragen abzusprechen: „Man muss eine klare Linie fahren, denn Kinder haben schnell heraus, wie sie dich gegeneinander ausspielen“, sagt die 31-jährige Mutter. Sicherlich, meint Paartherapeutin Brockhausen, ist der Spagat „Kind und Pendeln“ nicht einfach, aber möglich – vor allem wenn sich das Paar in seiner Fernbeziehung wohl fühlt. Der Grund: „Da die Trennung ihrer Lebensbereiche klarer ist als bei Müttern und Vätern in einer Nahbeziehung, weiß jeder, was er vom anderen zu erwarten hat und inwiefern sich der eine bzw. andere in die Erziehung des Kindes einbringen muss“, so die Psychologin, die auf eigene Fernliebeserfahrungen mit Kind zurückblicken kann. Die Situation wird allerdings einfacher, wenn eine liebe, altruistische Omi mit anpackt, denn sonst wird dieses Erziehungsmodell nicht nur schwierig, sondern unter Umständen auch teuer. Vor allem dann, wenn sie bzw. er nach der Elternzeit wieder arbeiten möchte.

Die Fernbeziehung: Ein Provisorium oder ein Lebensmodell ohne Verfallsdatum?

Das Credo der Unkenrufe kennen wohl alle Fernliebenden: „Auf Dauer geht das nicht gut“, „Pure Zeitverschwendung“, „Der Stress. Das führt doch zu nichts“. So tönen sogar wohlmeinende Freunde und Familienmitglieder und tragen nicht unbedingt dazu bei, dass man selbst ein Stück mehr Sicherheit gewinnt. Auch wenn man auf das Gerede nichts gibt, hallt es in schwachen Momenten dröhnend wider. Und schon drängt sich die nervige Frage in den Vordergrund: Ist das wirklich so? Hat auf Dauer nur eine Nahbeziehung Bestand, die nicht noch die Hürde der Distanz zu meistern hat? Nein, lautet die Antwort: Wie die Studie „Berufsmobilität und Lebensform“ ebenso wie die in diesem Buch durchgeführte Befragung ergab, ist die Fernbeziehung erstaunlich langlebig. So sind 53 Prozent der befragten Fernliebenden seit ein bis zwei Jahren zusammen, 27 Prozent seit drei bis vier Jahren und 20 Prozent pendeln der Liebe wegen bereits fünf Jahre und länger – in einem Fall sogar seit 18 Jahren. Von der Fernliebe als einem Provisorium zu sprechen, hält die Berliner Psychologin Berit Brockhausen auch für falsch: „Dann wäre jede Beziehung provisorisch, weil wir nur einen Teil unserer Zeit mit dem gleichen Partner verbringen – auch wenn das bis zu 60 Jahre sein können."

Nach ihren *Zukunftsplänen* befragt, sehen 25 Prozent der Liebespendler ihre aktuelle Lebensform als dauerhaft an (15 Prozent davon genießen den Status Quo und wollen ihn nicht verändern). Für weitere 25 Prozent ist es momentan kein Thema, „solange alles gut läuft", und 50 Prozent können sich das Kommen und Gehen auf Dauer nicht vorstellen und beabsichtigen in absehbarer Zeit einen gemeinsamen Haushalt zu gründen. Ausschlaggebend für dieses Streben sind partnerschaftliche und persönliche Motive – allen voran der Wunsch nach Kindern, aber auch nach mehr Alltag, Kuscheleinheiten, Nähe und Kontinuität sowie finanzielle Aspekte. Allerdings gibt es auch die Schnittmenge der Königskinder, die gerne zusammenkommen würden, es aus beruflichen Zwängen heraus jedoch nicht schaffen.

In diesem Fall gilt es, „das Beste daraus zu machen!", meint Managerin Petra U.*, die seit 18 Jahren eine Fernbeziehung führt und das als Preis für ihrer beider Karrieren im gehobenen Management ansieht.

Das gleiche Motto gibt Monica Stübbe aus. Die 48-Jährige steckt seit sieben Jahren wider Willen in einer Fernbeziehung und hat sich mittlerweile mit dem Paarmodell angefreundet: „Die Beziehung bleibt interessant und hat dadurch auch eine längere Beständigkeit, während ich die Möglichkeit hatte, fremde Länder, neue Leute und eine neue Sprache kennen zu lernen. Das ist eine Bereicherung und man wird offener." Und schließlich profitiert vom Erfolg ihres Mannes die ganze Familie, meint Monica, die heute in einer mallorquinischen Finca über dem Meer ihr kreatives Talent entdeckt hat, töpfert und an einem Buch arbeitet. „Vielleicht sollte man sich bewusst machen, dass eine Fernbeziehung den großen Vorteil hat, zu sich selbst finden zu können, und man nicht Gefahr läuft, sich zu stark über den Partner zu definieren", gibt Conny Modauer zu bedenken; seit vier Jahren ist sie mit Moderator Jan Hofer liiert, zu dessen Job es gehört, 150 Tage im Jahr durch die Republik zu touren, während Medienfrau Modauer in Hamburg lebt und arbeitet.

Gibt es eine Fernbeziehungspersönlichkeit?

Vom zermürbenden Alltag, der Liebe aus dem Koffer und dem Leben zwischen zwei Welten ist die Rede. Doch fühlt es sich nicht für alle Fernliebenden gleich an. 25 Prozent kommen gut damit klar und weitere 15 Prozent genießen dieses Zugvogel-Dasein sogar. Sie sehen darin ihr Partnerschaftsideal und schätzen die Zeit mit dem Lebensgefährten als intensiver und konfliktfreier ein. Als Gründe für die Wahl dieses Paarmodells listen sie ihre Unabhängigkeit auf, um eigenen Interessen nachzugehen. Sie üben meist einen anspruchsvollen Beruf aus, den sie auch ihrem Partner zugestehen, wollen ihren attraktiven Wohnort und ihr soziales Netzwerk nicht aufgeben, sind allein erziehend und haben nicht selten eine gescheiterte Beziehung in Sachen Zusammenleben hinter sich. 65 Prozent der in den Interviews bekennenden LATs leben in einer Großstadt und 25 Prozent in einer mittelgroßen Metropole. 45 Prozent sind ledig, 25 Prozent verheiratet und 30 Prozent geschieden.

Auch wenn sich der Partnerschafts-Individualist hier abzeichnet, zögern Wissenschaftler und Experten, ein Profil einer *Fernbeziehungspersönlichkeit* zu definieren. Stattdessen führen sie an, dass es Menschen gibt, die sich mit der Situation besser zurechtfinden als andere. Sie sind offener und freiheitsliebender und besitzen trotzdem die Fähigkeit, eine liebevolle Verbindung zum Partner aufrechtzuerhalten. Das bestätigt auch ein Großteil der in diesem Buch befragten Distanz-Liebenden. Sie beschreiben den Fernbeziehungstypen zudem als selbstständig, unabhängig, reiselustig, karrierebewusst, flexibel und großzügig im Denken. Als einen Menschen, der eine gesunde Portion Egoismus besitzt, das Gefühl der Entscheidungsfreiheit nicht verlieren will, es liebt, sein eigenes Ding zu machen, und nicht ständig die Nähe des Partners braucht. Kritiker allerdings beschimpfen ihn als bindungsscheu und verantwortungslos, als Urlaubsromantiker und karriereorientierten Einzelgänger und finden, dass die Partnerschaft nicht 100-prozentig passen muss: „Denn", so der Regensburger Unidozent Josef Mittlmeier zynisch, „für ein paar Stunden erträgt man auch seinen Feind – wie etwa am Arbeitsplatz." Und Thomas Pfeiffer meint mit Hinblick auf seine Studienzeit, dass Fernbeziehungen in erster Linie Personen eingehen, die tief in ihrem Herzen (noch bzw. zurzeit) keine Beziehung suchen.

Auf die Frage hin, wer sich gar nicht zum Liebes-Hopping eignet, kommen – diesmal von der Gegenseite, den Befürwortern – Antworten wie eifersüchtige, streitsüchtige Menschen, die sich nur über Nähe definieren und denen Trennungen schwer fallen. Bodenständige Typen, die über Generationen hinweg an ein und demselben Ort leben, sehr häuslich und stark auf den Partner fixiert sind. Die nicht gerne reisen, Cocooning lieben, wenig Neugier verspüren und emotional nicht stabil sind. „Einbauküche, Kleinwagen, Club-Urlaub an der Riviera – das beinhaltet für manche Menschen eine Art von Sicherheit und Gleichmäßigkeit, für sie wäre es eine Qual, eine Fernbeziehung zu führen. Ständig würden ihre Wünsche und Träume mit Füßen getreten werden und wahrscheinlich würde so eine Beziehung auch nicht lange halten", findet die Berliner Schauspielerin Gabriele G. und fügt leidenschaftlich an: „Aber wer offen für sich und andere, offen für die eigene innere Sehnsucht ist – der muss frei sein." Und vielleicht sollte eins noch einmal klar gesagt werden: Nicht räumliche, sondern emotionale Entfernung trennt, schließlich kann man auch unter einem Dach leben, aber innerlich eine Million Kilometer voneinander entfernt sein ...

Checkup: Sind Sie eine geborene Pendel-Natur?

	Ja	Nein
Ich liebe meinen Job und möchte Karriere machen.		
Ich bin sehr freiheitsliebend und fühle mich schnell eingeengt.		
Ich bin offen, tolerant und interessiert.		
Ich halte mich für einen emotional stabilen Menschen.		
Ich kann vertrauen, bin verlässlich und neige nicht zu Eifersucht.		
Ich brauche Abwechslung, neue Herausforderungen.		
Ich genieße es, unterwegs zu sein, und könnte ständig reisen, eine „Trautes-Heim-Glück-allein"-Einstellung ist mir fremd. Im Gegenteil. Es verursacht mir Beklemmungen.		
Ich kann mich gut mit mir selbst beschäftigen.		
Ich brauche mindestens einen Abend pro Woche für mich alleine, wo ich eigenen Hobbys nachgehe oder einfach nur auf der Couch liege und fernsehe oder ein Buch lese.		

Nur Partner bzw. Familie ist mir zu wenig – aber das Sahnehäubchen in meinem Leben.		
Freunde muss ich nicht jede Woche sehen, obwohl ich dennoch sehr gute Freunde habe bzw. soziale Kontakte auch in meinem Kollegenkreis finde.		
Auswertung: Je mehr Fragen Sie mit „Ja" beantworten können, umso leichter fällt es Ihnen, auf Achse zu sein. Bei acht und mehr „Ja"-Antworten: Herzlich willkommen im Club (der Fernbeziehungsprofis)!		

10 Punkte für eine glückliche Liebe auf Distanz

Jede gesunde Beziehung hält eine räumliche Trennung aus, wenn sie auf einer soliden, gemeinsamen Basis steht. Erfahren Sie hier – als Fazit – aus allen Interviews mit Experten und Fernliebenden, wie man sich „in der Ferne so nah“ fühlt und was eine glückliche Distanz-Liebe ausmacht:

1. Eine **gemeinsame Perspektive** besitzen und zueinander stehen.
2. Sich **so oft wie möglich sehen** – mindestens jede dritte Woche.
3. **Wünsche offen ansprechen, konstruktiv streiten** und versuchen, kein Problem schwelen zu lassen, auch wenn die Paar-Zeit bei Liebespendlern kostbarer scheint.
4. Die gemeinsame Zeit **nicht** mit **zu vielen Aktivitäten** überfrachten.
5. Neben der gemeinsamen Zeit auch Augenblicke für **singuläre „Mußestunden“** lassen, sonst können Sie sich in der Freizeit nicht genügend erholen.

6. **Garderobe**, Abendkleid, Sportklamotten, Kosmetika etc. **an beiden Standorten** deponieren. Das schafft auch am Wohnort des Partners Spontaneität und vermittelt das Gefühl, auch hier zu Hause zu sein.
7. Während der „Single-Zeit" **viel telefonieren**, den anderen an seinem Leben, seinem Alltag in Abwesenheit teilhaben lassen.
8. **Liebeserklärungen** mit Worten und Gesten nicht vergessen, denn in der Ferne fühlt man sich schnell einsam und vernachlässigt.
9. Genießen und **kultivieren Sie Ihre Eigenzeit.** Pflegen Sie Freundschaften, probieren Sie ein neues Hobby aus, besorgen Sie sich ein Theater-Abo, lernen Sie eine neue Sprache ...
10. **Keine Spielchen spielen**, den anderen unter Druck setzen etc., denn das greift die gemeinsame Liebesbasis unnötig an.

Literaturverzeichnis

- Boerner, Peter: „Johann Wolfgang von Goethe“, 1989, Rowohlt
- Freymeyer, Karin/Otzelberger, Manfred: „In der Ferne so nah“, 2001, Ch. Links Verlag
- Gleich, Michael: „Mobilität – Warum sich alle Welt bewegt“, 1998, Hoffmann und Campe
- Kudla, Hubertus: „Spiele des Eros – Berühmte Liebespaare der Antike“, 2003, Verlag C. H. Beck
- Pelizäus-Hoffmeister, Helga: „Mobilität – Ressource oder Einschränkung?“, in Bonß, Wolfgang (Hg.): „Mobilitätspioniere. Beiträge zur soziologischen Mobilitätsforschung“, 2003
- Reuckert, Rüdiger: „Die Commuter-Ehe als ‚alternativer‘ Lebensstil. Zur Ausbreitung einer neuen Form ehelichen und familialen ‚Zusammenlebens‘ in der individualisierten Gesellschaft“, 1989, in der Zeitschrift für Bevölkerungswissenschaft, S. 175-187
- Schmitz-Köster, Dorothee: „Liebe auf Distanz. Getrennt zusammen leben“, 1990, Rowohlt
- Schneider, Norbert/Hartmann, Kerstin/Limmer, Ruth: „Berufsmobilität und Lebensform – Sind berufliche Mobilitätserfordernisse in Zeiten der Globalisierung noch mit Familie vereinbar?“, 2002, Verbundprojekt des Staatsinstituts für Familienforschung an der Universität Bamberg und der Johannes-Gutenberg-Universität Mainz, geför-

dert aus Mitteln des Bundesministeriums für Familien, Senioren, Frauen und Jugend und des Bayerischen Staatsministeriums für Arbeit und Sozialordnung, Familie, Frauen und Gesundheit; komprimiert findet sich die Studie von Straver, Cees J.: „Die nichteheliche Lebensgemeinschaft. Bericht über eine qualitative Untersuchung in den Niederlanden, 1980, in: Partnerschaft und Identität, Loccumer Protokolle, S. 18-43

- Trost, Jan: „Ehen und andere dyadische Beziehungen", 1995, in: Nauck, B./Onnen-Isemann, C. (Hg.): „Familie im Brennpunkt von Wissenschaft und Forschung", Neuwied/Berlin: Luchterhand, S. 343-356
- Trotha, Désirée von: „Die Enkel der Echse – eine Frau im Land der Tuareg", 2000, Goldmann
- Vorbede, Marion: „Image-Training", 2003, Gräfe und Unzer
- Zehl, Christiane: „Simone de Beauvoir", 1989, Rowohlt